Vertragsgestaltung und Gesetzesbindung im Recht der Zeitarbeit

Schriften zum Arbeitsrecht und Wirtschaftsrecht

Herausgegeben von Abbo Junker

Band 25

PETER LANG
Frankfurt am Main · Berlin · Bern · Bruxelles · New York · Oxford · Wien

Tina Witten

Vertragsgestaltung und Gesetzesbindung im Recht der Zeitarbeit

PETER LANG
Europäischer Verlag der Wissenschaften

Die Deutsche Bibliothek - CIP-Einheitsaufnahme

Witten, Tina:

Vertragsgestaltung und Gesetzesbindung im Recht der Zeitarbeit / Tina Witten. - Frankfurt am Main ; Berlin ; Bern ; Bruxelles ; New York ; Oxford ; Wien : Lang, 2002
(Schriften zum Arbeitsrecht und Wirtschaftsrecht ; Bd. 25)
Zugl.: Göttingen, Univ., Diss., 2001
ISBN 3-631-38662-1

D 7
ISSN 1433-4666
ISBN 3-631-38662-1

www.peterlang.de

Meinen Eltern

Vorwort

Die vorliegende Arbeit wurde im Dezember 2000 abgeschlossen und im Sommersemester 2001 von der juristischen Fakultät der Georg-August Universität zu Göttingen als Dissertation angenommen.

Mein besonderer Dank gilt zunächst meinem Doktorvater, Herrn Professor Dr. Abbo Junker, für die Anregung und Betreuung der Arbeit sowie für die Erstellung des Erstgutachtens und die Aufnahme der Arbeit in die von ihm herausgegebene Schriftenreihe. Herrn Professor Dr. Hansjörg Otto danke ich für die Erstellung des Zweitgutachtens.

Ferner danke ich dem Arbeitskreis „Wirtschaft und Recht" im Stifterverband für die deutsche Wissenschaft für die Förderung dieser Arbeit durch die Gewährung eines Promotionsstipendiums.

Bedanken möchte ich mich an dieser Stelle bei zahlreichen Zeitarbeitsunternehmen sowie den Mitarbeitern von Verbänden und Gewerkschaften für ihre Dialogbereitschaft und die Überlassung von Materialien.

Großer Dank gilt meinen Freunden sowie den Mitarbeitern des Instituts für Arbeitsrecht für ihre Diskussionsbereitschaft und Unterstützung. Insbesondere danke ich Egbert Wege, dessen Rückhalt entscheidend zur Entstehung dieser Arbeit beigetragen hat.

Hamburg, im September 2001

Tina Witten

Inhaltsverzeichnis

DRITTER TEIL
KOLLEKTIVVERTRAGLICHE GESTALTUNGSFAKTOREN DES ZEITARBEITSVERHÄLTNISSES

Einleitung

§ 1 Gegenstand der Arbeit

Zeitarbeit boomt: Auch wenn derzeit erst gut ein Prozent der Erwerbstätigen in Deutschland in einem Zeitarbeitsverhältnis stehen, erlebt diese Beschäftigungsform ein rasantes Wachstum und ist die am stärksten expandierende Beschäftigungsform der vergangenen Jahre. 1999 wurden 23,3 Prozent mehr Zeitarbeitnehmer als im Vorjahr registriert[1]. Durch die Lockerung der gesetzlichen Vorschriften des Arbeitnehmerüberlassungsgesetzes seit dem 1.4. 1997[2] und die zunehmenden gesetzlichen Restriktionen für andere Formen flexiblen Personaleinsatzes – wie zum Beispiel das Gesetz zur Neuregelung der geringfügigen Beschäftigungsverhältnisse (das sogenannte „630 DM-Gesetz")[3] – , greifen Arbeitgeber zur Deckung ihres flexiblen Personalbedarfes vermehrt auf Zeitarbeitnehmer zurück[4]. Außerdem verdankt die Zeitarbeit ihr Wachstum einem in den letzten Jahren vollzogenen Imagewechsel. Trotz der bis heute eher weniger attraktiven materiellen Ausstattung von Zeitarbeitsverträgen, konnte sich die Zeitarbeit als eine reguläre Beschäftigungsform etablieren. Zurückzuführen ist dieser Imagewechsel einerseits auf die Erkenntnis, daß Zeitarbeit als Sprungbrett in eine Festanstellung dienen kann und eine gute Möglichkeit zur Wiedereingliederung von Arbeitslosen bietet; Arbeitsämter arbeiten aus diesem Grund verstärkt mit Zeitarbeitsunternehmen zusammen[5]. Andererseits hat die Zeitarbeit eine zusätzliche Dynamik dadurch erfahren, daß die Gewerkschaften ihren jahrelangen Widerstand gegen diese Form der Beschäftigung ein Stück weit aufgegeben haben: Im Anschluß an den Tarifabschluß für die auf der Weltausstellung in Hannover (Expo 2000) beschäftigten Zeitarbeitnehmer ist es zu einer Reihe weiterer Abschlüsse von Haustarifverträgen mit Zeitarbeitsunternehmen gekommen.

Trotzdem bleibt die Beschäftigungsform der Zeitarbeit gesellschaftspolitisch umstritten. In wenigen Bereichen des Arbeitsrechts gehen Problemanalyse sowie Lösungsvorschläge so weit auseinander. Übereinstimmung herrscht ausschließlich in dem Punkt, daß die gesetzlichen Regelungen reformbedürftig sind. Reformvorschläge reichen von weitgehender Deregulierung bis zu weitreichenden Verboten

---

1 Neunter Bericht der Bundesregierung über die Erfahrungen bei der Anwendung des AÜG (AÜG-Erfahrungsbericht) vom 4.10. 2000, BT-Drucks. 14/4220, S. 9.

2 Arbeitsförderungsreformgesetz vom 24.3. 1997, BGBl. I S. 594.

3 Vom 29.3. 1999, BGBl. I S. 388 ff.; das Gesetz ist zum 1.4. 1999 in Kraft getreten.

4 Vgl. *Frankfurter Allgemeine Zeitung*, vom 27.7. 1999, S. 15.

5 Vgl. Runderlaß der Bundesanstalt für Arbeit vom 14.7. 2000: Grundsätze über die Zusammenarbeit zwischen Arbeitsämtern und Verleihern (Zeitarbeitsunternehmen).

und Einschränkungen der Zeitarbeit. Während insbesondere von Gewerkschaftsseite eine weitgehende Einschränkung der Möglichkeiten des Einsatzes von Zeitarbeitnehmern gefordert wird[6], plädieren die Arbeitgeberverbände sowie die CDU/CSU-Fraktion aus arbeitsmarktpolitischen Gründen für eine weitere Lockerung der gesetzlichen Vorschriften und verweisen dabei insbesondere auf die Niederlande, wo fast fünf Prozent aller Beschäftigten als Zeitarbeitnehmer tätig sind[7].

Während die bereits umfangreiche juristische Literatur sich vielfach mit Detailproblemen der Arbeitnehmerüberlassung beschäftigt – insbesondere mit der Abgrenzung der Zeitarbeit von anderen Formen des drittbezogenen Personaleinsatzes – oder ihr Augenmerk verstärkt darauf richtet, die gesellschaftspolitisch umstrittene Beschäftigungsform der Zeitarbeit in ihre Schranken zu verweisen und die bis heute unbestritten anzutreffenden Mißbrauchsfälle im Bereich der Zeitarbeit aufzudecken, soll diese praxisorientierte Arbeit aufzeigen, welche Gestaltungsmöglichkeiten für Zeitarbeitsverhältnisse durch individual- und kollektivvertragliche Regelungen bestehen.

Zeitarbeitsverhältnisse sind, was die Gestaltungselemente des Arbeitsverhältnisses angeht, untypisch: Neben den zwingenden gesetzlichen Regelungen spielt der Individualarbeitsvertrag die entscheidende Rolle. Kollektivvertragliche Regelungen existieren im Bereich der Zeitarbeit kaum. Das Direktionsrecht liegt nicht allein beim Vertragsarbeitgeber. Durch das staatliche zwingende Recht, insbesondere das Arbeitnehmerüberlassungsgesetz (AÜG), sind den Gestaltungsmöglichkeiten von Zeitarbeitsverträgen enge Grenzen gesetzt. Auszuloten ist der verbleibende Gestaltungsspielraum. Die Aufspaltung der Arbeitgeberstellung wirft die Frage auf, wann Tarifverträge und Betriebsvereinbarungen auf die Arbeitsverhältnisse der Zeitarbeitnehmer normativ einwirken können. Die Möglichkeiten und Grenzen der verschiedenen Gestaltungsfaktoren von Zeitarbeitsverhältnissen im Rahmen der geltenden Gesetzeslage zu untersuchen, ist Ziel dieser Arbeit.

Schon vor mehr als achtzig Jahren beklagte *Arthur Nußbaum*: „Was wir in Lehrbüchern, Kommentaren, Monographien [...] finden, ist zu einem beträchtlichen Teil gegenstandslos und überflüssig, während die für das Leben wirklich wichtigen

---

6 Vgl. Stellungnahme der Gewerkschaften zum Neunten AÜG-Erfahrungsbericht, BT-Drucks. 14/4220, S. 26 f.

7 Vgl. Entwurf des Ersten Gesetzes zur Änderung des Arbeitnehmerüberlassungsgesetzes der CDU/CSU-Fraktion vom 22.6. 1999, BT-Drucks. 14/1211; Stellungnahmen der Bundesvereinigung Deutscher Arbeitgeberverbände und des Bundesverbandes Zeitarbeit Personal-Dienstleistungen e.V. im Neunten AÜG-Erfahrungsbericht, BT-Drucks. 14/4220, S. 25 f.; iwd 2000, Nr. 6, S. 4 (5).

Dinge durchweg zu kurz kommen"[8]. Von *Nußbaum* inspiriert, dient als Basis dieser Untersuchung eine in der Praxis durchgeführte Rechtstatsachenforschung zur Vertragsgestaltung des Zeitarbeitsverhältnisses, die einen Einblick in die Vertragswirklichkeit des Zeitarbeitsvertrages gewährt und empirische Aussagen über die Gestaltung von Zeitarbeitsverhältnissen liefert.

Die Grundlagen des Zeitarbeitsverhältnisses werden im ersten Teil dieser Arbeit behandelt. Nur mit Kenntnis der drei Rechtsbeziehungen in der Zeitarbeit und den Abgrenzungskriterien zu anderen Vertragsgestaltungen und nicht dem AÜG unterliegenden Erscheinungsformen des drittbezogenen Personaleinsatzes, können die individual- und kollektivvertraglichen Gestaltungsmöglichkeiten des Zeitarbeitsverhältnisses untersucht werden.

Der Vertragsgestaltung des Zeitarbeitsvertrages widmet sich der zweite Teil der Arbeit. Der erste Abschnitt beleuchtet die gesetzlichen Rahmenbedingungen. Die Vertragsgestaltung ist an die Grenzen des zwingenden Rechts gebunden, deshalb gehört zu ihr auch die Bestimmung dieser Grenzen[9]. Geprüft wird ferner welche Mindestinhalte sich in jedem Zeitarbeitsvertrag finden müssen. In einem zweiten Abschnitt sollen die einzelnen Vertragsbestandteile des Zeitarbeitsvertrages und ihre de lege lata bestehenden Gestaltungsspielräume im einzelnen untersucht werden.

Zunehmend werden Zeitarbeitsverhältnisse auch durch kollektivvertragliche Regelungen gestaltet. Gewerkschaften beginnen sich für die Gründung von Betriebsräten in Zeitarbeitsunternehmen einzusetzen; insbesondere von Arbeitgeberseite wird verstärkt der Abschluß eines Flächentarifvertrages für die Zeitarbeitsbranche gefordert[10]. Die Möglichkeiten und Grenzen der kollektivvertraglichen Gestaltung von Zeitarbeitsverhältnissen zu analysieren, ist Aufgabe des dritten Teils der Arbeit.

Ziel dieser Arbeit ist es weder einen Mustervertrag für die Praxis zu erarbeiten noch konkrete Reformvorschläge für eine anstehende Reformierung der Vorschriften des AÜG zu entwickeln. Vielmehr sollen die Möglichkeiten und Grenzen der

---

8 *Nußbaum*, Das Nießbrauchrecht des BGB unter den Gesichtspunkten der Rechtstatsachenforschung, 1919, Vorwort; *Arthur Nußbaum* legte mit drei Abhandlungen, denen der Charakter von Programmschriften zukommt, 1914 den Grundstein für die Rechtstatsachenforschung als neue Forschungsrichtung, vgl. *Chiotellis/Fikentscher*, in Chiotellis/Fikentscher (Hrsg.), Rechtstatsachenforschung, S. 1 ff.

9 *Rehbinder*, AcP 174 (1974), 265 (267).

10 Vgl. *Frankfurter Allgemeine Zeitung*, vom 29.4. 2000, S. 22; *Frankfurter Allgemeine Zeitung*, vom 4.5. 1999, S. 17.

Vertragsgestaltung des Zeitarbeitsverhältnisses sowie der Einfluß kollektivvertraglicher Regelungen auf das Zeitarbeitsverhältnis beleuchtet werden. Wenn feststeht, welche Regelungen de lege lata zulässig sind und wo Spielräume für privatautonome Gestaltungen bestehen und kollektive Regelungen auf das Zeitarbeitsverhältnis einwirken können, sollte auch ein vernünftiger Ausgleich zwischen den wirtschaftlichen Notwendigkeiten für einen flexiblen Personaleinsatz und der Schutzbedürftigkeit des einzelnen Zeitarbeitnehmers zu erreichen sein. Nur wenn die Zeitarbeitnehmer einen angemessenen sozialen Schutz genießen und den Unternehmen betriebswirtschaftlich vertretbare Rahmenbedingungen gewährt werden, kann sich die Zeitarbeit als Beschäftigungsform der Zukunft erweisen und ihren arbeitsmarktpolitischen Beitrag leisten. Nicht zuletzt könnten die Ergebnisse dieser Arbeit daher auch für die unermüdlich geführten Reformdiskussionen zum AÜG eine wertvolle Hilfe darstellen.

§ 2 Rechtstatsachenforschung

Ein allgemeines Problem rechtswissenschaftlicher Untersuchungen ist, daß in vielen Bereichen hinreichendes rechtstatsächliches Material über den Untersuchungsgegenstand nicht zur Verfügung steht[11]. Rechtstatsächliche Untersuchungen zum Arbeitsvertrag sind rar, empirische Untersuchungen zu arbeitsvertraglichen Regelungsansätzen kaum zu finden[12]. Für den Zeitarbeitsvertrag fehlt rechtstatsächliches Material bislang fast vollständig[13].

Deshalb wurde im Rahmen dieser Arbeit eine Rechtstatsachenforschung[14] zur Vertragsgestaltung des Zeitarbeitsvertrages durchgeführt. Ziel dieser Rechtstatsachenforschung ist es, herauszufinden, wie die Vertragspraxis auf die rechtlichen Schranken – insbesondere des Arbeitnehmerüberlassungsgesetzes – reagiert.

---

11 *Preis*, Vertragsgestaltung, S. 51.

12 Vgl. *Zöllner*, NZA 2000, Beil. zu 3/2000, S. 1 (3). Die einzige umfassende Untersuchung zum Arbeitsvertrag wurde von *Hanau/Preis* in den Jahren 1988/1989 mit Unterstützung der Fritz-Thyssen-Stiftung durchgeführt. Die wesentlichen Ergebnisse dieser Untersuchung finden sich in dem umfassenden Werk „Der Arbeitsvertrag, Praxis – Kommentar – Muster“, das 1995 erschienen ist. Gewisse Informationen liefern auch die Formularhandbücher mit Musterverträgen sowie Aufsätze zur Vertragsgestaltung im Arbeitsrecht.

13 Spärliche Anmerkungen zur Vertragspraxis der Zeitarbeit vor Schaffung des AÜG finden sich bei *Becker/Wulfgramm*, AÜG, Einl. Rdnrn. 60, 66.

14 Eine allgemeingültige Definition des Begriffs Rechtstatsachenforschung existiert nicht. Zum Begriff, der Geschichte und der Arbeitsweise der Rechtstatsachenforschung vgl. *von Falkenstein*, in Choitellis/Fikentscher (Hrsg.), Rechtstatsachenforschung, S. 77 ff.

Die Kenntnis der gegenwärtigen Praxis der Vertragsgestaltung ist unerläßlich, um deren Defizite und Probleme zu identifizieren[15]. Der durch die Auswertung der in der Praxis verwendeten Zeitarbeitsverträge gewonnene Überblick über die derzeitige Vertragspraxis dient als Basis für den zweiten Teil der Arbeit, die Untersuchung der Möglichkeiten und Grenzen der Vertragsgestaltung des Zeitarbeitsvertrages.

I. Vorgehensweise der Untersuchung

Rechtstatsächliches Material über die Arbeitsvertragsgestaltung zu erlangen, ist nicht einfach[16]. Auch im Bereich der Zeitarbeit gehört die Gestaltung der Arbeitsverträge zu einen Bereich der Personalpolitik, in den die Unternehmen nur ungern Einblick gewähren. Trotzdem ist es gelungen, Musterformulare der in der Praxis verwendeten Zeitarbeitsverträge zu erhalten.

Unter den in Deutschland derzeit tätigen gut 4200 Zeitarbeitsunternehmen[17] – wovon es sich bei einem nicht unerheblichen Teil um unselbständige Niederlassungen der überregional tätigen Zeitarbeitsunternehmen handelt – wurden 90 Unternehmen aus dem gesamten Bundesgebiet als Stichprobe ausgewählt. Dabei wurde darauf geachtet, neben den marktführenden überregional agierenden Zeitarbeitsunternehmen auch kleine nur regional tätige und auf die Überlassung von Arbeitnehmern in einzelne Berufssparten konzentrierte Unternehmen in die Untersuchung einzubeziehen. Diese Unternehmen wurden gebeten, Muster der von ihnen verwendeten Zeitarbeitsverträge zur Verfügung zu stellen. Den Unternehmen wurde absolute Vertraulichkeit zugesichert und versprochen, die Vertragsmuster anonym zu behandeln und keinem Dritten zugänglich zu machen.

Bei den meisten der angesprochen Zeitarbeitsunternehmen überwog Zurückhaltung – wahrscheinlich sogar Angst – Einblick in ihre Vertragspraxis zu gewähren[18]. Von den 90 angesprochenen Zeitarbeitsunternehmen haben 18 Unternehmen ein Muster des von ihnen verwendeten Zeitarbeitsvertrages zur Verfügung gestellt. Auffällig ist, daß die Bereitschaft, Einsicht in ihre Vertragspraxis zu gewähren, bei den marktführenden überregional tätigen Zeitarbeitsunternehmen, die zumeist über eine juristisch beratene Personalabteilung verfügen, wesentlich höher war, als bei klei-

---

15 *Preis*, Vertragsgestaltung, S. 51.

16 Diese Erfahrung machten schon *Hanau/Preis* bei ihrem in den Jahren 1988/1989 durchgeführten Forschungsprojekt zur Vertragsgestaltung des Arbeitsvertrages.

17 Diese Zeitarbeitsunternehmen haben nach Schätzungen des Bundesverbandes Zeitarbeit Personal-Dienstleistungen e.V. 1999 rund 633000 Zeitarbeitsverträge abgeschlossen; vgl. *Streicher*, management Berater, 2000, Heft 12, S. 60 (61).

18 Dieser Eindruck wird durch die in 33 % der Verträge zu findende Verpflichtung, Stillschweigen über die Inhalte des Zeitarbeitsvertrages zu wahren, bestätigt.

neren, nur regional tätigen Zeitarbeitsunternehmen. Trotzdem konnten auch einzelne Verträge von diesen Unternehmen in die Untersuchung einbezogen werden.

Darüber hinaus wurden vier Gespräche mit Vertretern von Zeitarbeitsunternehmen geführt, durch die ein Einblick in die Situation der Gestaltung des Zeitarbeitsvertrages aus Unternehmerperspektive gewonnen wurde. Neben den Zeitarbeitsunternehmen wurden auch Verbände und Gewerkschaften angesprochen und um die Überlassung von Musterzeitarbeitsverträgen und anderer Hilfestellungen zur Vertragsgestaltung des Zeitarbeitsvertrages gebeten. Derzeit verfügen weder der Arbeitgeberverband der Zeitarbeitsbranche (Bundesverband Zeitarbeit-Personaldienstleistungen e.V.) noch die Gewerkschaften über Musterverträge für ihre Mitglieder. Lediglich die Industriegewerkschaft Metall hat eine Informationsbroschüre über die „Grundsätze für Arbeitsverträge bei Leiharbeitsfirmen" für ihre Mitglieder herausgegeben.

II. Vertragspraxis

Die von den Unternehmen zur Verfügung gestellten Musterzeitarbeitsverträge geben einen Überblick über die Vertragsgestaltung in der Praxis. Hinsichtlich der im Zentrum der rechtstatsächlichen Untersuchung stehenden Frage, wie die Vertragspraxis auf das dichte Geflecht zwingender gesetzlicher Vorschriften reagiert, werden die aus der Analyse der Vertragsmuster gewonnen Ergebnisse in den zweiten Teil der Arbeit, die Untersuchung der Möglichkeiten und Grenzen der Gestaltung der einzelnen Vertragsklauseln[19], integriert. Gleiches gilt für die Frage, in welchem Umfang sich auch dem Gesetz Widersprechendes in Zeitarbeitsverträgen findet.

Im folgenden werden die Art und Weise der Vertragsgestaltung des Zeitarbeitsvertrages in der Praxis vorgestellt und die Zeitarbeitsverträge hinsichtlich ihrer Regelungsdichte und Klauselhäufigkeit beleuchtet.

1. Art und Weise der Vertragsgestaltung

Im Bereich der Zeitarbeit ist der vorformulierte Arbeitsvertrag die ausnahmslose Regel[20]. Alle in die Untersuchung einbezogenen Verträge bestehen aus vorformulierten Vertragsklauseln. Der überwiegende Teil der Zeitarbeitsunternehmen arbeitet mit gedruckten Formulararbeitsverträgen, die bei Vertragsabschluß nur um die

---

19 Zweiter Teil, Zweiter Abschnitt, §§ 11, 12.

20 Diese Beobachtung ist nicht zeitarbeitsspezifisch und gilt mit gewissen Einschränkungen – insbesondere im Bereich leitender Angestellter – für alle Arbeitsverträge, vgl. *Hanau/Preis*, Der Arbeitsvertrag, I B Rdnr. 3; *Küttner*, RdA 1999, 59 (62). Zur Inhaltskontrolle vorformulierter Verträge: *Küttner*, RdA 1999, 59 (63); *Preis*, Vertragsgestaltung, S. 274.

individuellen Angaben ergänzt werden[21]. Der Rest der ausgewerteten Verträge arbeitet mit Vertragsmustern die sich aus Textbausteinen zusammensetzen[22], die für den oberflächlichen Betrachter zumindest den Anschein einer individuellen Vertragsgestaltung erwecken können. Einige Zeitarbeitsunternehmen gestalten die Formularverträge ähnlich Allgemeinen Geschäftsbedingungen: Name, Tätigkeit und Entgelt werden auf dem Formular eingesetzt, alle weiteren Arbeitsbedingungen folgen als „Kleingedrucktes". Diese auf eine schnelle Vertragsabwicklung ausgerichtete Vertragsgestaltung entspricht der in der Zeitarbeitsbranche üblichen hohen Fluktuation und vergleichsweise kurzen Vertragsdauer. Zeitarbeitsverträge werden in der Regel ohne aufwendige schriftliche Bewerbungsverfahren prompt geschlossen und zu über 50 Prozent innerhalb der ersten drei Monate wieder aufgelöst[23].

Individuell ausgehandelte Arbeitsbedingungen finden sich in Zeitarbeitsverträgen kaum[24]. Nur wenige der von den Unternehmen verwendeten Formulararbeitsverträge sehen Raum für individuelle Gestaltungen vor[25]. Auch nach Aussagen mehrerer Zeitarbeitsunternehmen haben individuelle Vertragsabsprachen einen Ausnahmecharakter; nur vereinzelt komme es zu individuellen Absprachen hinsichtlich einzelner Überlassungen in Zusatzvereinbarungen zum Arbeitsvertrag. Demgegenüber enthalten fast alle untersuchten Verträge Schriftformklauseln, die vor allem dazu dienen, individuelle Vertragsabsprachen zu unterbinden[26].

2. Regelungsdichte und Klauselhäufigkeit

Die Regelungsdichte im Zeitarbeitsvertrag variiert, wobei die meisten Verträge sehr umfangreiche Klauselwerke enthalten. In allen Zeitarbeitsverträgen finden sich Regelungen hinsichtlich des Zeitpunktes der Arbeitsaufnahme, der Tätigkeit, des Arbeitsortes, der Arbeitszeit, der Vergütung, der Kündigungsmodalitäten, der Lohnfortzahlung im Krankheitsfall, Überstunden sowie ein Hinweis auf die Erlaubnis des Arbeitgebers zur Arbeitnehmerüberlassung und das Merkblatt der Bundesanstalt für Arbeit. Außerdem enthalten viele Verträge: Geheimhaltungsklauseln, Vertragsstrafenregelungen, Vereinbarung einer Probezeit, Rückzahlungsklauseln,

---

21 61 % der untersuchten Verträge.

22 39 % der untersuchten Verträge.

23 Vgl. Neunter AÜG-Erfahrungsbericht, BT-Drucks. 14/4220, S. 10.

24 Zu diesem Ergebnis kamen auch *Hanau/Preis* in ihrer Untersuchung zum Arbeitsvertrag, I B Rdnr. 8 ff.

25 Nur 28 % der ausgewerteten Formulararbeitsverträge lassen Raum für individuelle Vertragsregelungen.

26 *Preis*, Vertragsgestaltung, S. 58; *Tschöpe*, MDR 1996, 1090. Vgl. zu Schriftformklauseln auch *Preis*, Vertragsgestaltung, S. 405.

Schriftformklauseln, Abtretungsverbote, Vereinbarungen von Aufwendungsersatz, Arbeitszeitkonten, Regelungen für den Fall der vorübergehenden Arbeitsverhinderung und die Vereinbarung von Meldepflichten während einsatzfreier Zeiten. Die Regelungsdichte der Musterempfehlungen zum Zeitarbeitsvertrag in Formularhandbüchern ist im Vergleich wesentlich niedriger[27]. Die hohe Regelungsdichte in der Vertragspraxis resultiert zum einen aus dem weitgehenden Fehlen kollektivvertraglicher Regelungen im Bereich der Zeitarbeit und zum anderen aus den umfangreichen zwingenden gesetzlichen Vorschriften im Arbeitnehmerüberlassungsgesetz. Außerdem enthalten die Zeitarbeitsverträge hinsichtlich vieler Regelungsgegenstände nur das, was kraft Gesetzes ohnehin gilt. Zum Beispiel gewähren die meisten Zeitarbeitsverträge nur den gesetzlichen Mindesturlaub und haben in diesem Punkt rein informativen Charakter. Ferner haben viele Zeitarbeitsunternehmen das Bestreben, die ordnungsgemäße Durchführung der Verträge durch möglichst detaillierte Einzelfallregelungen abzusichern. Dies zeigt sich insbesondere an den umfangreichen Vereinbarungen von Vertragsstrafen, mit denen versucht wird, schon im voraus die Sanktionen möglicher Vertragsverletzungen im einzelnen genau zu regeln. Es finden sich dabei fast kuriose Regelungen, deren Vereinbarkeit mit dem geltenden Recht fragwürdig ist.

In herkömmlichen Arbeitsverträgen übliche Verweisungen auf andere Vertragswerke finden sich in Zeitarbeitsverträgen kaum, was wiederum auf das weitgehende Fehlen kollektivvertraglicher Regelungen im Bereich der Zeitarbeit zurückzuführen ist. Demgegenüber verweisen alle untersuchten Verträge in großem Umfang auf die gesetzlichen Regelungen; vereinzelt übernehmen die Verträge auch den Gesetzeswortlaut in den Vertragstext.

Die Regelungsinhalte der einzelnen Zeitarbeitsverträge weisen signifikante Unterschiede auf: Nicht nur die materielle Ausstattung der Zeitarbeitsverhältnisse – die insgesamt eher weniger attraktiv erscheint – divergiert in den einzelnen Verträgen stark, auch hinsichtlich der Gestaltung der Arbeitszeit finden sich höchst unterschiedliche Regelungen. Gleiches gilt zum Beispiel für die Festlegung des möglichen Einsatzgebietes der Zeitarbeitnehmer und die Vorkehrungen bei Verletzung der Vertragspflichten durch den Zeitarbeitnehmer.

Die bei der Durchführung der Untersuchung von vielen Zeitarbeitsunternehmen zu hörende Vermutung, aufgrund der engen gesetzlichen Vorgaben seien alle Zeitarbeitsverträge gleich, hat sich nicht bestätigt. Schon an dieser Stelle der Arbeit soll

---

27 Musterzeitarbeitsverträge finden sich zum Beispiel in: Rechtsformularbuch/*Bauer*, S. 1334 ff.; Münchener Vertragshandbuch/*Kopp*, S. 747; *Hohn/Romanovsky*, Vorteilhafte Arbeitsverträge, S. 298 ff.; *Schaub*, Arbeitsrechtliche Formularsammlung, § 3 IV; Beck'sches Formularbuch/*Schaub*, S. 358 ff.; *Schneider*, Hdb. der Zeitarbeit, Rdnr. 236.

festgestellt werden, daß die einzelnen Zeitarbeitsunternehmen sehr unterschiedlich mit den gesetzlichen Rahmenbedingungen umgehen.

Erster Teil
Grundlagen der Zeitarbeit

Der erste Teil behandelt die Grundlagen der Zeitarbeit. Notwendig ist es zunächst, den Begriff der Zeitarbeit von anderen Begriffen abzugrenzen und zu definieren welche Gestaltungsformen des drittbezogenen Personaleinsatzes als Zeitarbeit qualifiziert werden (§ 3). Anschließend sollen die historischen Wurzeln dieser Beschäftigungsform und ihre gesetzlichen Rahmenbedingungen beleuchtet werden. In diesem Zusammenhang wird auch ein Überblick über die heutige Bedeutung der Zeitarbeit gewährt (§ 4). Einer eingehenden Analyse bedarf die Untersuchung der drei Rechtsbeziehungen der Zeitarbeit, deren Kenntnis unerläßlich für die Frage der individual- und kollektivvertraglichen Gestaltungsmöglichkeiten des Zeitarbeitsverhältnisses sind (§ 5). In der wissenschaftlichen Diskussion nimmt die Abgrenzung der Zeitarbeit von anderen Formen des drittbezogenen Personaleinsatzes – insbesondere durch werk- oder dienstvertragliche Gestaltungen – breiten Raum ein und ist bis heute nicht übereinstimmend geklärt. § 6 ordnet die Diskussion und versucht eine umsetzbare Leitlinie für die Abgrenzung herauszuarbeiten. Gegenstand des abschließenden § 7 ist die konzerninterne Arbeitnehmerüberlassung. Zu untersuchen ist, welche Erscheinungsformen der konzerninternen Arbeitnehmerüberlassung von der Anwendung der Vorschriften des Arbeitnehmerüberlassungsgesetzes freigestellt sind.

§ 3 Begriffsbestimmung

In einem klassischen Arbeitsverhältnis treten Arbeitnehmer und Arbeitgeber dergestalt gegenüber, daß zwischen ihnen zugleich ein Arbeits- und ein Beschäftigungsverhältnis besteht. Die Erbringung der Arbeitsleistung auf der einen sowie die Entlohnung und die Weisungsbefugnis auf der anderen Seite sind klar zwischen zwei Parteien aufgeteilt[28]. Anders ist das beim drittbezogenen Personaleinsatz[29]: Der drittbezogene Personaleinsatz ermöglicht die Nutzung einer fremden Arbeitskraft ohne die Übernahme der Arbeitgeberstellung[30]. Bei der im Rahmen dieser Arbeit

---

28 Vgl. *Schröder*, in Schupp/Büchel/Diewald (Hrsg.), Arbeitsmarktstatistik, S. 184 (185).

29 Allen Arten des drittbezogenen Personaleinsatzes ist gemeinsam, daß Arbeitnehmer ihre Arbeitsleistung in einem Betrieb, mit dessen Inhaber sie keinen Arbeitsvertrag geschlossen haben, erbringen. Zu den verschiedenen Formen des drittbezogenen Personaleinsatzes: *Becker*, ZfA 1978, 131 ff; *Becker/Wulfgramm*, § 1 Rdnr. 23; *Konzen*, ZfA 1982, 259 (264 ff.); *Niebler/Biebl/Ulrich*, Arbeitnehmerüberlassung, Rdnr. 41 ff; Staudinger/*Richardi*, Vorbem. zu §§ 611 ff BGB Rdnr. 356 ff.; *Schüren*, § 1 AÜG Rdnr. 100 ff.

30 *Hamann*, Erkennungsmerkmale, S. 48.

interessierenden und bedeutendsten Form des drittbezogenen Personaleinsatzes handelt es sich um ein Rechtsverhältnis, bei dem ein selbständiger Unternehmer einen Arbeitnehmer, mit dem er einen Arbeitsvertrag geschlossen hat, vorübergehend einem anderen Unternehmer zur Arbeitsleistung zur Verfügung stellt. Der Arbeitnehmer ist unter Fortbestand des Vertragsverhältnisses zum Arbeitgeber verpflichtet, für den Betrieb des Drittunternehmers nach dessen Weisungen zu arbeiten[31].

I. Terminologie

Für ein derartiges dreidimensionales Rechtsverhältnis[32] mit mindestens drei Beteiligten[33], einem Arbeitsvertrag[34] zwischen zwei der Beteiligten und der Erbringung der Arbeitsleistung nicht beim Arbeitgeber, sondern bei einem Dritten, finden sich verschiedene Termini: Leiharbeit, Zeitarbeit, Arbeitnehmerüberlassung und Personalleasing, womit nur die am häufigsten gebrauchten Begriffe genannt sind[35].

Diese Begriffsvielfalt spiegelt die in Deutschland bestehende gesellschaftspolitische Kontroverse um diese Beschäftigungsform wieder[36]. Der Deutsche Gewerkschaftsbund (DGB) begegnet dieser Beschäftigungsform bis heute sehr kritisch[37]. Es stehen sich extreme Standpunkte gegenüber: Während auf der einen Seite „von

---

31 Zur Struktur der einzelnen Rechtsverhältnisse vgl. unten § 5.

32 Vgl. *Becker/Kreikebaum*, Zeitarbeit, S. 40; *Becker/Wulfgramm*, AÜG, Einl. Rdnr. 5.

33 Grundsätzlich können an der Arbeitnehmerüberlassung auch mehr als drei Personen beteiligt sein. Es handelt sich um Formen des Ketten- oder Zwischenverleihs bei dem zwischen dem überlassenden Arbeitgeber und dem den Arbeitnehmer beschäftigenden Entleiher noch weitere Personen zwischengeschaltet sind. Zum Kettenverleih: *Sandmann/Marschall*, AÜG, Einl. Anm. 3.

34 Wird der Arbeitnehmer nicht aufgrund eines Arbeitsvertrages mit dem überlassenden Unternehmen tätig, sondern steht er zu diesem Unternehmen beispielsweise in einem freien Dienstverhältnis, so handelt es sich nicht um Arbeitnehmerüberlassung (vgl. MünchArbR/*Marschall*, § 167 Rdnr. 11; *Sandmann/Marschall*, AÜG, Einl. Anm. 4; vgl. dazu auch § 5 I.

35 *Kadel/Koppert*, BB 1990, 2331; *Rudolph/Schröder*, MittAB 1997, 102; *Sandmann/Marschall*, AÜG, Einl. Anm. Rdnr. 7.

36 *Schröder* (in Schupp/Büchel/Diewald (Hrsg.), Arbeitsmarktstatistik, S. 184 (187)) geht davon aus, daß die differierenden Begriffe in Publikationen anzeigen, aus welcher Perspektive das Dreiecksverhältnis analysiert wird: Leiharbeit betone die Perspektive der Arbeitnehmer, Zeitarbeit unterstreiche die Perspektive des Verleihers und Personalleasing sei eine Bezeichnung aus der Sicht des Entleihers.

37 Vgl. die Stellungnahme des DGB im Neunten AÜG-Erfahrungsbericht vom 4.10. 2000, BT-Drucks. 14/4220, S. 26.

modernem Menschenhandel" gesprochen wird[38], diese Arbeitsform als „Krebsgeschwür unserer Gesellschaft" bezeichnet[39] und noch immer für ein Verbot der Leiharbeit plädiert wird[40], schätzt die Wirtschaft die Überlassung von Arbeitnehmern als ein in vielen Bereichen nicht mehr wegzudenkendes Flexibilisierungsinstrument und fordert aus arbeitsmarktpolitischer Sicht eine weitere Deregulierung der gesetzlichen Vorschriften[41].

Am ältesten ist der Begriff der *Leiharbeit*. Dieser Begriff ist umgangssprachlich entstanden[42]. Der Gesetzgeber verwendet grundsätzlich den Begriff der *Arbeitnehmerüberlassung*. In dem am 12.10. 1972 in Kraft getretenen Gesetz zur Regelung der gewerblichen Arbeitnehmerüberlassung (AÜG)[43] ist der Begriff der Leiharbeit neben dem Begriff der Arbeitnehmerüberlassung übernommen worden. § 1 Abs. 1 S. 1 AÜG definiert den überlassenden Arbeitgeber als „Verleiher", den Dritten, an den überlassen wird, als „Entleiher" und den Arbeitnehmer als „Leiharbeitnehmer". Damit hat das AÜG die umgangssprachliche Bezeichnung der Leihe perpetuiert[44]. Auch die Rechtsprechung verwendet neben dem Begriff der Arbeitnehmerüberlassung den Begriff der Leiharbeit[45]. Diesem Begriff hat sich auch der

---

38 So *Günter Wallraff* in seiner popularistischen Reportage „Ganz unten" (1985).

39 Leiharbeit - Krebsgeschwür in unserer Gesellschaft, *Kastleiner*, SozSich 1981, 138.

40 Obwohl das Bundesverfassungsgericht mit seinem Urteil vom 4.4. 1967 – 1 BvR 84/65, AP Nr. 7 zu § 37 AVAVG = NJW 1967, 974 ein Verbot der Arbeitnehmerüberlassung für unvereinbar mit Art. 12 GG erklärt hat, gibt es Stimmen in der Literatur, die bis heute ein generelles Verbot der gewerbsmäßigen Arbeitnehmerüberlassung fordern: *Frerichs/ Möller/Ulber*, Leiharbeit, S. 5; *Krüger*, Verbot der Leiharbeit; *Ulber*, AÜG, Einl. E Rdnr. 13. Vgl. auch die Stellungnahme des DGB im Neunten AÜG-Erfahrungsbericht vom 4.10. 2000 (BT-Drucks. 14/4220, S. 26), in der die Gewerkschaften weitreichende Beschränkungen der Arbeitnehmerüberlassung durch gesetzliche Regelungen fordern.

41 Vgl. Stellungnahmen der Bundesvereinigungung der Deutschen Arbeitgeberverbände (BDA) und des Bundesverbandes Zeitarbeit Personal-Dienstleistungen e.V. im Neunten AÜG-Erfahrungsbericht vom 4.10. 2000 (BT-Drucks. 14/4220, S. 25 f.); *Dorman/Knospe*, Social Consult Studie, S. 54 ff.; *Wolf*, BDA KND 1998, Nr. 11; vgl. auch iwd 2000, Nr. 6, S. 4.

42 Vgl. amtliche Begründung der Bundesregierung zum Entwurf des AÜG, BT-Drucks. 6/2303, S. 10; *Ramm*, DB 1973, 1170.

43 Verkündet am 11. 8.1972 (BGBl. I S. 1393). Das AÜG war ursprünglich ein Artikelgesetz. Durch die Änderungen in Art. 64 Arbeitsförderungsreformgesetz (AFRG) wurde das AÜG zu einem selbständigen Gesetz. Seitdem können die Vorschriften des AÜG ohne zusätzliche Angabe des AÜG-Mantelgesetzes zitiert werden (vgl. Begründung zum AFRG, BT-Drucks. 13/ 4941, S. 247).

44 HzA/*Düwell*, Gruppe 16, Rdnr. 9.

45 Für alle: BAG vom 30.1. 1991 – 7 AZR 497/89, AP Nr. 8 zu § 10 AÜG = NZA 1992, 19; BAG vom 21.3. 1990 – 7 AZR 198/89, AP Nr. 15 zu § 1 AÜG = NZA 1991, 269; BAG vom 18.1. 1989 - 7 ABR 62/87, AP Nr. 2 zu § 14 AÜG = NZA 1989, 728; BAG vom 9.4. 1987 –

Rat der europäischen Gemeinschaft in der „Richtlinie zur Ergänzung der Maßnahmen zur Verbesserung der Sicherheit und des Gesundheitsschutzes von Arbeitnehmern mit befristetem Arbeitsverhältnis oder Leiharbeitsverhältnis“ vom 25.6. 1991 angeschlossen[46].

Auch wenn der Gesetzgeber zu Recht davon ausgeht, daß sich der Begriff der Leiharbeit im allgemeinen Sprachgebrauch und in der arbeitsrechtlichen Literatur durchgesetzt hat[47], erscheint der Begriff Leiharbeit ungenau und ist juristisch nicht korrekt: Das zivilrechtliche Institut der Leihe (§§ 598 ff. BGB) regelt die *unentgeltliche* Überlassung von *Sachen* zum Gebrauch, während bei der Arbeitnehmerüberlassung Arbeitnehmer gegen Entgelt einem Dritten zur Arbeitsleistung zur Verfügung gestellt werden[48]. Nach dem BGB ist die entgeltliche Gebrauchsüberlassung die Miete. Juristisch wäre es daher richtiger von einem „Mietarbeitsverhältnis“ und „Mietarbeitnehmern“ zu sprechen. Allerdings erscheint es ebenso wenig vertretbar, von der Vermietung von Menschen wie vom Verleih von Menschen zu sprechen[49]. Deshalb sollen diese Begriffe weitgehend vermieden werden[50].

Auch der Begriff *Personalleasing*[51] ist ungeeignet. Es ist in dogmatischer Hinsicht unrichtig, bei der Überlassung von Arbeitskräften von Leasing zu sprechen[52]. Zwar handelt es sich auch beim Leasing um ein Dreipersonenverhältnis, jedoch hat beim Finanzierungsleasing, der bedeutendsten Form des Leasing, der Leasingnehmer für die Amortisation der vom Leasinggeber für die Anschaffung der Sache gemachten Aufwendungen und Kosten einzustehen[53]. Der Leasingvertrag ist vielmehr als ein

---

2 AZR 280/86, AP Nr. 1 zu § 9 AÜG = NZA 1988, 541; BAG vom 8.11. 1978 – 5 AZR 261/77, AP Nr. 2 zu § 1 AÜG = NJW 1979, 2636.

46 Richtlinie 91/383/EWG, ABl. Nr. L 206 vom 29.7. 1991, S. 19 ff.

47 Vgl. Begründung des Gesetzesentwurfes der Bundesregierung, BT/Drucks. 6/2303, S. 10; *Schüren*, § 1 AÜG Rdnr. 26.

48 HzA/*Düwell*, Gruppe 16, Rdnr. 6; *Schröder*, Arbeitnehmerüberlassung in Deutschland, S. 187; für *Becker* (DB 1971, 1354 (1358); *Becker/Wulfgramm*, AÜG, Einl. Rdnr. 17) ruft der Begriff Leiharbeit Assoziationen mit der im römischen Recht üblichen Sklavenmiete hervor und steht deshalb mit der verfassungsrechtlich geschützten personalen Menschenwürde nicht in Einklang.

49 „Vermietung von Menschen“, so lautet der Titel eines Aufsatzes von *Leve*, Soziale Arbeit 1972, 383.

50 So auch *Ramm*, DB 1973, 1170.

51 Von Personalleasing spricht das BAG zum Beispiel in seiner Entscheidung vom 1.2. 1973 – 5 AZR 382/72, AP Nr. 29 zu § 615 BGB Betriebsrisiko = NJW 1973, 1295. Dieser Begriff entspricht auch der Selbstbezeichnung einiger Unternehmen.

52 Zutreffend: *Becker/Kreikebaum*, Zeitarbeit, S. 40.

53 Palandt/*Putzo*, Einf. vor § 535 BGB Rdnr. 29. Zum Leasingvertrag: *Martinek*, Moderne

teilzahlungsähnliches Rechtsgeschäft mit Elementen des Kauf-, Miet- und Darlehnsvertrages zu qualifizieren[54].

Dem internationalen Sprachgebrauch „temporary work“, „travail temporaire“ oder „trabajo temporal“ entstammt der Begriff der *Zeitarbeit*[55]. Der Gesetzgeber hat diesen Begriff im Arbeitnehmerüberlassungsgesetz nicht erwähnt. Auch die Bemühungen[56], den Begriff der Zeitarbeit im deutschen Sprachraum durchzusetzen, hatten zumindest in der juristischen Fachliteratur bis heute nur bedingt Erfolg[57]. Demgegenüber wird das Überlassen von Arbeitnehmern in ökonomischen und gesellschaftspolitischen Auseinandersetzungen als Zeitarbeit bezeichnet. Dieser Begriff entspricht auch der Selbstbezeichnung der Unternehmen als Zeitarbeitsunternehmen und der Verbände[58]. In den Richtlinienentwürfen der EG-Kommission vom 30.4. 1982[59] und dem Richtlinienentwurf vom 3.4. 1984[60] wird Zeitarbeit als der Oberbegriff für die gewerbsmäßige Arbeitnehmerüberlassung und befristete Arbeitsverhältnisse gebraucht.

Unzutreffend wird der Begriff der Zeitarbeit im allgemeinen Sprachgebrauch teilweise auch synonym für Teilzeitarbeit verwendet, obgleich es sich um ganz verschiedene Tatbestände handelt[61]. Zudem löst der Begriff der Zeitarbeit unrichtige Assoziationen zu befristeten Arbeitsverhältnissen aus[62], obwohl das Arbeitsverhältnis zum Zeitarbeitsunternehmen nach den gesetzlichen Leitbild des AÜG gerade ein permanentes auf unbestimmte Zeit abgeschlossenes Arbeitsverhältnis sein soll[63].

Vertragstypen Bd. I, S. 37 ff.

54 *Becker/Kreikebaum*, Zeitarbeit, S. 41.

55 *Becker/Kreikebaum*, Zeitarbeit, S. 39; *Kaufmann*, Arbeitnehmerüberlassung, Rdnr. 6.

56 Vor allem von: *Becker*, DB 1971, 1354; *Becker/Kreikebaum*, Zeitarbeit.

57 Vgl. jedoch: *Becker/Kreikebaum*, Zeitarbeit; *Schwantes*, Zeitarbeit, *Schneider*, Handbuch der Zeitarbeit; *Vor*, Zeitarbeit im Rechtsvergleich. S. 39. Auch der EuGH spricht von Zeitarbeit: EuGH vom 10.2.2000 – Rs. C 202/97, AP Nr. 1 zu EWG Vertrag Nr. 1408/71.

58 Bundesverband Zeitarbeit Personal-Dienstleistungen e.V. (BZA) in Bonn ist Unternehmens- und Arbeitgeberverband der Zeitarbeitsbranche mit rund 1000 Mitgliedsfirmen. Vorläufer war der 1969 gegründete Unternehmensveband für Zeitarbeit e.V. (UZA).

59 EG-DokKom 82/155 endg.

60 EG-Dok 84/159 endg.

61 *Hantl-Unthan*, AR-Blattei SD 1840, Rdnr. 77; *Mayer-Maly*, ZfA 1972, 1; *Rudolph/Schröder*, MittAB 1997, 102 (104). Zu der Frage inwiefern ein Zeitarbeitsverhältnis zugleich als ein Teilzeitarbeitsverhältnis ausgestaltet werden kann, vgl. unten § 12 I 2.

62 *Rudolph/Schröder*, MittAB 1997, 102 (104).

63 Vgl. *Becker/Kreikebaum*, Zeitarbeit, S. 39; *Schüren*, in FS Kissel, S. 1037 (1053). Zu den

Allerdings ist der Begriff der Zeitarbeit gegenüber den Begriffen Leiharbeit und Arbeitnehmerüberlassung spezieller: Während zwischen der echten und der unechten Leiharbeit[64] und der gewerbsmäßigen und der nichtgewerbsmäßigen Arbeitnehmerüberlassung unterschieden wird[65], umfaßt der Begriff der Zeitarbeit ausschließlich die gewerbsmäßige Überlassung von Arbeitnehmern[66]. Die gewerbsmäßige Arbeitnehmerüberlassung ist auch der alleinige Regelungsgegenstand des AÜG[67]. Die nichtgewerbsmäßige Arbeitnehmerüberlassung wird von den Vorschriften dieses Gesetzes grundsätzlich nicht erfaßt[68]. Innerhalb der gewerbsmäßig betriebenen Arbeitnehmerüberlassung kann zwischen der genehmigten und der ungenehmigten Arbeitnehmerüberlassung unterschieden werden[69]. Der Begriff der Zeitarbeit beschreibt nur einen ganz bestimmten Typ der Arbeitnehmerüberlassung. Deshalb soll *Zeitarbeit* hier definiert werden als die *behördlich genehmigte gewerbsmäßige Überlassung* von Arbeitnehmern zur Arbeitsleistung an einen Dritten[70]. In Fällen von behördlich nicht zugelassener Arbeitnehmerüberlassung kann

---

Möglichkeiten der Befristung von Zeitarbeitsverträgen vgl. unten § 8 I 2 a), § 12 II.

64 Bei der echten Leiharbeit wird der Arbeitnehmer nur vorübergehend in Drittbetrieben tätig und erbringt seine Arbeitsleistung grundsätzlich im Betrieb seines Arbeitgebers. Demgegenüber werden die Arbeitnehmer in einem unechten Leiharbeitsverhältnis ausschließlich in Drittbetriebe überlassen und zu diesem Zweck eingestellt.

65 Die Begriffe echte und unechte Leiharbeit sind seit der Einführung des AÜG überholt. Der Gesetzgeber differenziert nur zwischen der gewerbsmäßigen und der nichtgewerbsmäßigen Arbeitnehmerüberlassung. Da auch der als echte Leiharbeit bezeichnete Arbeitnehmereinsatz gewerbsmäßig erfolgen kann – z.B. im Rahmen der Tätigkeit sog. Mischbetriebe – , ist die Gleichsetzung von unechter und gewerbsmäßiger sowie echter und nichtgewerbsmäßiger Arbeitnehmerüberlassung ungenau (Zutreffend: *Sandmann/Marschall*, AÜG, Einl. Rdnr. 8). Trotzdem halten das Bundesarbeitsgericht und zahlreiche Stimmen in der Literatur an einer Differenzierung zwischen echter und unechter Arbeitnehmerüberlassung fest. Vgl. BAG vom 21.3. 1990 – 7 AZR 198/89, AP Nr. 15 zu § 1 AÜG (unter I 1 der Gründe) = NZA 1991, 269; *Erdlenbruch*, Betriebsverfassungsrechtliche Stellung, S. 5; *Schaub*, ArbR-Hdb., § 120 Rdnr. 1; *Schüren*, § 14 AÜG Rdnr. 326.

66 *De la Haye*, in Bender, S. 33; *Feuerborn*, WiB 1996, 198; *Hantl-Unthan*, AR-Blattei SD 1840, Rdnr. 9.

67 ErfK/*Wank*, AÜG, Einl. Rdnr. 14; *Sandmann/Marschall*, § 1 AÜG Anm. 25; *Schüren*, § 1 AÜG Rdnr. 267; a.A. *Ulber*, § 1 AÜG Rdnr. 146 ff.

68 Ausschließlich § 1 Abs. 2 AÜG findet auch auf die nichtgewerbsmäßige Arbeitnehmerüberlassung unmittelbare Anwendung (vgl. *Schüren*, § 1 AÜG Rdnr. 525 m.w.N.). Nach überwiegender Ansicht wird § 14 AÜG auf die nichtgewerbsmäßige Arbeitnehmerüberlassung analog angewendet (vgl. BAG vom 18.1. 1989 – 7 ABR 62/87, AP Nr. 2 zu § 14 AÜG (LS) = NZA 1989, 728; *Becker/Wulfgramm*, § 14 AÜG Rdnrn. 13, 20; *Schüren*, § 14 AÜG Rdnr. 326 ff. m.w.N.). Zur nichtgewerbsmäßigen Arbeitnehmerüberlassung: *Wagner*, Rechtsverhältnisse der nichtgewerbsmäßigen Arbeitnehmerüberlassung.

69 ErfK/*Wank*, AÜG, Einl. Rdnr. 14.

70 Enger: *Becker/Wulfgramm*, AÜG, Einl. Rdnr. 57. Diese Autoren bezeichnen nur die ge-

demgegenüber nicht von Zeitarbeit, sondern muß von illegaler Arbeitnehmerüberlassung gesprochen werden[71].

Gegenstand der vorliegenden Arbeit sollen allein die Gestaltungsmöglichkeiten der gewerbsmäßigen erlaubten Überlassung von Arbeitnehmern sein. Für diese Form der Arbeitnehmerüberlassung soll im Rahmen dieser Arbeit vorrangig der speziellere Begriff Zeitarbeit verwendet werden und die beteiligten Rechtssubjekte – wie auch in der Praxis üblich – als Zeitarbeitnehmer, Zeitarbeitsunternehmen und Drittunternehmen bezeichnet werden. In Anlehnung an die gesetzliche Terminologie des § 1 Abs. 1 AÜG wird auch von Arbeitnehmerüberlassung gesprochen und auf die synonymen Begriffe Leiharbeitnehmer, Verleiher und Entleiher zurückgegriffen werden müssen.

II. Begriff der Zeitarbeit

Um die in dieser Arbeit ausschließlich behandelte und als Zeitarbeit bezeichnete Form der gewerbsmäßigen genehmigten Arbeitnehmerüberlassung klar von anderen Formen der Arbeitnehmerüberlassung unterscheiden zu können, sollen zunächst kurz die Voraussetzungen der Gewerbsmäßigkeit sowie der Erlaubniserteilung vorgestellt werden.

1. Gewerbsmäßigkeit

Obwohl § 1 Abs. 1 AÜG das Merkmal „gewerbsmäßig" als Anwendungsvoraussetzung des Gesetzes nennt, ist der Begriff der Gewerbsmäßigkeit im AÜG nicht definiert. Das AÜG hat zivilrechtliche (§ 9 ff.), strafrechtliche (§ 15 ff.), gewerberechtliche (§ 1 ff.) und sozialversicherungsrechtliche (§ 12 III) Vorschriften zum Inhalt. Da es für diese Rechtsgebiete keinen einheitlichen Begriff der Gewerbsmäßigkeit gibt[72], wäre es durchaus denkbar, je nach Regelungsgegenstand der einzelnen Vorschrift, an den für das jeweilige Rechtsgebiet maßgeblichen Begriff der Gewerbsmäßigkeit anzuknüpfen[73]. Nach einhelliger Ansicht muß dem AÜG allerdings ein einheitlicher Begriff der Gewerbsmäßigkeit zugrundegelegt werden. Bei der Arbeitnehmerüberlassung im Sinne des AÜG handelt es sich um eine erlaubnispflichtige Tätigkeit. Durch den Erlaubnisvorbehalt wird ein bestimmtes Gewerbe, die Arbeitnehmerüberlassung, reglementiert. Das AÜG ist im wesentlichen ein

---

werbsmäßige Überlassung von Aushilfskräften als Zeitarbeit.

71 So auch *Niebler/Biebl/Ulrich*, Arbeitnehmerüberlassung, Rdnr. 21; *Niedersächsische Wirtschaft*, 1999, Heft 2, S. 64.

72 Zu den einzelnen Begriffen der Gewerbsmäßigkeit vgl. *Joost*, DB 1980, 161.

73 *Sandmann/Marschall*, § 1 AÜG Anm. 26; *Schüren*, § 1 AÜG Rdnr. 270.

gewerberechtliches Spezialgesetz[74]. Übereinstimmend verstehen Rechtsprechung und der überwiegende Teil der Literatur die Gewerbsmäßigkeit deshalb im gewerberechtlichen Sinne[75]: Gewerbsmäßig ist danach jede nicht nur gelegentliche, sondern auf Dauer angelegte und auf die Erzielung unmittelbarer oder mittelbarer wirtschaftlicher Vorteile ausgerichtete selbständige Tätigkeit[76].

Nach in Kraft treten des AÜG war die Frage, ob auch Unternehmen, die Arbeitnehmerüberlassung nur neben einer eigenen Tätigkeit betreiben, gewerbsmäßig im Sinne des AÜG handeln, umstritten. Auslöser war die amtliche Begründung zum AÜG: Nach der amtlichen Begründung handelt ein Unternehmen nur „wenn der Hauptzweck des Betriebes darauf gerichtet ist, aus Arbeitnehmerüberlassung Gewinn zu erzielen", gewerbsmäßig im Sinne des AÜG[77]. Allerdings würde die Annahme, gewerbsmäßige Arbeitnehmerüberlassung läge nur dann vor, wenn die Überlassung von Arbeitnehmern Hauptzweck des Unternehmens ist, die Umgehung der Erlaubnispflicht des § 1 Abs. 1 AÜG geradezu herausfordern und wäre mit dem Schutzzweck des AÜG nicht vereinbar: Fielen sogenannte Mischbetriebe, die neben der Überlassung von Arbeitnehmern noch einen anderen Betriebszweck verfolgen und einen Teil ihrer Arbeitnehmer zur Erfüllung eigener Aufgaben einsetzen[78], nicht unter das AÜG und wäre deren Tätigkeit erlaubnisfrei, so könnten die Vorschriften des AÜG problemlos unterlaufen werden, indem ein weiterer Betriebszweck ausschließlich zur Umgehung der Vorschriften des AÜG konstruiert würde[79]. Deshalb darf der sonstige Betriebszweck eines Unternehmens für die Frage der Gewerbsmäßigkeit keine Rolle spielen; es ist unerheblich, ob ein Betrieb ausschließlich Arbeitnehmerüberlassung betreibt oder ob es sich um einen Mischbetrieb handelt[80]. Eine gewerbsmäßige Arbeitnehmerüberlassung im Sinne des

---

74 *Sandmann/Marschall*, § 1 AÜG Anm. 35; *Schüren*, § 1 AÜG Rdnr. 279.

75 BAG vom 21.3.1990 – 7 AZR 198/89, AP Nr. 15 zu § 1 AÜG (unter I 2 a) bb) der Gründe) = NZA 1991, 269; BAG vom 10.2. 1977 – 2 ABR 80/76, AP Nr. 9 zu § 103 BetrVG 1972 (unter II 1 b) der Gründe) = NJW 1977, 1413; *Becker/Wulfgramm*, § 1 Rdnr. 27; *Marschall*, RdA 1983, 18 (23); *Schüren*, § 1 Rdnr. 279; ErfK/*Wank*, AÜG, Einl. Rdnr. 47; a.A. *Rüthers/Bakker* (ZfA 1990, 275 (302 f.) die einen dem AÜG eigenen Begriff der Gewerbsmäßigkeit aus dem Schutzzweck des AÜG entnehmen.

76 Zu den Anforderungen an die Gewerbsmäßigkeit im einzelnen, vgl. *Sandmann/Marschall*, § 1 AÜG Anm. 36 ff.; *Schüren*, § 1 AÜG Rdnr. 286 ff.; *Ulber*, § 1 AÜG Rdnr. 148 ff.

77 BT-Drucks. 6/2303, S. 10.

78 Vgl. zu der tatsächlichen Bedeutung sog. Mischbetriebe Neunter AÜG-Erfahrungsbericht, BT-Drucks. 14/4220, S. 7.

79 *Becker/Wulfgramm*, § 1 AÜG Rdnr. 26; MünchArbR/*Marschall*, § 174 Rdnr. 42; *Schüren*, § 1 AÜG Rdnr. 282; ErfK/*Wank*, § 1 AÜG Rdnr. 40.

80 BAG vom 10.2. 1977 – 2 ABR 80/76, AP Nr. 9 zu § 103 BetrVG 1972 = NJW 1977, 1413; BAG vom 8.11. 1978 – 5 AZR 261/77, AP Nr. 2 zu § 1 AÜG = NJW 1979, 2636 = DB

AÜG liegt unabhängig vom sonstigen Betriebszweck des Unternehmens immer dann vor, wenn die einzelne Überlassung gewerbsmäßig erfolgt[81].

Gewerbsmäßiges Handeln setzt eine Gewinnerzielungsabsicht voraus. Ausreichend ist es, daß ein unmittelbarer oder zumindest ein mittelbarer wirtschaftlicher Vorteil erstrebt wird[82]. Ob tatsächlich ein Gewinn erzielt wird, ist irrelevant. Auch eine beabsichtigte Senkung von Verlusten, stellt einen wirtschaftlichen Vorteil dar[83]; eine Verbesserung der Vermögenslage und damit zugleich ein wirtschaftlicher Gewinn ist zum Beispiel in der durch die Überlassung von Arbeitnehmern verursachten Senkung der Personalkosten zu sehen[84]. Ausschließlich dann, wenn ein Unternehmen auch bei seiner sonstigen Teilnahme am Wirtschaftsleben keine Gewinne erzielen will, ist auch die Arbeitnehmerüberlassung nicht auf Gewinn gerichtet und damit gemeinnützig[85].

Das Merkmal der Dauer ist nur dann erfüllt, wenn die selbständige Tätigkeit auf Wiederholung angelegt ist[86]. Das heißt, die Arbeitnehmerüberlassung muß, um gewerbsmäßig zu sein, auf eine mehr als einmalige Überlassung gerichtet sein. Unerheblich ist, ob es tatsächlich zu einer wiederholten Überlassung kommt. Nur

---

1979, 851; MünchArbR/*Marschall*, § 167 Rdnr. 42; *Schüren*, § 1 AÜG Rdnr. 282; ErfK/*Wank*, § 1 AÜG Rdnr. 40.

81 BAG vom 15.6. 1983 – 5 AZR 111/81, AP Nr. 5 zu § 10 AÜG (unter I 3 a) der Gründe) = NJW 1984, 2420; BAG vom 8. 11.1978 – 5 AZR 261/77, AP Nr. 2 zu § 1 AÜG (unter II 2 a) der Gründe) = NJW 1979, 2636; *Sandmann/Marschall*, § 1 AÜG, Anm. 32; *Schüren*, § 1 AÜG Rdnr. 282; ErfK/*Wank*, § 1 AÜG Rdnr. 40; vgl. auch Dritter AÜG-Erfahrungsbericht vom 1.8. 1978, BT-Drucks. 8/2025, S. 15.

82 Gewinn braucht nicht immer eine geldwerte Leistung zu sein, ausreichend ist zum Beispiel eine Verbesserung der Wettbewerbschancen des Verleihers, die sich erst später in geldwerten Leistungen niederschlägt (*Sandmann/Marschall*, § 1 AÜG Anm. 37).

83 *Becker*, DB 1988, 2561, (2562).

84 *Schüren*, § 1 AÜG Rdnr. 314; vgl. auch OLG Karlsruhe vom 9.10.1987 – 3 Ss 89/87, NZA 1988, 616 = EzAÜG Nr. 252.

85 *Marschall*, Bekämpfung, S. 23 f. Gemäß § 52 der Abgabenordnung vom 16.3. 1976 verfolgt eine Körperschaft einen gemeinnützigen Zweck, wenn ihre Tätigkeit darauf gerichtet ist, die Allgemeinheit auf materiellem, geistlichem oder sittlichem Gebiet selbstlos zu fördern (*Bastong*, Arbeitgeber 1998, 284; *Schröder*, Arbeitnehmerüberlassung, S. 97). Ein Großteil der auf die Vermittlung von Arbeitslosen spezialisierten Gesellschaften, wie die START Zeitarbeit NRW GmbH, ist von den Finanzämtern nicht als gemeinnützig anerkannt worden. Ob kostendeckend arbeitende Zeitarbeitsunternehmen überhaupt als gemeinnützig anerkannt werden können, ist nicht geklärt. Zur Bedeutung der gemeinnützigen Zeitarbeit.

86 *Becker*, DB 1988, 2521 (2562); *Schaub*, NZA 1985, Beil. 3, 1 (2); *Schüren*, § 1 AÜG Rdnr. 300.

wenn ein Arbeitnehmer von Anfang an geplant nur ausnahmsweise und einmalig in einem anderen Unternehmen eingesetzt wird, fehlt das Merkmal der Dauer[87].

2. Erlaubnis

Die Zulässigkeit der gewerbsmäßigen Arbeitnehmerüberlassung hängt grundsätzlich von der Erteilung einer speziellen gewerberechtlichen Erlaubnis nach § 1 Abs. 1 S. 1 und § 2 AÜG ab. In anderen als den ausdrücklich im AÜG bezeichneten Ausnahmetatbeständen[88] handelt es sich bei einer Überlassung ohne Erlaubnis um eine Form der illegalen Arbeitnehmerüberlassung[89]. Auch Mischbetriebe benötigen, sofern sie unter keinen Ausnahmetatbestand fallen, einer Erlaubnis. § 1 Abs. 1 AÜG enthält ein präventives Verbot der Arbeitnehmerüberlassung mit Erlaubnisvorbehalt. Danach ist Arbeitnehmerüberlassung zwar grundsätzlich verboten, sie kann jedoch nach Erteilung einer Erlaubnis ausgeübt werden[90]. Nach § 9 AÜG ist der Arbeitsvertrag zwischen dem Verleiher und dem Arbeitnehmer von Anfang an unwirksam, wenn der Verleiher keine Erlaubnis besitzt. Statt dessen fingiert § 10 AÜG ein Arbeitsverhältnis des Leiharbeitnehmers zum Entleiher. Da es sich bei dem fingierten Arbeitsverhältnis um keine Arbeitnehmerüberlassung handelt, gelten für dieses Beschäftigungsverhältnis nur die allgemeinen arbeitsrechtlichen Vorschriften.

Seit dem 1.1. 1982 ist das gewerbsmäßige Überlassen von Arbeitnehmern in Betriebe des Baugewerbes[91] verboten; eine diesbezügliche Erlaubnis kann nicht erteilt werden. Zunächst regelte § 12 a AFG dieses sektorale Verbot der Arbeitnehmerüberlassung. Zum 1.1. 1998 wurde die Vorschrift des § 12 a AFG wortgleich als § 1 b AÜG in das AÜG eingefügt. Das Bundesverfassungsgericht hat das sektorale

---

87 OLG Karlsruhe vom 9.10.1987 – 3 Ss 89/87, NZA 1988, 616 = EzAÜG Nr. 252; BayOLG vom 31.3. 1978 – RReg 4 St 187/77, AP Nr. 1 zu § 1 AÜG = NJW 1978, 1869; *Marschall*, Bekämpfung, S. 23; *Schaller*, DStR 1996, 469.

88 § 1 Abs. 3 Nr. 1 – 3 AÜG enthält drei Ausnahmetatbestände nach denen die gewerbsmäßige Arbeitnehmerüberlassung ohne Erlaubnis außerhalb der Vorschriften des AÜG betrieben werden darf. In diesen Fällen sah der Gesetzgeber den Sozialschutz der überlassenen Arbeitnehmer nicht gefährdet.

89 Der Begriff der illegalen Arbeitnehmerüberlassung ist durch das Gesetz zur Bekämpfung der illegalen Beschäftigung (BillBG) geprägt worden. Streitig ist in diesem Zusammenhang, ob es sich schon dann um illegale Arbeitnehmerüberlassung handelt, wenn ein Unternehmen zwar mit der entsprechenden Erlaubnis tätig wird, jedoch gegen einzelne Vorschriften des AÜG verstößt; bejahend *Leitner*, Arbeitnehmerüberlassung in der Grauzone, S. 31; ablehnend HzA/*Düwell*, Gruppe 16 Rdnr. 265; Kasseler Handbuch/*Düwell*, 4.5. Rdnr. 260.

90 *Niebler/Biebl/Ulrich*, Arbeitnehmerüberlassungsgesetz, Rdnr. 198; *Schüren*, § 2 AÜG Rdnr. 5.

91 Zur Auslegung des Begriffs „Betriebe des Baugewerbes“: BGH vom 17.2. 2000 – III ZR 78/99, NZA 2000, 608.

Verbot der Arbeitnehmerüberlassung im Baugewerbe für mit dem Grundgesetz vereinbar erklärt[92]. 1994 wurde § 1 b S. 2 AÜG als Ausnahme von dem Verbot eingefügt: Danach ist das Verbot der gewerbsmäßigen Arbeitnehmerüberlassung im Baugewerbe eingeschränkt, sofern die Betriebe denselben Rahmen- und Sozialkassentarifverträgen unterliegen (sogenannte „Kollegenhilfe").

Die Erlaubnis ist ein mitwirkungsbedürftiger Verwaltungsakt. Die Bundesanstalt für Arbeit erteilt die Erlaubnis durch die zuständigen Landesarbeitsämter. Im Rahmen der Erlaubniserteilung unterliegen die Zeitarbeitsunternehmen der gewerberechtlichen Überwachung durch die Bundesanstalt für Arbeit. Die Bundesanstalt für Arbeit überwacht durch die ihr nachgeordneten Landesarbeitsämter neben der Einhaltung der sozialversicherungs- und steuerrechtlichen Pflichten insbesondere die Einhaltung der Vorschriften des AÜG und die Zuverlässigkeit des Zeitarbeitsunternehmens[93]. Die Einzelheiten zur Erteilung, Versagung, Rücknahme und Widerruf der erforderlichen Erlaubnis sind in § 2 ff. AÜG geregelt[94].

§ 4 Entwicklung der Zeitarbeit in Deutschland

Die gewerbsmäßige Arbeitnehmerüberlassung ist wesentlich älter als das Arbeitnehmerüberlassungsgesetz. Eine gesamtwirtschaftliche Bedeutung hat diese Beschäftigungsform jedoch im wesentlichen erst in den letzten Jahrzehnten erhalten. Auf den nun folgenden Seiten soll zunächst die historische Entwicklung der Zeitarbeit in Deutschland dargestellt werden und im Anschluß ein Überblick über die heutige Bedeutung und den Umfang der Zeitarbeit in Deutschland gegeben werden.

I. Historische Entwicklung

Zunächst wird die historische Entwicklung der Zeitarbeit dargestellt. Im Mittelpunkt steht die Entwicklung der gesetzlichen Rahmenbedingungen, die durch rechtstatsächliche Eckdaten und Wegmarken verdeutlicht wird.

---

92 BVerfG vom 6. 10. 1987 – 1 BvR 1086,1468 und 1625/82, BVerfGE 77, 84 = NJW 1988, 1195.

93 Vgl. § 3 Abs. 1 Nr. 1 AÜG.

94 Zu den Voraussetzungen der Erlaubnis im einzelnen vgl. *Becker/Wulfgramm*, § 2 ff. AÜG; *Schüren*, § 2 ff. AÜG. Eine umfassende Übersicht über die Anzahl der zwischen 1996 und 1999 erteilten und weggefallenen Erlaubnisse findet sich im Neunten AÜG-Erfahrungsbericht, BT-Drucks. 14/4220, S. 75, Tabelle 1.

1. Entwicklung vor 1945

Als eine eigenständige Beschäftigungsform hat sich die gewerbsmäßige Arbeitnehmerüberlassung oder Zeitarbeit erst im 20. Jahrhundert herausgebildet. Rechtshistorisch hing die Zeitarbeit von Anfang an untrennbar mit der Arbeitsvermittlung zusammen[95]. Im Arbeitsnachweisgesetz (ANG) von 1922[96], das die umfassenden organisatorischen und institutionellen Voraussetzungen für eine staatlich betriebene Arbeitsvermittlung als öffentliche Aufgabe schuf, wurde die gewerbsmäßige Arbeitnehmerüberlassung im heutigen Sinne erstmals gesetzlich erfaßt: § 48 Abs. 5 ANG ordnete die Zeitarbeit der seit 1931 verbotenen gewerbsmäßigen Stellenvermittlung zu[97]. In dieser Vorschrift hieß es: „Als gewerbsmäßige Stellenvermittlung gilt ferner die Zuweisung von Arbeitnehmern, deren Arbeitskraft der Zuweisende gewerbsmäßig dritten Personen für vorübergehende Beschäftigung zur Verfügung stellt, ohne selbst die Ausrüstung mit den erforderlichen Werkzeugen und die sozialen Versicherungslasten des Arbeitgebers für die vermittelten Personen zu übernehmen". Damit sollte das Zeitarbeitswesen jener Zeit beseitigt werden. Allerdings konnte § 48 Abs. 5 ANG leicht umgangen werden, indem Verleiher durch die Zahlung der Sozialversicherungsbeträge und die Überlassung der Ausrüstung an die Arbeitnehmer eine Arbeitgeberstellung vortäuschten[98]. Die Regelung des § 48 Abs. 5 ANG wurde wortgleich als § 54 Abs. 3 in das Gesetz über Arbeitsvermittlung und Arbeitslosenversicherung (AVAVG) vom 16.2. 1927 übernommen. Diese Rechtslage wurde auch durch die Notverordnung des Reichspräsidenten vom 6.10. 1931 nicht geändert; die Notverordnung stellte nur fest, daß eine verbotene Stellenvermittlung nicht vorliegt, wenn der Vermittler Arbeitgeber des „verliehenen" Arbeitnehmers ist. Damit war die Arbeitnehmerüberlassung im Sinne des heutigen § 1 Abs. 1 AÜG erlaubt[99]. Jedoch hielt sich die praktische Bedeutung der Zeitarbeit noch in engen Grenzen; nur im Bereich der Montanindustrie kam Zeitarbeit häufiger vor, wobei sich die Arbeitseinsätze oftmals über mehrere Jahre hinzogen[100].

Während der Zeit des Nationalsozialismus blieb für privatwirtschaftliche Arbeitsvermittlung oder Arbeitnehmerüberlassung nur geringer Raum[101]. Durch § 4 der Verordnung vom 26.11. 1935 zur Durchführung des Gesetzes über Arbeitsvermitt-

---

95 *Pieroth*, Arbeitnehmerüberlassung, S. 27.

96 RGBl. I S. 657 ff.

97 *Schüren*, AÜG, Einl. Rdnr. 29.

98 *Becker/Wulfgramm*, AÜG, Einl. Rdnr. 36; *Pieroth*, Arbeitnehmerüberlassung, S. 28.

99 *Schüren*, AÜG, Einl. Rdnr. 31.

100 *Becker/Wulfgramm*, AÜG, Einl. Rdnr. 63; *Schüren*, AÜG Einl. Rdnr. 31; *Theuersbacher*, Leiharbeitsverhältnis, S. 8 f. m.w.N.

101 *Schüren*, AÜG, Einl. Rdnr. 32.

lung, Berufsberatung und Lehrstellenvermittlung[102] wurde § 54 AVAVG aufgehoben, wodurch die Einbeziehung der gewerbsmäßigen Arbeitnehmerüberlassung in das Arbeitsvermittlungsmonopol entfiel. Praktische Bedeutung hatte die Zeitarbeit trotzdem kaum: Die damals umfangreichen Befugnisse der Reichsanstalt, insbesondere der ihr obliegende Arbeitseinsatz, machten Arbeitnehmerüberlassungsverträge weitgehend gegenstandslos[103]. Ideologisch galt die Zeitarbeit als bedenklich und die Beschäftigung von Arbeitnehmern „zum Ausleihen" wurde mißbilligt, sie widersprach den nationalsozialistischen Vorstellungen vom Arbeitsverhältnis als einem auf gegenseitigen Treuepflichten beruhenden Führer- und Gefolgschaftsverhältnis[104]. 1941 wurden durch einen Erlaß des Reichsarbeitsministers[105] die Arbeitsminister angewiesen, das Ausleihen von Arbeitnehmern mittels Verordnungen zu unterbinden. Auf diesen Erlaß von 1941 geht das Verbot der gewerbsmäßigen Arbeitnehmerüberlassung zurück[106].

2. Entwicklung seit 1945

In der Nachkriegszeit wurde die gewerbsmäßige Arbeitnehmerüberlassung, bei der Arbeitnehmer ausschließlich zum Zwecke des Verleihens eingestellt wurden, als unerlaubte Arbeitsvermittlung eingeordnet[107]. Die Regelung des neuen § 37 Abs. 3 AVAVG[108] machte jeden gewerbsmäßigen „Verleiher" zum „Vermittler"[109], womit an die Rechtslage nach dem Erlaß des Reichsarbeitsministers von 1941 angeknüpft wurde[110]. Zeitarbeit war damit generell verboten und sogar strafbar[111]. Trotzdem kam es 1960 zur Gründung einer ersten Zeitarbeitsfirma in Deutschland: Die in der Rechtsform einer GmbH betriebene schweizerische Firma „Adia Interim" eröffnete eine erste Niederlassung in Hamburg, um Arbeitnehmer als Büro- und Schreibangestellte zu überlassen. Dabei schloß dieses Zeitarbeitsunternehmen „freie Mitarbeiterverträge" mit den Arbeitskräften ab. Den Zeitarbeitskräften wurde zwar eine Vergütung für die von ihnen beim Dritten erbrachte Ar-

---

102 RGBl. I S. 1361

103 BVerfG vom 4.4. 1967 – 1 BvR 84/65, AP Nr. 7 zu § 37 AVAVG = NJW 1967, 974 (976); *Pieroth*, Arbeitnehmerüberlassung, S. 29.

104 vgl. *Schüren*, AÜG, Einl. Rdnr. 35.

105 RABl. I S. 6.

106 *Schüren*, AÜG, Einl. Rdnr. 35.

107 *Theuersbacher*, Leiharbeitsverhältnis, S. 19.

108 Vom 3.4. 1957, BGBl. I S. 321.

109 Vgl. LG Köln vom 29.1. 1965 – 21 O 115/64, AP Nr. 5 zu § 37 AVAVG = RdA 1965, 440.

110 *Schüren*, AÜG, Einl. Rdnr. 40.

111 AG Mannheim vom 22. 10. 1958 – 2 Ms 62/58, BB 1959, 563 f; *Hueck/Nipperdey*, Lehrbuch Bd. 1, S. 526; *Schüren*, AÜG, Einl. Rdnr. 38; *Theuersbacher*, Leiharbeitsverhältnis, S. 22.

beitsleistung garantiert, sonstige Arbeitgeberpflichten wurden von dem Zeitarbeitsunternehmen jedoch nicht übernommen[112].

Eine Zäsur in die Zeitarbeitsgeschichte brachte die Entscheidung des Bundesverfassungsgerichtes von 1967[113]. Zu entscheiden hatte das Bundesverfassungsgericht über die Verfassungsbeschwerde der Firma „Adia Interim" gegen § 37 Abs. 3 AVAVG. Nach dieser Vorschrift war dem Unternehmen die Arbeitnehmerüberlassung untersagt worden. Das Bundesverfassungsgericht erklärte § 37 Abs. 3 AVAVG für nichtig und trennte die Arbeitnehmerüberlassung von der dem staatlichen Monopol unterliegenden Arbeitsvermittlung ab. Das generelle Verbot der Zeitarbeit wurde aufgehoben, da es keine zwingenden Gründe gäbe, nach denen der mit dem Verbot verbundene Eingriff in die Berufsfreiheit (Art. 12 GG) gerechtfertigt werden könne[114]. Offen ließ die Entscheidung des Bundesverfassungsgerichtes allerdings, ob die Tätigkeit der beschwerdeführenden Zeitarbeitsfirma „Adia Interim" Arbeitsvermittlung darstellt. Das Bundessozialgericht, an das der Rechtsstreit zurückverwiesen worden war, beurteilte die Tätigkeit von „Adia Interim" als Arbeitsvermittlung, weil das Verleihunternehmen Arbeitsgelegenheiten nachgewiesen habe und nur als Zahlstelle tätig gewesen sei[115].

Nach der die Nichtigkeit des § 37 Abs. 3 AVAVG erklärenden Entscheidung des Bundesverfassungsgerichtes erlebte die Zeitarbeit einen starken Aufschwung; wenige Monate nach der Aufhebung des § 37 Abs. 3 AVAVG wurden bereits 950 Zeitarbeitsunternehmen mit Sitz in der Bundesrepublik sowie rund 100 ausländische Verleiher gezählt[116]. Zugleich mehrten sich Verstöße gegen steuer-, arbeits- und sozialrechtliche Vorschriften; es kam zu Mißständen durch illegale Beschäftigung und Ausbeutung ausländischer Arbeitnehmer sowie zu Eingriffen in das Alleinvermittlungsrecht der Bundesanstalt für Arbeit[117]. Den vom Bundesverfas-

---

112 *Becker*, DB 1971, 1354 (1357); *Dragendorf/Heering/John*, Beschäftigungsförderung, S. 29; *Schwantes*, Zeitarbeit, S. 66.

113 BVerfG vom 4.4. 1967 – 1 BvR 84/65, AP Nr. 7 zu § 37 AVAVG = NJW 1967, 974.

114 BVerfG vom 4.4. 1967 – 1 BvR 84/65, AP Nr. 7 zu § 37 AVAVG = NJW 1967, 974.

115 BSG vom 29.7. 1970 – 7 RAr 44/68, AP Nr. 9 zu § 37 AVAVG = NJW 1971, 166. In diesem Urteil entwickelte das Bundessozialgericht für die Abgrenzung der Arbeitnehmerüberlassung von der Arbeitsvermittlung die Schwerpunkttheorie. Nach dieser Theorie handelt es sich um Zeitarbeit, wenn der Schwerpunkt der arbeitsrechtlichen Beziehung im Verhältnis Zeitarbeitsunternehmer – Zeitarbeitnehmer liegt und damit eine feste Grundlage für den arbeitsrechtlichen Schutz des Zeitarbeitnehmers gegeben ist.

116 Kasseler Handbuch/*Düwell* 4.5 Rdnr. 23; *Sandmann/Marschall*, AÜG, Einl. Rdnr. 15.

117 *Dragendorf/Heering/John*, Beschäftigungsförderung, S. 30; *Sandmann/Marschall*, AÜG, Einl. Rdnr.16; *Schröder*, Arbeitnehmerüberlassung, S. 71; vgl. auch BR-Drucks. 200/71, S. 9.

sungsgericht an den Gesetzgeber erteilten Auftrag, die Zeitarbeit sozialverträglich zu regeln, nahm die damals amtierende soziallibertale Regierungskoalition an und legte am 15.6. 1971 den Regierungsentwurf eines Gesetzes zur Regelung der gewerbsmäßigen Arbeitnehmerüberlassung vor. Zielsetzung dieses Gesetzes war es, „bei der Arbeitnehmerüberlassung Verhältnisse herzustellen, die den Anforderungen des sozialen Rechtsstaates entsprechen und eine Ausbeutung der betroffenen Arbeitnehmer ausschließen[118]". Am 7.8. 1972 wurde das Gesetz zur Regelung der gewerbsmäßigen Arbeitnehmerüberlassung (AÜG) nach Zustimmung des Bundesrates verabschiedet.

Mit dem AÜG wollte der Gesetzgeber die Abgrenzung der Zeitarbeit von der (bis 1994) verbotenen privaten Arbeitsvermittlung, die Gewährleistung eines sozialen Schutzes der Zeitarbeitnehmer und die Wahrung und Aufrechterhaltung eines geordneten Arbeitsmarktes erreichen[119]. Unter Berücksichtigung der Rechtsprechung des Bundesverfassungsgerichtes[120] und des Bundessozialgerichtes[121] unterwarf der Gesetzgeber daher die Tätigkeit der Zeitarbeitsunternehmen einer Erlaubnis[122], berief die Bundesanstalt für Arbeit als Aufsichts- und Kontrollbehörde, wies den Zeitarbeitsunternehmen die Arbeitgeberstellung zu und unterstellte die Drittunternehmen und die Zeitarbeitsunternehmen besonderen arbeits- und sozialrechtlichen Vorschriften zum Schutz der Zeitarbeitnehmer[123].

3. Nach Inkrafttreten des AÜG

Mit der Schaffung des AÜG im Jahr 1972 hat der Gesetzgeber „Neuland betreten" und die gewerbsmäßige Arbeitnehmerüberlassung erstmals in einem Spezialgesetz geregelt. Von Anfang an wurde das AÜG rechtspolitisch sehr kontrovers diskutiert[124]. Die Schwierigkeiten, die sich vor allem aus der Komplexität der gesetzlich neugeregelten Materie und dem nebeneinander von gewerbe-, arbeits-, sozial-, steuer- und strafrechtlichen Vorschriften ergaben, hatte der Gesetzgeber schon bei der Schaffung des AÜG erkannt[125]. Nicht überraschend ist es daher, daß in den folgenden Jahren nach Inkrafttreten des AÜG eine Vielzahl von Gesetzesänderungen

---

118 Amtl. Begründung zum Regierungsentwurf vom 15.6. 1971, BT-Drucks. 6/2303, S. 9.

119 BT-Drucks. 6/2303, S. 9 ff.

120 BVerfG vom 4.4. 1967 – 1 BvR 84/65, AP Nr. 7 zu § 37 AVAVG = NJW 1967, 974.

121 BSG vom 29.7. 1970 – 7 RAr 44/68, AP Nr. 9 zu § 37 AVAVG = NJW 1971, 166.

122 Zur Erlaubnis vgl. oben § 3 II 2.

123 *Vor*, Zeitarbeit, S. 14.

124 Vgl. *Becker/Wulfgramm*, AÜG, Einl. Rdnr. 112.

125 Vgl. BT-Drucks. 6/2303, S. 9 ff.; BT-Drucks. 6/3505, S. 2; vgl. auch *Vor*, S. 14.

und -anpassungen erfolgte, von denen hier nur die wichtigsten angesprochen werden sollen[126]:

Grundlegende Neuerungen erfuhr das AÜG zunächst durch das Gesetz zur Bekämpfung der illegalen Beschäftigung (BillBG) vom 15.12. 1981[127] und das Arbeitsförderungskonsoldierungsgesetz (AFKG) vom 22.12. 1981[128]. Das BillBG betraf die Arbeitnehmerüberlassung insbesondere durch die Einführung einer Bestimmung über die betriebsverfassungsrechtliche Stellung der Zeitarbeitnehmer (§ 14 AÜG) sowie die Einführung einer Kostenvorschrift für Anträge auf Erteilung oder Verlängerung der Verleiherlaubnis (§ 2 a AÜG). Als Teil des AFKG trat zum 1.1. 1982 das Verbot der gewerbsmäßigen Arbeitnehmerüberlassung in Betrieben des Baugewerbes in Kraft, womit den besonders gravierenden Mißständen im Bereich der Bauwirtschaft Rechnung getragen werden sollte[129]. Zu einer sozialverträglichen Ausdehnung des Arbeitsplatzangebotes sollte das Beschäftigungsförderungsgesetz (BeschFG) von 1985 beitragen[130]. Im Bereich der Zeitarbeit wurden durch das BeschFG die Einsatzmöglichkeiten von Zeitarbeitnehmern, insbesondere durch die Verlängerung der höchstzulässigen Überlassungsdauer von bisher drei auf sechs Monate, erweitert und die Anwendung der Vorschriften des AÜG in einigen Sonderfällen (§ 1 Abs. 3 Nr. 1 - 3 AÜG)[131] ausgeschlossen. Im Januar 1994 wurde die höchstzulässige Überlassungsdauer von sechs auf neun Monate weiter angehoben[132].

Bedeutsam für die Entwicklung der Zeitarbeit war die Aufhebung des Alleinvermittlungsmonopols der Bundesanstalt für Arbeit durch Art. 1 des Beschäftigungsförderungsgesetzes 1994[133]; seitdem können auch Private aufgrund entsprechender Genehmigung der Bundesanstalt für Arbeit[134] Arbeitsvermittlung betreiben. Mit

---

126 Vgl. hierzu die ausführlichen Darstellungen in: Kasseler Handbuch/*Düwell*, 4.5 Rdnr. 24 ff.; *Ulber*, AÜG, Einl. B Rdnr. 15 ff.

127 BGBl. I S. 1390.

128 BGBl. I S. 1497.

129 Zum Verbot der Arbeitnehmerüberlassung im Baugewerbe vgl. oben § 3 II 2.

130 Vom 24. 6. 1985, BGBl. I S. 710; zu den Änderungen durch das BeschFG vgl. insbesondere: *Schubel*, BB 1985, 1606 ff.; *Ulber*, Mitbestimmung 1985, 339 ff.

131 Zum Ausnahmetatbestand des § 1 Abs. 3 Nr. 2 AÜG, vgl. unten § 7 II 2.

132 Durch das Erste Gesetz zur Umsetzung des Spar-, Konsolidierungs- und Wachstumsprogramms (1. SKWPG) vom 21. 12. 1993 (BGBl. I S. 2533).

133 Vom 26.7. 1994, BGBl. I S. 1786

134 Gemäß § 291 ff. SGB III steht auch die private Arbeitsvermittlung unter einem Erlaubnisvorbehalt; diese Erlaubnis ist bei Vorliegen der gesetzlichen Voraussetzungen nach § 23 Abs. 3 AFG zu erteilen.

dem Wegfall des Alleinvermittlungsmonopols ist ein wesentlicher Schutzzweck des AÜG – der Schutz dieses staatlichen Monopols – entfallen. Das Nebeneinander von erlaubter Arbeitnehmerüberlassung und erlaubter Arbeitsvermittlung war neu zu bestimmen[135]. Zeitarbeit und Arbeitsvermittlung können komplementär als unternehmensbezogene Dienstleistungen angeboten werden[136], erforderlich sind allerdings sowohl eine Erlaubnis zur Arbeitnehmerüberlassung als auch eine Erlaubnis zur privaten Arbeitsvermittlung. Da es sich um unterschiedliche Erlaubnistatbestände handelt, ist die Arbeitnehmerüberlassung weiterhin von der privaten Arbeitsvermittlung abzugrenzen[137]. Auch nach Aufhebung des Alleinvermittlungsmonopols wird in den in § 1 Abs. 2 AÜG genannten Tatbeständen – zum Beispiel bei Überschreitung der Höchstüberlassungsdauer gemäß § 3 Abs. 1 Nr. 6 AÜG – die Vermutung der Arbeitsvermittlung ausgelöst[138].

Zu weitreichenden Neuregelungen im AÜG kam es im Rahmen der Reform des Arbeitsförderungsrechts durch das Arbeitsförderungs-Reformgesetz (AFRG)[139] zum 1.4. 1997. Mit diesen Neuregelungen sollten beschäftigungshemmende Vorschriften aufgehoben und Hindernisse, die einer Nutzung der gewerbsmäßigen Arbeitnehmerüberlassung zur Schaffung zusätzlicher Arbeitsplätze entgegenstehen, beseitigt werden[140]. Dafür wurde insbesondere die zulässige Überlassungshöchstdauer auf 12 Monate verlängert (§ 3 Abs. 1 Nr. 6 AÜG), das bislang sehr weitreichende Verbot befristeter Arbeitsverträge gelockert (§ 3 Abs. 1 Nr. 3 AÜG) und die Wiedereinstellung nach vorangegangener Beendigung des Arbeitsverhältnisses einmalig erlaubt (§ 3 Abs. 1 Nr. 4 AÜG)[141].

---

135 Vgl. dazu *Bauer*, NZA 1995, 203; *Hamann*, NZS 1995, 493.

136 *Dormann/Knospe*, Social Consult Studie, S. 9; *Hamann*, NZS 1995, 493 (499).Von dieser Möglichkeit machen viele Zeitarbeitsunternehmen Gebrauch. Die Zeitarbeitsunternehmen bezeichnen sich als Personaldienstleister und betreiben Arbeitnehmerüberlassung und Arbeitsvermittlung nebeneinander. Als Folge hat sich 1997 auch der Bundesverband Zeitarbeit e.V. in den Bundesverband Zeitarbeit Personal-Dienstleistungen e.V. umbenannt.

137 *Hamann*, NZS 1995, 493; *Hantl-Unthan*, AR-Blattei SD, 1840 Rdnr. 83.

138 Die Rechtsfolgen einer gemäß § 1 Abs. 2 AÜG vermuteten Arbeitsvermittlung sind nach der Aufhebung des § 13 AÜG im Rahmen des AFRG 1997 ungelöst. Umstritten ist, ob eine vermutete Arbeitsvermittlung gemäß § 1 Abs. 2 AÜG zur gesetzlichen Fiktion eines Arbeitsverhältnisses zum Entleiher führt. Dazu: LAG Baden-Württemberg vom 15.10.1998 – 15 Sa 77/98; LAGE Nr. 2 zu § 10 AÜG; *Düwell*, BB 1997, 46; *Groeger*, DB 1998, 470 (471); *Hamann*, BB 1999, 1654; *Rolfs*, ZfA 1999, 403 (469).

139 Vom 24.3. 1997, BGBl. I S. 594.

140 BT-Drucks. 13/4941, S. 247.

141 Nach Einschätzung der Bundesanstalt für Arbeit hat diese Gesetzesänderung tatsächlich dazu beigetragen, daß verstärkt auf Zeitarbeitnehmer zurückgegriffen wird, vgl. Neunter Erfahrungsbericht zum AÜG, BT-Drucks. 14/4220, S. 24.

Auch nach dieser Reform ist die Diskussion über eine weitere Deregulierung der Zeitarbeit nicht abgeklungen: Die CDU/CSU Fraktion hat im Juni 1999 einen Gesetzesentwurf zur weiteren Deregulierung der Arbeitnehmerüberlassung vorgelegt[142]. Gefordert wird vor allem eine Ausweitung des Überlassungszeitraums auf drei Jahre[143] und eine Aufhebung der Bestimmungen des § 3 Abs. 1 Nr. 3, 4 AÜG. Auch die Gewerkschaften fordern in ihrer Stellungnahme zum Neunten Bericht der Bundesregierung über die Erfahrungen bei der Anwendung des AÜG eine Reform der Rahmenbedingungen der gewerbsmäßigen Arbeitnehmerüberlassung und unterbreiten konkrete Reformvorschläge[144]. Außerdem wird erneut über die Aufhebung des Verbotes der Arbeitnehmerüberlassung im Baugewerbe diskutiert. Aufgrund der Möglichkeit einer Klage der Europäischen Kommission vor dem Europäischen Gerichtshof gegen das in Deutschland bestehende gesetzliche Verbot der Zeitarbeit im Baugewerbe wegen eines Verstoßes gegen die Niederlassungs- und Dienstleistungsfreiheit hat diese Diskussion an Aktualität gewonnen[145].

Insgesamt ist die Zeitarbeit in Deutschland seit 1972 durch ein starkes Wachstum gekennzeichnet. Diese Entwicklung verlief eher diskontinuierlich und konjunkturabhängig; von Konjunktureinbrüchen war die Zeitarbeit stets betroffen, weitete sich bei der nächsten Konjunkturbelebung dann jedoch wieder verstärkt aus[146]. Ein weiterer Faktor für die Verbreitung der Zeitarbeit in Deutschland ist die gesellschaftliche Akzeptanz dieser Beschäftigungsform[147], die in den neunziger Jahren des 20. Jahrhunderts aufgrund einer anhaltend hohen Massenarbeitslosigkeit wesentlich gestiegen ist. Einen unmittelbaren Einfluß zeigten die Gesetzesänderungen und -anpassungen des AÜG auf die Entwicklung der Zeitarbeitsbranche in Deutschland. Diesen Zusammenhang soll das folgende Schaubild verdeutlichen[148]:

---

142 Entwurf eines Ersten Gesetzes zur Änderung des Arbeitnehmerüberlassungsgesetzes (1. AÜG-ÄndG), BT-Drucks. 14/1211 vom 22.6. 1999. Nach einer ersten Lesung ist der Gesetzesentwurf zur Beratung in die Ausschüsse verwiesen worden.

143 Mit der Ausweitung der Überlassungshöchstdauer auf drei Jahre soll die Möglichkeit eröffnet werden, auch höher qualifizierte Arbeiten auf Zeitarbeitnehmer zu übertragen, die wegen einer längeren Einarbeitungszeit für einen Zeitraum von einem Jahr nicht sinnvoll auf externe Arbeitskräfte übertragen werden können.

144 BT-Drucks. 14/4220, S. 26 ff.

145 Auch der Bauhauptverband hat sich dem Ruf nach Aufhebung dieses Verbotes angeschlossen; vgl. *Frankfurter Allgemeine Zeitung*, vom 12.8. 1999, S. 13.

146 Vgl. Vierter AÜG-Erfahrungsbericht, BT-Drucks. 8/4479; *Vor*, Zeitarbeit, S. 16.

147 Vgl. *de la Haye*, in Bender, S. 33.

148 Über die Entwicklung der Zeitarbeit unterrichten ausführlich die aufgrund des Bundestagsbeschlusses vom 21.6. 1972 zu erstattenden Berichte der Bundesregierung über die Erfahrungen bei der Anwendung des AÜG (AÜG-Erfahrungsberichte). Die zunächst alle zwei Jahre zu erstattenden Berichte, sind seit Beschluß des Deutschen Bundestages vom

Veränderung der Anzahl der Zeitarbeitnehmer zum Vorjahr im Konjunkturverlauf

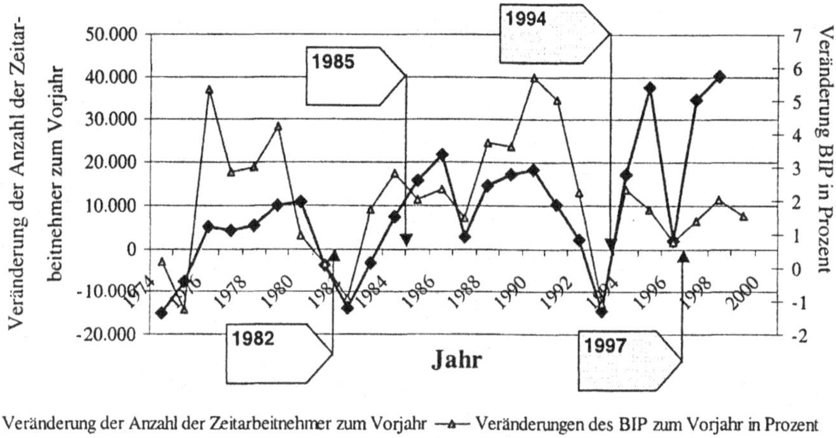

Quelle: Zeitreihe Bruttoinlandsprodukt, Bundesamt für Statistik, 2000; BA Arbeitnehmerüberlassungsstatistik; IWG Bonn 18/1995

II. Heutige Bedeutung und Umfang der Zeitarbeit

Im Jahr 1999 hat die Zeitarbeitsbranche im Vergleich zum Vorjahr eine Steigerung von 23,3 Prozent erfahren[149]. Trotzdem ist die Zeitarbeit mit einem Anteil von 1,05 Prozent an allen sozialversicherungspflichtig Beschäftigten[150] im Vergleich zum europäischen Ausland eher „unterentwickelt“[151], wofür insbesondere die in Deutschland bestehenden vergleichsweise strengen gesetzlichen Rahmenbedingungen ursächlich sind[152].

12.11.1981 im Abstand von vier Jahren vorzulegen (BT-Drucks. 9/975 S. 5). Den Neunten Erfahrungsbericht hat die Bundesregierung am 4.10. 2000 vorgelegt (BT-Drucks. 14/4220).

149 Vgl. Neunter AÜG-Erfahrungsbericht, BT-Drucks. 14/4220, S. 9, 76, Tabelle 2.

150 Zum Vergleich: 1979 betrug der Anteil der in Zeitarbeit Beschäftigten in Deutschland noch 0,18 %, 1995 schon 0,63 % (vgl. Neunter AÜG-Erfahrungsbericht, BT-Drucks. 14/4220, S. 9).

151 Der Anteil der Zeitarbeitnehmer ist in den Niederlanden fast siebenmal so hoch, in Großbritannien fünfmal so hoch und in Frankreich ungefähr doppelt so hoch wie in Deutschland, vgl. iwd 2000, Nr. 6, S. 4 (5); *Frankfurter Allgemeine Zeitung*, vom 14. 2. 2000, S. 18; vgl. auch *Zander*, Mitbest. 1999, 38 (41).

152 Vgl. die Übersicht zu gesetzlichen Regelungen der Arbeitnehmerüberlassung im Ausland, iwd 2000, Nr. 6, S. 4 (5).

Die Struktur der Zeitarbeitsbranche kennt nur eine Handvoll Unternehmen mit mehr als 30 Niederlassungen. In einem mittleren Segment findet man ungefähr 100 weitere überregional tätige Firmen, die zwischen 5 und 30 Niederlassungen betreiben. Mehr als 70 % des Branchenumsatzes erzielen allerdings kleinere nur regional vertretene Unternehmen, mit zumeist nur einem Büro[153]. In der Zeitarbeit ist in jüngster Zeit eine Konzentrationswelle zu beobachten[154]. Internationale Zeitarbeitsunternehmen fusionieren und kleinere Unternehmen des deutschen Zeitarbeitsmarktes werden von den Marktführern übernommen. Insgesamt sind auf dem deutschen Zeitarbeitsmarkt gut 4000 Zeitarbeitsunternehmen tätig, deren Hauptzweck die Überlassung von Arbeitnehmern darstellt[155]. Seit 1985 stetig angestiegen ist die Zahl gemischter Unternehmen mit Verleiherlaubnis. Zurückzuführen ist diese Entwicklung vor allem darauf, daß viele Firmen rein präventiv eine Erlaubnis beantragen, um im Zweifel zumindest keine illegale Arbeitnehmerüberlassung zu betreiben[156]; ursächlich dafür ist wiederum die unübersichtliche Rechtslage hinsichtlich der Abgrenzung der Zeitarbeit von dienst- und werkvertraglichen Gestaltungen[157].

Zeitarbeit hat sich gewandelt von einer reinen Aushilfsbeschäftigung bei Personalengpässen zu einem festen Bestandteil der Personalpolitik vieler Unternehmen. Zeitarbeitnehmer werden vermehrt auch zur Erfüllung originärer qualifizierter Unternehmensaufgaben eingesetzt[158]. Zunehmend versuchen Zeitarbeitsunternehmen auch Hochschulabsolventen als Zeitarbeitnehmer zu rekrutieren[159]. Kleinere Zeitarbeitsunternehmen spezialisieren sich oftmals auf eine Branche. Die marktführenden Großunternehmen versuchen durch den Aufbau von spezialisierten Tochterunter-

---

153 Vgl. *Dormann/Knospe*, Social Consult Studie, S. 18; *Schwantes*, Zeitarbeit S. 69; *Streicher*, mangement Berater, 2000, Heft 12, S. 60.

154 Vgl. *Frankfurter Allgemeine Zeitung* vom 19.8. 1999, S. 19; *Frankfurter Allgemeine Zeitung* vom 3.9. 1999, S. 21.

155 Vgl. Neunter AÜG-Erfahrungsbericht, BT-Drucks. 14/4220, S. 7.

156 56 % der Erlaubnisinhaber sind Mischbetriebe, vgl. Neunter AÜG-Erfahrungsbericht, BT-Drucks. 14/4220, S. 8; vgl. auch *Dormann/Knospe*, Social Consult Studie, S. 12; *Ulber*, AÜG, Einl. E Rdnr. 2.

157 Zur Abgrenzung der Zeitarbeit von dienst- und werkvertraglichen Gestaltungen vgl. unten § 6.

158 *Leitner*, NZA 1991, 293; vgl. Neunter AÜG-Erfahrungsbericht, BT-Drucks. 14/4220, S. 15.

159 Zeitarbeitsunternehmen werben auf Absolventenkongressen und Rekrutierungsveranstaltungen sowie in Zeitungsannoncen um Hochschulabsolventen. Hinsichtlich der zunehmenden Bemühungen der Zeitarbeitsunternehmen um Akademiker vgl. http://www.dis-ag.de/beruf.hochschulabsolventen.htm. Vgl. auch *Frankfurter Allgemeine Zeitung*, vom 24.1. 2000, S. 24; *Zander*, Mitbest. 1999, 38 (39). 1997 hatten erst ca. 5 % der weiblichen Zeitarbeitnehmer und 2,7 % der männlichen Zeitarbeitnehmer einen Hochschul- oder Fachhochschulabschluß (*Dormann/Knospe*, Social Consult Studie, S. 28).

nehmen[160] auch für qualifizierte Arbeitskräfte Arbeitsplätze im Bereich der Zeitarbeit zu schaffen.

Wachsende Bedeutung hat die Zeitarbeit in den letzten Jahren vor allem als Vermittlungsvariante erfahren[161]. Zeitarbeit wird zur Überbrückung der Arbeitslosigkeit[162] und als Wiedereingliederungsmöglichkeit genutzt[163]. Zeitarbeit dient als Sprungbrett. Viele Zeitarbeitnehmer finden durch ihre Tätigkeit beim Entleiher eine neue Daueranstellung, indem sie vom Entleihunternehmen übernommen werden[164]. Einige deutsche Großbanken versuchen ihren durch Restrukturierung verursachten Personalabbau, mit der Gründung von auf den Finanzdienstleistungsbereich spezialisierten externen Zeitarbeitsfirmen abzufedern: Den vor der Entlassung stehenden Bankmitarbeitern wird in konzernangehörigen Zeitarbeitsunternehmen eine Möglichkeit der Weiterbeschäftigung – wenn auch mit nicht unerheblichen finanziellen Einbußen – angeboten; damit ist für die Arbeitnehmer die Hoffnung verbunden, bei einem Entleiher wieder in eine Daueranstellung übernommen zu werden[165]. Zeitarbeit wird von vielen Unternehmen auch als kostengünstiger Weg zur Personalrekrutierung neuer festeinzustellender Mitarbeiter genutzt[166]. Die Unternehmen sparen die mit der Personalsuche verbundenen Kosten und können den Arbeitnehmer während des Überlassungszeitraumes unverbindlich erproben.

---

160 Insbesondere für den IT-Bereich und den Bereich Finanzdienstleistungen und Versicherungen. Vgl. *Handelsblatt*, vom 21.10. 1999, S. 14.

161 Vgl. Neunter AÜG-Erfahrungsbericht, BT-Drucks. 14/4220, S. 11 ff,

162 Im Laufe der Arbeitslosigkeit in der Regel eintretende Dequalifizierungserscheinungen können vermieden werden, (*Dormann/Knospe*, Social Consult Studie, S. 48).

163 Im zweiten Halbjahr 1999 waren 60,5 % der Zeitarbeitnehmer zuvor beschäftigungslos; davon waren 50 % arbeitslos und rund 10,5 % zuvor noch gar nicht beschäftigte Berufseinsteiger (z.B. Schüler und Studenten); vgl. Neunter AÜG-Erfahrungsbericht, BT-Drucks. 14/4220, S. 11.

164 Genaue Zahlen, wie viele Beschäftigte über die Zeitarbeit wieder in eine Festanstellung gelangen, existieren nicht. Nach der vom BZA in Auftrag gegebenen Social Consult Studie gaben 65 % der 136 befragten Unternehmen an, die bei ihnen eingesetzten Zeitarbeitnehmer in Festanstellungen übernommen zu haben. Der BZA selbst schätzt die Übernahmequote von Zeitarbeitnehmern in eine feste Beschäftigung auf etwa 30 % (vgl. Neunter AÜG-Erfahrungsbericht, BT-Drucks. 14/4220, S. 15).

165 Vgl. *Frankfurter Allgemeine Zeitung*, vom 30.1. 1998, S. 21. Auch in anderen Branchen überlassen Unternehmen nach Umstrukturierungen häufig Arbeitnehmer, die bis dahin ausschließlich im eigenen Betrieb eingesetzt wurden, an andere Unternehmen, vgl. Neunter AÜG-Erfahrungsbericht, BT-Drucks. 14/4220, S. 8.

166 Neunter AÜG-Erfahrungsbericht, BT-Drucks. 14/4220, S. 15; *Dormann/Knospe*, Social Consult Studie, S. 33; vgl. auch iwd 2000, Nr. 6 S. 4.

§ 5 Gespaltene Arbeitgeberstellung – Rechtsnatur der drei Beziehungen

Zeitarbeit ist ein Dreipersonenverhältnis mit zwei Vertragsbeziehungen und einer vertragslosen Rechtsbeziehung. Der Zeitarbeitnehmer steht in einer beschäftigungslosen Vertragsbeziehung zum Verleiher und in einem vertragslosen Beschäftigungsverhältnis zum Entleiher[167]. Im AÜG hat der Gesetzgeber zwar die Arbeitgeberstellung des Verleihers ausdrücklich festgeschrieben (§ 1 Abs. 1 AÜG), im übrigen die Rechtsverhältnisse jedoch nur partiell geregelt. Insbesondere die Frage, inwiefern und mit welcher dogmatischen Begründung auch dem Entleiher Arbeitgeberrechte zustehen - daher auch der Begriff der aufgespaltenen Arbeitgeberstellung -, ist bis heute umstritten.

Die Vertragsgestaltung legt den Grundstein für die gespaltene Arbeitgeberstellung in der Dreiecksbeziehung[168]. Die Aufteilung der Arbeitgeberrechte bestimmt im wesentlichen die vertragliche Gestaltung[169]. Der Inhalt der Drittbeziehung wird in den Grenzen des zwingenden Rechts, insbesondere des AÜG, durch die Vertragsfreiheit geprägt[170], wobei sich eine fast einheitliche Vertragspraxis herausgebildet hat. Umstritten sind insbesondere Rechtsnatur und Inhalt der vertragslosen Beschäftigungsbeziehung zwischen dem Entleiher und dem Zeitarbeitnehmer[171].

I. Verhältnis Zeitarbeitnehmer – Verleiher

Zwischen dem Arbeitnehmer und dem Verleiher wird ein Zeitarbeitsvertrag geschlossen. Wie in einem klassischen zweiseitigen Arbeitsverhältnis verpflichtet sich auch der Zeitarbeitnehmer zur Erbringung einer Arbeitsleistung; allerdings mit der Besonderheit, daß er sich bereits vertraglich dazu bereit erklärt, seine Arbeitsleistung nicht bei seinem Vertragspartner und -arbeitgeber, sondern bei einem von diesem zu bestimmenden Dritten zu erbringen. Bei dem konkreten Einsatz bedarf es daher einer Zustimmung des Zeitarbeitnehmers nach § 613 S. 2 BGB nicht[172]. Insbesondere in sogenannten Mischbetrieben[173] sind auch Vertragsgestaltungen

---

167 *Rüthers/Bakker*, ZfA 1990, 245 (260); *Waltermann*, Rechtssetzung durch Betriebsvereinbarung, S. 220.

168 *Konzen*, ZfA 1982, 259 (279).

169 *Windbichler*, Arbeitsrecht im Konzern, S. 67.

170 *Konzen*, ZfA 1982, 259 (280).

171 Dazu unten § 5 III.

172 *Becker/Kreikebaum*, Zeitarbeit, S. 110; *Hartwig*, Schutzpflichtverhältnis, S. 7. Zur arbeitsvertraglichen Zustimmung gemäß § 613 S. 2 BGB vgl. unten § 11 I.

173 Vgl. oben § 3 II 1; zu sog. Mischunternehmen vgl. auch *Becker/Wulfgramm*, AÜG, Einl. Rdnr. 67.

möglich, bei denen der Zeitarbeitnehmer zusätzlich verpflichtet ist, im Betrieb seines Arbeitgebers selbst die Arbeitsleistung zu erbringen[174].

Aus der Verpflichtung des Zeitarbeitnehmers, seine Arbeitsleistung grundsätzlich nicht bei seinem Vertragsarbeitgeber, sondern bei einem Dritten zu erbringen, entsteht ein besonderes Schutzbedürfnis des Zeitarbeitnehmers[175]. Diesem Schutzbedürfnis des Zeitarbeitnehmers trägt das AÜG durch zahlreiche Einschränkungen der im Grundsatz auch für den Arbeitsvertrag geltenden Vertragsfreiheit Rechnung[176]. Das AÜG legt dem Verleiher Pflichten auf, die dem Schutz des Zeitarbeitnehmers dienen sollen[177]. Am bedeutendsten ist die Erlaubnispflicht gemäß § 1 Abs. 1 AÜG, nach der die Ausübung von Zeitarbeit unter einen Erlaubnisvorbehalt gestellt wird[178].

§ 1 Abs. 1 S. 1 AÜG schreibt die Rechtsbeziehung zwischen dem Zeitarbeitnehmer und dem Verleiher zwingend als Arbeitsvertrag vor. Damit ist die Möglichkeit, eine andere Vertragsgestaltung zu wählen und den Zeitarbeitnehmer als freien Mitarbeiter aufgrund eines Dienstvertrages einzustellen, ausgeschlossen[179].

Der Zeitarbeitnehmer schuldet die Leistung von abhängiger Arbeit, die er gegenüber einem Dritten, dem Entleiher, erbringt[180]. Trotzdem bleibt der Verleiher Inhaber des Anspruchs auf die Arbeitsleistung[181]. Der Zeitarbeitnehmer ist verpflichtet, bei jedem Entleiher seine Arbeitsleistung zu erbringen; ein Leistungsverweigerungsrecht aus der Person des Entleihers steht ihm grundsätzlich nicht zu[182].

---

174 *Becker/Wulfgramm*, § 11 AÜG Rdnr. 13; *Gick*, Gewerbsmäßige Arbeitnehmerüberlassung, S. 82; *Schüren*, § 11 AÜG Rdnr. 23. Vgl. auch unten § 11 I.

175 Vgl. dazu die Ausführungen von *Becker/Wulfgramm*, AÜG, Einl. Rdnr. 4 ff.

176 Insbesondere die §§ 9 und 11 AÜG enthalten zwingende Vorgaben über die inhaltliche Ausgestaltung des Zeitarbeitsverhältnisses; dazu unten §§ 8, 9, 10.

177 Erlaubnispflicht: § 1 Abs. 1 AÜG; Meldepflicht: § 8 AÜG

178 Dazu oben § 3 II 2.

179 *Becker/Kreikebaum*, Zeitarbeit, S. 112.

180 ErfK/*Wank*, AÜG, Einl. Rdnr. 32.

181 Inhaber des Anspruchs auf die Arbeitsleistung ist der Verleiher unabhängig von der umstrittenen Frage, ob der Dritte (der Entleiher) einen eigenen Anspruch auf die Arbeitsleistung hat. Auch bei Annahme eines eigenen Leistungsanspruchs aus Vertrag zugunsten Dritter verbleibt dem Verleiher grundsätzlich ein eigenes Recht auf die Arbeitsleistung (§ 335 BGB); zur Frage wem der Anspruch auf die Arbeitsleistung zukommt, siehe unten § 5 III 2.

182 *Ulber*, § 1 AÜG Rdnr. 34. Ein Leistungsverweigerungsrecht des Arbeitnehmers besteht nach § 11 Abs. 5 AÜG, sofern der Entleiher von einem Arbeitskampf unmittelbar betroffen ist (vgl. unten § 8 III). Außerdem kann der Zeitarbeitnehmer seine Leistung ausnahmsweise verweigern, sofern Gründe in der Person des Entleihers oder den Arbeitsbedingungen im

Der Verleiher schuldet die Zahlung der Vergütung und trägt das Beschäftigungsrisiko; das heißt, er muß die Vergütung auch dann gemäß §§ 611, 615 BGB zahlen, wenn er den Arbeitnehmer nicht einsetzen kann[183]. § 1 Abs. 1 AÜG weist dem Verleiher die Arbeitgeberstellung zu und stellt damit klar, daß den Verleiher alle an die Arbeitgeberstellung anknüpfenden Rechtspflichten treffen. Der Verleiher ist insbesondere zur Lohnzahlung, zur Entrichtung der Sozialversicherungsbeiträge sowie zur Einbehaltung und Abführung der Lohnsteuer verpflichtet[184]. Die zwingende Verpflichtung des Verleihers zur Übernahme der Arbeitgeberpflichten kann nicht durch eine vertragliche Gestaltung aufgehoben werden[185]. Den Verleiher treffen grundsätzlich auch alle mit der Arbeitsleistung verbundenen Nebenpflichten[186], wenn auch diese aus der atypischen Struktur der Zeitarbeit zu modifizieren sind: Aufgrund seiner Arbeitgeberstellung treffen den Verleiher Schutz- und Fürsorgepflichten[187] hinsichtlich Leben, Gesundheit und der vom Zeitarbeitnehmer eingebrachten Sachen[188]. Durch das Auseinanderfallen von Vertrags- und Beschäftigungsverhältnis beschränken sich diese Pflichten im wesentlichen darauf, den Dritten, in dessen Betrieb der Zeitarbeitnehmer beschäftigt wird, sorgfältig auszuwählen und ihn während des Personaleinsatzes zu überwachen; so hat der Verleiher zum Beispiel die Einhaltung der Vorschriften des Arbeitsschutzes durch den Dritten zu kontrollieren[189]. Ferner hat auch der Zeitarbeitnehmer einen Anspruch auf ein qualifiziertes Zeugnis (vgl. § 630 S.2 BGB). Aus eigener Kenntnis kann der Verleiher im allgemeinen jedoch keine Aussage über die Leistung und das Arbeitsverhalten des Zeitarbeitnehmers machen. Deshalb trifft den Verleiher im Rahmen eines Zeitarbeitsverhältnisses die Pflicht, von dem Entleiher Beurteilungen einzuholen und auf deren Grundlage ein qualifiziertes Zeugnis auszustellen[190].

Mit den Möglichkeiten und Grenzen des inhaltlichen Gestaltungsspielraumes des Zeitarbeitsvertrags beschäftigt sich der zweite Teil dieser Arbeit.

Entleihbetrieb die Erbringung der Arbeitsleistung unzumutbar machen (vgl. *Schüren*, AÜG, Einl. Rdnr. 160).

183 Ob dem Zeitarbeitnehmer ein Arbeitnehmerstatus zukommt beurteilt sich nach den allgemeinen arbeitsrechtlichen Grundsätzen zum Arbeitnehmerbegriff; *Sandmann/Marschall*, § 1 AÜG Anm. 7; ErfK/*Wank*, AÜG, Einl. Rdnr. 33.

184 *Gick*, Gewerbsmäßige Arbeitnehmerüberlassung, S. 83.

185 *Becker/Wulfgramm*, § 1 AÜG Rdnr. 54; *Ulber*, § 1 AÜG Rdnr. 29.

186 *Becker/Wulfgramm*, § 11 AÜG Rdnr. 56; *Schüren*, AÜG, Einl. Rdnr. 200.

187 Zur Fürsorgepflicht des Arbeitgebers: *Schaub*, ArbR-Hdb., § 108.

188 *Becker/Wulfgramm*, § 1 AÜG Rdnr. 56; *Schüren*, AÜG, Einl. Rdnr. 195.

189 *Gick*, Gewerbsmäßige Arbeitnehmerüberlassung, S. 84.

190 *Becker/Wulfgramm*, § 11 AÜG Rdnr. 64; *Gick*, Gewerbsmäßige Arbeitnehmerüberlassung, S. 84.

II. Verhältnis Verleiher - Entleiher

Der Unternehmer (Verleiher) schließt mit dem Dritten (Entleiher) einen Arbeitnehmerüberlassungsvertrag. Dieser Vertrag zwischen zwei Wirtschaftsunternehmen ist ein Vertrag eigener Art (sui generis)[191].

Im Arbeitnehmerüberlassungsgesetz finden sich nur wenige Regelungen über den Inhalt des Arbeitnehmerüberlassungsvertrages; es gilt das Schuldrecht des BGB mit weitgehender Vertragsfreiheit[192]. Angeordnet wird in § 12 Abs. 1 AÜG für Arbeitnehmerüberlassungsverträge die Schriftform, um der Bundesanstalt für Arbeit ihre Überwachungstätigkeit zu erleichtern. Ferner ist im Arbeitnehmerüberlassungsgesetz vorgeschrieben, daß der Verleiher erklärt, die erforderliche Erlaubnis zur Arbeitnehmerüberlassung zu besitzen (§ 12 Abs. 1 S. 2 AÜG) und den Entleiher über Änderungen im Bestand der Erlaubnis informiert (§ 12 Abs. 2 AÜG). Eine weitere Einschränkung der Vertragsfreiheit bringt die zwingende Vorschrift des § 9 Nr. 4 AÜG: Danach sind Vereinbarungen, die dem Entleiher untersagen den Arbeitnehmer unmittelbar nach Beendigung seines Arbeitsverhältnisses zum Entleiher einzustellen, unzulässig. § 9 Nr. 4 AÜG sichert damit neben dem Recht auf freie Wahl des Arbeitsplatzes (Art. 12 GG) der Zeitarbeitnehmer[193] auch die positiven Beschäftigungsimpulse durch den Erprobungs- und Wiedereingliederungseffekt der Zeitarbeit[194]. Durch die in § 1 Abs. 2 AÜG enthaltene Zuweisung der üblichen Arbeitgeberpflichten und typischen Arbeitgeberrisiken an den Verleiher, setzt das Arbeitnehmerüberlassungsgesetz der vertraglichen Gestaltungsfreiheit von Verleiher und Entleiher eine weitere wichtige Schranke[195]. Außerdem müssen bei der inhaltlichen Ausgestaltung des Arbeitnehmerüberlassungsvertrages natürlich der Inhalt des Zeitarbeitsvertrages und die darin festgelegten Arbeitsbedingungen, wie zum Beispiel Dauer oder Lage der Arbeitszeit, beachtet werden[196]. Besondere Wirksamkeitsvoraussetzung ist auch für den Arbeitnehmerüberlassungsvertrag das Bestehen einer Verleiherlaubnis (§ 9 Abs. 1 AÜG). Zwischen der Vertragswirk

---

191 *Becker*, ZfA 1978, 131 ff.; *Becker/Kreikebaum*, Zeitarbeit, S. 118; *Niebler/Biebl/Ulrich*, Arbeitnehmerüberlassungsgesetz, Rdnr. 384; *Schüren*, AÜG, Einl. Rdnr. 271; *Walker*, AcP 194 (1994), 295 (296). Zum Teil wird der Arbeitnehmerüberlassungsvertrag auch als Unterfall des Dienstverschaffungsvertrages eingeordnet (so ErfK/*Wank*, AÜG, Einl. Rdnr. 15), während andere den Arbeitnehmerüberlassungsvertrag vom Dienstverschaffungsvertrag abgrenzen (*Becker*, ZfA 1978, 131 ff.).

192 *Kurr*, JA 1996, 717 (720).

193 *Schüren*, § 9 AÜG Rdnr. 137 ff.

194 Vgl. oben § 4 II.

195 *Becker/Kreikebaum*, Zeitarbeit, S. 117.

196 *Becker/Kreikebaum*, Zeitarbeit, S. 117.

samkeit und dem Vorliegen einer gültigen Verleiherlaubnis besteht eine Akzessorität, die zu Rechtsunsicherheit führen kann[197].

Für die inhaltliche Ausgestaltung der in der Praxis üblicherweise verwendeten Formularverträge und Allgemeinen Geschäftsbedingungen gelten neben den speziellen Schranken des AÜG und des BGB die Vorschriften des AGBG. Nach dem AGBG werden die vom Verleiher aufgestellten Allgemeinen Geschäftsbedingungen einer Inhaltskontrolle unterzogen, da es sich bei dem Arbeitnehmerüberlassungsvertrag nicht um einen Vertrag auf dem Gebiet des Arbeitsrechts handelt[198].

Der Verleiher schuldet die entgeltliche Überlassung von Arbeitskräften, jedoch nicht die Erbringung einer eigenen Arbeitsleistung[199]. Hauptleistungspflicht des Verleihers aus dem Arbeitnehmerüberlassungsvertrag ist die Auswahl und das Zurverfügungstellen eines geeigneten Zeitarbeitnehmers[200]. Dabei handelt es sich um eine Gattungsschuld, wonach ein Arbeitnehmer mit der entsprechenden fachlichen und persönlichen Qualifikation auszusuchen ist, dessen Qualifikationen entsprechend dem Rechtsgedanken des § 243 Abs. 1 BGB mittlerer Art und Güte sind[201]. Nach Auffassung der Rechtsprechung erschöpft sich die Verpflichtung des Verleihers darin, den Zeitarbeitnehmer auszuwählen und dem Dritten zur Verfügung zu stellen[202]. Diese Auffassung ist zu eng: Vielmehr trifft den Arbeitgeber darüber hinaus die Pflicht, den Zeitarbeitnehmer auch noch nach dem Arbeitsantritt „zur Verfügung zu halten“[203]. Bei dem Arbeitnehmerüberlassungsvertrag handelt es sich um ein Dauerschuldverhältnis; die Verpflichtung des Verleihers besteht darin, dem Entleiher während des gesamten Vertragszeitraumes einen arbeitsbereiten[204] und leistungsfähigen Arbeitnehmer „zur Verfügung zu halten“. Bei Ausfall des Arbeitnehmers muß der Verleiher Ersatz leisten. Die Pflicht zur Erbringung der Leis-

197 *Becker*, ZfA 1978, 131 (133).

198 *Becker/Kreikebaum*, Zeitarbeit, S. 117; *Niebler/Biebl/Ulrich*, Arbeitnehmerüberlassungsgesetz, Rdnr. 392.

199 Die Erbringung der Arbeitsleistung schuldet der Zeitarbeitnehmer aus seinem Arbeitsvertrag zum Verleiher.

200 *Becker/Kreickebaum*, Zeitarbeit, S. 118; *Schüren*, AÜG, Einl. Rdnr. 27.

201 *Becker/Kreickebaum*, Zeitarbeit, S. 118; *Schüren*, AÜG, Einl. Rdnr. 27.

202 BAG vom 9.11. 1994 - 7 AZR 217/94, AP Nr. 18 zu § 1 AÜG (unter III 2 a) der Gründe) = NZA 1995, 572; BAG vom 5.5. 1992 - 1 ABR 78/91, AP Nr. 97 zu § 99 BetrVG 1972 (unter I 1 der Gründe) = NZA 1992, 1044. So auch Staudinger/*Richardi*, Vorbem. zu §§ 611 BGB ff. Rdnr. 354.

203 ErfK/*Wank*, AÜG, Einl. Rdnr. 16; *Schüren*, AÜG, Einl. Rdnr. 278 f.

204 Die Notwendigkeit der Arbeitsbereitschaft des überlassenen Arbeitnehmers ergibt sich aus dem Merkmal „zur Arbeitsleistung“ sowie daraus, daß die Vergütung nach tatsächlich geleisteter Arbeitszeit berechnet wird (vgl. § 1 Abs. 1 AÜG), *Walker*, AcP 194 (1994), 295 (297).

tungshandlung dauert über den gesamten Vertragszeitraum an[205]. Weigert sich der Zeitarbeitnehmer, die von ihm nach dem Zeitarbeitsvertrag geschuldete Leistung zu erbringen, so steht dem Entleiher weiterhin ein vertraglicher Erfüllungsanspruch zu[206]. Zu den vertraglichen Nebenpflichten des Verleihers gegenüber dem Entleiher gehört insbesondere die Verpflichtung, die Zeitarbeitnehmer auf ihre generelle Geeignetheit für die im Entleihbetrieb zu verrichtende Tätigkeit zu prüfen. Unterläßt es der Verleiher, sich über die fachlichen und persönlichen Fähigkeiten des Zeitarbeitnehmers in ausreichendem Maße zu informieren, so liegt ein Auswahlverschulden des Verleihers vor, für das er nach den Grundsätzen der positiven Vertragsverletzung einzustehen hat[207].

Hauptleistungspflicht des Entleihers ist die Pflicht zur Zahlung der vereinbarten Vergütung für die Arbeitnehmerüberlassung, die unabhängig davon besteht, ob der Entleiher den Arbeitnehmer auch tatsächlich beschäftigt oder beschäftigen kann[208]. Der Entleiher trägt das Verwendungsrisiko. Aufgrund der besonderen Gestaltung des Arbeitnehmerüberlassungsvertrages ist in diesem Schuldverhältnis auch die Annahme der Arbeitsleistung als eine Hauptleistungspflicht des Entleihers zu qualifizieren[209].

Entscheidend ist die Gestaltung des Arbeitnehmerüberlassungsvertrages für die Abgrenzung der Arbeitnehmerüberlassung von anderen Formen des drittbezogenen Personaleinsatzes[210]; um zu bestimmen, ob ein Vertrag tatsächlich auf Arbeitnehmerüberlassung gerichtet ist, kommt es allerdings nicht auf den Text der Vereinbarung, sondern auf den tatsächlichen Geschäftsinhalt und die tatsächliche Durchführung des Vertrages an[211].

---

205 *Schüren*, AÜG, Einl. Rdnr. 277 ff.; *Niebler/Biebl/Ulrich*, Arbeitnehmerüberlassungsgesetz Rdnr. 385 ff.

206 *Becker*, ZfA 1978, 131 (136).

207 BGH vom 13.5. 1975 – VI ZR 247/73, AP Nr. 1 zu § 12 AÜG (unter II 1 der Gründe) = DB 1975, 1312; *Becker*, ZfA 1978, 131 (136); *Becker/Wulfgramm*, § 12 AÜG Rdnr. 39 ff.; *Franßen/Haesen*, § 12 AÜG Rdnr. 23.

208 ErfK/*Wank*, AÜG, Einl. Rdnr. 18 f.; *Niebler/Biebl/Ulrich*, Arbeitnehmerüberlassungsgesetz, Rdnr. 389.

209 *Becker*, ZfA 1978, 131 (137); *Becker/Kreickebaum*, Zeitarbeit, S. 118; *Becker/Wulfgramm*, § 12 AÜG Rdnr. 18; *Hantl-Unthan*, AR-Blattei SD 1840 Rdnr. 151; *Rüthers/Bakker*, ZfA 1990, 274; a.A. *Schüren* (§ 12 AÜG Rdnr. 23), der die Annahme der Arbeitsleistung für eine bloße Obliegenheit hält.

210 Dazu unten § 6.

211 BAG vom 9.11. 1994 – 7 AZR 217/94, AP Nr. 18 zu § 1 AÜG (unter II 1 der Gründe) = NZA 1995, 572; BAG vom 15. 6. 1983 – 5 AZR 111/81, AP Nr. 5 zu § 10 AÜG (unter I 1 a)der Gründe) = NJW 1984, 2912. Vgl. dazu auch unten § 6 II.

III. Verhältnis Zeitarbeitnehmer - Entleiher

Zwischen dem Zeitarbeitnehmer und dem Entleiher besteht ein vertragsloses Beschäftigungsverhältnis. Das Fehlen einer arbeitsvertraglichen Beziehung bedeutet allerdings nicht, daß zwischen dem Zeitarbeitnehmer und dem Beschäftigungsunternehmen gar keine rechtlichen Bindungen bestehen; es handelt sich nicht um eine Beziehung rein faktischer Natur[212]. Der soziale Kontakt ist dem eines zweiseitigen Arbeitsverhältnisses vergleichbar. Durch die Tätigkeit des Zeitarbeitnehmers im Betrieb des Entleihers kommt es zu einem tatsächlichen Näheverhältnis, das das Bestehen von Schutz- und Fürsorgepflichten auch in diesem Rechtsverhältnis unumgänglich macht. Die gesetzliche Regelung des § 11 Abs. 4 AÜG stellt dies hinsichtlich des Arbeitsschutzes ausdrücklich klar: Dem Entleiher obliegen – unbeschadet der Pflichten des Verleihers – die sich aus den öffentlich-rechtlichen Vorschriften des Arbeitsschutzes[213] ergebenden Pflichten. Außerdem gilt der Entleiher gemäß § 11 Abs. 7 AÜG als Arbeitgeber im Sinne des Gesetzes über Arbeitnehmererfindungen, falls ein Zeitarbeitnehmer während eines Einsatzes beim Entleiher Erfindungen machen sollte[214]. Der Zeitarbeitnehmer ist in den Betriebsablauf des Drittunternehmens in gleicher Weise eingeordnet wie ein Stammarbeitnehmer. Deshalb ist wesensgemäß mit der Zeitarbeit verbunden, daß dem Entleiher ein Direktionsrecht hinsichtlich der näheren Konkretisierung der Arbeitsleistung zusteht. Nur so kann der Entleiher die entliehenen Kräfte sinnvoll im Betrieb einsetzen, den Arbeitseinsatz nach seinen Bedürfnissen steuern, Beginn und Ende der täglichen Arbeitszeit festlegen und Einzelanweisungen erteilen[215]. Im Ergebnis unumstritten ist, daß der Entleiher den Zeitarbeitnehmern gegenüber weisungsbefugt sein muß und Treue- und Fürsorgepflichten auch in diesem Rechtsverhältnis bestehen[216]; umstritten ist allein, wie die partielle Übernahme von Arbeitgeberrechten und die Begründung von Nebenpflichten rechtsdogmatisch zu begründen ist.

---

212 *Schaub*, ArbR-Hdb., § 120 Rdnr. 65.

213 Zum Arbeitsschutzrecht gehören insbesondere die Vorschriften zum Arbeitszeitschutz (ArbZG, LadenschlußG), die Schutzvorschriften für besondere Arbeitnehmergruppen (MuSchG, SchwbG, JArbSchG) und die öffentlich-rechtlichen Unfallverhütungsvorschriften.

214 Vgl. *Hantl-Unthan*, AR-Blattei SD 1840, Rdnr. 145; *Niebler/Biebl/Ulrich*, Arbeitnehmerüberlassungsgesetz, Rdnr. 551.

215 *Kurr*, JA 1996, 717 (720); *Niebler/Biebl/Ulrich*, Arbeitnehmerüberlassungsgesetz, Rdnr. 549.

216 *Becker/Wulfgramm*, § 11 AÜG Rdnr. 36; *Becker/Kreickebaum*, Zeitarbeit, S. 159; *Eckardt*, JA 1989, 393, 400; *Konzen*, ZfA 1982, 259 (282 ff.); Staudinger/*Richardi*, Vorbem. zu §§ 611 BGB ff. Rdnr. 367; *Schaub*, ArbR-Hdb., § 120 Rdnr. 66 ff.; *Schüren*, AÜG, Einl. Rdnr. 393.

1. Doppelarbeitsverhältnis

Vor dem Inkrafttreten des AÜG wurde von einem Teil der Literatur trotz Fehlens einer arbeitsvertraglichen Bindung ein Arbeitsverhältnis zwischen dem Zeitarbeitnehmer und dem Entleiher angenommen – ein sogenanntes Doppelarbeitsverhältnis[217]. Dieser Ansicht wurde durch die gesetzliche Regelung des AÜG eine eindeutige Absage erteilt[218]: Nach der Konzeption des AÜG ist der Entleiher lediglich „Dritter" (vgl. § 1 Abs. 1 AÜG) und kein zweiter Arbeitgeber. Auch die Begründung einer Arbeitgeberstellung des Entleihers mit der tatsächlichen Eingliederung des Arbeitnehmers ist mit § 1 Abs. 1 AÜG unvereinbar[219] und würde zu einer partiellen Wiederbelebung der Eingliederungstheorie führen[220]. Die Annahme eines eigenständigen Arbeitsverhältnisses zum Entleiher widerspräche außerdem dem Geschäftswillen des Zeitarbeitnehmers bei Abschluß seines Arbeitsvertrages: Der Wille des Arbeitnehmers bei Abschluß eines Zeitarbeitsvertrages besteht allein darin, ein dauerhaftes Arbeitsverhältnis mit dem Zeitarbeitsunternehmen zu begründen[221]. Den Ausnahmefall, in dem der Geschäftswille der Parteien hinter sonstigen Schutzzwecken zurückzustehen hat, legt das AÜG ausdrücklich in § 10 AÜG fest; nach dieser Vorschrift wird bei Unwirksamkeit des Zeitarbeitsvertrages nach § 9 Abs. 1 AÜG in Ausnahme vom Konsensprinzip ein Arbeitsvertrag zwischen dem Zeitarbeitnehmer und dem Entleiher fingiert. Bei der Annahme eines Doppelarbeitsverhältnisses käme § 10 AÜG ausschließlich deklaratorischer Charakter zu, was nicht der gesetzgeberischen Intention entsprechen kann[222].

Auch die Konstruktion eines Vertragsbeitritts[223], mit der der Entleiher zum vollen zweiten Arbeitgeber wird, ist mit der gesetzlichen Regelung des § 1 Abs. 1 AÜG unvereinbar, nach der der Entleiher gerade nur „Dritter" ist[224]. Bei der Schaffung des AÜG hat der Gesetzgeber bewußt den Schwerpunkt der arbeitsrechtlichen Beziehung in das Verhältnis zum Verleiher gelegt, um so eine eindeutige Abgrenzung

---

217 *Nikisch*, Arbeitsrecht Bd. I, S. 242; *Mayer-Maly*, ZfA 1972, 1 (22 f., 34).

218 *Walker*, AcP 194 (1994), 295 (306); ErfK/*Wank*, AÜG, Einl. Rdnr. 52.

219 Das AÜG hat der Eingliederungstheorie eine eindeutige Absage erteilt und sich ausdrücklich für die Vertragstheorie entschieden (vgl. Erman/*Hanau*, § 611 BGB Rdnr. 53; *Hempel*, Spannungsverhältnis, S. 162 f.; *Schüren*, AÜG, Einl. Rdnr. 85).

220 Zur Eingliederungstheorie vgl. *Zöllner/Loritz*, Arbeitsrecht, S. 147.

221 *Immenga*, BB 1972, 805 (808); *Heinze*, ZfA 1976, 183 (198).

222 *Walker*, AcP 194 (1994), 295 (307).

223 Vertreten von *Heinze*, ZfA 1976, 183 (201ff.).

224 *Gick*, Gewerbsmäßige Arbeitnehmerüberlassung, S. 91; *Konzen*, ZfA 1982, 259 (271); *Vor*, Zeitarbeit, S. 44.

zu der bei Schaffung des AÜG grundsätzlich verbotenen privaten Arbeitsvermittlung zu ermöglichen[225].

2. Schuldverhältnis mit oder ohne primäre Leistungspflicht

Bis heute umstritten ist, ob es sich bei dem vertragslosen Rechtsverhältnis zwischen dem Zeitarbeitnehmer und dem Beschäftigungsunternehmen um ein Schuldverhältnis mit oder ohne primäre Leistungspflichten handelt; das heißt, ob der Entleiher einen eigenen Anspruch auf die Arbeitsleistung des Zeitarbeitnehmers hat.

Die Frage nach dem Bestehen eines primären Leistungsanspruchs ist entscheidend für die Frage, wer Inhaber des Anspruchs auf die Arbeitsleistung ist. Davon ist wiederum abhängig, wem das Weisungsrecht zusteht; das Weisungsrecht steht grundsätzlich dem zu, der die Arbeitsleistung fordern kann[226]. Hat der Entleiher keinen eigenen Anspruch auf die Arbeitsleistung, so ist eine gesonderte Übertragung des Weisungsrechts notwendig, damit der Entleiher den Zeitarbeitnehmer nach seinen Bedürfnissen im Betrieb einsetzen kann. Ferner ist die Frage wer einen Anspruch auf die Arbeitsleistung hat relevant für die Begründung von Nebenpflichten im Verhältnis zwischen Entleiher und Zeitarbeitnehmer. Auch im Arbeitsverhältnis knüpfen die arbeitsrechtlichen Nebenpflichten an die Hauptleistungspflicht an. Hat der Entleiher einen eigenen Anspruch auf die Arbeitsleistung, so entstehen auch in diesem Verhältnis Nebenpflichten[227], die sich auf die Hauptleistung beziehen[228]. Hat der Entleiher keinen eigenen Anspruch auf die Arbeitsleistung, so ist der Nachweis von Treue- und Fürsorgepflichten schwieriger. Die Nebenpflichten können dann nicht als Annex zur Hauptleistungspflicht bestehen, sondern bedürfen einer eigenständigen Grundlage[229]. Außerdem bereitet ohne die Anerkennung einer primären Leistungspflicht die Begründung von Schadensersatzansprüchen des Entleihers bei Schlechtleistung Schwierigkeiten.

---

225 BT-Drucks. 6/2303, S. 10. Nach der Entscheidung des Bundesverfassungsgerichtes vom 4.4. 1967 – 1 BvR 84/65, AP Nr. 7 zu § 37 AVAVG = NJW 1976, 974 liegt in dem Fehlen eines Arbeitsverhältnisses zum Entleiher der entscheidende Unterschied zur Arbeitsvermittlung.

226 *Konzen*, ZfA 1982, 259 (281); *Schüren*, AÜG, Einl. Rdnr. 139.

227 *Konzen*, ZfA 1982, 259 (282); *Schüren*, AÜG, Einl. Rdnr. 393. Das Forderungsrecht des Dritten begründet ein vertragsähnliches Verhältnis zwischen dem Schuldner und dem Dritten. Dem Dritten obliegen alle vertraglichen Nebenpflichten eines Gläubigers (MünchKomm/*Gottwald*, § 328 BGB Rdnr. 25).

228 Der Entleiher hat zum Beispiel Verantwortung für eine ausreichende Arbeitsschutzkleidung des Zeitarbeitnehmers zu tragen, jedoch nicht für die Abführung der Lohnsteuer zu sorgen.

229 *Konzen*, ZfA 1982, 259 (283).

a) Unechter Vertrag zugunsten Dritter

Nach überwiegender Ansicht besteht ein Schuldverhältnis ohne primäre Leistungspflichten zwischen Entleiher und dem Zeitarbeitnehmer[230]. Der Entleiher habe keinen eigenen Anspruch auf die Arbeitsleistung des Zeitarbeitnehmers. Der Zeitarbeitsvertrag sei ein unechter Vertrag zugunsten Dritter, des Entleihers. Deshalb bedürfe es einer gesonderten Übertragung des Weisungsrechtes auf den Entleiher. Insbesondere wegen der in der Praxis im Arbeitnehmerüberlassungsvertrag zumeist vereinbarten Möglichkeit des Verleihers, den Zeitarbeitnehmer jederzeit abzuberufen und gegen einen anderen Arbeitnehmer austauschen zu können[231], geht diese Auffassung ganz überwiegend davon aus, daß dem Entleiher das Weisungsrecht aufgrund einer Ausübungsermächtigung zusteht[232]. Der Umfang der Ausübungsermächtigung ergebe sich dann wiederum aus der Vertragsgestaltung des Überlassungsvertrages[233]. Zur Begründung von Fürsorgepflichten wird der Überlassungsvertrag als Vertrag mit Schutzwirkung für den Arbeitnehmer interpretiert[234].

Schwierigkeiten bereitet dieser Ansicht allerdings die Ableitung der korrespondierenden Treuepflicht des Zeitarbeitnehmers. Für eine Interpretation des Zeitarbeitsvertrages als Vertrag mit Schutzwirkung für den Entleiher ist das Vertragsinteresse des Verleihers am Drittschutz fragwürdig: Wenn der Verleiher nur für ein Auswahlverschulden gegenüber dem Entleiher haftet[235], spricht wenig für das Vertragsinteresse des Verleihers an den Rechtsgütern des Entleihers. Der Verleiher schuldet dem Entleiher gerade keine Fürsorge und auch die Geschäftsbeziehung zwischen beiden verlangt nicht stets die Einbeziehung in den Schutzbereich[236]. Deshalb leiten einige Vertreter dieser Ansicht eine Treuepflicht des Zeitarbeitnehmers aus einem

---

230 *Becker/Wulfgramm*, § 11 AÜG Rdnr. 59; *Gick*, Gewerbsmäßige Arbeitnehmerüberlassung, S. 105 ff., MünchKomm/*Gottwald*, § 328 BGB Rdnr. 32; *Konzen*, ZfA 1982, 259 (281); *Lieb*, Arbeitsrecht, Rdnr. 328; *Schaub*, ArbR-Hdb., § 120 Rdnr. 65 ff.; *Ulber*, § 1 AÜG Rdnr. 18; *Windbichler*, Arbeitsrecht im Konzern, S. 87 f.

231 Vgl auch die Musterformulare zum Arbeitnehmerüberlassungsvertrag: Münchner Vertragshandbuch Bd.4/*Kopp*, S. 740, § 3 (2); *Schaub*, Formularsammlung, § 3 Rdnrn. 92, 100.

232 Eine andere Ansicht will dem Entleiher durch eine Bevollmächtigung die Weisungsbefugnis gegenüber dem Zeitarbeitnehmer übertragen. Problematisch an dieser Konstruktion ist, daß der Entleiher bei einer Bevollmächtigung das Weisungsrecht nur in fremden Namen ausüben kann (vgl. *Birk*, Arbeitsrechtliche Leitungsmacht, S. 185 f.)

233 *Konzen*, ZfA 1982, 259 (282).

234 Staudinger/*Jagmann*, § 328 BGB Rdnr. 72; *Konzen*, ZfA 1982, 259 (284).

235 BGH vom 13.5. 1975 – VI ZR 247/73, AP Nr. 1 zu § 12 AÜG (unter II 1 der Gründe) = DB 1975, 1312; *Becker*, ZfA 1978, 131 (136); vgl. oben § 5 II.

236 *Konzen*, ZfA 1982, 259 (284); zustimmend *Gick*, Gewerbsmäßige Arbeitnehmerüberlassung, S. 98.

gesetzlichen Schutzverhältnis ab[237]. Zur Begründung von Schadensersatzansprüchen des Entleihers bei Schlechtleistung des Arbeitnehmers behilft sich diese Ansicht mit der Drittschadensliquidation[238]: Inhaber eines vertraglichen Anspruchs ist allein der Verleiher. Allerdings erleidet der Verleiher im Fall der Schlechtleistung des Arbeitnehmers keinen Schaden; er schuldet dem Entleiher allein die Überlassung geeigneter Arbeitnehmer und hat für deren Schlechtleistung nicht nach § 278 BGB einzustehen[239]. Der Entleiher hat den Schaden, aber keinen Anspruch. Deshalb sehen Vertreter dieser Ansicht den Verleiher als berechtigt an, den Schaden im Wege der Drittschadensliquidation gegenüber dem Zeitarbeitnehmer geltend zu machen.

b) Echter Vertrag zugunsten Dritter

Ein zunehmend größerer Teil der Literatur geht davon aus, daß zwar allein zwischen dem Verleiher und Zeitarbeitnehmer ein Arbeitsverhältnis besteht, ordnet den Zeitarbeitsvertrag jedoch als einen echten Vertrag zugunsten Dritter – des Entleihers – ein[240]. Der Zeitarbeitsvertrag zwischen dem Verleiher und dem Arbeitnehmer sei das Deckungsverhältnis und der Arbeitnehmerüberlassungsvertrag zwischen Verleiher und Entleiher das Valutaverhältnis. Der Entleiher erwerbe ein eigenes Forderungsrecht, aber auch der Verleiher sei gemäß § 335 BGB ausdrücklich berechtigt, vom Zeitarbeitnehmer die Arbeitsleistung bei dem von ihm bestimmten Entleiher zu fordern[241].

Grundsätzlich kann jeder schuldrechtliche Vertrag, auch der Arbeitsvertrag, als Vertrag zugunsten eines Dritten abgeschlossen werden. Es ist sowohl möglich, daß dem Dritten der Anspruch auf Lohn als auch der Anspruch auf die Arbeitsleistung zusteht[242]. Der Dritte erwirbt unmittelbar einen eigenen Anspruch auf die Arbeitsleistung und ist in diesem Rahmen zur Ausübung des Direktionsrechts befugt, ohne selbst Arbeitgeber zu sein[243]. Außerdem erwirbt der Dritte auch die Schadenser-

---

237 *Gick*, Gewerbsmäßige Arbeitnehmerüberlassung, S. 99 f; *Vor*, Zeitarbeit, S. 54 f.

238 So *Becker*, NJW 1976, 1827 (1828); *Gick*, Gewerbsmäßige Arbeitnehmerüberlassung, S. 117; *Konzen*, ZfA 1982, 259 (280); *Schaub*, ArbR-Hdb., § 120 Rdnr. 68.

239 *Konzen*, ZfA 1982, 259 (280); *Otto/Schwarze*, Haftung, Rdnr. 130.

240 *Niebler/Biebl/Ulrich*, Arbeitnehmerüberlassungsgesetz, Rdnr. 547; Staudiger/*Richardi*, Vorbem. zu §§ 611 BGB ff. Rdnr. 366; *Schüren*, AÜG, Einl. Rdnr 138 ff.; *Walker*, AcP 194 (1994), 295 (309f.); ErfK/*Wank*, AÜG, Einl. Rdnr. 55.

241 *Schüren*, AÜG, Einl. Rdnr. 139.

242 Soergel/*Hadding*, § 328 BGB Rdnr. 78.

243 *Schüren*, AÜG, Einl. Rdnr. 139; seine Grenzen findet das Direktionsrecht im Zeitarbeitsvertrag und im Arbeitnehmerüberlassungsvertrag, der Arbeitnehmer kann nicht zu anderen als hier vereinbarten Arbeiten herangezogen werden.

satzansprüche, die auf Leistungsstörungen beruhen. Da der Dritte zwar Forderungsinhaber, jedoch nicht der Vertragspartner ist, stehen ihm die Rechte, die den Vertrag als Ganzes betreffen, insbesondere die Kündigung, nicht zu[244]. Treue- und Fürsorgepflichten erwachsen im Rahmen eines echten Vertrages zugunsten Dritter als Annex zur Hauptleistungspflicht auch zwischen dem Versprechenden und dem Dritten[245].

c) Stellungnahme

Zwingende Vorschriften und Wertungen des AÜG stehen der Annahme eines Vertrages zugunsten Dritter nicht entgegen: Bei der Annahme eines echten Vertrages zugunsten Dritter im Sinne des § 328 BGB kann der Entleiher als Dritter lediglich die Erbringung der Arbeitsleistung an seine Person verlangen und wird durch diese Begünstigung nicht zum Arbeitgeber. Die Leistungspflicht aufgrund des Vertrages zugunsten Dritter macht den Zeitarbeitnehmer und den Entleiher nicht zu Vertragspartnern. Das Drittverhältnis ist kein Vertragsverhältnis[246], sondern nur ein vertragsähnliches Verhältnis[247]. Der Dritte kann Arbeitgeberrechte wahrnehmen, ohne selbst zum Arbeitgeber zu werden[248].

Der echte Vertrag zugunsten Dritter, der dem Dritten einen eigenen Erfüllungsanspruch einräumt, geht als gesetzlich geregelter Vertragstyp dem Vertrag mit Schutzwirkung zugunsten Dritter vor[249]: Hat der Dritte bereits einen Anspruch aus einem echten Vertrag zugunsten Dritter, so fehlt es an der für die Annahme eines Vertrages mit Schutzwirkung zugunsten Dritter notwendigen Schutzbedürftigkeit des Dritten[250]. Wie oben dargestellt erleichtert die Annahme eines Vertrages zu-

---

244 Vgl. *Larenz*, Schuldrecht Bd. 1, § 17 I b; Palandt/*Heinrichs*, § 328 BGB Rdnrn. 5, 6.

245 MünchKomm/*Gottwald*, § 328 BGB Rdnr. 25; Palandt/*Heinrichs*, § 328 BGB Rdnr. 5; *Konzen*, ZfA 1982, 259 (283); *Schüren*, AÜG, Einl. Rdnr. 393.

246 MünchKomm/*Gottwald*, § 328 BGB Rdnr. 5; Palandt/*Heinrichs*, Einf. vor § 328 BGB Rdnr. 5; Staudinger/*Jagmann*, § 328 BGB Rdnr. 41; *Schüren*, AÜG, Einl. Rdnr. 140.

247 MünchKomm/*Gottwald*, § 328 BGB Rdnr. 25.

248 *Windbichler*, Arbeitsrecht im Konzern, S. 80.

249 Dies gilt unabhängig davon, ob man wie die Rechtsprechung als Rechtsgrundlage des Vertrages mit Schutzwirkung zugunsten Dritter eine ergänzende Vertragsauslegung annimmt (BGH vom 2.11.1983 – IV a ZR 20/82, NJW 84, 355 (356), BGH vom 15.6. 1971 – VI ZR 262/69, BGHZ 56, 263 (273); RG vom 10.2. 1930 – VI 270/29 127, 222, RGZ 127, 221 (222)) oder mit der ganz überwiegenden Meinung in der Literatur eine richterliche Rechtsfortbildung als Rechtsgrundlage des Vertrages zugunsten Dritter ansieht (*Larenz*, Schuldrecht Bd. 1, § 17 II; MünchKomm/*Gottwald*, § 328 BGB Rdnr. 80)

250 BGH vom 2.7. 1996 – X ZR 104/94, BGHZ 133, 168 (173) = NJW 1996, 2927 (2929); BGH vom 15.2. 1978 – VIII ZR 47/77, BGHZ 70, 327 (329 f.) = NJW 1978, 883; Pa-

gunsten Dritter im Sinne des § 328 BGB die Begründung von Schutz- und Fürsorgepflichten und ermöglicht einen eigenen vertraglichen Schadensersatzanspruch des Entleihers, ohne auf die dogmatisch nicht unproblematische Drittschadensliquidation[251] zurückgreifen zu müssen. Insbesondere erübrigt sich so eine gesonderte Übertragung des Weisungsrechtes auf den Entleiher.

Von der überwiegenden Meinung werden gegen die Annahme eines Vertrages zugunsten Dritter im wesentlichen drei Argumente vorgebracht: Problematisch sei zunächst, daß die Person des Dritten - des Entleihers - bei Vertragsschluß in der Regel noch nicht feststeht und im Laufe des Vertragsverhältnisses wechseln kann[252] (dazu (1)). Außerdem sei die im Arbeitnehmerüberlassungsvertrag zumeist eingeräumte Möglichkeit des Verleihers, den Arbeitnehmer jederzeit zurückzurufen oder auszutauschen, mit der Annahme eines echten Vertrages zugunsten Dritter unvereinbar (dazu (2)). Zweifelhaft sei außerdem, ob der Parteiwille von Verleiher und Zeitarbeitnehmer auf Abschluß eines drittbegünstigenden Arbeitsvertrages gerichtet ist (dazu (3)).

(1) Der Annahme eines echten Vertrages zugunsten Dritter könnte entgegenstehen, daß der begünstigte Dritte bei Vertragsschluß in der Regel noch nicht feststeht und die Person des Dritten während der Vertragsbeziehung wechselt. Zweifel am Vorliegen eines echten Vertrages zugunsten des Entleihers bestehen insbesondere, weil der Dritte sein Recht erst mit Abschluß des Arbeitnehmerüberlassungsvertrages erwirbt[253]. Allerdings sind diese Bedenken unberechtigt: Grundsätzlich genügt es, daß der Dritte bei Vertragsschluß bestimmbar ist[254]. Außerdem sieht § 332 BGB ausdrücklich die Möglichkeit vor, dem Versprechensempfänger vertraglich das Recht zur einseitigen Bestimmung des Begünstigten und seine Auswechslung einzuräumen[255]: Im Rahmen des § 315 BGB darf der Verleiher als Versprechensemp-

---

landt/*Heinrichs*, § 328 BGB Rdnr. 18; MünchKomm/*Gottwald*, § 328 BGB Rdnr. 92.

251 Fraglich ist, ob die Voraussetzungen einer Drittschadensliquidation in dieser Konstellation wirklich vorliegen: Es könnte an einer zufälligen Schadensverlagerung vom Verleiher hin zum Entleiher fehlen und es gibt keine Gefahrtragungsregeln zum Nachteil des Entleihers, die einer Korrektur bedürfen (vgl. dazu *Schüren*, AÜG, Einl. Rdnr. 106; *Walker*, AcP 194 (1994), 295 (303)).

252 Was sich schon daraus ergibt, daß das Arbeitnehmerüberlassungsgesetz in § 3 Abs. 1 Nr. 6 eine Höchstüberlassungszeit von zwölf Monaten festlegt, nach deren Ablauf der Zeitarbeitnehmer in einem anderen Unternehmen beschäftigt werden muß.

253 So *Becker/Wulfgramm*, AÜG, Einl. Rdnr. 13; *Worpenberg*, Konzerninterne Arbeitnehmerüberlassung, S. 172.

254 MünchKomm/*Gottwald*, § 328 BGB Rdnr. 19; Palandt/*Heinrichs*, § 328 BGB Rdnr. 2.

255 Staudinger/*Jagmann*, § 332 BGB Rdnr. 2; Soergel/*Hadding*, § 332 BGB Rdnr. 3; Palandt/*Heinrichs*, § 332 BGB Rdnr. 1; ErfK/*Wank*, AÜG, Einl. Rdnr. 56.

fänger den Dritten – den Entleiher – für den Zeitarbeitnehmer verbindlich festlegen und während des Vertragsverhältnisses auswechseln[256]. Daß der Dritte sein Recht erst mit dem Abschluß des Überlassungsvertrages erhält, ist notwendige Konsequenz daraus, daß der Entleiher bei Abschluß des Zeitarbeitsvertrages noch nicht feststeht und vom Verleiher einseitig bestimmt wird[257]. Gemäß § 328 Abs. 2 BGB entscheidet der Parteiwille, wann das Recht des Dritten entstehen soll; möglich ist auch, daß zunächst noch überhaupt keine Rechtswirkungen zugunsten des Dritten eintreten[258].

(2) Gegen die Annahme eines echten Vertrages zugunsten Dritter wird ferner eingewendet, daß sich der Verleiher im Arbeitnehmerüberlassungsvertrag in der Regel das Recht vorbehält, den Zeitarbeitnehmer abzuberufen und zu ersetzen. Hiermit sei ein Anspruch auf die Arbeitsleistung schwerlich vereinbar[259]. Deshalb handle es sich um eine bloße Ausübungsermächtigung des Verleihers, die jederzeit einseitig widerrufen werden kann[260]. Die Möglichkeit, den jeweiligen Zeitarbeitnehmer jederzeit abzuberufen und anderweitig einzusetzen, läßt sich jedoch problemlos mit den Voraussetzungen eines Vertrages zugunsten Dritter vereinbaren: Aus den §§ 328 Abs. 2, 332 BGB folgt, daß das Recht des begünstigten Dritten befristet werden oder unter eine auflösende Bedingung oder einen Widerrufsvorbehalt gestellt werden kann[261]. Vertraglich können die Vertragsparteien außerdem vereinbaren, daß eine von ihnen das Recht des Dritten einseitig wieder aufheben kann[262]. Das Recht zum Rückruf und Austausch des Zeitarbeitnehmers, das allein dem Verleiher zusteht, ist somit nichts anderes, als ein vertraglich vereinbartes Recht auf Aufhebung der Drittbegünstigung[263].

(3) Ob ein Vertrag zugunsten Dritter vorliegt, entscheidet sich gemäß § 328 Abs. 2 BGB letztendlich danach, ob die Einräumung eines eigenen Forderungsrechtes dem Parteiwillen entspricht. Einige Autoren sehen in der Annahme eines echten Vertrages zugunsten Dritter eine Korrektur des Willens der vertrag-

---

256 *Schüren*, AÜG, Einl. Rdnr. 141.

257 *Walker*, AcP 194 (1994), 295 (311).

258 Soergel/*Hadding*, § 328 BGB Rdnr. 70 f.; Staudinger/*Jagmann*, § 328 BGB, Rdnr. 51.

259 *Konzen*, ZfA 1982, 259 (280); *Ulber*, § 1 AÜG Rdnr. 18.

260 *Becker/Wulfgramm*, § 11 AÜG Rdnr. 23; *Konzen*, ZfA 1982, 259 (280).

261 Palandt/*Heinrichs*, § 328 BGB Rdnr. 4; MünchKomm/*Gottwald* § 328 BGB Rdnr. 28 f.; Staudinger/*Jagmann*, § 328 BGB Rdnr. 52.

262 MünchKomm/*Gottwald*, § 328 Rdnr. 29; Staudinger/*Jagmann*, § 328 BGB Rdnr. 54.

263 *Walker*, AcP 194 (1994), 295 (312); *Worpenberg*, Konzerninterne Arbeitnehmerüberlassung, S. 172.

schließenden Parteien[264]. Ausdrücklich enthalten Zeitarbeitsverträge im allgemeinen keine Drittbegünstigung. Es ist jedoch üblich, daß echte Drittbegünstigungen nicht ausdrücklich festgeschrieben, sondern nur konkludent vereinbart werden[265]. Der Verleiher schließt den Zeitarbeitsvertrag von vornherein nur deshalb ab, um den Zeitarbeitnehmer einem Drittunternehmer entgeltlich zu überlassen und dem Drittunternehmer für die Zeit der Überlassung das Weisungsrecht einzuräumen. Der Verleiher selbst kann den Anspruch zwar nur auf Leistung an den Entleiher als den begünstigten Dritten geltend machen (§ 335 BGB); aber genau das ist von ihm auch gewollt[266]. Praktisch wäre es zumeist gar nicht möglich, daß der Arbeitnehmer seine Arbeitsleistung an den Verleiher erbringt. Auch der Vertragserklärung des Zeitarbeitnehmers kann ein drittbegünstigender Charakter unterstellt werden: Es entspricht dem Willen des Arbeitnehmers, seine Arbeitsleistung einem vom Verleiher in den Grenzen des § 315 BGB zu bestimmenden Dritten zu erbringen. Außerdem führt die Drittbegünstigung zu keiner Schlechterstellung des Zeitarbeitnehmers, seine Arbeitnehmerrechte gegenüber dem Verleiher werden nicht beeinträchtigt: Der Verleiher bleibt zur Entgeltzahlung verpflichtet, zahlt er nicht, so kann der Zeitarbeitnehmer seine Arbeitsleistung gemäß § 334 BGB zurückhalten. Nicht zu bestreiten ist zwar, daß der Arbeitnehmer durch die Annahme eines Vertrages zugunsten Dritter auch vertraglichen Schadensersatzansprüchen des Entleihers ausgesetzt ist[267]. Jedoch ist der Arbeitnehmer hierdurch haftungsrechtlich nicht schlechter gestellt als ein Arbeitnehmer in einem herkömmlichen zweiseitigen Arbeitsverhältnis; durch das Forderungsrecht des Dritten erhöhen sich die Haftungspflichten des Arbeitnehmers nicht[268]. Außerdem finden im Zeitarbeitsverhältnis die Regeln über die Einschränkung der Arbeitnehmerhaftung auch zwischen dem Zeitarbeitnehmer und dem Entleiher Anwendung[269].

d) Ergebnis

Es sprechen weder Gesichtspunkte des Arbeitnehmerschutzes, noch die zwingen-

---

264 *Konzen*, ZfA 1982, 259 (281); *Ulber*, § 1 AÜG Rdnr. 19.

265 MünchKomm/*Gottwald*, § 328 BGB Rdnr. 26.

266 *Walker*, AcP 194 (1994), 295 (312). Der Zeitarbeitgeber hat ein Forderungsrecht zur Leistung an sich selbst nur, wenn der Zeitarbeitnehmer nach dem Arbeitsvertrag auch zur Erbringung seiner Arbeitsleistung im Betrieb des Zeitarbeitgebers verpflichtet ist; vgl. dazu auch unten § 11 I.

267 So der Einwand von *Ulber*, § 1 AÜG Rdnr. 19.

268 *Walker*, AcP 194 (1994), 295 (313).

269 BAG vom 23.2. 1978 – 3 AZR 695/76, AP Nr. 9 zu § 637 RVO (LS) = BB 1978, 1522; MünchArbR/*Blomeyer*, § 59 Rdnr. 68; *Otto/Schwarze*, Haftung, Rdnr. 130; Staudinger/*Richardi*, Vorbem. zu §§ 611 BGB ff. Rdnr. 354.

den Vorschriften des AÜG gegen die Auslegung des Zeitarbeitsvertrages als echter Vertrag zugunsten Dritter. Der Zeitarbeitsvertrag enthält alle für einen echten Vertrag zugunsten Dritter notwendigen Bestandteile. Die in der Praxis üblichen Vertragsgestaltungen stehen in keinem Widerspruch zu den Vorschriften der §§ 328 ff. BGB und auch für einen der Drittbegünstigung entgegenstehenden Parteiwillen bestehen keine Anhaltspunkte. Der Zeitarbeitsvertrag ist daher im Regelfall ein echter Vertrag zugunsten des Entleihers.

IV. Zusammenfassende Übersicht

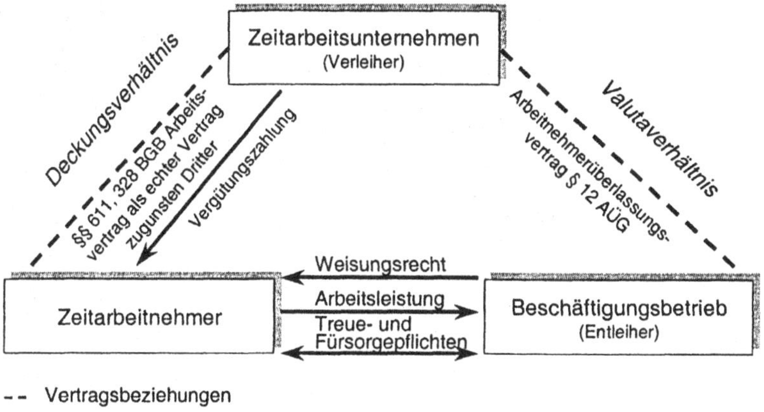

§ 6 Abgrenzung zu dienst- und werkvertraglichen Gestaltungen

Schon der Entwurf zum AÜG, in dem es heißt „ein Überlassen zur Arbeitsleistung liegt nicht vor, wenn Arbeitnehmer aufgrund einer werkvertraglichen Verpflichtung ihres Arbeitgebers im Betrieb des Dritten tätig werden[270]", zeigt, daß nicht jeder Einsatz betriebsfremder Arbeitnehmer eine Arbeitnehmerüberlassung dar-

270 BT-Drucks. 6 /2303, S. 10.

stellt[271]. Die Fremdvergabe betrieblicher Aufgaben aufgrund von Dienst- oder Werkverträgen ist von der Rechtsprechung[272] und der überwiegenden Meinung in der Literatur[273] als arbeitsrechtlich zulässige Gestaltungsformen neben der Arbeitnehmerüberlassung anerkannt[274]. Das Nebeneinander der gesetzlich streng reglementierten Zeitarbeit und den weitgehend der Vertragsfreiheit unterliegenden werk- und dienstvertraglichen Vertragsgestaltungen macht eine Abgrenzung erforderlich, um Umgehungen der Vorschriften des zwingenden Arbeitnehmerschutzes im Bereich der Zeitarbeit zu verhindern. Die Abgrenzungsdiskussion trägt zugleich zu einer Erfassung der rechtlichen Rahmenbedingungen und der Gestaltungsmöglichkeiten einer Rationalisierung durch Fremdfirmeneinsatz bei[275].

I. Bedeutung der Abgrenzung

Der Abgrenzung der Arbeitnehmerüberlassung von anderen Formen des drittbezogenen Personaleinsatzes kommt weit mehr als nur dogmatische Bedeutung zu: Das AÜG ist nur in Fällen gewerbsmäßiger Arbeitnehmerüberlassung anwendbar. Daher ist es für die Praxis von entscheidender Bedeutung, exakt die Grenzen zwischen erlaubnispflichtiger Zeitarbeit und den Vorschriften des AÜG nicht unterliegenden Vertragsgestaltungen des drittbezogenen Personaleinsatzes zu kennen[276]. Wird ein drittbezogener Personaleinsatz unzutreffend für einen nicht unter das AÜG fallenden Personaleinsatz gehalten, so können aus der fehlenden Erlaubnis für den Verleiher und den Entleiher weitreichende Konsequenzen entstehen[277].

---

271 Kasseler Handbuch/*Düwell*, 4.5. Rdnr. 110.

272 BAG vom 5.5. 1992 – 1 ABR 78/91, AP Nr. 97 zu § 99 BetrVG 1972 = NZA 1992, 1044; BAG vom 1.12. 1992 – 1 ABR 30/92, EzA Nr. 110 zu § 99 BetrVG 1972; BAG vom 9.7. 1991 – 1 ABR 45/90, AP Nr. 94 zu § 99 BetrVG 1972 = NZA 1992, 275; BAG vom 5.3. 1991 – 1 ABR 39/90, Nr. 90 zu § 99 BetrVG 1972 = NZA 1991, 686.

273 *Dauner-Lieb*, NZA 1992, 817 ff.; *Henssler*, NZA 1994, 294 (302); *Lieb*, Arbeitsrecht, Rdnr. 331; *Schüren*, § 1 AÜG Rdnr. 222 ff.; *Walle*, Einsatz, S. 36 ff.; a.A. *Ulber*, AÜG, Einl. C Rdnr. 22, der den dienst- und werkvertraglichen Einsatz von Fremdpersonal weitgehend den Vorschriften des AÜG unterstellen will. In diese Richtung tendieren auch *Leisten*, BB 1992, 266 (268); *Wagner*, AuR 1992, 40 (41).

274 Zur Abgrenzung anderer Formen des drittbezogenen Personaleinsatzes von der Zeitarbeit (z.B. von dem Geschäftsbesorgungsvertrag, dem Dienstverschaffungsvertrag, der Abordnung von Arbeitnehmern in Arbeitsgemeinschaften oder der Überlassung von Maschinen mit Bedienungspersonal): *Hantl-Unthan*, AR-Blattei SD 1840, Rdnr. 58 ff.; *Schüren*, § 1 AÜG Rdnr. 246 ff.

275 Vgl. *Lieb*, Arbeitsrecht, Rdnr. 330.

276 *Becker*, ZfA 1978, 131.

277 Beim Fehlen der erforderlichen Erlaubnis ist gemäß § 9 Nr. 1 AÜG sowohl der Vertrag zwischen dem Verleiher und dem Zeitarbeitnehmer als auch der Vertrag zwischen dem Verleiher und dem Entleiher nichtig. Gemäß § 10 Abs. 1 S. 1 AÜG wird zum Schutz des überlas-

In der Praxis herrscht bis heute eine große Rechtsunsicherheit bei der Abgrenzung der Zeitarbeit von anderen Formen des Personaleinsatzes. Diese Unsicherheit zeigt sich exemplarisch an der Vielzahl der veröffentlichten Checklisten und Abgrenzungshilfen, die es entweder den Unternehmern erleichtern sollen zu prüfen, inwieweit der von ihnen geplante Arbeitseinsatz eine dienst- oder werkvertragliche Gestaltung zuläßt[278] oder Betriebsräten die Identifizierung von Fällen verdeckter Arbeitnehmerüberlassung ermöglichen sollen[279]. Die bestehenden Unsicherheiten bei der Abgrenzung zeigen sich ferner an der hohen Zahl beantragter und erteilter Erlaubnisse[280] zur Arbeitnehmerüberlassung von Unternehmen, die eigentlich gar keine gewerbsmäßige Arbeitnehmerüberlassung betreiben. Viele dieser Unternehmen besorgen sich die Erlaubnis rein präventiv, um in Zweifelsfällen der Rechtsfolge des § 10 AÜG, der Fiktion des Arbeitsverhältnisses zum Entleiher, zu entkommen[281].

Erschwert wird die Abgrenzung dadurch, daß in zunehmendem Maße auch innerbetriebliche Aufgaben, die unmittelbarer Bestandteil des Produktionsprozesses sind, an fremde Firmen aufgrund von Werkverträgen vergeben werden[282]. In der unternehmerischen Gesamtplanung haben Dienst- und Werkvertrag heute eine neue Funktion: Ihr Einsatz beschränkt sich nicht mehr allein auf Hilfs- und Sekundärarbeiten. Auch für Aufgaben, die besondere Fachkenntnisse erfordern, greifen viele Unternehmer auf externes Personal zurück: Insbesondere im Bereich der Datenverarbeitung setzen Unternehmen vermehrt Fremdpersonal ein: Betriebsfremde Spezialisten entwickeln über längere Zeiträume im Betrieb und in Zusammenarbeit mit den Arbeitnehmern des Auftraggebers Programme und schulen das betriebseigene Personal[283]. Abgrenzungsschwierigkeiten ergeben sich ferner bei den Beratungstätigkeiten: Wirtschaftsprüfer prüfen ihre Mandanten in deren Geschäftsräumen

---

senen Zeitarbeitnehmers ein Arbeitsverhältnis zum Entleiher fingiert.

278 Vgl. die Checklisten bei *Feuerborn*, WiB 1996, 198 ff.; *Schliephacke*, Fremdfirmen, Anhang.

279 Checklisten finden sich bei: *Brötz*, AiB 1983, 169 ff.; *Herbst/Krüger*, AiB 1983, 168 f.; *Krüger*, AiB 1998, 621 ff; *Wagner/Ulber/Hinrichs*, „Moderner Skalvenhandel", S. 42 ff.

280 Im letzten Quartal 1999 konnten 9232 Erlaubnisinhaber registriert. Bei 56 % der Erlaubnisinhaber handelt es sich um sog. Mischbetriebe, vgl. BT-Drucks. 14/4220, S. 8, 75, Tabelle 1.

281 Aussage von *Spieker*, Justitiar Manpower Deutschland, Gespräch vom 25.2, 1999; zu einer vorsorglichen Beantragung einer Erlaubnis rät auch *Eckardt*, JA 1989, 393 (396). Vgl. auch Neunter AÜG-Erfahrungsbericht, BT-Drucks. 14/4220, S. 8.

282 BAG vom 5.3. 1991 – 1 ABR 39/90, Nr. 90 zu § 99 BetrVG 1972 (unter II 2 der Gründe) = NZA 1991, 686; BAG vom 9. 7. 1991 – 1 ABR 45/90, AP Nr. 94 zu § 99 BetrVG 1972 (unter I 1 der Gründe) = NZA 1992, 275; *Hamann*, Erkennungsmerkmale, S. 80; *Ulber*, AÜG, Einl. C Rdnr. 22.

283 *Feuerborn*, CR 1995, 91.

durch eigene Angestellte, Unternehmensberater arbeiten oft über Monate in fremden Unternehmen. Für das Baugewerbe – wo die Arbeitnehmerüberlassung gemäß § 1 b AÜG verboten ist – stellt der Werkvertrag die einzig zulässige Einsatzform betriebsfremder Arbeitnehmer dar. Bei der Vergabe von Bauaufträgen ist der Einsatz von Werkverträgen im Rahmen der Vergabe durch Generalunternehmer an Subunternehmer[284] und Sub-Subunternehmer die gängige Form zur Bewältigung des Arbeitsanfalls[285].

II. Rechtsformzwang

Für die Arbeitnehmerüberlassung besteht ein Rechtsformzwang[286]: Liegt ein Arbeitnehmerüberlassungsvertrag objektiv vor, so ist der Wille der Vertragschließenden, einen Dienst- oder Werkvertrag abzuschließen unerheblich. Es ist belanglos, wie der Vertrag bezeichnet wird und welche Rechtsfolgen die Parteien wählen. Sonst wäre der Parteiwille die Voraussetzung für die Anwendbarkeit zwingenden Rechts – hier der Vorschriften des AÜG. Die privatautonome Gestaltungsfreiheit wird durch die zwingenden Vorschriften des AÜG aus Gesichtspunkten des Arbeitnehmerschutzes eingeschränkt. Nicht zulässig ist es, durch eine geschickte Vertragsgestaltung eine an sich erlaubnispflichtige Arbeitnehmerüberlassung in der Form eines Werk- oder Dienstvertrages auszuüben; der Geltungsbereich der Vorschriften des AÜG steht nicht zur Disposition der Vertragsparteien[287].

Für die rechtliche Einordnung eines Vertrages als Dienst- oder Werkvertrag oder als Arbeitnehmerüberlassungsvertrag ist allein der tatsächliche Geschäftsinhalt maßgeblich. Der Geschäftsinhalt kann sowohl aus den ausdrücklichen Vereinbarungen der Parteien als auch aus der tatsächlichen Durchführung des Vertrages ermittelt werden. Steht die tatsächliche Durchführung im Widerspruch zu den vertraglichen Vereinbarungen, so entscheidet allein die tatsächliche Durchführung[288]. Üben die Parteien nach dem tatsächlichen Geschäftsinhalt eine Arbeitnehmerüber-

---

284 Der Subunternehmervertrag ist Sonderform des werkvertraglichen Einsatzes. Der Subunternehmer übernimmt gegenüber einem Generalunternehmer die Verpflichtung, ein bestimmtes Teilobjekt eines Werkes in eigener Verantwortung zu erstellen (*Hantl-Unthan*, AR- Blattei SD 1840, Rdnr. 46).

285 *Ulber*, AÜG, Einl. C, Rdnr. 22.

286 Ein Rechtsformzwang ist die objektive Qualifizierung eines freiwillig verwirklichten Rechtsgeschäftes unabhängig vom Willen der rechtsgeschäftlich Handelnden (*Martens*, DB 1985, 2144 (2145); *Streicher*, Rechtsformzwang, S. 233).

287 Vgl. Kasseler Handbuch/*Düwell*, 4.5 Rdnr. 111 f.; *Walle*, Einsatz, S. 74.

288 BAG vom 30.1. 1991 - 7 AZR 497/89, AP Nr. 8 zu § 10 AÜG (LS 3) = NZA 1992, 19; BAG vom 15.6. 1983 - 5 AZR 111/81, AP Nr. 5 zu § 10 AÜG (unter 1 b der Gründe) = NJW 1984, 2912.

lassung aus, so ist es für das Eingreifen der Vorschriften des AÜG unerheblich, ob die Parteien bewußt vom ausdrücklichen Inhalt der Vertragsvereinbarung abweichen. Auch wenn die Parteien unbewußt eine Arbeitnehmerüberlassung unter dem Deckmantel eines Dienst- oder Werkvertrages durchführen liegt eine objektive Gesetzesumgehung vor[289].

III. Abgrenzung zum Werkvertrag

Im AÜG finden sich keine ausdrücklichen Bestimmungen zur Abgrenzung des Arbeitnehmerüberlassungsvertrages vom Werkvertrag: In der amtlichen Begründung zum Entwurf des AÜG heißt es lapidar: „Ein Überlassen zur Arbeitsleistung liegt nicht vor, wenn der Arbeitnehmer aufgrund einer werkvertraglichen Verpflichtung seines Arbeitgebers im Betrieb eines Dritten tätig wird". Eine Abgrenzungsregelung findet sich im Referentenentwurf zum ersten Gesetz zur Änderung des AÜG von 1975[290]. Diese Regelung enthält eine gesetzliche Vermutung für das Vorliegen gewerbsmäßiger Arbeitnehmerüberlassung bei typischen Sachverhalten, in denen die Schutzvorschriften des AÜG durch Vereinbarung anderer Vertragsformen umgangen werden. Durchgesetzt hat sich dieser Entwurf nicht; es ist zu keiner Regelung im AÜG gekommen[291]. Vielmehr blieb es Aufgabe der Rechtsprechung[292] und der Literatur, Abgrenzungskriterien zu entwickeln.

Für die Kontroll- und Überwachungsaufgaben der Bundesanstalt für Arbeit[293] und für die Arbeit der regionalen Arbeitsämter hat der Präsident der Bundesanstalt für Arbeit in einem Runderlaß[294] Abgrenzungskriterien festgelegt. Da der Runderlaß seiner Rechtsnatur nach ausschließlich eine behördeninterne Weisung darstellt, ist er weder für die Gerichte noch für andere Behörden außerhalb der Bundesanstalt

---

289 *Walle*, Einsatz, S. 74. Demgegenüber stellt das Bundesarbeitsgericht (vom 30.1. 1991 – 7 AZR 497/89, AP Nr. 8 zu § 10 AÜG (LS 3)) auf die Kenntnis und Billigung der abweichenden Vertragspraxis ab. Wie das Bundesarbeitsgericht auch: Kasseler Handbuch/*Düwell*, 4.5 Rdnr. 112, *Vor*, Zeitarbeit, S. 20, die auf das „gewollt Vollzogene" abstellen.

290 Abgedruckt bei: *Ulber*, AÜG, Einl. C. Rdnr. 26; kritisch zu diesem Entwurf: *Becker*, ZfA 1978, 131.

291 Vgl. *Erdlenbruch*, Betriebsverfassungsrechtliche Stellung, S. 13 f.

292 Mit der rechtlichen Beurteilung des Einsatzes von Fremdfirmen sind in erster Linie die Arbeitsgerichte gem. §§ 2, 2 a ArbGG befaßt; wobei sich die Abgrenzungsfrage sowohl im Urteils- als auch im Beschlußverfahren stellen kann (vgl. *Hamann*, Erkennungsmerkmale, S. 71).

293 § 17 AÜG.

294 Durchführungsanweisung der Bundesanstalt für Arbeit Dienstblatt-Runderlaß 72/86 vom 5.5. 1988 i.d.F. des Dienstblatt-Runderlaß 13/95 vom 31.1. 1995 (zit.: BA DA), abgedruckt bei *Sandmann/Marschall*, AÜG, Anhang 4; *Ulber*, AÜG, Anhang 3, S. 897 ff.

für Arbeit bindend. Mittelbar hat die Durchführungsanweisung allerdings auch für die betroffenen Unternehmen eine hohe Relevanz: Sofern nach der Durchführungsanweisung keine Arbeitnehmerüberlassung vorliegt, kann der Arbeitgeber davon ausgehen, von den zuständigen Landesarbeitsämtern keine Sanktionen wegen unerlaubter Arbeitnehmerüberlassung auferlegt zu bekommen[295]. Inhaltlich orientiert sich die Durchführungsanweisung der Bundesanstalt für Arbeit an den von der Rechtsprechung entwickelten Abgrenzungskriterien.

Ausgangspunkt der Abgrenzungsdiskussion in der Rechtsprechung und dem überwiegenden Teil der Literatur sind die unterschiedlichen Leistungspflichten im Werkvertrag (§ 631 ff. BGB) und im Arbeitnehmerüberlassungsvertrag (§ 12 AÜG).

1. Leistungspflichten

Beim Werkvertrag verpflichtet sich ein Unternehmer zur Herstellung eines versprochenen Werkes, das heißt, einen bestimmten Leistungserfolg herbeizuführen (§ 631 Abs. 1 BGB); in der Erfolgsbezogenheit der Unternehmerverpflichtung liegt das den Werkvertrag prägende Merkmal[296]. Die Herstellung des Werkes als Leistungserfolg und die Vergütungsverpflichtung stehen im Gegenseitigkeitsverhältnis. Charakteristisch für den Werkvertrag sind: die Abnahme (§ 640 BGB), die Gefahrtragung (§ 644 BGB) und die Gewährleistung (§§ 633 ff. BGB). Wird der Werkvertrag im Betrieb des Bestellers ausgeführt, so arbeiten die Arbeitnehmer als Erfüllungsgehilfen (§ 278 BGB) des Werkunternehmers[297]. Auch während einer Tätigkeit in einem fremden Betrieb, sind die Arbeitnehmer ausschließlich dem arbeitsrechtlichen Weisungsrecht des Werkunternehmers unterstellt und bleiben in dessen Organisation eingegliedert[298].

Die Verpflichtung des Zeitarbeitsunternehmers aus dem Arbeitnehmerüberlassungsvertrag erschöpft sich in der Überlassung der Arbeitskraft[299]. Da der Verleiher, anders als der Werkunternehmer, den Einsatz des Zeitarbeitnehmers nicht steuert, kann er auch nicht dazu verpflichtet sein, einen bestimmten Leistungserfolg

---

295 ErfK/*Wank*, § 1 AÜG Rdnr. 46.

296 Palandt/*Putzo*, Einf. vor § 631 BGB Rdnr. 1; MünchKomm/*Soergel*, § 631 BGB Rdnr. 4.

297 MünchKomm/*Soergel* § 631 BGB Rdnr.135.

298 BAG vom 9.11. 1994 - 7 AZR 217/94, AP Nr. 18 zu § 1 AÜG (unter III 2 a) der Gründe) = NZA 1995, 572; BAG vom 31.3. 1993 – 7 AZR 338/92, AP Nr. 2 zu § 9 AÜG (unter I 3 der Gründe) = NZA 1993, 1978; BAG vom 30.1. 1991, 7 AZR 497/89, AP Nr. 8 zu § 10 AÜG (unter III 1 der Gründe) = NZA 1992, 19 ; ErfK/*Wank*, § 1 AÜG Rdnr. 20.

299 Vgl. oben § 6 II .

durch den Einsatz des Zeitarbeitnehmers herbeizuführen[300]. Die Vertragspflichten des Zeitarbeitsunternehmers gegenüber dem Dritten beschränken sich auf die Auswahl und das Zurverfügungstellen der Zeitarbeitnehmer. Die Haftung des Verleihers ist auf ein Auswahlverschulden bezüglich der überlassenen Arbeitnehmer begrenzt[301]. Bei der Zeitarbeit setzt der Dritte die ihm überlassenen Arbeitnehmer nach eigenen betrieblichen Belangen in seinem Betrieb ein; die Zeitarbeitnehmer werden in den Betrieb des Dritten eingegliedert und führen ihre Arbeiten für den Dritten nach dessen Weisungen aus[302].

Mit dieser theoretisch klar nachvollziehbaren Gegenüberstellung der Leistungspflichten kommt man bei der Lösung praktischer Abgrenzungsprobleme in vielen Fällen nicht weiter. In der Praxis verbreitete atypische Vertragsgestaltungen[303] lassen sich nicht eindeutig als Werkvertrag oder Arbeitnehmerüberlassungsvertrag zuordnen. Aus der Möglichkeit, die dispositiven Vorschriften des Werkvertragsrechtes abzubedingen, können sich die Verträge weitgehend annähern[304]. An die rechtlichen Strukturen der Arbeitnehmerüberlassung und des Werkvertrages anknüpfend, nehmen die Rechtsprechung und zahlreiche Stimmen in der Literatur die Abgrenzung anhand folgender Kriterien vor:

2. Abgrenzungskriterien

Zentrales Abgrenzungskriterium ist die Ausübung des arbeitsrechtlichen Weisungsrechtes. Daneben stellt vor allem die Rechtsprechung auf die Eingliederung des Arbeitnehmers ab. Außerdem haben Rechtsprechung und Teile der Literatur eine Vielzahl weiterer Kriterien entwickelt, die uneinheitlich zur Abgrenzung herangezogen werden.

a) Weisungsrecht

Wichtigstes Abgrenzungskriterium ist das arbeitsrechtliche Weisungsrecht[305]. Ver-

---

300 *Schüren*, § 1 AÜG Rdnr 101.

301 *Becker/Wulfgramm*, § 12 AÜG Rdnr. 39 ff.; vgl. auch oben § 5 II.

302 BAG vom 22.6. 1994 - 7 AZR 286/93, AP Nr. 16 zu § 1 AÜG (unter IV 2 a) der Gründe) = NZA 1995, 462; BAG vom 31.3. 1993 - 7 AZR 338/92, AP Nr. 2 zu § 9 AÜG (unter III 2 a) der Gründe) = NZA 1993, 1078.

303 Beispiele finden sich bei: *Hamann*, Erkennungsmerkmale, S. 237 ff.; ErfK/*Wank*, § 1 AÜG Rdnr. 20.

304 *Becker*, ZfA 1978, 131 (139).

305 Zum Inhalt des arbeitsbezogenen Weisungsrechtes, vgl. *Hamann*, Erkennungsmerkmale, S. 156 ff.

richtet der Arbeitnehmer seine Arbeit nach den Weisungen des Dritten, so handelt es sich grundsätzlich um Zeitarbeit[306]. Nach § 1 Abs. 1 S. 1 AÜG überläßt der Verleiher dem Entleiher die Arbeitnehmer zur Arbeitsleistung. „Überlassen zur Arbeitsleistung“ bedeutet, daß der Verleiher dem Entleiher für die Zeit des Arbeitseinsatzes im Entleihbetrieb die Befugnis einräumt, den Zeitarbeitnehmer wie einen eigenen Arbeitnehmer nach eigenen betrieblichen Belangen einzusetzen[307]. Deshalb bedarf es der Übertragung des Weisungsrechts vom Vertragsarbeitgeber – dem Zeitarbeitsunternehmen – auf den Dritten, damit der Dritte den Arbeitseinsatz durch arbeitsbezogene Weisungen lenken kann. Allerdings setzt das keine umfassende Übertragung des Weisungsrechtes voraus: Allein das arbeitsbezogene Weisungsrecht des Dritten – des Entleihers – ist konstitutives Merkmal der Zeitarbeit[308]. Unerheblich ist demgegenüber, wer das sonstige arbeitsrechtliche Weisungsrecht ausübt, das sich zum Beispiel auf das Ordnungsverhalten des Arbeitnehmers im Betrieb oder die Festlegung des Urlaubszeitpunktes nach § 7 BUrlG erstreckt[309]. Ein zunehmend großer Teil der Literatur zieht deshalb das arbeitsbezogene Weisungsrecht als alleiniges Abgrenzungskriterium der Zeitarbeit von werkvertraglichen Gestaltungen heran[310]. Problematisch ist es allerdings, im Einzelfall zu identifizieren, wer das arbeitsbezogene Weisungsrecht ausübt:

Schwierigkeiten bereitet dabei insbesondere das *werkvertragliche Anweisungsrecht* des Werkbestellers nach § 645 Abs. 1 S. 1 2 Alt. BGB. Das werkvertragliche Anweisungsrecht bezieht sich auf die Herstellung des Werkes als Ganzes und berechtigt zu projektbezogenen Anweisungen hinsichtlich der Modalitäten der Ausführung des Werkes[311]. Anweisungen, die die Fertigungsmethode, Reihenfolge, Stückzahl oder Qualitätsanforderungen betreffen liegen nach der Rechtsprechung des Bundesarbeitsgerichtes innerhalb der Befugnisse des § 645 Abs. 1 S. 1 2. Alt. BGB

---

306 BAG vom 30.1.1991 – 7 AZR 497/89, AP Nr. 8 zu § 10 AÜG (unter III der Gründe) = NZA 1992, 19; BAG vom 10.2. 1977 - 2 ABR 80/76, AP Nr. 9 zu § 103 BetrVG 1972 (unter II 2 a) der Gründe) = NJW 1977, 1413; *Becker*, DB 1988, 2561 (2566); *Becker/Wulfgramm*, § 12 AÜG Rdnr. 36 c; *Eckardt*, JA 1989, 393 (396); *von Hoyningen-Huene*, BB 1985, 1669 (1672 ff.); *Marschall*, NZA 1984, 150 (151).

307 *Hamann*, Erkennungsmerkmale, S. 154.

308 *Feuerborn*, CR 1995, 91 (97); *Hamann*, Erkennungsmerkmale, S. 164 ff.; *Schüren*, § 1 AÜG Rdnr. 151; *Walle*, Einsatz, S. 114 ff.

309 *Hamann*, Erkennungsmerkmale, S. 153 ff.; *Schüren*, § 1 AÜG Rdnr. 172 ff.

310 *Eckardt*, JA 1989, 363 (365 ff.); *Feuerborn*, CR 1995, 91 (97); *Halbach*, DB 1980, 2389 (2392); *Hamann*, Erkennungsmerkmale, S. 154 ff.; *Schüren*, § 1 AÜG Rdnr. 223; *Walle*, Einsatz, S. 116 ff.

311 *Eckardt*, JA 1989, 393 (398); *Niebler/Biebl/Ulrich*, Arbeitnehmerüberlassungsgesetz, Rdnr. 58.

und können daher auch vom Werkbesteller erteilt werden[312]. Derartige werkbezogene Anweisungen kann der Werkbesteller auch an Arbeitnehmer richten, die als Erfüllungsgehilfen des Werkunternehmers in seinem Betrieb tätig werden[313]. Erst wenn der Unternehmer die in seinem Betrieb tätigen Fremdarbeitnehmer entsprechend der eigenen betrieblichen Erfordernisse durch Weisungen steuert, überschreitet er sein werkvertragliches Anweisungsrecht. Das ist der Fall, wenn erst die Anweisungen des Dritten den Gegenstand der vom Arbeitnehmer zu erbringenden Leistung bestimmen[314]. Werden die Arbeitnehmer in einer Gruppe mit betriebseigenen Arbeitnehmern eingesetzt, und allen Arbeitnehmern gemeinsam Weisungen erteilt, so handelt es sich grundsätzlich um arbeitsrechtliche Weisungen[315].

Die Rechtsprechung sowie ein nicht unbeachtlicher Teil der Literatur gehen von der Alternativität von werkbezogenen Anweisungen und arbeitsrechtlichen Weisungen aus[316] und erweitern damit den Kreis werkvertraglicher Gestaltungen[317]. Sie verkennen allerdings, daß eine Differenzierung zwischen arbeitsrechtlichen Weisungen und werkvertraglichen Anweisungen nicht möglich ist: Es gibt keinen eingrenzbaren Bereich aller denkbaren werkvertraglichen Anweisungen im Sinne des § 645 Abs. 1 S. 1 2. Alt BGB. Genau wie arbeitsrechtliche Weisungen können auch die werkvertraglichen Anweisungen Zeit, Ort, Methode, Ablauf oder Mittel zum Gegenstand haben[318]. Eine Weisung des Werkbestellers kann sowohl arbeitsbezogen als auch werkbezogen sein[319]; ausschlaggebend ist allein die Identifikation eines arbeitsbezogenen Weisungsrechtes beim Dritten.

---

312 BAG vom 30.1. 1991 - 7 AZR 497/89, AP Nr. 8 zu § 10 AÜG (unter IV 1 der Gründe) = NZA 1992, 19.

313 *von Hoyningen-Huene*, BB 1985, 1669 (1672).

314 BAG vom 9.11. 1994 - 7 AZR 217/94, AP Nr. 18 zu § 1 AÜG (unter III 2 b) der Gründe) = NZA, 1995, 572; BAG vom 30.1. 1991 - 7 AZR 497/89, AP Nr. 8 zu § 10 AÜG (unter IV 1 der Gründe) = NZA 1992, 19.

315 BAG vom 30.1. 1991 – 7 AZR 497/89, AP Nr. 8 zu § 10 AÜG (unter IV 1 der Gründe) = NZA 1992, 19.

316 BAG vom 5.3 1991 – 1 ABR 39/90, AP Nr. 90 zu § 99 BetrVG 1972 (unter II 4 der Gründe) = NZA 1991, 686; BAG vom 30.1. 1991 – 7 AZR 497/89, AP Nr. 8 zu § 10 AÜG (unter IV 1 der Gründe) = NZA 1992, 19; *Becker*, DB 1988, 2561; *Becker/Wulfgramm*, § 1 AÜG Rdnr. 39; *Erdlenbruch*, Betriebsverfassungsrechtliche Stellung, S. 17; *von Hoyningen-Huene*, BB 1985, 1669 f.; MünchArbR/*Marschall*, § 174 Rdnr. 31; *Schaub*, NZA 1985, Beil. 3, S. 1 (5).

317 Vgl. *Dauner-Lieb*, Anm. zu BAG vom 30.1. 1991, SAE 1992, 217 (220); *Feuerborn*, CR 1995, 91 (95).

318 Staudinger/*Peters*, § 645 BGB Rdnr. 14; *Hamann*, Erkennungsmerkmale, S. 122.

319 *Hamann*, Erkennungsmerkmale, S. 126 f.; *Schüren*, § 1 AÜG Rdnr. 181; *Walle*, Einsatz, S. 116. *Hamann* und *Schüren* sprechen deshalb auch von der „Doppelfunktionalität" der Weisungen.

Weitgehend unmöglich wird die Identifikation eines arbeitsbezogenen Weisungsrechtes beim Dritten allerdings, wenn die geschuldete Leistung im voraus vertraglich bis in alle Einzelheiten festgelegt ist, so daß hinsichtlich der Art und Weise der Ausführung kaum mehr Gestaltungsspielraum besteht[320]. Oder wenn Arbeitnehmer in einem fremden Betrieb Tätigkeiten ausüben, bei denen der Dritte aus der Natur der Tätigkeit heraus kaum noch Weisungen erteilen kann; zum Beispiel wenn ein Computerspezialist in einem Drittbetrieb eine auf die Bedürfnisse dieses Unternehmens zugeschnittene Software entwickelt[321]. In diesen Fällen läuft das Kriterium des arbeitsbezogenen Weisungsrechtes leer, obwohl auch hier Zeitarbeit nicht von vornherein ausgeschlossen ist.

In der Literatur[322] und in einigen Entscheidungen des Bundesarbeitsgerichtes[323] findet sich auch der Begriff der Personalhoheit als Abgrenzungskriterium. Bei diesem Merkmal handelt es sich jedoch nicht um ein eigenständiges Abgrenzungskriterium. Die Befugnis, den Arbeitnehmer nach eigenen betrieblichen Belangen einzusetzen, entspricht dem Arbeitgeberweisungsrecht. Der Begriff der Personalhoheit wird synonym für die Ausübung des Weisungsrechtes verwendet[324].

b) Eingliederung

Bei der Zeitarbeit werden die Arbeitnehmer regelmäßig in den Beschäftigungsbetrieb eingegliedert und nach den Vorstellungen und Zielen des Dritten innerhalb seiner Betriebsorganisation tätig. Deshalb spielt die Eingliederung als Abgrenzungskriterium in der Rechtsprechung[325] und einem nicht unbeachtlichen Teil der

---

320 BAG vom 31.3. 1993 – 7 AZR 338/92, AP Nr. 2 zu § 9 AÜG (unter II 2 der Gründe) = NZA 1993, 1078; BAG vom 13.5. 1992 – 7 AZR 284/91. EzA Nr. 4 zu § 10 AÜG (unter II 1 der Gründe) = NZA 1993, 357 (359);. BAG vom 5.5. 1992 – 1 ABR 78/91, AP Nr. 97 zu § 99 BetrVG 1972 (unter II 3 b) der Gründe) = NZA 1992, 1044; zur Bewertung solcher Vertragsgestaltungen ausführlich *Hamann*, Erkennungsmerkmale, S. 243 ff.

321 Zu diesem Problemkreis vgl. *Schüren*, § 1 AÜG Rdnr. 198 f.; *Waas*, Anm. zu BAG vom 18.10.1994 – 1 ABR 9/94, SAE 1996, 160 (163 f.); *Walle*, Einsatz, S. 128 f.; ferner *Erdlenbruch*, Betriebsverfassungsrechtliche Stellung, S. 20.

322 *Dauner-Lieb*, NZA 1992, 817 (820); *Dauner-Lieb*, Anm. zu BAG vom 30.1. 1991 – 7 AZR 497/89, SAE 1992, 217 (220); *Eckardt*, JA 1989, 393; *Lieb*, Arbeitsrecht, Rdnr. 332.

323 BAG vom 1.12. 1992 - 1 ABR 30/92, EzA Nr. 110 zu § 99 BetrVG 1972 (unter II 2 c) der Gründe); BAG vom 9. 7.1991 - 1 ABR 45/90, AP Nr. 94 zu § 99 BetrVG 1972 (unter I 2 der Gründe) = NZA 1992, 275.

324 BAG vom 1.12. 1992 - 1 ABR 30/92, EzA Nr. 110 zu § 99 BetrVG 1972 (unter II 2 c) der Gründe); *Eckardt*, JA 1989, 393 (396); *Schüren*, § 1 AÜG Rdnr. 148.

325 Ständige Rechtsprechung: BAG vom 3.12. 1997 – 7 AZR 764/96, AP Nr. 24 zu § 1 AÜG (unter I 3 der Gründe) = NZA 1998, 876; BAG vom 26.4. 1995 – 7 AZR 850/94, AP Nr. 19 zu § 1 AÜG (LS 2) = NZA 1996, 92; BAG vom 9.11. 1994 – 7 AZR 217/94, AP Nr. 18 zu

Literatur[326] eine große Rolle und wird neben dem arbeitsrechtlichen Weisungsrecht als zweites Hauptabgrenzungskriterium herangezogen.

Als Indiz für eine tatsächliche Eingliederung wird insbesondere die Gleichbehandlung und Zusammenarbeit mit betriebseigenen Arbeitnehmern gewertet[327]. Ein deutliches Indiz sei überdies, wenn die Arbeitnehmer im Beschäftigungsbetrieb zu Arbeiten auch außerhalb der eigentlichen Werkleistung herangezogen werden[328]. Ferner indiziere die Stellung von Arbeits- und Sicherheitskleidung durch den Dritten eine Eingliederung[329]. Nicht aussagekräftig sei demgegenüber die Tatsache, daß die Arbeitnehmer durch Personal des Beschäftigungsbetriebes eingewiesen werden[330] sowie die Stellung von Material und Werkzeugen durch den Dritten[331]. Auch aus der Tatsache, daß der Arbeitnehmer seinen Urlaub mit dem Dritten und/oder dessen Arbeitnehmern abstimmen muß, lasse sich noch nicht auf Arbeitnehmerüberlassung schließen. Derartige Absprachen können, ebenso wie Absprachen hinsichtlich der Lage der Arbeitszeit, durch Art und Inhalt der zu erbringenden Werkleistung gerechtfertigt sein[332].

---

§ 1 AÜG (unter III 2 der Gründe) = NZA 1995, 572; BAG vom 22.6. 1994 – 7 AZR 7/93, AP Nr. 16 zu § 1 AÜG (unter IV 2 der Gründe) = NZA 1995, 462; BAG vom 31.3. 1993 – 7 AZR 338/92, AP Nr. 2 zu § 9 AÜG (unter I 3 der Gründe) = NZA 1993, 1078; BAG vom 30.1. 1991 – 7 AZR 497/89, AP Nr. 8 zu § 10 AÜG (unter III 1 der Gründe) = NZA 1992, 19.

326 *Becker/Wulfgramm*, § 12 AÜG Rdnr. 36 c; *Göbel*, BlStSozArbR 1973, 324 (329); *Hager*, Anm. zu BAG vom 5.3. 1991 – 1 ABR 39/90, SAE 1992, 230 (231); *von Hoyningen-Huene*, BB 1985, 1669, (1672); *Niebler/Biebl/Ulrich*, Arbeitnehmerüberlassung, Rdnr. 62; *Leisten*, BB 1992, 266 (268); *Paasch*, AiB 1989, 149 (151).

327 BAG vom 1.12. 1992 - 1 ABR 30/92, EzA Nr. 110 zu § 99 BetrVG 1972 (unter III 1 der Gründe); BAG vom 8.11. 1978 - 5 AZR 261/77, AP Nr. 2 zu § 1 AÜG (unter II 1 c) der Gründe) = NJW 1979, 2636.

328 *Feuerborn*, WIB 1996,198 (201).

329 BAG vom 30.1. 1991 – 7 AZR 497/89, AP Nr. 8 zu § 10 AÜG (unter III 2 a) der Gründe) = NZA 1992, 19; BSG vom 11.2. 1988 - 7 RAr 5/86, AP Nr. 10 zu § 1 AÜG = DB 1989, 930.

330 BAG vom 18. 10 1994 – 1 ABR 9/94, AP Nr. 5 zu § 99 BetrVG 1972 Einstellung (unter II 4 der Gründe) = NZA 1995, 281; LAG Köln vom 28.2. 1990 - 5 TaBV 65/89, LAGE Nr. 1 zu § 1 AÜG (unter 2.3 der Gründe).

331 Das die Herstellung des Werkes aus eigenen Materialien nicht zu den Wesensmerkmalen des Werkvertrages gehört zeigt auch § 651 BGB (vgl. *von Hoyningen*-Huene BB 1985. 1669 (1673)); a.A. BAG vom 15. 6. 1983 - 5 AZR 111/81, AP Nr. 5 zu § 10 AÜG (unter I 2 der Gründe) = NJW 1984, 2912.

332 BAG vom 30.1. 1991- 7 AZR 497/89, AP Nr. 8 zu § 10 AÜG (unter III 3 b) der Gründe) = NZA 1992, 19.

Der Grad der Eingliederung des Arbeitnehmers hängt entscheidend von der Art seiner Aufgabe ab. Bei absonderbaren Aufgaben, die nur mittelbar dem Unternehmenszweck dienen, ist die Eingliederung naturgemäß weniger stark als bei unmittelbar mit dem Produktionsprozeß verzahnten Arbeiten, die den arbeitstechnischen Zweck des Betriebes fördern[333]. Da es keine Aufgabenbereiche gibt, die einer Fremdvergabe außerhalb der Vorschriften des AÜG von vornherein nicht zugänglich sind, sondern es vielmehr einer im arbeitsteiligen Wirtschaftsleben üblichen Praxis entspricht, daß der Arbeitgeber nicht alle für ein bestimmtes Arbeitsergebnis notwendigen Tätigkeiten durch eigene Arbeitnehmer ausführt[334], kann im Hinblick auf die Eingliederung des Arbeitnehmers weder die Verweildauer noch die räumliche und sachliche Nähe des Arbeitnehmers zum Betriebszweck des Drittbetriebes oder eine enge Einbindung in den Betrieb von Bedeutung sein[335]. Auch die Übernahme unmittelbarer Produktionstätigkeiten ist kein zwingendes Indiz für die Eingliederung des Arbeitnehmers[336]. Da auch Arbeiten, die vormals von betriebseigenen Arbeitnehmern verrichtet wurden, ausgegliedert werden können, kann auch die Übernahme dieser Tätigkeiten nicht als ein Indiz für eine Eingliederung und damit für eine Arbeitnehmerüberlassung gewertet werden[337].

Auch wenn die Rechtsprechung am Kriterium der Eingliederung festhält[338], kann diesem Kriterium wegen der grundsätzlichen Möglichkeit der Fremdvergabe aller Aufgabenbereiche nur eine eingeschränkte Bedeutung zukommen. Vielmehr veranschaulicht die tatsächliche Eingliederung nur die Annahme einer Weisungsgebundenheit des Zeitarbeitnehmers gegenüber dem Dritten[339].

---

333 *Schüren*, § 1 AÜG Rdnr. 188.

334 BAG vom 18.10. 1994 – 1 ABR 9/94, AP Nr. 5 zu § 99 BetrVG 1972 Einstellung (unter II 3 der Gründe) = NZA 1995, 291; BAG vom 5.3. 1991 – 1 ABR 39/90, AP Nr. 90 zu § 99 BetrVG 1972 (unter II 2 a) der Gründe) = NZA 1991, 686; *Dauner-Lieb*, Anm. zu BAG vom 30.1. 1991 – 7 AZR 497/89, SAE 1992, 217 (219); *Hamann*, Erkennungsmerkmale, S. 268.

335 BAG vom 30.1. 1991 – 7 AZR 497/89, AP Nr. 8 zu § 10 AÜG (unter III 2 a) der Gründe) = NZA 1992, 19.

336 BAG vom 18.10. 1994 – 1 ABR 9/94, AP Nr. 5 zu § 99 BetrVG 1972 Einstellung (unter II 3 der Gründe) = NZA 1995, 281.

337 A.A. BAG vom 14. 6. 1984 – 2 AZR 215/83, EzAÜG Nr. 154 (unter IV 1 c) der Gründe); vgl. ErfK/*Wank* § 1 AÜG Rdnr. 23.

338 Ständige Rechtsprechung: BAG vom 3.12. 1997 – 7 AZR 764/96, AP Nr. 24 zu § 1 AÜG (unter I 3 der Gründe) = NZA 1998, 876; BAG vom 26.4. 1995 – 7 AZR 850/94, AP Nr.19 zu § 1 AÜG (unter II 1 a) der Gründe) = NZA 1996, 92; BAG vom 30.1. 1991 – 7 AZR 497/89, AP Nr. 8 zu § 10 AÜG (unter III 3 a) der Gründe) = NZA 1992, 19.

339 Zutreffend: Kasseler Handbuch/*Düwell*, 4.5 Rdnr. 143.

c) Weitere Abgrenzungskriterien

In der Rechtsprechung und Teilen der Literatur werden neben den Hauptabgrenzungskriterien Weisungsgebundenheit und Eingliederung weitere Kriterien zur Abgrenzung herangezogen; diese Kriterien finden sich auch in der Durchführungsanweisung der Bundesanstalt für Arbeit zum AÜG.

Aus der rechtlichen Struktur des typischen Werkvertrages wurden die *Vergütungsberechnung*[340], die *Gewährleistung*[341] und *Vergütungsgefahr*[342] als Abgrenzungskriterien abgeleitet. Aufgrund der Möglichkeit, die Vorschriften des Werkvertragsrechtes weitgehend abzubedingen und Werkverträge atypisch zu gestalten, erfahren diese Kriterien jedoch eine starke Relativierung: Die Festlegung von Stundenverrechnungssätzen anstelle eines Festpreises kommt auch bei Werkleistungen des Handwerks vor und ist daher kein Indiz für einen Arbeitnehmerüberlassungsvertrag[343]. Eine Abrechnung nach Stunden kann auch bei werkvertraglichen Gestaltungen angebracht sein, wenn wegen der Art der Aufgabe bei Vertragsabschluß die Kalkulation eines Festpreises zu unsicher ist[344]. Die gesetzlichen Haftungsregelungen bei Werkmängeln sind grundsätzlich abdingbar[345]: § 637 BGB läßt einen Werkvertrag auch dann vorliegen, wenn die Verpflichtung, Mängel des Werkes zu vertreten, ganz oder teilweise ausgeschlossen wurde. Der Ausschluß von Gewährleistungsansprüchen im Rahmen von Werkverträgen ist demgegenüber zum Beispiel im Rahmen der Bestimmungen der Verdingungsordnung für Bauleistungen (VOB)[346] sogar die Regel[347]. Nach § 644 Abs. 1 BGB trägt der Werkunternehmer

---

340 BAG vom 10.2. 1977 – 2 ABR 80/76, AP Nr. 9 zu § 103 BetrVG 1972 (unter II 2 a) der Gründe) = NJW 1977, 1413; *Becker/Wulfgramm*, § 12 AÜG Rdnr. 36 c; *Erdlenbruch*, Betriebsverfassungsrechtliche Stellung, S. 24; *Vor*, Zeitarbeit, S. 24; BA DA Ziff. 1.44.

341 BAG vom 30.1. 1991 – 7 AZR 497/89, AP Nr. 8 zu § 10 AÜG (unter III 2 a) der Gründe) = NZA 1992, 19; BAG vom 10.2. 1977 - 2 ABR 80/76, AP Nr. 9 zu § 103 BetrVG 1972 (unter II 2 a) der Gründe) = NJW 1977, 1413; *Becker/Wulfgramm*, § 12 AÜG Rdnr. 36 c; *Erdlenbruch*, Betriebsverfassungsrechtliche Stellung, S. 21; *Vor*, Zeitarbeit, S. 23; BA DA Ziff. 1.43.1 ff.

342 BAG vom 25.6. 1986 – 5 AZR 493/83, EzAÜG Nr. 202 (unter II 2 b) aa) der Gründe); Kasseler Handbuch/*Düwell* 4.5, Rdnr. 129; *Erdlenbruch*, Betriebsverfassungsrechtliche Stellung, S. 22; *Vor*, Zeitarbeit, S. 23; BA DA Ziff. 143.2.

343 BAG vom 1.12. 1992 – 1 ABR 30/92, EzA Nr. 110 zu § 99 BetrVG 1972 (unter III 1 c) der Gründe), BAG vom 30.1. 1991 – 7 AZR 497/89, AP Nr. 8 zu § 10 AÜG (unter III 2 a) der Gründe) = NZA 1992, 19; BAG vom 14.8. 1985 – 5 AZR 225/84, EzAÜG Nr. 186 (unter I 2 c) der Gründe) = NZA 1987, 128 (130).

344 Kasseler Handbuch/*Düwell*, 4.5 Rdnr. 130; *Feuerborn*, CR 1995, 91 (96).

345 Palandt/*Thomas*, § 637 BGB Rdnr. 1.

346 Zum Beispiel § 13 VOB/ B.

347 *Marschall*, NZA 1984, 150; *Marschner*, NZA 1995, 669.

die Vergütungsgefahr bei zufälligem Untergang des Werkes, während ein Zeitarbeitsunternehmen unabhängig vom erzielten Arbeitsergebnis die vereinbarte Überlassungsvergütung für die vom Zeitarbeitnehmer erbrachte Arbeitsleistung verlangen kann. Jedoch kann auch § 644 Abs. 1 BGB vertraglich abbedungen werden, ohne daß sich an der Rechtsnatur des Vertrages etwas ändert[348].

Einige Stimmen in der Literatur stellen auf die *Vereinbarung eines abgrenzbaren Werkes*, als ein dem Werkunternehmer zurechenbarer Leistungserfolg, als Unterscheidungskriterium ab[349]. Werde der Vertragsgegenstand nur allgemein und nicht erfolgsbezogen umschrieben, so handele es sich um Zeitarbeit. Dieses Kriterium ist schon in seinem Ansatz verfehlt: Die Feststellung des Nichtvorliegens eines Werkvertrages allein, führt noch nicht automatisch zur Einordnung als Arbeitnehmerüberlassung; die schuldrechtliche Einordnung des Vertrages kann für die Frage der Anwendbarkeit des AÜG nicht maßgeblich sein[350]. Das zeigt auch die Rechtsprechung: Seit 1984 grenzt das Bundesarbeitsgericht den Werk- und Dienstvertrag ohne genaue Typisierung gemeinsam von der Arbeitnehmerüberlassung ab[351].

Verbreitet ist auch das Kriterium der *Organisationsgewalt*[352], das auf die unternehmerische Dispositionsfreiheit abstellt. Für das Vorliegen eines Werkvertrages müsse der Werkunternehmer die Möglichkeit behalten, die Ausgestaltung des Arbeitseinsatzes festzulegen und über seine Arbeitnehmer frei zu disponieren. Im Rahmen einer Arbeitnehmerüberlassung werden die Arbeitnehmer einem Dritten überlassen, ohne daß der Verleiher auf die Modalitäten des Arbeitseinsatzes Einfluß habe. So deute die Festlegung der Anzahl der eingesetzten Arbeitnehmer und ihrer Qualifikationen auf Zeitarbeit hin[353]. Inhaltlich decken sich die von der Rechtsprechung und Literatur für die Unterstellung unter die Organisationsgewalt genannten Indizien im wesentlichen mit denen des Weisungsrechtes und der Ein-

---

348 Staudinger/*Peters*, § 644 BGB Rdnr. 29. Auch § 7 VOB/B regelt die Vergütungsgefahr abweichend von § 644 BGB.

349 Kasseler Handbuch/*Düwell*, 4.5 Rdnr. 116; *Niebler/Biebl/Ulrich*, Arbeitnehmerüberlassungsgesetz, Rdnr. 66; *Ulber*, AÜG, Einl. C Rdnr. 38 ff:; BA DA Ziff. 1.41.

350 Zutreffend: *Feuerborn*, CR 1995, 91 (98).

351 BAG vom 14.6. 1984 – 2 AZR 215/83, EzAÜG Nr. 154.

352 BAG vom 5.5. 1992 – 1 ABR 78/91, AP Nr. 97 zu § 99 BetrVG 1972 (unter II 3 b) der Gründe) = NZA 1992, 1044; *Erdlenbruch*, Betriebsverfassungsrechtliche Stellung, S. 17; *von Hoyningen-Huene*, BB 1985, 1669 (1672); *Marschall*, NZA 1984, 150 (151); *Ulber*, AÜG, Einl. C Rdnr. 51 ff.

353 BAG vom 5.5. 1992 - 1 ABR 78/91, AP Nr. 97 zu § 99 BetrVG 1972 (unter II 3 b) der Gründe) = NZA 1992, 1044; *Bauer*, in Küttner (Hrsg.), Personalbuch, Arbeitnehmerüberlassung Rdnr. 2 a; *Niebler/Biebl/Ulrich*, Arbeitnehmerüberlassungsgesetz, Rdnr. 65.

gliederung. Eine eigenständige Bedeutung kommt dem Kriterium der Organisationsgewalt daher nicht zu.

Zunehmend großer Stellenwert wird der *Unternehmensstruktur* des Drittbetriebes zugemessen[354]: Verfüge der Werkunternehmer nicht über ausreichende betriebliche und organisatorische Voraussetzungen, die von ihm zur Erfüllung vertraglicher Pflichten im Betrieb eines Dritten eingesetzten Arbeitnehmer vor Ort zu organisieren und ihnen Weisungen zu erteilen, so liege Arbeitnehmerüberlassung vor[355]. Das sei insbesondere dann der Fall, wenn der Arbeitgeber nicht über ein eigenes Konzept oder technisches Know-how verfüge. Insgesamt müsse das Unternehmen eine Struktur aufweisen, die über das bloße Zurverfügungstellen von Arbeitnehmern hinausgeht[356]. Im Dienstleistungsbereich verliert jedoch auch dieses Kriterium an Bedeutung: Wer sich als selbständiger Dienstleister einem Dritten aufgrund eines Werkvertrages, zum Beispiel zur Bereinigung von Adressdateien, zur Einweisung von Personal in eine kompliziertere EDV-Anlage oder zur Unternehmensberatung verpflichtet, benötigt nichts anderes als qualifizierte Arbeitnehmer[357]. Das Abgrenzungskriterium der Unternehmensstruktur wirkt in andere Abgrenzungskriterien wie das arbeitsrechtliche Weisungsrecht hinein und gewinnt seine Bedeutung im Zusammenspiel mit anderen Abgrenzungskriterien: So soll zum Beispiel Arbeitnehmerüberlassung vorliegen, wenn ein Unternehmen aufgrund seiner Unternehmensstruktur oder materiellen Ausstattung nicht in der Lage ist, das arbeitsrechtliche Weisungsrecht auszuüben[358].

3. Andere Abgrenzungsansätze

Neben den von der herrschenden Meinung entwickelten, an der rechtlichen Struk-

---

354 BAG vom 9.11.1994 – 7 AZR 217/94, AP Nr. 18 zu § 1 AÜG (unter III 2 b) der Gründe) = NZA 1995, 572; BAG vom 1.12. 1992 – 1 ABR 30/92, EzA Nr. 110 zu § 99 BetrVG 1972 (unter IV 1 der Gründe); BAG vom 5.5. 1992 – 1 ABR 78/91, AP Nr. 97 zu § 99 BetrVG (unter II 3 a) der Gründe) = NZA 1992, 1044; *Dauner-Lieb*, NZA 1992, 817 (819); Kasseler Handbuch/*Düwell*, 4.5 Rdnr. 118; *Schüren*, § 1 AÜG Rdnr. 190; BA DA Ziff. 141.3. Auf dieses Kriterium stellen auch die Autoren ab, die die Abgrenzung unter teleologischer Betrachtung vornehmen (dazu unten § 6 III 3)); vgl. ErfK/*Wank*, § 1 AÜG Rdnr. 31 f.

355 BAG vom 9.11. 1994 – 7 AZR 217/94, AP Nr. 18 zu § 1 AÜG (unter III 2 b) der Gründe) = NZA 1995, 572; BAG vom 1.12. 1992 – 1 ABR 30/92, EzA Nr. 110 zu § 99 BetrVG 1972 (unter IV 1 der Gründe).

356 BAG vom 9.11. 1994 – 7 AZR 217/94, AP Nr. 18 zu § 1 AÜG (unter III 2 b) Gründe) = NZA 1995, 572.

357 *Schüren*, § 1 AÜG Rdnr. 190.

358 *Ulber*, AuR 1982, 54 (57); vgl. auch BAG vom 18.10.1994 – 1 ABR 9/94, AP Nr. 5 zu § 99 BetrVG 1972 Einstellung (unter III der Gründe) = NZA 1995, 281.

tur der Arbeitnehmerüberlassung und des Werkvertrages orientierten Abgrenzungskriterien[359] und den Ansätzen die ausschließlich auf die Ausübung des Arbeitsbezogenen Weisungsrechtes durch den Dritten abstellen, finden sich in der Literatur vor allem Lösungsansätze, die eine Abgrenzung vom Schutzzweck des AÜG aus vornehmen.

Gesetzeszweck des AÜG ist es, den arbeits- und sozialrechtlichen Schutz der Zeitarbeitnehmer zu gewährleisten, der durch die Aufspaltung der Arbeitgeberstellung in besonderem Maße gefährdet ist[360]. Der mit den Vorschriften des AÜG – insbesondere der Fiktion eines Arbeitsverhältnisses nach §§ 9, 10 AÜG – verbundene Eingriff in die Vertragsfreiheit sei nur dann zu rechtfertigen, wenn der vom AÜG intendierte Schutz verletzt ist; dies sei insbesondere dann der Fall, wenn der Verleiher seinen Arbeitgeberpflichten nicht ausreichend nachkommt. Unter teleologischer Betrachtung ist nach einer Ansicht deshalb die Seriosität des Arbeitgebers entscheidend; verfüge das Unternehmen über eine ausreichende eigene Betriebsorganisation, so werde die Gefahr mangelnder Seriosität nicht vermutet[361]. Andere Autoren[362] schränken den Anwendungsbereich des AÜG ein, indem sie eine teleologische Reduktion der §§ 9, 10 AÜG vornehmen: Damit kommen sie zu dem Ergebnis, daß die Fiktion nur dann eingreift, wenn der Verleiher seinen Arbeitgeberpflichten tatsächlich nicht nachgekommen ist. Dieser Ansicht hat das Bundesarbeitsgericht[363] eine ausdrückliche Absage erteilt: Eine derartige teleologische Reduktion sei mit dem AÜG unvereinbar. Das Gesetz knüpfe die Unwirksamkeit des Zeitarbeitsvertrages an die fehlende behördliche Erlaubnis unabhängig davon, ob der Verleiher seinen gesetzlichen Pflichten nachgekommen ist und ob eine konkrete Schutzbedürftigkeit des Zeitarbeitnehmers bestehe.

4. Stellungnahme

Die Abgrenzungsfrage ist bis heute noch nicht übereinstimmend gelöst; im Grenzbereich zwischen Arbeitnehmerüberlassung und werkvertraglichen Einsätzen be-

---

359 Sogenannte typologische Methode, vgl. *von Hoyningen-Huene*, BB 1985, 1669; *Walle*, Einsatz, S. 94 ff.

360 Vgl. oben § 4 I 3.

361 ErfK/*Wank*, § 1 AÜG Rdnr. 29 ff.; *Wank*, Anm. zu BAG vom 15.6.1983 – 5 AZR 111/81, SAE 1985, 74 ff.; einen ähnlichen Ansatz vertritt auch *Rosenstein*, Abgrenzung, S. 203 ff.

362 *Leitner*, Arbeitnehmerüberlassung, S. 22, 37ff., 39, 97f, insbes. S. 152 ff.; *Leitner*, NZA 1991, 293 (294); *Leitner*, DB 1990, 2071 (2072); so auch LAG Baden Württemberg vom 12.4.1989 – 2 Sa 107/88, DB 1990, 2071 = EzAÜG Nr. 346.

363 BAG vom 30. 1. 1991 – 7 AZR 497/89, AP Nr. 8 zu § 10 AÜG (unter II 2 der Gründe) = NZA 1992, 19; die Vorinstanz (LAG Baden Württemberg vom 12.4. 1989 – 2 Sa 107/88, DB 1990, 2071) hat eine *Leitner* vergleichbare Linie vertreten.

steht eine hohe Rechtsunsicherheit[364]. Insbesondere die Rechtsprechung, die einzelne Kriterien zunächst für beachtlich und in späteren Entscheidungen wieder für unbeachtlich gehalten hat[365], trägt zu dieser hohen Rechtsunsicherheit bei. Mitursächlich für die uneinheitliche Rechtsprechung ist der in den letzten Jahren vollzogene Funktionswandel des Werkvertrages. Aufgrund der vielfältigen Möglichkeiten, die dispositiven Werkvertragsvorschriften durch andere Gestaltungen abzubedingen und Werkverträge atypisch zu gestalten, haben die meisten Abgrenzungskriterien nur indizierenden Charakter. Am aussagekräftigsten ist das Kriterium des Bestehens eines arbeitsbezogenen Weisungsrechtes beim Dritten. Die Ausübung des arbeitsbezogenen Weisungsrechtes durch den Dritten hat konstitutive Bedeutung für das Vorliegen eines Arbeitnehmerüberlassungsvertrages. Zumindest theoretisch ist mit diesem Kriterium eine eindeutige Abgrenzung möglich. In der Praxis läßt sich das Vorliegen eines arbeitsbezogenen Weisungsrechtes jedoch häufig nicht eindeutig identifizieren[366]. Für die vom Schutzzweck des AÜG ausgehenden Abgrenzungsansätze spricht, daß der Grundgedanke der Abgrenzungsentscheidung klar nachzuvollziehen ist. Allerdings widerspricht das alleinige Abstellen auf den Schutzzweck des AÜG dem geltenden Recht; das AÜG stellt für das Eingreifen der gesetzlichen Fiktion eines Arbeitsverhältnisses zum Entleiher nach § 10 AÜG ausschließlich auf das Bestehen einer Erlaubnis ab; auf die Seriosität des Verleihers kommt es nicht an.

Bei der Betrachtung der unterschiedlichen Abgrenzungsansätze und der Bewertung der einzelnen Kriterien darf nicht aus den Augen verloren werden, welcher sozial- und wirtschaftspolitischen Kontroverse der innerbetriebliche Fremdfirmeneinsatz in Deutschland ausgesetzt war und bis heute noch ist: Während einige Autoren den Fremdfirmeneinsatz als betriebswirtschaftlich sinnvolle Maßnahme zum Erhalt der Wettbewerbsfähigkeit begrüßen und ihm einen möglichst weiten Spielraum außerhalb der Vorschriften des AÜG einzuräumen versuchen, streben andere Stimmen in der Literatur danach, den innerbetrieblichen Fremdfirmeneinsatz weitestgehend zu unterbinden[367]. Die Rechtsprechung legt in neueren Entscheidungen den Tatbestand der Arbeitnehmerüberlassung restriktiv aus und schafft damit Freiräume für einen innerbetrieblichen Fremdfirmeneinsatz außerhalb der Rechtsform der Zeitarbeit[368].

---

364 Vgl. die Stellungnahme der BDA im Achten AÜG-Erfahrungsbericht (1996), BT-Drucks. 13/5498, S. 27; die Stellungnahme des Zentralverbandes des deutschen Handwerkes im Neunten AÜG-Erfahrungsbericht (2000), BT-Drucks. 14/4220, S. 28.

365 Vgl. dazu *Walle*, Einsatz, S. 94 ff.

366 Vgl. Stellungnahme des Zentralverbandes des Deutschen Handwerks im Neunten AÜG-Erfahrungsbericht, BT-Drucks. 14/4220, S. 28.

367 Vgl. *Hamann*, Erkennungsmerkmale, S 116.

368 Vgl. BAG vom 9.7. 1991 – 1 ABR 45/90, AP Nr. 94 zu § 99 BetrVG 1972 = NZA 1992, 275; BAG vom 5.3. 1991 – 1 ABR 39/90, AP Nr. 90 zu § 99 BetrVG 1972 = NZA 1991,

Im Ergebnis muß der Ausgangspunkt der Abgrenzung das für die Zeitarbeit konstitutive Merkmal des arbeitsbezogenen Weisungsrechtes sein. Sofern keine Übertragung des Weisungsrechtes vorliegt, handelt es sich nicht um Zeitarbeit. Das Weisungsrecht des Dritten muß positiv festgestellt werden; aus dem Nichtvorliegen eines Werkvertrages können keine Rückschlüsse auf die Anwendbarkeit des AÜG gezogen werden. Keinesfalls kann das Kriterium des Weisungsrechtes durch andere Haupt- und Hilfskriterien ersetzt werden. Sofern nicht klar festzustellen ist, ob allein der Dritte arbeitsbezogene Weisungen erteilt, können das Kriterium der Eingliederung und das Kriterium einer eigenen Betriebsorganisation als Indizien mit herangezogen werden, um die Steuerung des Arbeitseinsatzes durch den Dritten zu identifizieren.

IV. Abgrenzung zum Dienstvertrag

Beim Dienstvertrag schuldet der Unternehmer die Leistung selbständiger Dienste gegen Entgelt. Leistungsgegenstand können Tätigkeiten jeglicher Art sein (§ 611 Abs. 2 BGB). Anders als der Werkvertrag ist der Dienstvertrag gerade nicht erfolgsbezogen. Deshalb finden sich im Dienstvertragsrecht keine Regelungen der Vergütungsgefahr und der Gewährleistung; bei Schlechtleistung stehen dem Dienstberechtigten nur die allgemeinen Schadensersatzansprüche zu[369]. In die Nähe zur Arbeitnehmerüberlassung gerät ein Dienstvertrag dann, wenn der Unternehmer die geschuldete Dienstleistung nicht in Person, sondern in Abweichung von § 613 S. 1 BGB durch eigene Arbeitnehmer als Erfüllungsgehilfen leistet[370]. Im Gegensatz zur Zeitarbeit gibt der Dienstunternehmer das Direktionsrecht nicht aus der Hand und disponiert organisatorisch selbst über den Einsatz seiner Arbeitnehmer[371] .

Die Rechtsprechung zieht zur Abgrenzung des Dienstvertrages von der Zeitarbeit im Grundsatz die selben Kriterien wie beim Werkvertrag heran[372]. Seit der Entscheidung vom 14.6. 1984[373] differenziert das Bundesarbeitsgericht nicht mehr

---

686.

369 MünchKomm/*Müller-Glöge*, § 611 BGB Rdnr. 23 ff.

370 *Niebler/Biebl/Ulrich*, Arbeitnehmerüberlassungsgesetz, Rdnr. 86 f.; *Schüren*, § 1 AÜG Rdnr. 228.

371 von *Hoyningen-Huene*, BB 1985, 1669 (1674).

372 Für alle: BAG vom 9.11. 1994 – 7 AZR 217/94, AP Nr. 18 zu § 1 AÜG (unter III der Gründe) = NZA 1995, 572; BAG vom 22. 6. 1994 - 7 AZR 286/ 93, AP Nr. 16 zu § 1 AÜG (unter IV der Gründe) = NZA 1995, 462; BAG vom 31.3. 1993 - 7 AZR 338/92, AP Nr. 2 zu § 9 AÜG (unter II der Gründe) = NZA 1993, 1078.

373 BAG vom 14.6. 1984 – 2 AZR 215/83, EzAÜG Nr. 154.

zwischen Werk- und Dienstverträgen, sondern grenzt diese Formen des drittbezogenen Personaleinsatzes pauschal von der Arbeitnehmerüberlassung ab. Aus der Natur des Dienstvertrages im Sinne des § 611 ff. BGB ergibt sich, daß als Abgrenzungskriterien die – ohnehin in ihrer Geeignetheit fragwürdigen – Regelungen über die Vergütungsgefahr und Gewährleistung sowie das Kriterium des Leistungsgegenstandes entfallen. Im Mittelpunkt der Abgrenzung stehen auch hier die Ausübung des Weisungsrechtes und die Eingliederung des Arbeitnehmers[374]. Der Umstand, daß die Dienstleistung schon im voraus vertraglich festgelegt ist und dem Dienstverpflichteten hinsichtlich Art und Weise der Ausführung kaum mehr Gestaltungsspielraum verbleibt, sei nicht abgrenzungsrelevant[375].

Auch die Literatur hat für den Dienstvertrag keine neuen Abgrenzungskriterien entwickelt. Der überwiegende Teil der Literatur differenziert wie die Rechtsprechung nicht nach Schuldvertragstypen: Der Dienstvertrag wird nicht anders als der Werkvertrag von der Zeitarbeit abgegrenzt. Die zur Abgrenzung der Zeitarbeit vom Werkvertrag herangezogenen Kriterien werden, mit den Einschränkungen, die sich aus der rechtlichen Struktur des Dienstvertrages ergeben, herangezogen[376]. Einige Stimmen in der Literatur legen gegenüber dienstvertraglichen Gestaltungen wegen ihrer Nähe zur Arbeitnehmerüberlassung strengere Kriterien als beim Werkvertrag an und erachten den Dienstvertrag als Gestaltungsform des Fremdfirmeneinsatzes nur in engen Grenzen für zulässig[377]. Jedoch hat das Bundesarbeitsgericht auch hinsichtlich des dienstvertraglichen Einsatzes ausdrücklich festgestellt, daß nicht schon aus einer engen Verzahnung der durchgeführten Tätigkeit mit der Produktionstätigkeit auf Arbeitnehmerüberlassung geschlossen werden kann[378] und der Vergabe von innerbetrieblichen Daueraufträgen auf dienstvertraglicher Basis das AÜG nicht entgegensteht[379].

---

374 Zum Beispiel: BAG vom 28. 11.89 – 1 ABR 90/88, AP Nr. 5 zu § 14 AÜG (unter B 1 c) der Gründe) = NZA 1990, 364; BAG vom 8. 11. 1978 – 5 AZR 261/77, AP Nr. 2 zu § 1 AÜG (unter II 1 c) der Gründe) = NJW 1979, 2636.

375 BAG vom 31. 3. 1993 – 7 AZR 338/92, AP Nr. 2 zu § 9 AÜG (unter II 2 der Gründe) = NZA 1993, 1078.

376 *Becker*, DB 1988, 2561 (2566); *Eckardt*, JA 1989, 393 (395 ff.); *Dauner-Lieb*, NZA 1992, 817 (818 ff.); *Hamann*, Erkennungsmerkmale, S. 129 ff.; *von Hoyningen-Huene*, BB 1985, 1669 (1674); *Schüren*, § 1 AÜG Rdnr. 241 ff; *Ulber*, AÜG, Einl. C, Rdnr. 77 ff.

377 *Becker*, ZfA 1978, 131 (144); *Sandmann/Marschall*, § 1 AÜG Anm. 21; BA DA Ziff. 1.5. Das LAG Berlin (vom 25.7. 1988 – 12 Sa 9/88 und 10/88, EzAÜG Nr. 337 (unter II 4 der Gründe)) wertete die Vereinbarung eines Dienstvertrages sogar als Indiz für Arbeitnehmerüberlassung.

378 BAG vom 9.7. 1991 – 1 ABR 45/90, AP Nr. 94 zu § 99 BetrVG 1972 (unter I 1 b) der Gründe) = NZA 1992, 275.

379 BAG vom 30.1. 1991 – 7 AZR 497/89, AP Nr. 8 zu § 10 AÜG = NZA 1992, 19.

§ 7 Konzerninterne Arbeitnehmerüberlassung

Besonderer Behandlung bedarf die konzerninterne Arbeitnehmerüberlassung. Diese Erscheinungsform der Arbeitnehmerüberlassung hat in den letzten Jahren einen erheblichen Bedeutungszuwachs erfahren[380]. Die konzerninterne Arbeitnehmerüberlassung ist die wichtigste Form der Arbeitnehmermobilität zwischen konzernverbundenen Unternehmen[381]. Dem Konzern, als Zusammenschluß rechtlich selbständiger Unternehmen unter einheitlicher Leitung[382], fehlt die Fähigkeit, Träger von Rechten und Pflichten und damit Partei eines Arbeitsverhältnisses zu sein. Die Arbeitgeberstellung kann der Konzern selbst nicht einnehmen[383]. Auch im Rahmen der Entsendung eines Arbeitnehmers in ein anderes Konzernunternehmen wird der überlassene Arbeitnehmer daher – wie in jedem anderen Zeitarbeitsverhältnis auch – für einen anderen Arbeitgeber tätig.

Soll ein Arbeitnehmer eines Konzernunternehmens seine Arbeitsleistung in einem anderen konzernangehörigen Unternehmen erbringen, so kommen im wesentlichen zwei Gestaltungsvarianten in Betracht[384]: Zum einen besteht die Möglichkeit, dem Unternehmen, das den Arbeitnehmer aufnimmt, eine eigene Arbeitgeberstellung zu verschaffen[385]. Eine andere Gestaltungsmöglichkeit, die in der Praxis den Regelfall darstellt, besteht darin, daß das Stammunternehmen einziger Arbeitgeber bleibt und dem Drittunternehmen nur einzelne Arbeitgeberrechte eingeräumt werden. Bei dieser Gestaltung handelt es sich um Fälle konzerninterner Arbeitnehmerüberlassung[386]. Der Unterschied der konzerninternen Arbeitnehmerüberlassung zur „nor

---

380 Vgl. Neunter AÜG-Erfahrungsbericht, BT-Drucks. 14/4220, S. 17.

381 Vgl. *Wank/Jansen*, Lean Management, S. 92. Über den Konzernierungsgrad deutscher Unternehmen fehlt repräsentatives statistisches Material. Nach Schätzungen sind 75 % der Aktiengesellschaften und 50 % der GmbHs konzernverbundenen, vgl. *Emmerich/Sonnenschein*, Konzernrecht, S. 4; *Maschmann*, RdA 1996, 24.

382 Vgl. § 18 AktG. Zum Konzernbegriff vgl. auch unten § 7 II 2 a).

383 Dazu *Windbichler*, Arbeitsrecht im Konzern, S. 68 ff.

384 *Maschmann*, RdA 1996, 24 ff.; *Wank/Jansen*, Lean Management, S. 90; *Windbichler*, Arbeitsrechtliche Vertragsgestaltung, S.10 ff.

385 Vgl. BAG vom 21.1. 1999 – 2 AZR 648/97, AP Nr. 9 zu § 1 KSchG 1969 Konzern = NZA 1999, 539. Zu den Gestaltungsmöglichkeiten konzernweiter Arbeitnehmerentsendung mit Arbeitgeberwechsel: *Wank/Jansen*, Lean Management, S. 90 ff.; *Windbichler*, Arbeitsrechtliche Vertragsgestaltung, S. 10 ff.

386 Dem Drittunternehmen steht das arbeitsbezogene Weisungsrecht zu. Damit kommt es wie bei anderen Formen der Arbeitnehmerüberlassung zu einer aufgespaltenen Arbeitgeberstellung; vgl. oben § 6 III.

malen" Arbeitnehmerüberlassung besteht darin, daß Verleih- und Entleihunternehmen Teil eines Konzerns sind[387].

Im Folgenden sollen zunächst die verschiedenen Erscheinungsformen der konzerninternen Arbeitnehmerüberlassung vorgestellt werden. Im Anschluß ist zu untersuchen, inwiefern Gestaltungen konzerninterner Arbeitnehmerüberlassung durch die Ausnahmevorschrift des § 1 Abs. 3 Nr. 2 AÜG von der Anwendung des AÜG freigestellt sind. Abschließend sollen die individualvertraglichen Voraussetzungen einer konzerninternen Arbeitnehmerüberlassung beleuchtet werden.

I. Erscheinungsformen konzerninterner Arbeitnehmerüberlassung

Arbeitnehmerüberlassung innerhalb eines Konzerns erfolgt in zwei verschiedenen Grundformen:

Zum einen überlassen sich konzernverbundene Unternehmen, zum Beispiel bei personellen Engpässen oder zur Durchführung von Spezialaufgaben, gegenseitig Arbeitnehmer. Die überlassenden Konzernunternehmen sind als Mischbetriebe[388] anzusehen, deren Hauptzweck anderen gewerblichen Zielen dient und die nur in bestimmten Situationen Arbeitnehmer zum Arbeitseinsatz in ein anderes Konzernunternehmen entsenden[389]; die Arbeitnehmerüberlassung erfolgt in der Regel nur gelegentlich.

Zum anderen kann konzerninterne Arbeitnehmerüberlassung planmäßig erfolgen: Konzerne gründen *konzerninterne Zeitarbeitsfirmen*, die als konzernangehörige Unternehmen bei ihr beschäftigte Arbeitnehmer an die anderen Konzernunternehmen überlassen[390]. Wie andere Zeitarbeitsunternehmen auch, stellen die konzernangehörigen Zeitarbeitsunternehmen Arbeitnehmer ausschließlich zum Zweck der Überlassung ein und verfolgen keinen über die Überlassung von Arbeitnehmern hinausgehenden wirtschaftlichen Zweck. In vielen Fällen halten die konzerninternen Zeitarbeitsfirmen eine „Aushilfsmannschaft" bereit, deren Arbeitnehmer den einzelnen Konzernunternehmen als Vertretungen oder für Projekteinsätze überlassen werden.

---

387 Vgl. *Schüren*, § 1 AÜG Rdnr. 726.

388 Zum Mischbetrieb vgl. oben § 3 II 1.

389 *Worpenberg*, Konzerninterne Arbeitnehmerüberlassung, S. 25.

390 Zum Beispiel *Bankforce* als konzerninternes Zeitarbeitsunternehmen der Deutschen Bank, die *Wolfsburg AG* als konzerninternes Zeitarbeitsunternehmen des Volkswagen Konzerns.

Ähnlich einer konzerninternen Zeitarbeitsfirma können auch *Personalführungsgesellschaften* konzerninterne Zeitarbeit betreiben. Der Begriff der Personalführungsgesellschaft ist kein feststehender Rechtsbegriff[391]. Konzernangehörige Personalführungsgesellschaften können als rechtlich selbständige Unternehmen eines Konzerns unterschiedliche Funktionen und Aufgaben wahrnehmen: Die Funktion von Personalführungsgesellschaften besteht vielfach allein in der unternehmensübergreifenden Wahrnehmung von Personalverwaltungs- und Rekrutierungsaufgaben, ohne daß die Personalführungsgesellschaft die Arbeitnehmer im eigenen Namen einstellt[392]. Stellen Personalführungsgesellschaften die Arbeitnehmer im Namen der einzelnen Konzernunternehmen ein, kommt der Personalführungsgesellschaft keine eigene Arbeitgeberstellung zu. Mangels Arbeitgeberstellung der Personalführungsgesellschaft liegt hier von vornherein keine Arbeitnehmerüberlassung vor[393]. Nur wenn der Geschäftszweck der Personalführungsgesellschaft darin besteht, Arbeitnehmer im eigenen Namen einzustellen und sie anderen Konzernunternehmen zur Arbeitsleistung zu überlassen, handelt es sich um eine Form der konzerninternen Arbeitnehmerüberlassung[394]. In diesem Fall dienen Personalführungsgesellschaften der Vereinheitlichung der Arbeitsverhältnisse im Konzern, was zumindest theoretisch soweit gehen kann, daß alle im Konzern bestehenden Arbeitsverhältnisse auf eine Personalführungsgesellschaft konzentriert werden und die übrigen Unternehmen des Konzerns arbeitnehmerlose Betriebe wären[395]. Wenn im weiteren dieser Arbeit von Personalführungsgesellschaften gesprochen wird, so handelt es sich dabei allein um Personalführungsgesellschaften, die Arbeitnehmer im eigenen Namen einstellen.

Planmäßig erfolgt konzerninterne Arbeitnehmerüberlassung außerdem beim Einsatz sogenannter „Springer“. Konzernunternehmen stellen Springer – zum Beispiel EDV-Spezialisten – von vornherein dafür ein, ihre Arbeitsleistung wechselnd bei den verschiedenen Konzernunternehmen zu erbringen[396].

---

391 Vgl. *Schüren*, § 1 AÜG Rdnr. 761.

392 *Becker*, DB 1988, 2561 (2563); *Worpenberg*, Konzerninterne Arbeitnehmerüberlassung, S. 34.

393 *Schaub*, ArbR-Hdb., § 120 Rdnr. 15; *Schaub*, NZA 1985, Beil. 3, S. 1 (3); *Schüren*, § 1 AÜG Rdnr. 761; *Ulber*, § 1 AÜG Rdnr. 248.

394 BT-Drucks. 10/3206, S. 33; *Becker/Wulfgramm*, § 1 AÜG Rdnr. 117; *Becker*, DB 1988, 2561 (2563); *Schaub*, NZA 1985, Beil. 3, S. 1 (3); *Schüren*, § 1 AÜG Rdnr. 761; *Worpenberg*, Konzerninterne Arbeitnehmerüberlassung, S. 34.

395 *Martens*, DB 1985, 2144 (2145); vgl. auch *Stückmann*, DB 1999, 1902.

396 *Windbichler*, Arbeitsrechtliche Vertragsgestaltung, S. 19.

II. Anwendbarkeit des AÜG

Fraglich ist, inwiefern die verschiedenen Gestaltungsformen der konzerninternen Arbeitnehmerüberlassung den zwingenden Vorschriften des AÜG unterliegen. Dafür ist zunächst zu untersuchen, welche Erscheinungsformen der konzerninternen Zeitarbeit eine Arbeitnehmerüberlassung im Sinne des § 1 Abs. 1 AÜG darstellen. Im Anschluß ist zu prüfen, wann die konzerninterne Arbeitnehmerüberlassung durch den Ausnahmetatbestand des § 1 Abs. 3 Nr. 2 AÜG von der Einhaltung der Vorschriften des AÜG befreit ist.

1. Tatbestandsmäßige Arbeitnehmerüberlassung

Arbeitnehmerüberlassung im Sinne des § 1 Abs. 1 AÜG betreiben Arbeitgeber, die Arbeitnehmer Dritten gewerbsmäßig zur Arbeitsleistung überlassen.

a) Überlassung zur Arbeitsleistung

Zur Annahme einer Arbeitnehmerüberlassung im Sinne des AÜG müssen die Arbeitnehmer auch bei der konzerninternen Arbeitnehmerüberlassung einem Dritten zur Arbeitsleistung überlassen werden[397]. Ein Überlassen zur Arbeitsleistung liegt bei den verschiedenen Gestaltungsformen konzerninterner Arbeitnehmerüberlassung vor, sofern es sich nicht ausschließlich um die konzerninterne Entsendung von Führungs- und Fachkräften zu reinen Schulungs- und Fortbildungsmaßnahmen handelt; Schulungs- und Fortbildungsmaßnahmen stellen keine Arbeitnehmerüberlassung dar, denn die Arbeitnehmer werden nicht zur Arbeitsleistung überlassen[398]. Anders ist der Fall zu beurteilen, wenn ein Arbeitnehmer sich durch die Erbringung seiner Arbeitsleistung in einem anderen Unternehmen fortbildet; wenn der Arbeitnehmer zum Beispiel in die Anwendung und Benutzung bestimmter Computerprogramme oder Medien eingewiesen und an ihnen ausgebildet wird[399].

Das auch für die konzerninterne Arbeitnehmerüberlassung konstitutive Überlassen zur Arbeitsleistung erfordert die *Übertragung des Weisungsrechtes* auf das den Arbeitnehmer beschäftigende Konzernunternehmen[400]. An der Übertragung des Weisungsrechtes auf das Beschäftigungsunternehmen fehlt es, wenn ein Arbeitnehmer organschaftliche Aufgaben - zum Beispiel als Geschäftsführer einer

---

397 *Becker/Wulfgramm*, § 1 AÜG Rdnr. 104; *Schüren*, § 1 AÜG Rdnr. 642.

398 *Becker*, DB 1988, 2561 (2564); *Wank/Jansen*, Lean Management, S. 106.

399 Einweisung und Ausbildung werden beispielhaft in der Beschlußempfehlung des Ausschusses für Arbeit und Sozialordnung als Überlassungsgründe genannt (BT-Drucks. 10/3206, S. 33).

400 Vgl. oben § 5 III.

GmbH - in einem anderen Konzernunternehmen wahrnimmt; der Geschäftsführer wird in dem anderen Konzernunternehmen nicht weisungsgebunden tätig, damit liegt keine Arbeitnehmerüberlassung vor[401].

b) Gewerbsmäßig

Um in den Anwendungsbereich des AÜG zu fallen, muß die Arbeitnehmerüberlassung gewerbsmäßig erfolgen (§ 1 Abs. 1 S. 1 AÜG)[402]. Ob die konzerninterne Arbeitnehmerüberlassung gewerbsmäßig erfolgt, ist umstritten. Für die Gewerbsmäßigkeit der Arbeitnehmerüberlassung wird der gewerberechtliche Begriff zugrunde gelegt[403]: Unter Gewerbsmäßigkeit versteht man jede nicht nur gelegentliche, sondern auf eine gewisse Dauer angelegte und auf die Erzielung unmittelbarer oder mittelbarer wirtschaftlicher Vorteile gerichtete selbständige Tätigkeit[404]. Zweifel bestehen bei der konzerninternen Arbeitnehmerüberlassung daran, ob die Überlassungen der Arbeitnehmer auf eine gewisse Dauer angelegt sind und zur Erzielung eines wirtschaftlichen Vorteiles und deshalb mit Gewinnerzielungsabsicht erfolgen.

Erforderlich ist eine *auf Dauer angelegte* und mit Wiederholungsabsicht erfolgende Arbeitnehmerüberlassung[405]. Eine einmalige, nicht auf Wiederholung gerichtete Überlassung von Arbeitnehmern zur Arbeitsleistung erfolgt nicht gewerbsmäßig[406]. Unerheblich ist allerdings, ob es tatsächlich zu einer wiederholten Überlassung kommt. Nur wenn ein Arbeitnehmer von Anfang an geplant nur ausnahmsweise und einmalig in einem anderen Unternehmen eingesetzt wird, fehlt das Merkmal der Dauer[407]. An das Tatbestandsmerkmal der Dauer sind keine zu hohen Anforderungen zu stellen[408].

---

401 *Becker/Wulfgramm*, § 1 AÜG Rdnr. 34; *Wank/Jansen*, Lean Management, S. 106; *Worpenberg*, Konzerninterne Arbeitnehmerüberlassung, S. 44.

402 Vgl. oben § 3 II 1.

403 Vgl. oben § 3 II 1; a.A. *Rüthers/Bakker*, ZfA 1990, 245 (302 f.), die vom spezifischen Schutzzweck des AÜG ausgehend die Gewerbsmäßigkeit bestimmen.

404 Seit BAG vom 10.2. 1977 – 2 ABR 80/76, AP Nr. 9 zu § 103 BetrVG 1972 (unter II 1 b) der Gründe) = NJW 1977, 1413; vgl. auch BAG vom 21.3.1990 - 7 AZR 198/89, AP Nr. 15 zu § 1 AÜG (unter I 2 a) bb) der Gründe) = NZA 1991, 269; *Schüren*, § 1 AÜG Rdnr. 274; vgl. oben § 3 II 1.

405 *Becker*, DB 1988, 25621 (2562); *Schaub*, NZA 1985, Beil. 3, 1 (2); *Schüren*, § 1 AÜG Rdnr. 300.

406 *Schaub*, NZA 1985, Beil. 3, S. 1 (2); *Schüren*, § 1 AÜG Rdnr. 303; a.A. HzA/*Düwell*, Gruppe 16, Rdnr. 169; *Ulber*, § 1 AÜG Rdnr. 151.

407 *Marschall*, Bekämpfung, S. 23; *Schaller*, DStR 96, 469.

408 BAG vom 21.3. 1990 – 7 AZR 198/89, AP Nr. 15 zu § 1 AÜG (unter I 2 a) bb) der Gründe) = NZA 1991, 269; *Becker/Wulfgramm*, § 1 AÜG Rdnr. 28 a; *Ulber*, § 1 AÜG Rdnr. 151.

Verbundene Unternehmen wollen sich durch die konzerninterne Überlassung von Arbeitnehmern gegenseitig stützen und in Notfällen oder bei saisonalem Mehrbedarf aushelfen sowie ihre Personalkosten reduzieren, wenn ein Unternehmen einzelne Arbeitnehmer vorübergehend nicht einsetzen kann[409]. So oft wie erforderlich werden sich die Unternehmen gegenseitig Arbeitnehmer überlassen. Die Arbeitnehmerüberlassung stellt damit keinen einmaligen Ausnahmefall dar. Außerdem werden viele Arbeitnehmer in ihrem Arbeitsvertrag einen sogenannten Konzernvorbehalt[410] finden. Durch diese Klausel wird der Arbeitnehmer verpflichtet, auch in einem Drittunternehmen des Konzerns unter Übertragung des Weisungsrechtes zu arbeiten. Diese Vertragsklausel zeigt, daß schon bei Vertragsschluß die Möglichkeit einer späteren Überlassung einkalkuliert wurde und es sich bei einer Überlassung nicht um einen einzelnen Ausnahmefall handelt, dessen Wiederholung von vornherein ausgeschlossen ist[411]. Eine Wiederholungsabsicht liegt bei der konzerninternen Arbeitnehmerüberlassung in der Regel vor[412]. Abzulehnen ist eine Wiederholungsabsicht nur in den Fällen, wo Arbeitnehmer zu einem einmaligen Forschungsprojekt oder einem anderen einmaligen Zweck überlassen werden[413].

Als *Gewinnerzielungsabsicht* ist das Streben nach einem unmittelbaren oder einem mittelbaren wirtschaftlichen Vorteil anzusehen[414]. Unerheblich ist, ob tatsächlich ein Gewinn erzielt wird. Entscheidend ist allein, daß aus der Sicht des Handelnden die Möglichkeit der Gewinnerzielung besteht[415]. Ein wirtschaftlicher Vorteil wird auch dann erstrebt, wenn ein Unternehmen Arbeitnehmer zum Ausgleich oder zur Senkung eigener fixer Personalkosten überläßt; auch die Minderung feststehender Kosten stellt per Saldo eine Verbesserung der Vermögenslage dar[416]. Insgesamt

---

409 *Wank/Jansen*, Lean Management, S. 108; *Worpenberg*, Konzerninterne Arbeitnehmerüberlassung, S. 139.

410 Zur Konzernklausel als individualvertragliche Voraussetzung zur konzerninternen Arbeitnehmerüberlassung vgl. unten § 7 III.

411 Vgl. *Ulber*, § 1 AÜG Rdnr. 153.

412 So auch *Sandemann/Marschall*, § 1 AÜG Rdnr. 68, 70; *Wank/Jansen*, Lean Management, S. 107; *Worpenberg*, Konzerninterne Arbeitnehmerüberlassung, S. 129; a.A. *Becker/Wulfgramm*, § 1 AÜG Rdnrn. 34, 113.

413 *Wank/Jansen*, Lean Management, S. 107; *Worpenberg*, Konzerninterne Arbeitnehmerüberlassung, S. 129.

414 BAG vom 21.3. 1990 – 7 AZR 198/89, AP Nr. 15 zu § 1 AÜG (unter I 2 a) der Gründe) = NZA 1991, 269 ; *Becker/Wulfgramm*, § 1 AÜG Rdnr. 29; *Schüren*, § 1 AÜG Rdnr. 310 f.; *Ulber*, § 1 AÜG Rdnr. 154.

415 MünchArbR/*Marschall*, § 174 Rdnr. 44; *Sandmann/Marschall*, § 1 AÜG Anm. 37; *Schüren*, § 1 AÜG Rdnr. 310.

416 OLG Karlsruhe vom 9.10. 1987 – 3 Ss 89/87, NZA 1988, 616 = EzAÜG Nr. 252; *Becker/*Wulfgramm, § 1 AÜG Rdnr. 29; MünchArbR/*Marschall*, § 174 Rdnr. 44; *Schüren*,

werden an das Vorliegen eines mittelbaren wirtschaftlichen Gewinns keine hohen Anforderungen gestellt[417]; ausreichend sei zum Beispiel, daß der Verleiher versucht, durch die Überlassung seine Geschäftsbeziehungen zu fördern oder die Überlassung in der Erwartung erfolgt, zukünftig Aufträge zu erhalten[418].

Zweifelhaft ist die Gewinnerzielungsabsicht, da konzerninterne Arbeitnehmerüberlassung häufig auf Selbstkostenbasis erfolgt[419]. Trotzdem ist eine Gewinnerzielungsabsicht nicht von vornherein ausgeschlossen. Gewinn im bilanztechnischen Sinn ist nicht erforderlich[420]. Auch ein Verleih auf Selbstkostenbasis kann zur Verringerung von Verlusten führen und ein auf Gewinn gerichtetes Handeln darstellen. Auch bei unentgeltlichen oder auf Selbstkostenbasis erfolgenden Arbeitnehmerüberlassungen handelt es sich nicht um eine wirtschaftlich sinnlose, rein altruistische Entsendungen von Arbeitnehmern in ein Drittunternehmen des Konzerns. Irgendein indirekter mittelbarer wirtschaftlicher Vorteil wird auch mit diesen Arbeitnehmerüberlassungen angestrebt[421]. So sollen Überlassungen zum Beispiel der Förderung bestimmter Geschäftsbeziehungen dienen[422]. Häufig werden Arbeitnehmer eines Unternehmens auch an ein anderes Konzernunternehmen verliehen, um in Notfällen ebenfalls Aushilfe durch das andere Unternehmen zu erhalten. Schon dieser angestrebte Vorteil ist ausreichend, um eine Gewinnerzielungsabsicht zu bejahen[423]. Grundsätzlich erfolgt die konzerninterne Arbeitnehmerüberlassung daher auch mit Gewinnerzielungsabsicht[424].

---

§ 1 AÜG Rdnr. 314; *Worpenberg*, Konzerninterne Arbeitnehmerüberlassung, S. 130.

417 *Vögele/Stein*, Fremdfirmen, S. 6; *Wank/Jansen*, Lean Management, S. 106; *Worpenberg*, Konzerninterne Arbeitnehmerüberlassung, S. 129.

418 BayOLG vom 31.3. 1978 – 4 ST 187/77, NJW 1978, 1869; *Becker/Wulfgramm*, § 1 AÜG Rdnr. 29; *Sandmann/Marschall*, § 1 AÜG Anm. 37; *Ulber*, § 1 AÜG Rdnr. 155.

419 Vgl. *Wank/Jansen*, Lean Management, S. 107.

420 *Becker/Wulfgramm*, § 1 AÜG Rdnr. 29; *Sandmann/Marschall*, § 1 AÜG Anm. 37; *Worpenberg*, Konzerninterne Arbeitnehmerüberlassung, S. 129.

421 *Joost*, DB 1980, 161 (162); MünchArbR/*Marschall*, § 174 Rdnr. 44; *Rüthers/Bakker*, ZfA 1990, 245 (303); *Sandmann/Marschall*, § 1 AÜG Anm. 37; *Ulber*, § 1 AÜG Rdnr. 154; *Wank/Jansen*, Lean Management, S. 107 .

422 BayOLG vom 31.3. 1978 – 4 ST 187/77, NJW 1978, 1869; MünchArbR/*Marschall*, § 174 Rdnr. 44; *Becker/Wulfgramm*, § 1 AÜG Rdnr. 29.

423 *Wank/Jansen*, Lean Management, S. 108; *Worpenberg*, Konzerninterne Arbeitnehmerüberlassung, S. 139.

424 Im Gegensatz dazu halten das BAG vom 9. 4. 1987 – 2 AZR 280/86, AP Nr. 1 zu § 9 AÜG (unter III 2 a) cc) der Gründe) = NZA 1988, 541, *Becker*, BlStSozArbR 1985, 195 (197); *Becker/Wulfgramm*, § 1 AÜG Rdnr. 113; *Oetker*, Anm. zu BAG vom 5.5. 1988 – 2 AZR 795/87, SAE 1989, 68 (70) die konzerninterne Arbeitnehmerüberlassung für grundsätzlich nichtgewerbsmäßig.

Besonders umstritten ist die Gewerbsmäßigkeit des Handelns der Personalführungsgesellschaft. Unstreitig handelt es sich um eine auf Dauer angelegte selbständige Tätigkeit[425]. Fraglich ist, ob die Personalführungsgesellschaft mit Gewinnerzielungsabsicht handelt. Personalführungsgesellschaften verfolgen als konzernabhängige Unternehmen oder Obergesellschaften speziell auf die Konzernierung zugeschnittene Ziele. Bezweckt wird zumeist eine Kostenverminderung im Gesamtkonzern[426]. Deshalb erfolgen die Überlassungen der Personalführungsgesellschaften vermehrt auf Selbstkostenbasis oder unentgeltlich[427]. Fraglich ist, ob die Kostenminderung im Gesamtkonzern zur Begründung eines gewerbsmäßigen Handelns der Personalführungsgesellschaft ausreicht.

Der Gewinnverzicht der Personalführungsgesellschaft dient der Gewinnmaximierung des Gesamtkonzerns[428], indem die Kostenvorteile durch den Selbstkostenpreis an die einzelnen Konzernunternehmen weitergegeben werden. Auch die Personalführungsgesellschaft wird eine Gewinnmaximierung als unternehmerisches Teilziel verfolgen, da sie ein Glied in einer gewinnmaximierenden Organisation ist. Denn ohne die Konzerneinbindung wäre die auf Selbstkostenbasis handelnde Personalführungsgesellschaft zwecklos und würde gar nicht existieren. Der einzige Zweck derartiger Personalführungsgesellschaften besteht im allgemeinen darin, den Tochterunternehmen Arbeitnehmer zur Arbeitsleistung mit dem Ziel der Gewinnmaximierung zur Verfügung zu stellen. Auch die Kostenminderung stellt einen mittelbaren wirtschaftlichen Vorteil dar; eine Gewinnmaximierung kann sowohl durch Umsatzsteigerung als auch durch Kostensenkung erreicht werden. Damit wird eine Gewinnerzielungsabsicht in aller Regel auch bei Personalführungsgesellschaften nicht zu verneinen sein.

Ohne nähere Auseinandersetzung gehen der Gesetzgeber[429] und vielen Stimmen in der Literatur[430] davon aus, daß Personalführungsgesellschaften, deren Zweck auf die Einstellung und Überlassung von Arbeitnehmern gerichtet ist, den Bestimmun-

---

425 *Becker*, DB 1988, 2561 (2563); *Schaub*, NZA 1985, Beil. 3 S. 1 (3); *Worpenberg*, Konzerninterne Arbeitnehmerüberlassung, S. 132.

426 *Karamarias*, RdA 1983, 353 (356).

427 *Martens*, DB 1985, 2144 (2150); *Worpenberg*, Konzerninterne Arbeitnehmerüberlassung, S. 37.

428 Vgl. *Helle*, Konzernbedingte Kündigungsschranken, S. 155.

429 Gesetzesbegründung zur Einführung des § 1 Abs. 3 Nr. 2 AÜG, BT-Drucks. 10/3206, S. 33.

430 *Becker*, DB 1988, 2561 (2563); *Becker/Wulfgramm*; § 1 AÜG Rdnr. 117; *Franßen/Haesen*, § 1 AÜG Rdnr. 66; *Marschall*, Bekämpfung, S. 19; *Sandmann/Marschall*, § 1 AÜG Anm. 81; *Ulber*, § 1 AÜG Rdnr. 248; auf die Umstände des Einzelfalls stellt *Schaub*, NZA 1985, Beil. 3, S. 1 (3) ab; a.A. *Martens*, DB 1985, 2144 (2150).

gen des AÜG unterliegen. Da das AÜG nur auf die gewerbsmäßige Arbeitnehmerüberlassung Anwendung findet (§ 1 Abs. 1 S. 1 AÜG), müssen daher auch diese Stimmen die Tätigkeit von Personalführungsgesellschaften als gewerbsmäßig bewerten.

c) Ergebnis

Bei den verschiedenen Erscheinungsformen konzerninterner Arbeitnehmerüberlassung handelt es sich in der Regel um gewerbsmäßige Arbeitnehmerüberlassung. Das AÜG findet Anwendung, sofern die konzerninterne Zeitarbeit nicht durch die Ausnahmevorschrift des § 1 Abs. 3 Nr. 2 AÜG von der Einhaltung der zwingenden Vorschriften des AÜG freigestellt ist.

2. Konzernklausel, § 1 Abs. 3 Nr. 2 AÜG

Durch Art. 8 Abs. 1 Nr. 1 b des am 1.5. 1985 in Kraft getretenen Beschäftigungsförderungsgesetzes[431] wurde die konzerninterne Arbeitnehmerüberlassung mit der Einfügung der sogenannten Konzernklausel in § 1 Abs. 3 Nr. 2 AÜG erstmals gesetzlich geregelt.

§ 1 Abs. 3 Nr. 2 AÜG enthält eine Ausnahmevorschrift für die konzerninterne Arbeitnehmerüberlassung. Danach ist das Arbeitnehmerüberlassungsgesetz nicht anzuwenden, wenn Verleiher und Entleiher demselben Konzern angehören und die Arbeitnehmerüberlassung vorübergehend erfolgt. Zweck dieser Vorschrift ist es unnötige bürokratische Formalitäten zu vermeiden, wenn der Schutzzweck des AÜG auch ohne Erlaubnis gewahrt ist; nach Auffassung des Gesetzgebers sind bei der konzerninternen Zeitarbeit weder die soziale Sicherheit der Arbeitnehmer gefährdet, noch Störungen des Arbeitsmarktes zu befürchten, so daß es keiner Kontrolle und Beschränkungen nach den Vorschriften des AÜG bedürfe[432]. Bei der Entsendung und dem Austausch von Arbeitnehmern verschiedener Unternehmen eines Konzerns sei nur der interne Arbeitsmarkt des Konzerns betroffen. Dem Sinn und Zweck des AÜG würde es widersprechen, derart konzerntypische und notwendige Personalmaßnahmen den engen Bindungen des AÜG zu unterwerfen[433]. Allerdings stellte die ganz überwiegende Meinung in der Literatur die konzerninterne Arbeit

---

431 Vom 26.4. 1985, BGBl. I, S. 710, 715.

432 BT-Drucks. 10/3206, S. 32.

433 *Martens*, DB 1985, 2144.

nehmerüberlassung schon vor Einführung des § 1 Abs. 3 Nr. 2 AÜG von der Einhaltung der Vorschriften des AÜG frei[434].

Gemäß § 1 Abs. 3 Nr. 2 AÜG hängt die Anwendung des AÜG bei der konzerninternen Arbeitnehmerüberlassung davon ab, ob zwischen den beteiligten Unternehmen eine Konzernverbindung im Sinne des § 1 Abs. 3 Nr. 2 AÜG besteht und ob es sich um eine vorübergehende Überlassung des Arbeitnehmers handelt[435].

a) Konzern im Sinne des § 1 Abs. 3 AÜG

Hinsichtlich des Konzernbegriffes verweist § 1 Abs. 3 Nr. 2 AÜG auf § 18 AktG. Nach dieser Vorschrift ist ein Konzern der Zusammenschluß von mindestens zwei rechtlich selbständigen Unternehmen unter einheitlicher Leitung[436]. Unerheblich ist die Art des Konzerns. Es kann sich um einen Unterordnungs- oder einen Gleichordnungskonzern, einen faktischen oder einen Vertragskonzern handeln[437]. Ein Konzern liegt auch dann vor, wenn mehrere Unternehmen gemeinschaftlich ein anderes rechtlich selbständiges Unternehmen betreiben (Gemeinschaftsunternehmen)[438]. Dagegen handelt es sich bei einem gemeinsamen Betrieb mehrerer Unternehmen nicht um einen Konzern[439]. Auf die Rechtsform der Unternehmen kommt es nicht an; es braucht sich nicht um eine Aktiengesellschaft oder eine Komman-

---

434 *Birk*, ZGR 1984, 22 (23); *Joost*, DB 1980, 161 (163); *Konzen*, ZfA 1982, 259 (267); *Martens*, DB 1985, 2144; *Schaub*, ArbR-Hdb., 5. Auflage (1983), S. 713 f.; a.A. *Sandmann/Marschall*, Stand: August 1982, § 1 AÜG Anm. 4.

435 *Becker* (DB 1988, 2561 (2564); *Becker/Wulfgramm*, § 1 AÜG Rdnr. 114 ff.) vertritt die Ansicht, daß § 1 Abs. 3 Nr. 2 AÜG ausschließlich die nichtgewerbsmäßige Arbeitnehmerüberlassung privilegiert. *Ulber* (§ 1 AÜG Rdnr. 247) hat sich dieser Ansicht angeschlossen. Diese Ansicht ist abzulehnen: Das AÜG ist von vornherein ausschließlich auf die gewerbsmäßige Arbeitnehmerüberlassung anzuwenden; nach Ansicht Beckers hätte § 1 Abs. 3 Nr. 2 AÜG nur eine deklaratorische und keine eigenständige Bedeutung. Zutreffend: *Rüthers/Bakker*, ZfA 1990, 245 (301f.); *Schüren*, § 1 AÜG Rdnr. 639; *Wank/Jansen*, Lean Management, S. 109; *Worpenberg*, Konzerninterne Arbeitnehmerüberlassung, S. 121 f.

436 Vgl. *Hüffer*, § 18 AktG Rdnr. 2.

437 Zu den verschiedenen Konzernformen: *Emmerich/Sonnenschein*, Konzernrecht, S. 57; *Hüffer*, § 18 AktG.

438 *Hüffer*, § 18 AktG Rdnr. 17; *Martens*, DB 1985, 2144 (2149); *Schüren*, § 1 AÜG Rdnr. 736.

439 BAG vom 3. 12. 1997 - 7 AZR 764/96, AP Nr. 24 zu § 1 AÜG (unter I 3 b) der Gründe) = NZA 1998, 876 (878); *Gaul*, BB 1996, 1224; *Schüren*, § 1 AÜG Rdnr. 737; ErfK/*Wank*, § 1 AÜG Rdnr. 90. Ein gemeinsamer Betrieb mehrerer rechtlich selbständiger Unternehmen liegt nach ständiger Rechtsprechung vor, wenn sich die beteiligten Unternehmen zur gemeinsamen Führung des Betriebs rechtlich verbunden und einen einheitlichen Leitungsapperat zur Erfüllung der in der organisatorischen Einheit zu verfolgenden arbeitstechnischen Zwecke geschaffen haben (BAG vom 3.12. 1997 a.a.O.).

ditgesellschaft auf Aktien zu handeln. § 1 Abs. 3 Nr. 2 AÜG ist eine rechtsformneutrale Verweisung[440]. Ist ein Arbeitnehmer bei einem Unternehmen beschäftigt, das kein Konzernunternehmen im Sinne des § 18 AktG ist, so beurteilt sich die Zulässigkeit des Einsatzes im Konzern nach allgemeingültigen Kriterien, ohne daß § 1 Abs. 3 Nr. 2 AÜG zur Anwendung käme[441].

b) Vorübergehend

Gemäß § 1 Abs. 3 Nr. 2 AÜG ist die konzerninterne Zeitarbeit dann von der Anwendung der Vorschriften des AÜG freigestellt, wenn sie vorübergehend erfolgt. Zur Feststellung, ob eine Überlassung vorübergehend ist, kommen zwei Auslegungsmöglichkeiten des Begriffes „vorübergehend" in Betracht: Zum einen kann auf die einzelnen Einsätze in den verschiedenen Konzernunternehmen, in denen der Arbeitnehmer beschäftigt wird, abgestellt werden; die Arbeitnehmerüberlassung ist vorübergehend, sofern der Arbeitnehmer nicht dauerhaft bei einem Konzernunternehmen als Entleiher beschäftigt wird[442]. Die überwiegende Ansicht stellt demgegenüber auf das Rechtsverhältnis des Arbeitnehmers zu seinem Vertragsarbeitgeber ab und versteht als vorübergehend jede nicht als endgültig geplante Personalüberlassung. Das bedeutet: Eine Rückkehr des Arbeitnehmers an einen Arbeitsplatz in den Betrieb seines Arbeitgebers muß möglich sein, damit die Überlassung als vorübergehend einzuordnen ist[443]. Auf § 3 Abs. 1 Nr. 6 AÜG, der eine Überlassungshöchstdauer von derzeit zwölf Monaten festlegt, darf zur Auslegung des Merkmals vorübergehend nicht zurückgegriffen werden: § 1 Abs. 3 Nr. 2 AÜG ordnet gerade die Nichtgeltung des AÜG an, eine Begrenzung auf die Überlassungshöchstdauer des § 3 Abs. 1 Nr. 6 AÜG wäre daher sinnwidrig[444]. Die Länge der einzelnen Über-

---

440 BAG vom 5.5. 1988 – 2 AZR 795/87, AP Nr. 8 zu § 1 AÜG (unter III 2 d) der Gründe) = NZA 1989, 18; *Rüthers/Bakker*, ZfA 1990, 245 (297); *Schaub*, ArbR-Hdb., § 120 Rdnr. 15; *Schubel*, BB 1985, 1606 (1607); *Schüren*, § 1 AÜG Rdnr. 732.

441 *Ulber*, Mitbest.1986, 27. Zu der Frage, ob § 1 Abs. 3 Nr. 2 AÜG auch auf multinationale Konzerne Anwendung findet: *Junker*, Internationales Arbeitsrecht, S. 228 ff.; *Schüren*, § 1 AÜG Rdnr. 766 f.

442 *Schubel*, BB 1985, 1606 (1607).

443 ArbG Köln vom 9.2. 1996 – 2 Ca 6262/95, BB 1996, 800 (801); *Martens*, DB 1985, 2144 (2149); *Schubel*, BB 1985, 1606 (1607); *Schüren*, § 1 AÜG Rdnr. 752; *Rüthers/Bakker*, ZfA 1990, 245 (298 f.); *Wank/Jansen*, Lean Management, S. 108; ErfK/*Wank*, § 1 AÜG Rdnr. 92; *Windbichler*, Arbeitsrechtliche Vertragsgestaltung, S. 19.

444 BAG vom 5.5. 1988 – 2 AZR 795/87, AP Nr. 8 zu § 1 AÜG (unter III 2 e) der Gründe) = NZA 1989, 18; ArbG Köln vom 9.2. 1996 – 2 Ca 6262/95, BB 1996, 800 (801); *Becker*, DB 1988, 2561 (2564); *Gaul*, BB 1996, 1224; *Martens*, DB 1985, 2144 (2149); *Rüthers/Bakker*, ZfA 1990, 245 (298); *Schüren*, § 1 AÜG Rdnr. 754; *Windbichler*, Arbeitsrechtliche Vertragsgestaltung, S. 19.

lassungen ist irrelevant, die Überlassungen können sich auch über einen Zeitraum von mehreren Jahren hinziehen und erfolgen trotzdem vorübergehend im Sinne des § 1 Abs. 3 Nr. 2 AÜG. Das Merkmal der vorübergehenden Arbeitsleistung ist damit als eine von der Dauer unabhängige, aber nicht endgültige Personalmaßnahme zu verstehen[445].

Nach dieser herrschenden Auslegung des Merkmals „vorübergehend" handeln konzerninterne Verleihfirmen und Personalführungsgesellschaften nicht vorübergehend[446]; hier gibt es keine Stammarbeitsplätze, an die die Arbeitnehmer zurückkehren können. Nehmen Personalführungsgesellschaften neben der Überlassung von bei ihr angestellten Arbeitnehmern noch weitere Unternehmenszwecke wahr, so fallen sie trotzdem nicht unter die Ausnahmeregelung des § 1 Abs. 3 Nr. 2 AÜG. Für die Anwendbarkeit des § 1 Abs. 3 Nr. 2 AÜG ist auf das einzelne Arbeitsverhältnis und nicht auf den überwiegenden Unternehmenszweck abzustellen. Somit können sich auch als „gemischte Unternehmen" einzuordnende Personalführungsgesellschaften nicht auf § 1 Abs 3 Nr. 2 AÜG berufen, wenn sie im Einzelfall Arbeitnehmer ausschließlich zum Zwecke einstellen, sie anderen Konzernunternehmen zur Arbeitsleistung zu überlassen[447].

Bei Arbeitnehmern, die von einem Konzernunternehmen planmäßig dafür eingestellt werden, ihre Arbeit wechselnd bei den verschiedenen Konzernunternehmen zu leisten – sogenannte Springer – , kann es sich um eine vorübergehende Überlassung handeln, wenn dem Arbeitnehmer auch ein Dauerarbeitsplatz im Betrieb seines Arbeitgebers zur Verfügung steht[448].

3) Ergebnis

Die Einhaltung der Vorschriften des AÜG ist nur bei ständiger gewerbsmäßiger Arbeitnehmerüberlassung im Konzern zwingend. Das sind im wesentlichen Fälle, in denen Arbeitnehmer bei einem konzerninternen Zeitarbeitsunternehmen oder einer Personalführungsgesellschaft angestellt sind. Ferner kann eine ständige gewerbsmäßige Arbeitnehmerüberlassung vorliegen, wenn Arbeitnehmer kontinuier-

---

445 *Martens*, DB 1985, 2144 (2149); *Schüren*, § 1 AÜG Rdnr. 752; *Rüthers/Bakker*, ZfA 1990, 245 (298 f.); *Wank/Jansen*, Lean Management, S. 108; ErfK/*Wank*, § 1 AÜG Rdnr. 92; *Windbichler*, Arbeitsrechtliche Vertragsgestaltung, S. 19.

446 *Becker/Wulfgramm*, § 1 AÜG Rdnrn. 32, 117 a; *Martens*, DB 1985, 2144 (2149); *Rüthers/Bakker*, ZfA 1990, 245 (296); *Ulber*, Mitbest. 1986, 27; a.A. *Schubel*, BB 1985, 1606 (1608).

447 *Schüren*, § 1 AÜG Rdnr. 765.

448 Vgl. *Wank/Jansen*, Lean Management, S. 110; *Windbichler*, Arbeitsrechtliche Vertragsgestaltung, S. 19.

lich in anderen Konzernunternehmen eingesetzt werden und keinen Arbeitsplatz in ihrem Stammunternehmen, mit dem sie in arbeitsvertraglicher Bindung stehen, besitzen[449]. In den übrigen Fällen ist die Einhaltung der Vorschriften des AÜG durch die Ausnahmeregelung des § 1 Abs. 3 Nr. 2 AÜG nicht zwingend[450].

Die tatsächliche Verbreitung von Personalführungsgesellschaften in Deutschland ist gering[451], was insbesondere darauf zurückzuführen ist, daß Personalführungsgesellschaften den Beschränkungen des AÜG unterliegen[452]. Allein die in § 3 Abs. 1 Nr. 6 AÜG festgelegte Überlassungshöchstdauer von derzeit zwölf Monaten führt dazu, daß es betriebswirtschaftlich kaum sinnvoll möglich ist, sämtliche Arbeitsverhältnisse in einem Konzern auf eine Personalführungsgesellschaft zu konzentrieren.

III. Individualvertragliche Voraussetzung

Individualvertragliche Voraussetzung der Arbeitnehmermobilität zwischen verschiedenen rechtlich selbständigen Konzerngesellschaften ist die Vereinbarung eines Konzernvorbehaltes im Arbeitsvertrag[453]. Durch den Konzernvorbehalt erhält der konzernangehörige Arbeitgeber die Möglichkeit, seine Arbeitnehmer auch anderen konzernangehörigen Arbeitgebern zur Arbeitsleistung zu überlassen[454]. Arbeitsvertragliche konzernweite Entsendungsvorbehalte werden im Rahmen der privatautonomen Gestaltungsfreiheit des Arbeitgebers für grundsätzlich zulässig er-

---

449 *Wank/Jansen*, Lean Management, S. 110; *Worpenberg*, Konzerninterne Arbeitnehmerüberlassung, S. 132 ff., 139.

450 Auch vereinzelt zu findende Fälle nichtgewerbsmäßiger Arbeitnehmerüberlassung im Konzern werden von § 1 Abs. 3 Nr. 2 AÜG erfaßt. § 1 Abs. 3 Nr. 2 AÜG stellt diese Fälle von der Anwendung des § 1 Abs. 2 AÜG – der einzigen Vorschrift des AÜG die auch auf die nichtgewerbsmäßige Arbeitnehmerüberlassung Anwendung findet – frei, vgl. *Ulber*, § 1 AÜG Rdnr. 196.

451 *Junker*, Internationales Arbeitsrecht, S. 230; *Windbichler*, Arbeitsrechtliche *Vertragsgestaltung*, S. 9. Einschlägiges Zahlenmaterial über die tatsächliche Verbreitung von Personalführungsgesellschaften in Deutschland gibt es bisher nicht (vgl. *Worpenberg*, Konzerninterne Arbeitnehmerüberlassung, S. 39). Im Ausland, insbesondere in Frankreich (société de gestion du personnel), sind Personalführungsgesellschaften demgegenüber durchaus gebräuchlich, vgl. *Junker*, Internationales Arbeitsrecht, S. 224; *Schnoor*, RdA 1972, 193 (196); *Worpenberg*, Konzerninterne Arbeitnehmerüberlassung, S. 37.

452 *Junker*, Internationales Arbeitsrecht, S. 230.

453 ErfK/*Wank*, § 1 AÜG Rdnr. 91; *Rüthers/Bakker*, ZfA 1990, 245 (260); *Ulber*, Mitbest. 1986, 27 (30); *ders.* § 1 AÜG Rdnr. 254. Zu den Möglichkeiten der tarifvertraglichen Vereinbarung eines Konzernvorbehaltes: *Maschmann*, RdA 1996, 24 (27), insbes. Fn. 28 m.w.N.

454 Zur Gestaltung eines arbeitsvertraglichen Konzernvorbehalts: *Wank/Jansen*, Lean Management, S. 93 ff.; *Rüthers/Bakker*, ZfA 1990, 245 (259).

achtet[455]; die Zulässigkeit ergibt sich – zumindest mittelbar – aus § 613 S. 2 BGB[456]. Der arbeitsvertragliche Konzernvorbehalt ist als ein vertraglich vereinbartes Gestaltungsrecht des Arbeitgebers zur einseitigen Leistungsbestimmung gemäß § 315 BGB zu qualifizieren. Ob die Arbeitnehmerentsendung im Einzelfall rechtmäßig und damit für den Arbeitnehmer verbindlich ist, richtet sich gemäß § 315 BGB „im Zweifel" nach dem Maßstab des billigen Ermessens[457]. Enthält der Arbeitsvertrag keine Konzernklausel, so ist die Überlassung des Arbeitnehmers in ein anderes Konzernunternehmen nur mit der vorherigen Zustimmung des Arbeitnehmers (§ 613 S. 2 BGB) zulässig[458].

Zweifelhaft ist, ob ein Arbeitnehmer in Not- oder Eilfällen verpflichtet ist, auch ohne arbeitsvertraglichen Konzernvorbehalt konzernweit tätig zu werden[459]. Als Rechtsgrundlage für eine solche Pflicht kommt nur die Treuepflicht des Arbeitnehmers in Betracht. Die Treuepflicht gebietet dem Arbeitnehmer, auch die wirtschaftlichen Belange des Arbeitgebers zu achten und in Ausnahmesituationen auch vertragsfremde Arbeiten zu übernehmen[460]. Jedoch ermöglicht die Treuepflicht nur eine unternehmensinterne Entsendung; die für den Arbeitnehmer wesentlich schwerwiegendere Maßnahme einer Abordnung in ein anderes konzernangehöriges Unternehmen darf auch in Not- und Eilfällen nur mit Zustimmung des Arbeitnehmers vorgenommen werden[461].

Durch die Vereinbarung eines Konzernvorbehaltes wird der Arbeitnehmer nicht nur verpflichtet, sondern seine Rechtsstellung zugleich gestärkt; dem Konzernvorbehalt kommt eine den Arbeitnehmer schützende Komplementärwirkung zu: Der

---

455 BAG vom 14.10. 1982 – 2 AZR 586/80, AP Nr. 1 zu KSchG 1969 Konzern (unter III 1 der Gründe) = NJW 1984; 381; *Birk*, ZGR 1984, 23 (67); MünchArbR/*Blomeyer*, § 48 Rdnr. 90; *Martens*, DB 1985, 2144 (2147); *Maschmann*, RdA 1996, 24 (27); *Preis*, Vertragsgestaltung, S. 322; *Rüthers/Bakker*, ZfA 1990, 245 (260); *Wank/Jansen*, Lean Management, S. 100.

456 *Rüthers/Bakker*, ZfA 1990, 245 (260).

457 *Maschmann*, RdA 1996, 24 (28); *Rüthers/Bakker*, ZfA 1990, 245 (261); *Wank/Jansen*, Lean Management, S. 99; *Worpenberg*, Konzerninterne Arbeitnehmerüberlassung, S. 215.

458 Zu der Frage, ob eine fehlende Zustimmung durch eine Betriebsvereinbarung ersetzt werden kann oder ob damit die Regelungsbefugnis der Betriebsparteien überschritten wäre: *Windbichler*, Arbeitsrecht im Konzern, S. 82.

459 Bejahend: *Henssler*, Arbeitsvertrag, S. 172; ablehnend: *Wank/Jansen*, Lean Management, S. 101; *Worpenberg*, Konzerninterne Arbeitnehmerüberlassung, S. 216 ff.

460 BAG vom 29. 1. 1960 – 1 AZR 200/58, AP Nr. 12 zu § 123 BGB Gewerbeordnung (unter II 1 der Gründe) = NJW 1960, 1734; Erman/*Hanau*, § 611 BGB Rdnr. 285; *Schaub*, ArbR-Hdb.; § 45 Rdnr. 32.

461 *Worpenberg*, Konzerninterne Arbeitnehmerüberlassung, S. 217; *Wank/Jansen*, Lean Management, S. 101.

individualvertragliche Versetzungsvorbehalt bildet gleichzeitig die Grundlage für die konzernweite Anwendung des Kündigungsschutzes bei betriebsbedingten Kündigungen und einen konzernweiten Weiterbeschäftigungsanspruch[462].

Konzernvorbehalte finden sich in einer Vielzahl von Arbeitsverträgen, teilweise sind sie ein bedeutender, bewußt eingefügter Vertragsbestandteil, während sie in anderen Fällen eine praktisch irrelevante Routineformel darstellen[463]. Je qualifizierter die Arbeitnehmer sind, um so häufiger werden Konzernvorbehalte in die Arbeitsverträge aufgenommen; bei leitenden Angestellten sind sie fast die Regel[464].

---

462 BAG vom 21.1. 1999 – AP Nr. 9 zu § 1 KSchG Konzern (unter II 3 d) der Gründe) = NZA 1999, 535; BAG vom 22.5. 1986 – 2 AZR 612/85, AP Nr. 4 zu § 1 KSchG Konzern (unter I 4 a) der Gründe) = NZA 1987, 125; *Gaul*, NZA 2000, Beil. zu 3/2000, S. 51 (55); *Preis*, Vertragsgestaltung, S. 322; *Rüthers/Bakker*, ZfA 1990, 245 (261 f.); *Martens*, DB 1985, 2144 (2147).

463 *Windbichler*, RdA 1988, 95 (96).

464 *Birk*, ZGR 1984, 23 (61); *Maschmann*, RdA 1996, 24 (27); *Preis*, Vertragsgestaltung, S. 63.

Zweiter Teil
Vertragsgestaltung des Zeitarbeitsvertrages

In vielen Bereichen des Arbeitsrechts verdrängen kollektive Regelungen weitgehend privatautonome Gestaltungen[465]. Abweichend vom allgemeinen Arbeitsrecht haben im Bereich der Zeitarbeit die Arbeitsverträge eine besondere Bedeutung: nur vereinzelt wirken kollektive Regelungen auf das Arbeitsverhältnis ein[466]. Dort wo kein Tarifvertrag eingreift, kommt dem Arbeitsvertrag ein wesentlich höherer Funktionsraum zu[467]; klassische Bereiche tarifvertraglicher Regelungen, wie die Festlegung von Leistung und Gegenleistung - des Umfangs der Arbeitspflicht und der Höhe des Entgelts[468] -, werden im Bereich der Zeitarbeit grundlegend im Arbeitsvertrag bestimmt; nur einzelne Zeitarbeitsunternehmen haben Firmentarifverträge abgeschlossen. Inwiefern trotzdem auch für den Bereich der Zeitarbeit von einer „Inhaltsleere" des Arbeitsvertrages, wie sie im allgemeinen beklagt wird[469], gesprochen werden muß, wird sich im Rahmen der Untersuchung erweisen.

Auch für den Arbeitsvertrag gilt die in Art. 2 GG verfassungsrechtlich verankerte Vertragsfreiheit. Neben der Abschlußfreiheit, das heißt der freien Entscheidung, ob überhaupt ein Arbeitsvertrag abgeschlossen wird, umfaßt die Vertragsfreiheit im Grundsatz auch die Inhaltsfreiheit als die freie Entscheidung der Vertragsparteien über den Inhalt des Arbeitsvertrages. Im Allgemeinen bürgerlichen Recht ergibt sich die Vertragsfreiheit aus §§ 241, 305 BGB[470]. Für gewerbliche Arbeitnehmer ist die Vertragsfreiheit ausdrücklich in § 105 GewO[471] anerkannt. Allerdings ist die Inhaltsfreiheit des Arbeitsvertrages starken Beschränkungen unterworfen[472] und steht in weiten Bereichen unter der Herrschaft des zwingenden staatlichen Rechts[473]. Für den Zeitarbeitsvertrag ist die inhaltliche Gestaltungsfreiheit in einem besonderem Maße eingeschränkt:

---

465 *Junker*, NZA 1997, 1305.

466 Zur Bedeutung kollektivvertraglicher Gestaltungen im Zeitarbeitsverhältnis, vgl. unten Dritter Teil, §§ 13, 14.

467 *Hanau/Preis*, Der Arbeitsvertrag, I b Rdnr. 80; *Zöllner*, NZA 2000, Beil. zu 3/2000, S. 1 (2).

468 Vgl. *Reinecke*, NZA 2000, Beil. zu 3/2000, S. 23 (24).

469 *Föhr/Bobke*, Arbeitsrecht, S. 58; *Säcker*, Gruppenautonomie, S. 31, Fn. 1; MünchKomm/*Schaub*, § 611 BGB Rdnr. 125.

470 *Schaub*, ArbR-Hdb., § 31 Rdnr. 2.

471 § 105 GewO ist im Gebiet der neuen Bundesländer nicht anwendbar.

472 Vgl. *Schaub*, ArbR-Hdb, § 31 Rdnr. 2; *Zöllner/Loritz*, Arbeitsrecht, S. 160.

473 *Junker*, NZA 1997, 1305.

Neben den allgemeinen zwingenden arbeitsrechtlichen Vorschriften, die auch für das Zeitarbeitsverhältnis gelten[474], statuieren die Sonderbestimmungen der §§ 9 – 11 AÜG eine Negativbegrenzung der Vertragsgestaltungsmöglichkeiten des Zeitarbeitsvertrages[475]; diese Vorschriften sollen den Zeitarbeitnehmern einen über das allgemeine Arbeitsrecht hinausgehenden Schutz gewähren. Auch in formeller Hinsicht gelten für den Zeitarbeitsvertrag Besonderheiten: Um die arbeitsrechtliche Stellung des Zeitarbeitnehmers zu stärken, treffen den Verleiher Informations- und Hinweispflichten; die Zeitarbeitsverträge unterliegen einer Inhaltskontrolle durch die Erlaubnisbehörde[476]. Hinsichtlich der inhaltlichen Gestaltungsmöglichkeiten des Zeitarbeitsvertrages ist zu differenzieren: Es gibt Mindestinhalte, die in jedem Zeitarbeitsvertrag geregelt werden müssen[477] und weitere Vertragsklauseln - wie zum Beispiel flexible Arbeitszeitgestaltungen oder Meldepflichten - , deren Vereinbarkeit mit den zwingenden Vorgaben des AÜG und der Drittbezogenheit der Arbeitsleistung umstritten ist[478].

Erster Abschnitt
Gesetzliche Rahmenbedingungen

§ 8 Die gesetzlichen Schranken der Vertragsgestaltungsfreiheit

Das Rechtsverhältnis zwischen dem Zeitarbeitnehmer und dem Zeitarbeitsunternehmen ist nach dem AÜG zwingend als ein arbeitsvertragliches Rechtsverhältnis auszugestalten[479]. Damit gelten für die Gestaltung des Vertrages zwischen Verleiher und dem Zeitarbeitnehmer alle allgemeinen Einschränkungen der Vertragsgestaltungsfreiheit im Arbeitsrecht. Arbeitsvertragliche Vereinbarungen, die die Nichtübernahme der üblichen Arbeitgeberpflichten[480] vorsehen, lösen gemäß

---

474 *De la Haye*, in Bender S. 33 (40); *Schüren*, § 11 AÜG Rdnr. 10

475 Dazu unten § 8.

476 Dazu unten § 9.

477 Zur Bestimmung des Reglungsminimums unten § 10; zur Gestaltung der Mindestinhalte im einzelnen unten § 11.

478 Dazu unten § 12.

479 Insofern besteht ein Rechtsformzwang; vgl. oben § 6 II.

480 Hinsichtlich der üblichen Arbeitgeberpflichten verweist § 1 Abs. 2 AÜG auf § 3 Abs. 1 Nr. 1 und Nr. 2 AÜG. Allerdings ist auch aus diesen Vorschriften nicht eindeutig zu entnehmen, was unter den üblichen Arbeitgeberpflichten zu verstehen ist. Nach ganz h. M. zählen zu den üblichen Arbeitgeberpflichten neben den arbeitsvertraglichen Pflichten auch die Pflichten aus dem Steuer-, Sozialversicherungs- und Arbeitsschutzrecht (*Becker/Wulfgramm*, § 1 AÜG Rdnr. 54; *Schüren*, § 1 AÜG Rdnr. 550)

§ 1 Abs. 2 AÜG die Vermutung der Arbeitsvermittlung aus[481]; die üblichen Arbeitgeberpflichten dürfen nicht einzelvertraglich abbedungen oder durch Abschluß von freien Mitarbeiterverträgen umgangen werden[482].

Darüber hinaus schränkt das AÜG die arbeitsvertragliche Gestaltungsfreiheit weiter ein: Zur Sicherstellung des arbeits- und sozialrechtlichen Schutzes und zur Sicherung eines dauerhaften Beschäftigungsverhältnisses des Zeitarbeitnehmers mit dem Verleiher greifen die §§ 1 Abs. 2, 3, 9, 11 AÜG in die Vertragsinhaltsfreiheit der Arbeitsvertragsparteien über das allgemeine Arbeitsrecht hinaus ein[483]. Im allgemeinen Arbeitsrecht zulässige Vertragsgestaltungen werden vom AÜG ausdrücklich untersagt und vom allgemeinen Arbeitsrecht abweichende Besonderheiten festgelegt[484]. Damit ist die inhaltliche Gestaltungsfreiheit des Zeitarbeitsvertrages in einem besonderen Maße eingeschränkt.

Durch diese zwingenden Einschränkungen der Vertragsgestaltungsfreiheit soll in erster Linie sichergestellt werden, daß der Arbeitgeber sein Arbeitgeberrisiko (§ 1 Abs. 2 AÜG) nicht auf den Zeitarbeitnehmer abwälzt und sich seiner Arbeitgeberpflichten nicht durch vertragliche Gestaltungen entledigt (dazu unten I.). Ferner verbietet das AÜG Vertragsgestaltungen, nach denen es dem Zeitarbeitnehmer untersagt ist, ein Arbeitsverhältnis mit dem Entleiher zu begründen (dazu unten II.) sowie Zeitarbeitnehmer gegen ihren Willen als „Streikbrecher“ in von Arbeitskämpfen unmittelbar betroffenen Entleihbetrieben einzusetzen (dazu unten III.)[485].

I. Unabdingbarkeit der Arbeitgeberrisiken

Das Tragen der Arbeitgeberrisiken durch den Verleiher hat im AÜG eine besondere Ausprägung gefunden: § 1 Abs. 2 AÜG verpflichtet den Verleiher zur Übernahme sämtlicher Arbeitgeberrisiken als Kern der legalen gewerbsmäßigen Arbeit-

---

481 Die Rechtsfolgen einer vermuteten Arbeitsvermittlung nach § 1 Abs. 2 AÜG sind seit der Aufhebung des § 13 AÜG im Rahmen des AFRG 1997 ungeklärt. Dazu: LAG Baden-Württemberg vom 15.10.1998 – 15 Sa 77/98; LAGE Nr. 2 zu § 10 AÜG; *Düwell*, BB 1997, 46; *Groeger*, DB 1998, 470 (471); *Hamann*, BB 1999, 1654.

482 *Becker/Wulfgramm*, § 1 AÜG Rdnr. 54; *Schüren*, § 1 AÜG Rdnr. 555.

483 *Becker/Wulfgramm*, § 1 AÜG Rdnr. 61.

484 Vgl. MünchArbR/*Marschall*, § 175 Rdnrn. 22, 36 f.

485 Die Gestaltungsfreiheit des Überlassungsvertrages wird insbesondere durch die in § 3 Abs. 1 Nr. 6 AÜG festgelegte Überlassungshöchstdauer von derzeit 12 Monaten eingeschränkt. Die Ausdehnung dieses Zeitraumes ist einer der wesentlichen Ansätze in der Diskussion um die Deregulierung der Arbeitnehmerüberlassung. Vgl. Gesetzentwurf der CDU/CSU Fraktion vom 22.6. 1999 (BT-Drucks. 14/1211, S. 3), der eine Verlängerung der Überlassungshöchstdauer auf 36 Monate vorsieht.

nehmerüberlassung[486]. Das Arbeitgeberrisiko[487] hat das Beschäftigungs- und das Lohnzahlungsrisiko zum Inhalt[488]; das heißt: das Risiko, den Zeitarbeitnehmer zwischen zwei Überlassungen zeitweilig nicht einsetzen zu können und trotzdem die Vergütung weiter bezahlen zu müssen. Dieses Risiko trägt unabdingbar der Verleiher als Arbeitgeber; in der Übernahme des Arbeitgeberrisikos liegt der Unterschied des Zeitarbeitgebers zum Arbeitsvermittler[489]. Die Arbeitsverhältnisse der Zeitarbeitnehmer sollen nicht mit den Einsätzen beim Entleiher synchronisiert werden, sondern über den einzelnen Einsatz hinaus bestehen. Auch das Zeitarbeitsverhältnis soll nach dem Willen des Gesetzgebers grundsätzlich ein unbefristetes Dauerarbeitsverhältnis sein[490]. Gestaltungen des Zeitarbeitsvertrages, durch die der Arbeitgeber versucht, sich seines Arbeitgeberrisikos zu entledigen, sind nach dem AÜG untersagt.

Die uneingeschränkte Pflicht des Verleihers, das Beschäftigungs- und Lohnzahlungsrisiko allein zu tragen, wird zum einen dadurch verwirklicht, daß § 615 S. 1 BGB im Zeitarbeitsvertrag in Abweichung vom allgemeinen Arbeitsrecht nicht abdingbar ist. Zum anderen, indem der Arbeitgeber seine Beschäftigungs- und Lohnzahlungspflicht nicht dadurch beseitigen kann, daß er den Bestand des Zeitarbeitsverhältnisses mit der Dauer des Einsatzes beim Entleiher synchronisiert oder gemäß § 622 Abs. 5 Nr. 1 BGB kürzere als die in § 622 Abs. 1 BGB genannten Kündigungsfristen vereinbart.

1. Unabdingbarkeit des § 615 S. 1 BGB

Von der nach allgemeinen Regeln arbeitsvertraglich abdingbaren[491] Regelung des

---

486 Kasseler Handbuch/*Düwell*, 4.5 Rdnr. 388; *Ulber*, § 1 AÜG Rdnr. 200.

487 § 3 Abs. 1 Nr. 3 - 5 AÜG beschreibt das Arbeitgeberrisiko als Klammerdefinition, vgl. *Sandmann/Marschall*, § 1 AÜG Anm. 58.

488 *Schüren*, § 1 AÜG Rdnr. 556.

489 Vgl. *Kaufmann*, Arbeitnehmerüberlassung, Rdnr. 138; *Schneider*, Hdb. der Zeitarbeit, Rdnr. 208; *Schüren*, in FS Kissel, S. 1037. Zur Abgrenzung der Arbeitnehmerüberlassung von der privaten Arbeitsvermittlung: *Bauer*, NZA 1995, 203 ff.; *Hamann*, NZS 1995, 493 ff. Diese Abgrenzung hat auch nach der Aufhebung des Alleinvermittlungsrechtes des Bundesanstalt für Arbeit noch Bedeutung; es handelt sich um unterschiedliche gewerberechtliche Betätigungen mit eigenständigen Zulässigkeitsvoraussetzungen. Zum Vermutungstatbestand des § 1 Abs. 2 AÜG und den Rechtsfolgen nach der Streichung des § 13 AÜG: *Groeger*, DB 1998, 470 (471); *Hamann*, BB 1999, 1654.

490 *Joost*, DB 1980, 161 (163); *Schüren*, in FS Kissel, S. 1037.

491 BAG vom 9.3. 1983 – 4 AZR 301/80, AP Nr. 31 zu § 615 BGB Betriebsrisiko = NJW 1983, 2159; BAG vom 6.11. 1968 – 4 AZR 186/68, AP Nr. 16 zu § 615 BGB Betriebsrisko = DB 1969, 399; MünchArbR/*Boewer*, § 78 Rdnr. 5; Staudinger/*Richardi*, § 615 BGB Rdnr. 9; MünchKomm/*Schaub* § 615 BGB Rdnr. 44. Kritisch zur Abdingbarkeit im voraus: *Huber*, in

§ 615 S. 1 BGB kann im Zeitarbeitsvertrag gemäß § 11 Abs. 4 S. 2 AÜG nicht abgewichen werden. Vertraglich kann der Vergütungsanspruch des Zeitarbeitnehmers bei Annahmeverzug nicht beschränkt oder aufgehoben werden; Vereinbarungen, die § 615 S. 1 BGB beschränken oder ausschließen, sind gemäß § 134 BGB nichtig[492]. Der Verleiher muß den Zeitarbeitnehmer für den Verzugszeitraum finanziell so stellen, als wenn der Arbeitnehmer regulär gearbeitete hätte; die Höhe der Vergütung bestimmt sich nach dem Lohnausfallprinzip[493], das heißt, dem Arbeitnehmer sind alle Leistungen mit Entgeltcharakter zu gewähren, zum Beispiel auch ein unabhängig von tatsächlich angefallenen Aufwendungen gezahltes Wegegeld[494]. § 615 S. 2 BGB, nach dem sich der Arbeitnehmer anrechnen lassen muß, was er infolge des Unterbleibens der Arbeitsleistung erspart oder durch anderweitige Verwendung seiner Arbeitskraft erwirbt oder zu erwerben böswillig unterlassen hat, bleibt abdingbar (§ 11 Abs. 4 S. 2, 2. HS AÜG).

Die Vereinbarung von Kurzarbeit[495] mit der Gewährung von Kurzarbeitergeld im Sinne des § 169 SGB III ist im Rahmen eines Zeitarbeitsverhältnisses nicht möglich: Der Arbeitsausfall zwischen zwei Einsätzen ist ein branchenübliches Risiko der Zeitarbeit im Sinne des § 170 Abs. 4 S. 2 Nr. 1 SGB III[496]. Der Vergütungsanspruch des Zeitarbeitnehmers bleibt auch in den Fällen von Kurzarbeit in vollem Umfang erhalten und kann vertraglich nicht abbedungen werden[497].

Küttner (Hrsg.), Personalbuch, Annahmeverzug Rdnr. 21; *Otto*, Einführung, S. 181, Fn. 12.

492 Kasseler Handbuch/*Düwell*, 4.5 Rdnr. 367; *Franßen/Haesen*, § 11 AÜG Rdnr. 31; *Schüren*, § 11 AÜG Rdnr. 79 f. In der Praxis werden Verleiher nach zulässigen Gestaltungsmöglichkeiten suchen, um ihre Beschäftigungsrisiko während überlassungsfreier Zeiten zu reduzieren. Ansatzpunkt hierfür ist vor allem die Flexibilisierung der Arbeitszeit. Zur Zulässigkeit flexibler Arbeitszeitgestaltungen, vgl. unten § 12 I.

493 *Becker/Wulfgramm* § 11 AÜG Rdnr. 29 a; *Schüren*, § 11 AÜG Rdnr. 84; ErfK/*Wank*, § 11 AÜG Rdnr. 27.

494 BAG vom 11.2. 1976 – 5 AZR 615/74, AP Nr. 10 zu § 611 BGB Anwesenheitsprämie (LS 1) = NJW 1976, 1421; *Becker/Wulfgramm*, § 11 AÜG Rdnr. 29. Zur Frage welche Leistungen im Rahmen eines Zeitarbeitsverhältnisses Entgeltcharakter haben, vgl. unten § 11 IV 2.

495 Damit der Arbeitgeber Kurzarbeit einseitig anordnen kann, bedarf es einer individual- oder kollektivvertraglichen Ermächtigung (BAG vom 14. 2. 1991 – 2 AZR 415/90, AP Nr. 4 zu § 615 BGB Kurzarbeit (unter II der Gründe) = NZA 1991, 607; Erman/*Hanau*, § 611 BGB Rdnr. 287).

496 *Becker*, BlStSozArbR 1985, 241 (243); *Becker/Wulfgramm*, § 1 AÜG Rdnr. 71; *Becker/Kreikebaum*, Zeitarbeit, S. 209; *Schüren*, AÜG, Einl. Rdnr. 656; *Ulber*, § 1 AÜG Rdnr. 57 f.

497 *Buschmann/Ulber*, Flexibilisierung, S. 99.

2. Synchronisationsverbote

Die Übernahme des Beschäftigungsrisikos durch den Arbeitgeber versucht das AÜG sicherzustellen, indem es Vertragsgestaltungen, die den Bestand des Zeitarbeitsverhältnisses mit der Dauer der einzelnen Überlassung synchronisieren, nur eingeschränkt zuläßt. Synchronisationsverbote finden sich in § 9 Nr. 2 und Nr. 3 AÜG und den entsprechenden gewerberechtlichen Versagungsgründen des § 3 Abs. 1 Nr. 3 – 5 AÜG[498]. Diese Verbote schränken die Befristungsmöglichkeiten (§ 9 Nr. 2 AÜG) und die Kündigungsmöglichkeit (§ 9 Nr. 3 AÜG) des Zeitarbeitsverhältnisses ein und verbieten funktionsgleiche rechtliche Gestaltungsmittel.

a) Befristungsverbot

Das Befristungsverbot des § 9 Nr. 2 AÜG sowie die inhaltsgleiche gewerberechtliche Regelung des § 3 Abs. 1 Nr. 3 AÜG sind durch das zum 1.4. 1997 in Kraft getretene Arbeitsförderungsreformgesetz (AFRG)[499] erheblich gelockert worden: Bis dato war die Befristung eines Zeitarbeitsverhältnisses nur ausnahmsweise dann erlaubt, wenn ein sachlicher Grund in der Person des Zeitarbeitnehmers der Befristung zugrunde lag. Nach der Neuregelung des § 9 Nr. 2 AÜG kann nun jeder Zeitarbeitsvertrag unabhängig vom Vorliegen eines sachlichen Grundes in der Person des Zeitarbeitnehmers einmalig[500] befristet werden. Schließt sich ein befristeter Arbeitsvertrag lückenlos an ein vorheriges Arbeitsverhältnis an, so erscheint auch diese Befristung nach dem Wortlaut der Neuregelung des § 9 Nr. 2 AÜG zulässig. Ob mit der Neuregelung des § 9 Nr. 2 AÜG der Abschluß sogenannter Kettenarbeitsverhältnisse im Bereich der Zeitarbeit tatsächlich uneingeschränkt möglich ist, hat in der Literatur eine kontroverse Diskussion ausgelöst:

---

498 Mit den gewerberechtlichen Versagungsgründen des § 3 Abs. 1 AÜG hat der Gesetzgeber zugleich geregelt, wie Arbeitnehmerüberlassung rechtmäßig betrieben werden darf. § 3 Abs. 1 AÜG sind an den Verleiher gerichtete allgemeine Verbote zu entnehmen (BSG vom 29.7. 1992 – 11 RAr 51/91, AP Nr. 3 zu § 3 AÜG (unter II der Gründe) = NZA 1993, 527; BSG vom 22.3. 1979 – 7 RAar47/78, BSGE 48, 115, 116 = EzAÜG Nr. 55.

499 Art. 63 AFRG Nr. 8 a) vom 24.3. 1997 (BGBl. I S. 594).

500 Präziser sollte von einer „erstmaligen" Befristung gesprochen werden, vgl. *Feuerborn/Hamann*, BB 1997, 2530 (2531). Um eine „erstmalige" Befristung im Sinne des AÜG handelt es sich in Anlehnung an § 1 Abs. 3 BeschFG nicht, wenn zwischen zwei Arbeitsverträgen mit demselben Arbeitgeber ein „enger sachlicher Zusammenhang" besteht (vgl. BAG vom 23.11. 1988 – 7 AZR 34/88, AP Nr. 14 zu § 1 AÜG (unter II 2 der Gründe) = NZA 1989, 812). Ein „enger sachlicher Zusammenhang" ist insbesondere gegeben, wenn zwischen dem Ende eines befristeten Arbeitsvertrages und der befristeten Neueinstellung weniger als vier Monate liegen (§ 1 Abs. 3 S. 2 BeschFG). Ein enger sachlicher Zusammenhang ist ferner dann anzunehmen, wenn bei Beendigung des ersten Arbeitsverhältnisses bereits eine Abrede über eine Neueinstellung getroffen wurde.

aa) Einschränkung des § 9 Nr. 2 AÜG

Während Verleiher nach der alten Regelung des § 9 Nr. 2 AÜG gegenüber anderen Arbeitgebern, die im Rahmen des § 1 BeschFG[501] seit dem 1.5. 1985 befristete Arbeitsverträge ohne sachlichen Grund abschließen können, grundsätzlich schlechter gestellt waren, könnte der Zeitarbeitgeber durch die Neuregelung sogar gegenüber anderen Arbeitgebern privilegiert sein: Das ist der Fall, wenn die Erstbefristung des Zeitarbeitsvertrages unabhängig von § 1 BeschFG länger als zwei Jahre dauern darf und die Aneinanderreihung von Befristungen zu sogenannten Kettenarbeitsverhältnissen unbeschränkt zulässig ist und nicht den Beschränkungen des § 1 BeschFG[502] unterliegt[503]. Eine Einschränkung würden die Befristungsmöglichkeiten des Zeitarbeitsvertrages erfahren, wenn Befristungsregelungen in Zeitarbeitsverträgen neben § 9 Nr. 2 AÜG auch den Beschränkungen des § 1 BeschFG unterlägen.

(1) Anwendbarkeit des BeschFG

Bis zu der Neuregelung des § 9 Nr. 2 AÜG durch das AFRG 1997 wurde die Anwendbarkeit des § 1 BeschFG auf Zeitarbeitsverträge von der ganz überwiegenden Meinung abgelehnt; das AÜG sei lex specialis zum BeschFG. Die Frage der Zulässigkeit von Befristungen sei im AÜG umfassend geregelt, so daß es keines Rückgriffs auf die Vorschriften des BeschFG bedürfe[504]. Nach der Neufassung der §§ 3 Abs. 1 Nr. 3, 5 und 9 Nr. 2 AÜG will eine Ansicht[505], der sich auch die Bundesanstalt für Arbeit in ihrem aktuellen Runderlaß[506] angeschlossen hat, § 1 Abs. 1 BeschFG neben den Vorschriften des AÜG anwenden. Begründet wird diese Ansicht damit, daß § 3 Abs. 1 Nr. 3 AÜG im gewerberechtlichen Teil des

---

501 Das zum 1.1.2001 in Kraft getretene Gesetz über Teilzeitarbeit und befristete Arbeitsverträge (TzBfG) vom 21.12.2000 hat das BeschFG abgelöst. Im TzBfG regelt § 14 die Zulässigkeit von Befristungen. Befristungen bis zur Dauer von zwei Jahren sind gemäß § 14 Abs. 2 TzBfG ohne sachlichen Grund zulässig.

502 Nach § 1 BeschFG besteht eine Befristungshöchstdauer von zwei Jahren. Innerhalb dieses Zeitraumes darf das Arbeitsverhältnis maximal dreimalig befristet werden. Diese Regelung findet sich inhaltsgleich in § 14 Abs. 2 TzBfG .

503 Vgl. *Postler*, NZA 1999, 179 (180).

504 BSG vom 29.7. 1992 – 11 RAr 51/91, AP Nr. 3 zu § 3 AÜG = NZA 1993, 527 (528); LAG Hamm vom 8.8. 1991 – 4 Sa 603/91, LAGE Nr. 4 zu § 9 AÜG (unter 2.1 der Gründe); *Becker/Wulfgramm*, § 9 AÜG Rdnr. 19 b; *Buschmann/Ulber*, Flexibilisierung, S. 99; *Friedhofen/Weber*, NZA 1985, 337 (338); *Schüren*, § 9 AÜG Rdnr. 68; *Ulber*, § 9 AÜG Rdnr. 34; a.A. *Schubel*, BB 1985, 1606.

505 *De la Haye*, in Bender, S. 33 (42); *Rolfs*, ZfA 1999, 403 (469); *Sandmann/Marschall*, § 3 AÜG Anm. 28 a.

506 Durchführungsanweisung der BA vom 6.3. 1998, Hinweise zum Arbeitsvertrag I/2, abgedruckt im Anhang I.

AÜG stehe und die allgemeinen Vorschriften des BeschFG auch auf Zeitarbeitsverhältnisse Anwendung finden müssen, da das AÜG das Recht der Arbeitnehmerüberlassung nicht abschließend regele[507]. Allerdings werden die Befristungsmöglichkeiten nicht nur in der gewerberechtlichen Vorschrift des § 3 Abs. 1 Nr. 3 AÜG, sondern auch in § 9 Nr. 2 AÜG, der speziell für das Zeitarbeitsverhältnis gilt, geregelt[508]. Nicht nachvollziehbar ist, warum durch die Lockerung des Befristungsverbotes im AÜG, den Befristungsgrenzen des BeschFG plötzlich Allgemeingültigkeit zukommen und das AÜG keine Spezialität mehr besitzen soll. Richtig erscheint mit der ganz überwiegenden Meinung, das AÜG als lex specialis zum BeschFG anzusehen, auch wenn es punktuell weitere Befristungsmöglichkeiten als das BeschFG enthält[509].

(2) Teleologische Reduktion

Diskutiert wird ferner, ob die mit der Zulassung von Kettenarbeitsverhältnissen verbundene Unterschreitung des allgemeinen Schutzstandards gegen Befristungen[510] im Wege einer teleologischen Reduktion[511] einzuschränken ist[512]. Eine teleologische Reduktion kommt allerdings nur in Betracht, wenn eine Regelung eine verdeckte Lücke[513] enthält und entgegen ihres Wortsinns aus teleologischen Gründen einer Einschränkung bedarf[514]. Eine die teleologische Reduktion rechtfertigen-

---

507 *Sandmann/Marschall*, § 3 AÜG Anm. 28 a; dieser Ansicht hat sich *Kaufmann* (Arbeitnehmerüberlassung, Rdnr. 129) angeschlossen.

508 *Feuerborn/Hamann*, BB 1997, 2530 (2532); *Groeger*, DB 1998, 470 (472).

509 *Bauer*, in Küttner (Hrsg.), Personalbuch, Leiharbeitnehmer Rdnr. 8; *Feuerborn/Hamann*, BB 1997, 2530 (2532); *Gaul*, NJW 1997, 1465 (1469); *Postler*, NZA 1999, 179 (180); *Schwedes*, in FS Hanau, S. 81 (103); *Schaub*, BB 1998, 2106 (2108); *Ulber*, § 9 AÜG Rdnr. 35; ErfK/*Wank*, § 3 AÜG Rdnr. 24.

510 So *Düwell*, BB 1997, 46 (48); *Feuerborn/Hamann*, BB 1997, 2530 (2532); *Ulber*, § 9 AÜG Rdnr. 36.

511 Einzelne Stimmen in der Literatur stellen schon die Verfassungsmäßigkeit der Neuregelung des § 9 Nr. 2 AÜG in Frage. So *Feuerborn/Hamann*, BB 1997, 2530 (2532); *Ulber*, § 3 AÜG Rdnr. 67 ff.

512 *Kaufmann*, Arbeitnehmerüberlassung, S. 129; *Ulber*, § 3 AÜG Rdnr. 67, § 9 AÜG Rdnr. 36. Hinsichtlich der für eine unbegrenzte Dauer zulässigen Erstbefristung, wird eine Anwendung der Zwei-Jahresgrenze nach § 1 BeschFG nicht erwogen. In der zeitlich unbegrenzt zulässigen Erstbefristung liege keine Schlechterstellung des Zeitarbeitnehmers gegenüber anderen Arbeitnehmern; je länger ein befristeter Arbeitsvertrag bestehe um so geringer sei der Druck der drohenden Arbeitslosigkeit (*Kaufmann*, Arbeitnehmerüberlassung, Rdnr. 119).

513 Bei einer verdeckten Lücke handelt es sich um eine fehlende Einschränkung der Regelung. Verdeckt ist die Lücke, weil es auf den ersten Blick an keiner Regelung fehlt (*Larenz*, Methodenlehre, S. 377).

514 *Larenz/Canaris*, Methodenlehre, S. 210 f; *Rüthers*, Rechtstheorie, Rdnr. 902 f.

de Lücke besteht, wenn eine planwidrige Unvollständigkeit des Gesetzes gegeben ist. Davon zu unterscheiden ist der rechtspolitische Fehler. Um einen rechtspolitischen Fehler handelt es sich, wenn eine gesetzliche Regelung oder das Fehlen einer gesetzlichen Regelung zwar unbefriedigend erscheint, jedoch dem Willen des Gesetzgebers entspricht[515]. Die Neuregelungen des AÜG hat der Gesetzgeber in Kenntnis der zuvor ergangenen Rechtsprechung zur Nichtanwendbarkeit des BeschFG erlassen. Hätte er eine Anwendung der Restriktionen des BeschFG auch auf Zeitarbeitsverhältnisses gewollt, so wäre gesetzestechnisch ein Bezug auf die Vorschrift des BeschFG problemlos möglich gewesen[516]. Der Gesetzgeber verfolgte mit der Lockerung des § 9 Nr. 2 AÜG arbeitsmarktpolitische Ziele: Die durch das AFRG in das AÜG eingefügten Neuregelungen sollen dem Abbau beschäftigungshemmender Vorschriften dienen[517]. Der Gesetzgeber wollte im AÜG gerade keine Begrenzung unmittelbar aufeinanderfolgender Befristungen; er hat sich bei der Zulassung befristeter Arbeitsverhältnisse darauf beschränkt, einen Mißbrauch zu Lasten der Versichertengemeinschaft zu verhindern[518]. Lückenlos aneinander anschließende Befristungen bergen auch nicht die Gefahr der Synchronisation des Zeitarbeitsverhältnisses mit der Dauer der einzelnen Überlassung im Entleihbetrieb. Eine verdeckte Regelungslücke enthält § 9 Nr. 2 AÜG nicht. Der gesetzgeberische Wille die Befristungsmöglichkeiten für Zeitarbeitsverhältnisse entsprechend der gesetzlichen Regelungen auszuweiten, ist unzweifelhaft erkennbar. Für eine teleologische Reduktion des § 9 Nr. 2 AÜG ist daher kein Platz[519].

(3) Ergebnis

Der Gesetzgeber hat den arbeitsrechtlichen Schutz des Zeitarbeitnehmers vor Befristungen in der Neuregelung des § 9 Nr. 2 AÜG ganz bewußt zurückgenommen, um durch die Nutzung der Zeitarbeit neue Arbeitsplätze zu schaffen. Unabhängig davon, ob die Kritik an § 9 Nr. 2 AÜG inhaltlich berechtigt ist, daß der Gesetzgeber die Interessen der Zeitarbeitnehmer, die dem Druck einer endlosen Kette von Befristungen ausgesetzt sind, unberücksichtigt gelassen hat[520], und es sich bei der Neufassung dieser Vorschrift um einen rechtspolitischen Fehler handelt: de lege

---

515 *Larenz*, Methodenlehre , S. 370 ff.; 373 f; vgl. auch *Zippelius*, Juristische Methodenlehre, S. 66 f.

516 *Postler*, NZA 1999, 179 (180); *Schaub*, ArbR-Hdb., § 120 Rdnr. 36.

517 BT-Drucks. 13/494, S. 247.

518 An dieser einseitigen Ausrichtung des Gesetzes an den Interessen der Bundesanstalt für Arbeit wurde schon während des Gesetzgebungsverfahrens scharfe Kritik geübt, vor allem von: *Düwell*, BB 1997, 46 (47 f.).

519 So auch *Schaub*, ArbR-Hdb., § 120 Rdnr. 36.

520 So die Kritik von *Düwell*, BB 1997, 46 (47).

lata ist die mehrfache ununterbrochene Befristung des Zeitarbeitsverhältnisses zulässig[521]. Mangels einer Regelungslücke kommt eine teleologische Reduktion des § 9 Nr. 2 AÜG nicht in Betracht. Die einmalig zulässige Befristung ohne einen sachlichen Grund unterliegt nicht der Zweijahresgrenze des § 1 Abs. 1 BeschFG[522]; neben § 9 Nr. 2 AÜG ist für die Anwendung des BeschFG kein Platz.

bb) Verbot der wiederholten Deckungsgleichheit

Eingeschränkt werden die Möglichkeiten, ein Zeitarbeitsverhältnis zu befristen, allerdings durch § 3 Abs. 1 Nr. 5 AÜG: Nach dieser Vorschrift darf die Dauer des Arbeitsverhältnisses nur einmalig mit der Dauer des Einsatzes beim Entleiher synchronisiert werden[523]. Jedes weitere mit dem gleichen Arbeitnehmer abgeschlossene Zeitarbeitsverhältnis muß den Ersteinsatz in einem Entleihbetrieb nicht nur unerheblich überdauern. Gefordert wird ein Mindestzeitraum von 25 Prozent der Einsatzzeit[524]. Unerheblich ist es nach herrschender Meinung, aus welchem Grund der Verleiher die zeitliche Deckungsgleichheit herbeiführt; das Verbot gilt auch dann, wenn in der Person des Zeitarbeitnehmers ein sachlicher Grund für die wiederholte zeitliche Deckungsgleichheit mit dem Einsatz im Entleihbetrieb vorliegt[525]. Die in § 3 Abs. 1 Nr. 5 AÜG stehende Ausnahmeregelung für schwervermittelbare Ar-

---

521 So auch: *Düwell*, AuA 1997, 253 (255); *Gaul*, NJW 1997, 1465 (1469); *Groeger*, DB 1998, 470 (472); *Postler*, NZA 1999, 179 (180); *Schaub*, ArbR-Hdb., § 120 Rdnr. 36. Während die Praxis von der durch die Neuregelung gewährten einmaligen Befristungsmöglichkeit regen Gebrauch macht, bilden mehrfach befristete Zeitarbeitsverträge eher die Ausnahme. Verlängerungsverträge werden zumeist als unbefristet abgeschlossen, vgl. Neunter AÜG-Erfahrungsbericht, BT-Drucks. 14/4220, S. 23.

522 In der Praxis wird die erstmalige Befristung eines Zeitarbeitsverhältnisses in vielen Fällen zur Synchronisation mit der ersten Überlassung genutzt werden. Daher ist die zwölfmonatige Überlassungshöchstdauer (§ 3 Abs. 1 Nr. 6 AÜG) in der Regel die zeitliche Obergrenze der Befristung.

523 Auch diese Vorschrift ist durch das AFRG 1997 gelockert worden. Zuvor war schon die einmalige Deckungsgleichheit unzulässig.

524 So die von der Bundesanstalt für Arbeit in der Praxis verwendete „Faustformel" (vgl. *Kaufmann*, Arbeitnehmerüberlassung, Rdnr. 137; *Postler*, NZA 1999, 179; *Sandmann/Marschall*, § 3 AÜG Anm. 36). An der Faustformel, nach der die Zeit des Überdauern mindestens 25 % der Ersteinsatzzeit betragen muß, wird heftige Kritik geäußert: Im Gesetz finde die Faustformel keine Stütze. Aufgrund der Verlängerung der Höchstüberlassungsdauer auf zwölf Monate seien die 25 % zu lang; auch in einer kürzeren Zeit habe das Arbeitsverhältnis den Einsatz erkennbar überdauert (*Kaufmann*, Arbeitnehmerüberlassung, Rdnr. 137). Ein Überdauern von 25 % sei den Zeitarbeitsunternehmen wirtschaftlich nicht zumutbar (*Wolf*, KND 1998, Nr. 11).

525 BSG vom 21.7. 1988 – 7 Rar 60/86, NZA 1989, 74 (unter II der Gründe) = EzAÜG Nr. 294; *Kaufmann*, Arbeitnehmerüberlassung, Rdnr. 136; MünchArbR/*Marschall*, § 174 Rdnr. 134, *Sandmann/Marschall*, § 3 AÜG Anm. 32 a; *Schüren*, § 3 AÜG Rdnr. 148; *Ulber*, § 3 AÜG

mittelbare Arbeitnehmer ist eine abschließende Regelung der Ausnahmen vom Verbot der Deckungsgleichheit, was sich am Gesetzeswortlaut „es sei denn" zeigt[526]. Würde man Befristungen aus Gründen der Person auch zulassen, wenn sie zum wiederholten Male eine zeitliche Deckungsgleicheit herbeiführten, so hätte § 3 Abs. 1 Nr. 5 AÜG keinen über § 3 Abs. 1 Nr. 3 AÜG hinausgehenden Anwendungsbereich[527].

b) Unwirksamkeit von Kündigungen bei Wiedereinstellung

Hinsichtlich der Kündigungsmöglichkeiten des Verleihers beläßt es der Gesetzgeber im wesentlichen beim allgemeinen Kündigungsschutz[528]; die Kündigung des Zeitarbeitsverhältnisses unterliegt den allgemeinen Kündigungsschutzvorschriften[529]. Um die Umgehung des Befristungsverbotes zu verhindern, werden die Kündigungsmöglichkeiten von Zeitarbeitsverhältnissen durch das Wiedereinstellungsverbot des § 9 Nr. 3 AÜG sowie den inhaltsgleichen gewerberechtlichen Versagungsgrund in § 3 Abs. 1 Nr. 4 AÜG eingeschränkt: Nach der Neuregelung durch das AFRG greift das Wiedereinstellungsverbot erst, wenn der Verleiher einen gekündigten Arbeitnehmer, den er innerhalb eines Zeitraumes von drei Monaten nach Ausspruch der Kündigung wiedereingestellt hat, erneut kündigt und ihn innerhalb des Dreimonatszeitraumes wiedereinstellt[530]. Im Fall des Verstoßes gegen das Wiedereinstellungsverbot ist die Kündigung rückwirkend unwirksam und das vor Ausspruch der Kündigung bestehende Arbeitsverhältnis wird zu unveränderten Bedingungen fortgesetzt; der Arbeitnehmer soll so gestellt werden, als wäre es zu der unzulässigen Kündigung nicht gekommen[531]. Offen bleibt in der Neuregelung, ob nachträglich nur die zweite Kündigung oder auch die erste Kündigung unwirksam

---

Rdnr. 91; a. A. *Becker/Wulfgramm*, § 3 AÜG Rdnr. 46; vgl. auch Ausschußbericht zum AÜG, BT-Drucks. 6/3505, S. 2.

526 *Kaufmann*, Arbeitnehmerüberlassung, Rdnr. 136; *Ulber*, § 3 AÜG Rdnr. 91.

527 *Ulber*, § 3 AÜG Rdnr. 91. Auch § 3 Abs. 1 Nr. 3 AÜG verbietet funktionsgleiche rechtliche Gestaltungsmittel.

528 Ausnahme: § 622 Abs. 5 S. 2 Nr. 1 BGB; vgl. unten § 8 I 3.

529 Dadurch, daß die Dauer der meisten Zeitarbeitsverhältnisse vergleichsweise kurz ist - 66 % der Zeitarbeitsverhältnisse endet innerhalb der ersten drei Monate – erreichen nur wenige Zeitarbeitnehmer die Sechsmonatsschwelle. Nach Schätzungen der Gewerkschaften kommt das KSchG nur in 20 % der Zeitarbeitsverhältnisse zur Anwendung, vgl. Stellungnahme der Gewerkschaften im Neunten AÜG-Erfahrungsbericht, BT-Drucks. 14/4220, S. 26.

530 Nach § 9 Nr. 3 AÜG a.F. war schon die einmalige Kündigung mit nachfolgender Wiedereinstellung während der Dreimonatsfrist unwirksam. Mit der Gesetzesänderung hält *Schaub* (ArbR-Hdb., § 120 Rdnr. 36) „das Synchronisationsverbot für beseitigt".

531 *Ulber*, § 9 AÜG Rdnr. 55.

wird[532]. Diese Frage läßt sich aus dem Gesetz nicht eindeutig beantworten. Bedeutsam ist diese Frage aufgrund des § 10 Abs. 4 AÜG[533]: Gemäß § 10 Abs. 4 AÜG behält der Arbeitnehmer den Vergütungsanspruch aus dem unwirksam gekündigten Arbeitsverhältnis auch ohne Angebot zur Arbeitsleistung. Allerdings erscheint es schon aus verfassungsrechtlichen Gründen nicht möglich, eine zunächst rechtswirksame Kündigung und Wiedereinstellung rückwirkend unwirksam werden zu lassen[534]. Auch wenn der Gesetzeswortlaut nicht eindeutig ist, ergibt sich aus dem Gesetzeszweck - dem Arbeitgeber sozusagen einen „Freischuß" zu ermöglichen - , daß wohl nur die zweite Kündigung rückwirkend unwirksam wird; für dieses Ergebnis sprechen nicht zuletzt auch Praktikabilitätsgesichtspunkte, da die Rückabwicklung von zwei rückwirkend unwirksamen Kündigungen nachträglich kaum möglich sein wird.

Umstritten ist, ob § 9 Nr. 3 AÜG auf alle Arten der Kündigung anwendbar ist oder aufgrund der Schutzrichtung des § 9 Nr. 3 AÜG nur betriebsbedingte Kündigungen unter den Begriff der Kündigung fallen[535]. Gegen die Beschränkung auf betriebsbedingte Kündigungen spricht der eindeutige Wortlaut des § 9 Nr. 3 AÜG. Auch mit dem Schutzzweck des § 9 Nr. 3 AÜG ist eine Beschränkung nicht vereinbar. § 9 Nr. 2 AÜG soll die Verlagerung des Beschäftigungsrisikos auf den Arbeitnehmer in Zeiten fehlender Einsatzmöglichkeiten verhindern[536]. Wird ein aus personen- oder verhaltensbedingten Gründen gekündigter Zeitarbeitnehmer innerhalb von drei Monaten vom selben Arbeitgeber freiwillig wiedereingestellt, so dokumentiert der Arbeitgeber mit dieser Wiedereinstellung im allgemeinen, daß es ihm offensichtlich zumutbar gewesen wäre, den Arbeitnehmer weiter zu beschäftigen und die Kündigung primär dazu diente, das Beschäftigungsrisiko vorübergehend auf den Arbeitnehmer abzuwälzen[537]. Der Anwendungsbereich des § 9 Nr. 3 AÜG ist nicht auf betriebsbedingte Kündigungen zu beschränken. Vielmehr erfaßt § 9 Nr. 3 AÜG auch Änderungskündigungen im Sinne des § 2 KSchG. Selbstverständlich gilt das für Änderungskündigungen, die zur Beendigung des Zeitarbeits-

---

532 *Groeger*, DB 1998, 470 (473); *Ulber*, § 9 AÜG Rdnr. 68.

533 *Groeger*, DB 1998, 470 (473).

534 *Schaub*, ArbR-Hdb., § 120 Rdnr. 52.

535 Für die Beschränkung auf betriebsbedingte Kündigungen nur *Becker/Wulfgramm*, § 9 AÜG Rdnr. 25. A.A.: BSG vom 23.7. 1992 – 7 RAr 44/91, NZA 1993, 48; *Kaufmann*, Arbeitnehmerüberlassung, Rdnr. 132; *Schüren*, in FS Kissel S. 1037 (1047); ErfK/*Wank*, § 9 AÜG Rdnr. 15.

536 BAG vom 9.4. 1987 – 2 AZR 280/86, AP Nr. 1 zu Nr. 9 AÜG (unter III 2 a) bb) der Gründe) = NZA 1988, 541; *Becker/Wulfgramm*, § 3 AÜG Rdnr. 42 f., § 9 AÜG Rdnr 25.

537 So auch *Schüren*, in FS Kissel, S. 1037 (1047 f.); *Schüren*, § 3 AÜG Rdnr. 132; ErfK/*Wank*, § 3 AÜG Rdnr. 32.

verhältnisses führen[538]. Aber auch, wenn Änderungskündigungen eine Inhaltsänderung im bestehenden Arbeitsvertrag herbeiführen - zum Beispiel durch eine nicht unwesentliche Verkürzung der wöchentlichen Arbeitszeit - und der Arbeitgeber diese Arbeitszeitverkürzung innerhalb von drei Monaten wieder rückgängig macht, ist § 9 Nr. 3 AÜG anwendbar. In der Änderungskündigung liegt eine gegen § 9 Nr. 3 AÜG verstoßende Abwälzung des Beschäftigungsrisikos auf den Arbeitnehmer. Die Arbeitszeitverkürzung ist rückwirkend unwirksam. Der Zeitarbeitnehmer hat auch in dem Zeitraum der verkürzten Arbeitszeit einen Anspruch auf Vergütung in der Höhe seiner ungekürzten Arbeitszeit[539].

Wird der Zeitarbeitnehmer innerhalb von drei Monaten nach der Beendigung seines Zeitarbeitsverhältnisses nicht von seinem Arbeitgeber, sondern von einem anderen Konzernunternehmen eingestellt, so liegen die Voraussetzungen des § 9 Nr. 3 AÜG nicht vor; Arbeitgeber ist immer nur die einzelne rechtlich selbständige Gesellschaft und nicht der Konzern[540]. Eine unzulässige Umgehung des § 9 Nr. 3 AÜG liegt allerdings dann vor, wenn mehrere formal rechtlich selbständige Verleiher zusammenarbeiten und Zeitarbeitnehmer wechselseitig einstellen, um auf diesem Weg Lohnkosten in überlassungsfreien Zeiten einzusparen[541].

c) Funktionsgleiche rechtliche Gestaltungsmittel

Mit den Synchronisationsverboten versucht der Gesetzgeber sämtliche Vertragsgestaltungen zu unterbinden, mit denen der Arbeitgeber das Zeitarbeitsverhältnis auf die Dauer des Einsatzes beim Entleiher zu beschränken versucht[542]. Befriedigt der Verleiher mit einen Zeitarbeitsverhältnis ausschließlich die Interessen eines einzelnen Entleihers, käme seine Tätigkeit der Arbeitsvermittlung sehr nahe[543] und das Ziel, mittels Zeitarbeit permanente Dauerarbeitsverhältnisse zu schaffen[544],

---

538 *Becker/Wulfgramm*, § 9 AÜG Rdnr. 28; *Schüren*, in FS Kissel, S. 1037 (1048).

539 Dieses Ergebnis kann sowohl mit § 9 Nr. 3 AÜG begründet werden, nachdem die Arbeitszeitverkürzung rückwirkend unwirksam ist, als auch mit § 11 Abs. 4 S. 2 AÜG, der die Unabdingbarkeit des § 615 S. 1 BGB anordnet.

540 BAG vom 9.4. 1987 – 2 AZR 280/86, AP Nr. 1 zu Nr. 9 AÜG (unter III 2 a) bb) der Gründe) = NZA 1988, 541; *Schüren*, in FS Kissel, S. 1037 (1051); ErfK/*Wank*, § 3 AÜG Rdnr. 35; zur Arbeitnehmerüberlassung im Konzern vgl. oben § 7.

541 *Schüren*, in FS Kissel, S. 1037 (1051). Entgegen *Schüren* wird die Höchstüberlassungsdauer von derzeit zwölf Monaten dadurch gerade nicht umgangen; gemäß § 3 Nr. 6 AÜG wird der Zeitraum, während dessen der Arbeitnehmer für einen anderen Verleiher bei demselben Entleiher tätig war, auf die zwölf Monate angerechnet.

542 *Schüren*, in FS Kissel, S. 1037 (1039).

543 *Kaufmann*, Arbeitnehmerüberlassung, Rdnr. 138.

544 Vgl. *Joost*, DB 1980, 161 (163); *Schüren*, in FS Kissel S. 1037.

würde verfehlt. Eine schutzzweckorientierte Auslegung der Synchronisationsverbote gebietet es daher, auch funktionsgleiche rechtliche Gestaltungsmittel zu verbieten[545].

Das Verbot der wiederholten zeitlichen Deckungsgleichheit (§ 3 Abs. 1 Nr. 5 AÜG) gilt unabhängig davon, durch welches rechtliche Gestaltungsmittel die Deckungsgleichheit des Einsatzes im Drittbetrieb mit dem Bestand des Zeitarbeitsverhältnisses erreicht wird[546]. Gleiches gilt für das Befristungsverbot (§ 9 Nr. 2 AÜG) und das Wiedereinstellungsverbot (§ 9 Nr. 3 AÜG): Genau wie Befristungen sind auch die Vereinbarung von auflösenden Bedingungen[547], Aufhebungsverträge und Vereinbarungen über unbezahlten Urlaub in überlassungsfreien Zeiten unwirksam, wenn sie nicht den Anforderungen des § 9 Nr. 2 AÜG genügen[548]. Das Wiedereinstellungsverbot verbietet nicht nur die Wiedereinstellung innerhalb von drei Monaten nach einer Arbeitgeberkündigung. Vielmehr werden von § 9 Nr. 3 AÜG auch Aufhebungsverträge, Eigenkündigungen des Arbeitnehmers auf Veranlassung des Arbeitgebers[549], die Vereinbarung von unbezahlten Sonderurlaub oder der Gewährung von Freizeitausgleich in überlassungsfreien Zeiten erfaßt. Auch diese Gestaltungen sind bei wiederholter Wiedereinstellung rückwirkend unwirksam.

3. Unanwendbarkeit des § 622 Abs. 5 Nr. 1 BGB

Gemäß § 11 Abs. 4 S. 1 AÜG ist § 622 Abs. 5 Nr. 1 BGB auf das Zeitarbeitsverhältnis nicht anwendbar. Verwehrt wird dem Verleiher die Möglichkeit, für Aushilfskräfte kürzere als die in § 622 Abs. 1 BGB genannten Kündigungsfristen einzelvertraglich zu vereinbaren. Wird ein Zeitarbeitnehmer nur zur „vorübergehenden Aushilfe“ eingestellt, können die Kündigungsfristen des § 622 Abs. 1 BGB einzelvertraglich nur durch Inbezugnahme eines eine solche Regelung enthaltenden Tarifvertrages vereinbart werden (§ 622 Abs. 4 S. 2 BGB)[550]. Nach dem Wortlaut der Vorschrift setzt das allerdings voraus, daß sich die Vertragsparteien im Gel-

---

545 *Schüren*, in FS Kissel, S. 1037 (1053).

546 BSG vom 21.7. 1988 – 7 RAr 60/86, NZA 1989, 74 (unter II der Gründe) = EzAÜG Nr. 294; *Becker/Wulfgramm*, § 3 AÜG Rdnr. 46; *Feuerborn/Hamann*, BB 1997, 2530 (2532); *Franßen/Haesen*, § 3 AÜG Rdnr. 49; *Schüren*, § 3 AÜG Rdnr. 147.

547 *Franßen/Haesen*, § 3 AÜG Rdnr. 32; *Schüren*, § 3 AÜG Rdnr. 116; ErfK/*Wank*, § 3 AÜG Rdnr. 27.

548 *Schüren*, § 9 AÜG Rdnr. 53; ErfK/*Wank*, § 9 AÜG Rdnr. 12.

549 Kasseler Handbuch/*Düwell*, 4.5 Rdnr. 380; *Franßen/Haesen*, § 3 AÜG Rdnr. 46; *Schüren*, § 3 AÜG Rdnr. 130; ErfK/*Wank*, § 3 AÜG Rdnr. 32.

550 *Kaufmann*, Arbeitnehmerüberlassung, Rdnr. 223, *Schüren*, § 11 AÜG Rdnr. 78.

tungsbereich des Tarifvertrages befinden, womit der räumliche, sachliche und persönliche Geltungsbereich, allein mit Ausnahme der Tarifgebundenheit i.S.d. § 3 Abs. 1 TVG, gemeint ist[551]. Allerdings wird von dieser Möglichkeit kaum Gebrauch gemacht werden können, da im Bereich der Zeitarbeit derzeit keine Flächentarifverträge bestehen und Zeitarbeitsunternehmen, selbst wenn sie ausschließlich in einer Branche tätig sind, nicht in den Geltungsbereich der Entleihertarifverträge fallen[552]. Zweck dieser gegenüber dem allgemeinen Arbeitsrecht weiterreichenden Einschränkung der Vertragsgestaltungsfreiheit ist, zu verhindern, daß der Verleiher das ihm obliegende Beschäftigungsrisiko auf den Zeitarbeitnehmer verlagert und damit die Synchronisationsverbote umgangen werden[553].

Allerdings wird von § 11 Abs. 4 S. 1 AÜG die Abkürzung der Kündigungsfristen in Kleinbetrieben mit in der Regel nicht mehr als 20 Beschäftigten nach § 622 Abs. 5 Nr. 2 BGB nicht erfaßt[554]. In Zeitarbeitsunternehmen mit weniger als zwanzig Beschäftigten[555] ist eine Verkürzung der allgemeinen Kündigungsfristen gemäß § 622 Abs. 5 Nr. 2 BGB daher zulässig.

II. Unwirksamkeit von Abschlußverboten

Gemäß § 9 Nr. 5 AÜG[556] sind Vereinbarungen, die es dem Zeitarbeitnehmer verbieten, nach Beendigung seines Arbeitsverhältnisses mit dem Verleiher einen

551 MünchKomm/*Schwerdtner*, § 622 BGB Rdnr. 72; *Schüren*, § 11 AÜG Rdnr. 44.

552 BAG vom 10.12. 1997 – 4 AZR 247/96, AP Nr. 20 zu § 3 TVG (unter 2 a) bb) der Gründe) = DB 1998, 1089; LAG Hamm vom 1.2. 1996 – 4 Sa 1044/95, LAGE Nr. 1 zu § 11 AÜG = AR-Blattei ES 1840 Nr. 28; LAG Frankfurt am Main vom 19.12. 1972 – 3 Sa 486/72, DB 1973, 624 = EzAÜG Nr. 12; *Becker/Wulfgramm*, § 11 AÜG Rdnr. 38 a, *Ulber*, § 11 AÜG Rdnr. 59. Zur tarifrechtlichen Zuordnung der Zeitarbeitnehmer, vgl. unten § 14.

553 *Kaufmann*, Arbeitnehmerüberlassung, Rdnr. 201; *Schüren*, § 11 AÜG Rdnr. 76; *Ulber*, § 11 AÜG Rdnr. 58.

554 *Schüren*, § 11 AÜG Rdnr. 44.

555 Weniger als 20 Zeitarbeitnehmer beschäftigten im ersten Halbjahr 1999 38,5 % der Zeitarbeitsunternehmen (Arbeitnehmerüberlassungsstatistik der BA, 1. Halbjahr 1999, Tabelle 6, III a 4 – 4208.1). Da auch diese Unternehmen interne Mitarbeitnehmer in der Administration beschäftigen - zum Beispiel als Personaldisponenten - und bei der Zahl der Beschäftigten nicht nur die Zeitarbeitnehmer gezählt werden, stellen nur ein Teil dieser Zeitarbeitsunternehmen Kleinbetriebe im Sinne des § 622 Abs. 5 Nr. 2 BGB dar.

556 § 9 Nr. 5 AÜG geht als speziellere Sondervorschrift den Vorschriften des HGB über Wettbewerbsverbote vor (Kasseler Handbuch/*Düwell*, 4.5, Rdnr. 362; MünchArbR/*Marschall*, § 175 Rdnr. 27). Allerdings können auch nachvertragliche Wettbewerbsverbote nur eine Betätigung als Konkurrent des Entleihers, nicht jedoch die Beschäftigung des Zeitarbeitnehmers als Arbeitnehmer des Entleihers, untersagen; mit dem Abschluß eines Arbeitsvertrages mit dem Entleihbetrieb, übt der Zeitarbeitnehmer keinen Wettbewerb auf dem Gebiet der Arbeitnehmerüberlassung aus (Kasseler Handbuch/*Düwell*, 4.5, Rdnr. 362).

bieten, nach Beendigung seines Arbeitsverhältnisses mit dem Verleiher einen Arbeitsvertrag mit dem Entleihunternehmen abzuschließen, unwirksam; dem Recht des Zeitarbeitnehmers auf freie Wahl seines Arbeitsplatzes (Art. 12 Abs. 1 GG) wird Vorrang vor den wirtschaftlichen Interessen des Verleihers eingeräumt[557]. § 9 Nr. 5 AÜG schützt die Vertragsfreiheit des Zeitarbeitnehmers[558]. Außerdem soll es dem Arbeitnehmer nicht verbaut werden, mittels des sogenannten „Klebeeffektes" einen Dauerarbeitsplatz zu erlangen; Zeitarbeit dient als Sprungbrett zu einem dauerhaften Arbeitsplatz im Entleihbetrieb[559]. Die Vereinbarung eines Tätigkeitsverbotes beim Entleiher ist auch dann unzulässig, wenn sich der Verleiher verpflichtet, dem Arbeitnehmer für die Zeit des Tätigkeitsverbotes eine Entschädigung zu zahlen[560]. Auch Vertragsstrafenklauseln, die den Abschluß von Arbeitsverträgen zwischen dem Zeitarbeitnehmer und dem Entleiher unterbinden sollen, sind gemäß § 9 Nr. 5 AÜG unwirksam[561]. § 9 Nr. 5 AÜG hat zwingenden Charakter, entsprechende Klauseln sind gemäß § 134 BGB nichtig[562]. Enthält der Zeitarbeitsvertrag eine gegen § 9 Nr. 5 AÜG verstoßende Klausel, so ist nur diese Klausel nichtig;

---

557 LAG Baden-Württemberg vom 3.12. 1998 – 11 Sa 31/98, LAGE Nr. 5 zu § 9 AÜG (unter I 1 a) der Gründe); *Kaufmann*, Arbeitnehmerüberlassung, Rdnr. 237; ErfK/*Wank*, § 9 AÜG Rdnr. 22.

558 Dem Schutz der Vertragsfreiheit des Zeitarbeitnehmers dient auch § 9 Nr. 4 AÜG, der Vereinbarungen zwischen dem Zeitarbeitsunternehmen und dem Entleiher verbietet, die dem Entleiher untersagen den Zeitarbeitnehmer einzustellen. § 9 Nr. 4 und Nr. 5 AÜG sind Schutzgesetze im Sinne des § 823 Abs. 2 BGB (LAG Baden-Württemberg vom 3.12. 1998 – 11 Sa 31/98, LAGE Nr. 5 zu § 9 AÜG (LS)).

559 *Ulber*, § 9 AÜG Rdnr. 2; ErfK/*Wank*, § 9 AÜG Rdnr. 22; vgl. auch oben § 4 II.

560 *Becker/Wulfgramm*, § 9 AÜG Rdnr. 33; Kasseler Handbuch/*Düwell*, 4.5 Rdnr. 362; MünchArbR/*Marschall*, § 175 Rdnr. 27. Umstritten ist die Zulässigkeit von Klauseln im Arbeitnehmerüberlassungsvertrag, nach denen der Entleiher dem Zeitarbeitsunternehmen bei Einstellung des Zeitarbeitnehmers in eine Dauerbeschäftigung in seinen Betrieb eine Vermittlungsprämie zu zahlen hat. In der Praxis ist die Vereinbarung von Vermittlungsprämien bei Verleihern, die sowohl eine Erlaubnis zu Arbeitnehmerüberlassung als auch zur Arbeitsvermittlung haben, üblich (vgl. auch *Financial Times Deutschland*, vom 27.4. 2000, S. 35). Während das LAG Baden-Württemberg (vom 3.12. 1998 – 11 Sa 31/98, LAGE Nr. 5 zu § 9 AÜG) in der Vereinbarung einer Vermittlungsgebühr eine Umgehung des § 9 Nrn. 4, 5 AÜG sieht (so auch *Bauer*, in Küttner (Hrsg.), Personalbuch, Leiharbeitnehmer Rdnr. 12), hält eine andere Ansicht Vermittlungsgebühren, deren Höhe sich im Rahmen des Üblichen halten und die in ihrer wirtschaftlichen Wirkung nicht einer Untersagung gleich kommen, für zulässig (ErfK/*Wank*, § 9 AÜG Rdnr. 26; *Sandmann/Marschall*, § 9 AÜG Anm. 29).

561 LAG Köln vom 22. 8. 1984 – 5 Sa 1306/83, EzAÜG Nr. 156 a; *Becker/Wulfgramm*, § 9 AÜG Rdnr. 33 a; *Schüren*, § 9 AÜG Rdnr. 151.

562 LAG Baden-Württemberg vom 3.12. 1998 – 11 Sa 31/98, LAGE Nr. 5 zu § 9 AÜG (unter II 2 a) der Gründe); *Becker/Wulfgramm*, § 11 AÜG Rdnr. 32.

§ 9 Nr. 5 AÜG soll den Zeitarbeitnehmer begünstigen, ihm aber gerade nicht die übrigen Rechte aus dem Arbeitsvertrag nehmen[563].

III. Leistungsverweigerungsrecht im Arbeitskampf

Gemäß § 11 Abs. 5 S. 1 AÜG hat der Zeitarbeitnehmer ein Leistungsverweigerungsrecht, sofern der Entleihbetrieb, in den er zur Arbeit überlassen worden ist, unmittelbar von einem Arbeitskampf betroffen ist. Damit kann der Zeitarbeitnehmer nicht gegen seinen Willen als „Streikbrecher" zur Arbeit in bestreikten Betrieben verpflichtet werden; allerdings besteht im AÜG kein generelles Einsatzverbot von Zeitarbeitnehmern im Arbeitskampf[564]. Macht der Zeitarbeitnehmer im Falle eines Arbeitskampfes von seinem Leistungsverweigerungsrecht Gebrauch, so muß der Verleiher die Vergütung unabhängig davon fortzahlen, ob er den Zeitarbeitnehmer in einem anderen Entleihbetrieb einsetzen kann; das ergibt sich aus § 615 S. 1 BGB in Verbindung mit § 11 Abs. 4 S. 2 AÜG[565] und den Grundsätzen über die Verteilung des arbeitskampfbedingten Lohnrisikos[566]. Findet der Verleiher keinen anderen Einsatzbetrieb für den Zeitarbeitnehmer, so ist das Teil seines Arbeitgebersrisikos, zu dessen Tragung er gemäß § 1 Abs. 2 AÜG verpflichtet ist[567].

---

563 MünchArbR/*Marschall*, § 175 Rdnr. 28.

564 *Pfister*, Befristung, S. 107; *Sandmann/Marschall*, § 11 AÜG Anm. 28. Nach geltendem Recht wäre der Abschluß von Verträgen, die den Einsatz von Zeitarbeitnehmern als Streikbrecher zum Gegenstand haben, zulässig. Aus der Institutsgarantie des Art. 9 Abs. 3 GG läßt sich kein grundsätzliches Verbot von vertraglichen Vereinbarungen, die darauf abzielen Arbeitskampfmaßnahmen abzuwehren, ableiten (*Sandmann/Marschall*, § 11 AÜG Anm. 28).

565 *Becker/Wulfgramm*, § 11 AÜG Rdnr. 44; *Sandmann/Marschall*, § 11 AÜG Anm. 31; *Schüren*, § 11 AÜG Rdnr. 93. So im Ergebnis auch das BAG (vom 1.2. 1973 – 5 AZR 382/72, AP Nr. 29 zu § 615 BGB Betriebsrisiko (LS) = NJW 1973, 1295) für die Zeit vor dem Inkrafttreten des AÜG. A.A. *Pfister*, Befristung, S. 108.

566 Nach den Grundsätzen der Arbeitskampfrisikolehre richtet sich die Verteilung des Lohnrisikos in mittelbar kampfbetroffenen Betrieben heute nicht mehr nach der Sphärentheorie. Vielmehr richtet sich die Verteilung des Lohnrisikos danach, ob die Vergütungsfortzahlung Einfluß auf die Kampfparität der kämpfenden Parteien hätte (vgl. BAG vom 22.12. 1980 – 1 ABR 2/79, AP Nr. 70 zu Art.9 GG Arbeitskampf = NJW 1981, 937). Ein Einfluß auf die Kampfparität ist bei Zeitarbeitsunternehmen in der Regel nicht gegeben. Ausnahmsweise könnte eine Paritätsrelevanz bei der konzerninternen Zeitarbeit bestehen, wenn das Zeitarbeitsunternehmen zum selben Konzern wie der unmittelbar vom Arbeitskampf betroffene Betrieb gehört (*Schüren*, AÜG, Einl. Rdnr. 270).

567 BAG vom 1.2. 1973 – 5 AZR 382/72, AP Nr. 29 zu § 615 BGB Betriebsrisiko (unter II der Gründe) = NJW 1973, 1295; Palandt/*Putzo*, § 615 BGB Rdnr. 24; *Sandmann/Marschall*, § 11 AÜG Anm. 31; *Schüren*, § 11 AÜG Rdnr. 94. Offen läßt das BAG (a.a.O.), ob etwas anderes gelten muß, wenn von dem Arbeitskampf alle nach dem Zeitarbeitsvertrag in Betracht kommenden Einsatzbetriebe vom Arbeitskampf betroffen sind.

§ 9 Formelle Anforderungen, Hinweispflichten und Inhaltskontrolle

I. Form

Für den Zeitarbeitsvertrag gibt es kein zwingendes Schriftformerfordernis; auch mündlich kann der Zeitarbeitsvertrag wirksam abgeschlossen und das Arbeitsverhältnis begründet werden[568]. Allerdings ist der Verleiher gemäß § 11 Abs. 1 AÜG verpflichtet, den wesentlichen Inhalt des Zeitarbeitsverhältnisses in eine von ihm unterzeichnete Urkunde aufzunehmen und dem Zeitarbeitnehmer die Urkunde auszuhändigen. In der Urkunde muß der in § 11 Abs. 1 S. 2 Nr. 1 – 12 AÜG nominierte Mindestinhalt des Zeitarbeitsverhältnisses festgehalten sein. Der wesentliche Inhalt eines Zeitarbeitsverhältnisses kann allerdings über die Mindestangaben des § 11 Abs. 1 S. 2 Nr. 1 – 12 AÜG hinausgehen; § 11 Abs. 1 S. 2 AÜG enthält keine Legaldefinition des wesentlichen Inhaltes eines Zeitarbeitsverhältnisses[569]. Um weitere Vertragsabreden ist die Urkunde zu ergänzen, sofern die Abreden zum wesentlichen Inhalt des Arbeitsverhältnisses gehören[570]. Wird ein schriftlicher Arbeitsvertrag erstellt und enthält die Mindestangaben, so ersetzt der Arbeitsvertrag die Urkunde (§ 11 Abs. 1 S. 4 AÜG); ausreichend ist nach § 11 Abs. 1 AÜG allerdings die schriftliche Dokumentation des Vertragsinhaltes in einer Urkunde[571].

Die Beurkundungspflicht nach § 11 Abs. 1 AÜG ist kein Schriftformerfordernis im Sinne des § 125 BGB[572], sondern soll die Schriftform ersetzen. Der Verzicht auf

---

568 *Becker/Wulfgramm* § 11 AÜG Rdnr. 13; *Sandmann/Marschall* § 11 AÜG Anm. 5. Seit dem 1.5. 2000 gilt für Befristungsabreden, als Teil des im übrigen formfreien Arbeitsvertrages, ein konstitutives gesetzliches Schriftformerfordernis gemäß § 623 BGB. § 623 BGB wurde durch Art. 2 des Gesetzes zur Vereinfachung und Beschleunigung des arbeitsgerichtlichen Verfahrens (Arbeitsgerichtsbeschleunigungsgesetz) vom 30.3. 2000 eingeführt; BGBl. I S. 333.

569 *Niebler/Biebl/Ulrich*, Arbeitnehmerüberlassungsgesetz, Rdnr. 444; *Schüren*, § 11 AÜG Rdnr. 17.

570 HzA/*Düwell*, Gruppe 16 Rdnr. 336; MünchArbR/*Marschall*, § 175 Rdnr. 21; *Schüren*, § 11 AÜG Rdnrn. 18, 52, die diese Verpflichtung § 11 Abs. 1 S. 1 AÜG entnehmen. A.A. ErfK/*Wank* § 11 AÜG Rdnr. 5. Ob eine Vereinbarung zum wesentlichen Inhalt des Arbeitsverhältnisses gehört, bestimmt sich nach dem Schutzzweck des § 11 Abs. 1 AÜG der darin besteht, dem Zeitarbeitnehmer seine Rechtsstellung transparent zu machen. Ergänzend ist die subjektive Bewertung der Parteien zu berücksichtigen (*Schüren*, § 11 AÜG Rdnr. 52).

571 Die Erfüllung einer der beiden Formerfordernisse ist zwingend und kann von den Vertragsparteien nicht durch eine vertragliche Vereinbarung abbedungen werden (MünchArbR/*Marschall*, § 175 Rdnr. 6). Gemäß § 11 Abs. 2 S. 2 AÜG haben nichtdeutsche Zeitarbeitnehmer einen Anspruch auf die Urkunde oder den schriftlichen Arbeitsvertrag in ihrer Muttersprache.

572 *Becker/Wulfgramm*, § 11 AÜG Rdnr. 13; Palandt/*Heinrichs*, § 125 BGB Rdnr. 3; *Sandmann/Marschall*, § 11 AÜG Anm. 5.

das Schriftformerfordernis dient dem Schutz des Zeitarbeitnehmers: Würde § 11 Abs. 1 AÜG die Schriftform für den Zeitarbeitsvertrag anordnen, so hätte ein Formverstoß die Nichtigkeit des Zeitarbeitsvertrages zur Folge (§ 125 BGB)[573]. Der Gesetzgeber trägt damit den Interessen des Zeitarbeitnehmers Rechnung, sich auch bei einem Verstoß gegen § 11 Abs. 1 AÜG auf einen wirksamen Arbeitsvertrag berufen zu können[574] und nicht in einem faktischen Arbeitsverhältnis, von dem sich der Arbeitgeber mit ex nunc – Wirkung jederzeit lösen kann, zu stehen[575]. Die Nichteinhaltung der Beurkundungspflicht stellt, wegen des öffentlich rechtlichen Charakters des AÜG, lediglich für den Verleiher eine mit Bußgeld bewährte Ordnungswidrigkeit dar (vgl. § 16 AÜG) und kann zur Versagung der Erlaubnis führen (§ 3 Abs. 1 AÜG)[576].

Sinn und Zweck des § 11 Abs. 1 AÜG ist es, den Arbeitnehmer über seine Ansprüche zu informieren und ihm den Beweis zu erleichtern sowie der Bundesanstalt für Arbeit eine effektive Kontrolle der Einhaltung der Arbeitgeberpflichten durch den Verleiher zu ermöglichen. Die Formvorschrift des § 11 Abs. 1 AÜG dient damit sowohl dem Arbeitnehmerschutz - der Arbeitnehmer kann sich über den Inhalt seines Arbeitsverhältnisses informieren und prüfen, ob die Angaben des Arbeitgebers den vertraglichen Vereinbarungen entsprechen - als auch der Prüfungsarbeit der Erlaubnisbehörden: Durch die schriftliche Fixierung des Inhaltes des Arbeitsverhältnisses, können gegen den zwingenden Arbeitnehmerschutz und insbesondere das AÜG verstoßende Vereinbarungen leichter aufgedeckt werden[577].

Die Regelung des § 11 Abs. 1 AÜG führt dazu, daß in der Praxis grundsätzlich immer ein schriftlicher Zeitarbeitsvertrag abgeschlossen wird[578]. Den Abschluß

---

573 *Becker/Wulfgramm*, § 11 AÜG Rdnr. 13; *Schüren*, § 11 AÜG Rdnr. 16; MünchArbR/*Marschall*, § 175 Rdnr. 7. Demgegenüber geht *Stückemann* (BB 1999, 2670 (2673)) davon aus, daß auch Arbeitgeber kein Interesse an faktischen Arbeitsverträgen haben.

574 MünchArbR/*Marschall*, § 175 Rdnr. 7; *Sandmann/Marschall*, § 11 AÜG Anm. 5.

575 Zu einer Fiktion eines Arbeitsverhältnisses gemäß § 10 Abs. 1 AÜG käme es nicht. Zum Entleiher wird ein Arbeitsverhältnis nur in den Fällen des § 9 Nr. 1 AÜG fingiert.

576 *Kaufmann*, Arbeitnehmerüberlassung, Rdnr. 191; *Schüren*, § 11 AÜG Rdnr. 16. § 11 AÜG ist eine zwingende Vorschrift im Sinne des § 3 Abs. 1 AÜG. Verstößt der Arbeitgeber gegen seine Beurkundungspflicht aus § 11 Abs. 1 AÜG, begründet dieser Verstoß für einen Teil der Literatur ein Leistungsverweigerungsrecht des Zeitarbeitnehmers nach § 273 BGB wegen Nichterfüllung der Nachweispflicht. So *Ulber*, § 11 AÜG Rdnr. 11; *Preis*, NZA 1997, 10 (12). A.A. *Feldgen*, Nachweisgesetz, B Rdnr. 69, die die Erstellung der Urkunde zutreffend als eine Nebenpflicht des Arbeitgebers ansieht, deren Verletzung die Ausübung des Zurückbehaltungsrechtes grundsätzlich nicht rechtfertigen kann.

577 *Kaufmann*, Arbeitnehmerüberlassung, Rdnr. 190; MünchArbR/*Marschall*, § 175 Rdnr. 8; *Schüren*, § 11 AÜG Rdnr. 15; *Ulber*, § 11 AÜG Rdnr. 11.

578 Vgl. *de la Haye*, in Bender, S. 33 (56); *Kaufmann*, Arbeitnehmerüberlassung, Rdnr. 189 ff;

schriftlicher Zeitarbeitsverträge hat der Gesetzgeber mit der Regelung des § 11 Abs. 1 AÜG auch bezweckt; die praxisfern wirkende Beurkundungspflicht dient allein dazu, ein Schriftformerfordernis und die bei einem Verstoß eingreifende Nichtigkeitsfolge des § 125 BGB zu vermeiden[579]. Der Abschluß eines schriftlichen Arbeitsvertrages ist für den Arbeitgeber aus Beweisgründen gegenüber der Ausstellung einer Urkunde grundsätzlich vorteilhaft: Der schriftliche Arbeitsvertrag schafft durch die Unterschrift des Arbeitnehmers eine klare Beweislage. Nur der von beiden Vertragsparteien unterzeichnete Arbeitsvertrag hat die Vermutung der Richtigkeit und Vollständigkeit für sich[580]. Demgegenüber bedeutet die widerspruchslose Hinnahme der Urkunde durch den Arbeitnehmer nicht, daß die Modalitäten als vereinbart gelten. Die Grundsätze des kaufmännischen Bestätigungsschreibens können im Arbeitsverhältnis grundsätzlich nicht zur Anwendung kommen, das Schweigen des Arbeitnehmers kann daher nicht als Zustimmung gewertet werden[581].

§ 11 Abs. 1 AÜG wurde mit dem Gesetz zur Anpassung arbeitsrechtlicher Bestimmungen an das EG-Recht[582] an die Anforderungen des Nachweisgesetzes (NachwG)[583] angepaßt. Der Katalog der in die Niederschrift aufzunehmenden Arbeitsbedingungen wurde durch das NachwG wesentlich erweitert[584]. Die seit dem 28.7. 1995 für alle Arbeitsverhältnisse geltende Nachweispflicht (§§ 2, 3 NachwG) erfüllt der Verleiher zugleich mit der Beurkundung oder Erstellung eines schriftlichen Arbeitsvertrages nach § 11 Abs. 1 AÜG; einer weiteren Niederschrift nach

---

Kurr, JA 1996, 717 (720). Alle im Rahmen der Rechtstatsachenforschung (vgl. oben § 2) angesprochenen Zeitarbeitsunternehmen arbeiten mit vorformulierte Vertragsmustern und ersetzen durch diese schriftlichen Arbeitsverträge die Urkunde im Sinne des § 11 Abs. 1 AÜG.

579 *Kurr*, JA 1996, 717 (720).

580 BAG vom 9.2. 1995 – 2 AZR 389/94, EzA Nr. 12 zu § 1 KSchG Personenbedingte Kündigung (unter II 4 der Gründe) = NZA 1996, 249; *Gaul*, NZA 2000, Beil. zu 3/2000, S. 51 (64); Palandt/*Heinrichs*, § 125 BGB Rdnr. 15; *Schaub*, ArbR-Hdb., § 32 Rdnr. 40.

581 Zur parallelen Problematik im NachwG: *Stückemann* BB 1999, 2670 (2671).

582 Verkündet am 20.7. 1995, BGBl. I S. 946. Art.1 dieses Gesetzes enthält das Gesetz über den Nachweis der für das Arbeitsverhältnis geltenden wesentlichen Bedingungen (NachwG); Art. 2 dieses Gesetzes hat die Vorschriften des AÜG an das NachwG angepaßt.

583 Mit dem NachwG (Art. 1 des Gesetzes zur Anpassung arbeitsrechtlicher Bestimmungen an das EG-Recht) wird der Arbeitgeber zur Dokumentation der wesentlichen Arbeitsbedingungen und deren Aushändigung an den Arbeitnehmer verpflichtet; zum NachwG *Feldgen*, Nachweisgesetz; *Krause*, AR-Blattei SD 220.2.2, *Schaefer*, Nachweisgesetz; *Schwarze*, ZfA 1997, 43 ff.

584 Neugefaßt wurden § 11 Abs. 1 S. 2 Nr. 3 und Nr. 6 AÜG sowie § 11 Abs. 1 S. 5 AÜG. Die Nrn. 9 bis 12 wurden zusätzlich in § 11 Abs. 1 S. 2 AÜG eingefügt. § 11 Abs. 1 AÜG a.F (Ursprungsfassung vom 7.8. 1972) ist abgedruckt im Anhang IV.

dem NachwG bedarf es nicht. § 11 Abs. 1 AÜG ist lex specialis zum NachwG[585]. Die Urkunde hat der Verleiher dem Zeitarbeitnehmer gemäß § 11 Abs. 1 S. 5 AÜG vor dem Beginn der Beschäftigung, bei Auslandseinsätzen vor der Abreise, auszuhändigen. Auch wenn der Gesetzeswortlaut eindeutig auf den Zeitpunkt der Arbeitsaufnahme abstellt, versteht die überwiegende Literatur § 11 Abs. 1 S. 5 AÜG, der im Rahmen der Anpassung des § 11 Abs. 1 AÜG an das NachwG präzisiert wurde, so, daß der Verleiher seiner Aushändigungspflicht unverzüglich nachzukommen hat. Der Gesetzgeber wolle durch das Abstellen auf den Beginn der Beschäftigung lediglich klarstellen, daß dem Verleiher zur Abfassung, der zuvor wirksam vereinbarten Arbeitsbedingungen, die notwendige Zeit gewährt werden soll[586].

Bei Änderungen von Vertragsbedingungen, die zum wesentlichen Inhalt des Arbeitsverhältnisses im Sinne des § 11 Abs. 1 S. 2 AÜG gehören, müssen auch die geänderten Bedingungen in eine (weitere) Urkunde oder einem (weiteren) Vertrag aufgenommen werden. Verändern sich Mindestinhalte des Arbeitsvertrages im Sinne des § 11 Abs. 1 S. 2 AÜG ohne Vereinbarung zwischen den Vertragsparteien durch die Änderung von Gesetzen, Tarifverträgen oder tatsächlicher Umstände - zum Beispiel durch Eintritt von Mutterschutz -, so muß der Verleiher auch diese Angaben in eine (weitere) Urkunde oder einen schriftlichen Änderungsvertrag aufnehmen und dem Arbeitnehmer dieses Dokument aushändigen[587].

II. Hinweispflichten

Bei Vertragsschluß ist dem Zeitarbeitnehmer das Merkblatt der Bundesanstalt für Arbeit zur Arbeitnehmerüberlassung[588] in seiner Muttersprache auszuhändigen (§ 11 Abs. 2 AÜG)[589]. Durch das Merkblatt soll der Zeitarbeitnehmer über den wesentlichen Inhalt des AÜG informiert werden. Die Landesarbeitsämter empfehlen dem Arbeitgeber, die Aushändigung des Merkblattes in den Arbeitsvertrag aufzu

---

585 *Birk*, NZA 1996, 281 (288); *Grünberger*, NJW 1995, 2809 (2812); *Kaufmann*, Arbeitnehmerüberlassung, Rdnr. 188; *Niebler/Biebl/Ulrich*, Arbeitnehmerüberlassungsgesetz, Rdnr. 432; *Sandmann/Marschall*, § 11 AÜG Anm. 3; *Schaefer*, NachwG, E Rdnr. 3; *Schoden*, NachwG, § 11 AÜG Rdnr. 3; ErfK/*Wank*, § 11 AÜG Rdnr. 1.

586 *Ulber*, § 11 AÜG Rdnr. 43.

587 *Niebler/Biebl/Ulrich*, Arbeitnehmerüberlassungsgesetz, Rdnr. 430; *Ulber*, § 11 AÜG Rdnr. 47.

588 Abgedruckt bei *Sandmann/Marschall*, AÜG, Anhang 1.

589 Die Bundesanstalt für Arbeit hält das Merkblatt in zahlreichen Übersetzungen für die Zeitarbeitsunternehmen bereit.

nehmen und sich die Aushändigung des Merkblattes mit der Unterzeichnung des Vertrages bestätigen zu lassen[590].

Außerdem trifft den Verleiher gemäß § 11 Abs. 3 AÜG eine Informationspflicht: Er muß seine Arbeitnehmer unverzüglich über den Wegfall, die Nichtverlängerung, die Rücknahme oder den Widerruf seiner Erlaubnis zur Arbeitnehmerüberlassung unterrichten[591]. In Fällen der Nichtverlängerung, des Widerrufs oder der Rücknahme der Erlaubnis, gilt die Erlaubnis für die Zeit der Abwicklung gemäß § 2 Abs. 4 S. 4 AÜG noch als bestehend. Deshalb hat der Verleiher den Zeitarbeitnehmer außerdem über die voraussichtliche Abwicklungsdauer zu informieren.

Ferner trifft den Verleiher eine Hinweispflicht auf das Leistungsverweigerungsrecht des Zeitarbeitnehmers im Arbeitskampf (§ 11 Abs. 5 S. 2 AÜG): Ist ein Entleihbetrieb unmittelbar vom Arbeitskampf betroffen, so kann der Zeitarbeitnehmer seine Arbeitsleistung beim Entleiher verweigern. Auf dieses Recht hat der Verleiher den Zeitarbeitnehmer ausdrücklich hinzuweisen. Nicht ausreichend ist es, daß der Arbeitgeber den Arbeitnehmer bei Abschluß des Zeitarbeitsvertrages auf dieses Recht hinweist und dem Zeitarbeitnehmer das Merkblatt der Bundesanstalt für Arbeit – in dem sich ein Hinweis auf das Leistungsverweigerungsrecht findet -, aushändigt. § 11 Abs. 5 S. 2 AÜG verlangt, daß der Arbeitgeber den Zeitarbeitnehmer in der konkreten Situation, wenn der Entleihbetrieb, in den der Zeitarbeitnehmer überlassen wird, von einem Arbeitskampf unmittelbar betroffen ist, ausdrücklich auf sein Leistungsverweigerungsrecht hinweist.

III. Inhaltskontrolle durch die Erlaubnisbehörde

Neben der allgemeinen gerichtlichen Inhaltskontrolle von Formulararbeitsverträgen[592] unterliegen Zeitarbeitsverträge einer zweiten Inhaltskontrolle: Die Bundesanstalt für Arbeit überwacht durch ihre Landesarbeitsämter die Einhaltung der arbeitsrechtlichen Pflichten des Verleihers anhand der Vertragsgestaltung der Musterzeitarbeitsverträge, während nach der deutschen Rechtsordnung die Überprüfung eines privatrechtlichen Vertrages im übrigen nur auf Antrag einer Partei vor Ge-

---

590 Empfehlung des Landesarbeitsamtes Nordrhein-Westfahlen, vgl. *Schüren*, § 11 AÜG Rdnr. 68. Dieser Empfehlung kommen 100 % der untersuchten Zeitarbeitsverträge nach.

591 Der Wegfall der Erlaubnis hat für den Arbeitnehmer einschneidende Folgen: Gemäß § 9 Abs. 1 AÜG wird der Zeitarbeitsvertrag mit dem Fortfall der Erlaubnis unwirksam. Gemäß § 10 Abs. 1 AÜG entsteht kraft gesetzlicher Fiktion ein Arbeitsverhältnis zum Entleiher.

592 Zur allgemeinen gerichtlichen Inhaltskontrolle von Arbeitsverträgen vgl. *Hromadka*, in FS Dietrich, S. 251 ff.; *Preis*, Vertragsgestaltung, S. 149 ff.; *Reinecke*, NZA 2000, Beil. zu 3/2000, S. 23 ff.; MünchArbR/*Richardi*, § 14.

richt erfolgt[593]. Allerdings prüfen die Landesarbeitsämter die von den Zeitarbeitsunternehmen verwendeten Formulararbeitsverträge nicht als arbeitsrechtliche Instanz, sondern als Erlaubnisbehörde im Zusammenhang mit der Erteilung der Erlaubnis: Voraussetzung für die Erlaubniserteilung ist die Zuverlässigkeit des Verleihers (§ 3 Abs. 1 Nr. 1 AÜG), das heißt insbesondere die Übernahme der üblichen Arbeitgeberpflichten und des Arbeitgeberrisikos (§ 3 Abs. 1 Nr. 1 – 5 AÜG) durch den Verleiher. Zur Überprüfung der Zuverlässigkeit des Verleihers kann sich die Erlaubnisbehörde gemäß § 7 Abs. 2 S. 3 AÜG die geschäftlichen Unterlagen des Zeitarbeitsunternehmens vorlegen lassen; hierzu gehören auch die Zeitarbeitsverträge[594]. Dabei konzentriert die Erlaubnisbehörde die Inhaltskontrolle auf die Frage, ob die Verleiher in den von ihnen verwendeten Formulararbeitsverträgen die mit der gewerbsmäßigen Arbeitnehmerüberlassung verbundenen Arbeitgeberrisiken tragen (§ 3 Abs. 1 Nr. 1 – 5 AÜG) und die zwingenden Vorschriften über die inhaltliche Ausgestaltung des Zeitarbeitsvertrages beachten[595].

Die Landesarbeitsämter können im Rahmen ihrer Inhaltskontrolle zwar nicht unmittelbar einzelnen Vertragsklauseln die Wirksamkeit versagen und damit gestaltend in das Vertragsverhältnis zwischen dem Zeitarbeitnehmer und dem Verleiher eingreifen. Jedoch können die Landesarbeitsämter, sofern sie in den Verträgen Verstöße aufdecken, durch entsprechende Auflagen (vgl. § 2 Abs. 2 AÜG)[596] versuchen, den Zeitarbeitgeber zur Korrektur des Formulararbeitsvertrages zu zwingen. Dabei sind auch konkrete Auflagen hinsichtlich der Gestaltung der Vertragsmuster zulässig[597]. Die Einhaltung der arbeitsrechtlichen Vorgaben des § 3 Abs. 1 AÜG können die Landesarbeitsämter als Erlaubnisbehörde im Zweifel auch durch die Versagung, Nichtverlängerung oder den Widerruf der Erlaubnis durchsetzen[598].

---

593 Vgl. *de la Haye*, in Bender, S. 33 (40).

594 *Kaufmann*, Arbeitnehmerüberlassung, Rdnr. 87; *Niebler/Biebl/Ulrich*, Arbeitnehmerüberlassungsgesetz, Rdnr. 233; *Sandmann/Marschall*, § 7 AÜG Anm. 15; *Schüren*, § 7 AÜG Rdnr. 30. Liegt der Erlaubniserteilung ein eingereichtes Arbeitsvertragsmuster zugrunde, wie es der Regelfall ist, hat der Verleiher nach dem Grundsatz von Treu und Glauben der Erlaubnisbehörde alle wesentlichen Änderungen des Vertragsmusters unaufgefordert mitzuteilen (LSG Bremen vom 15.3. 1983 – L 5 BR 11/82, zitiert in: Durchführungsanweisung der BA vom 6.3. 1998, Hinweise zum Arbeitsvertrag I/ 1, abgedruckt im Anhang I.

595 *Becker/Kreikebaum*, Zeitarbeit, S. 147.

596 Auch bei einer schon bestehenden Erlaubnis können dem Verleiher Auflagen gemacht oder bestehende Auflagen ergänzt werden (§ 2 Abs. 2 S. 2 AÜG). Auch eine unbefristete Verlängerung der Erlaubnis steht dem nicht entgegen (vgl. auch BSG vom 29.7. 1992 – 11 Rar 51/91, AP Nr. 3 zu § 3 AÜG = NZA 1993, 527).

597 *Sandmann/Marschall*, § 2 AÜG Anm. 20.

598 Vgl. *Becker/Kreikebaum*, Zeitarbeit, S. 146. Bei Rechtsstreitigkeiten mit den Landesarbeitsämtern oder der Bundesanstalt für Arbeit hinsichtlich der Versagung der Erlaubnis oder der Erteilung von Auflagen entscheiden gemäß § 51 Abs. 1 SGG die Sozialgerichte.

Gemäß § 9 Nr. 1 AÜG ist der Arbeitsvertrag zwischen dem Zeitarbeitnehmer und dem Verleiher beim Fehlen der gemäß § 1 AÜG erforderlichen Erlaubnis unwirksam; ist der Zeitarbeitsvertrag unwirksam, so fingiert § 10 Abs. 1 AÜG zum Schutz der Zeitarbeitnehmer ein Arbeitsverhältnis mit dem Entleihbetrieb. Durch die Möglichkeiten, die Erlaubnis zu versagen, können die Landesarbeitsämter damit mittelbar auch Einfluß auf die Bestandskraft der Zeitarbeitsverträge nehmen.
Aufgrund dieser weitreichenden Einflußmöglichkeiten der Landesarbeitsämter kommt der Rechtsansicht der Bundesanstalt für Arbeit und der ihr nachgeordneten Landesarbeitsämter hinsichtlich der Zulässigkeit bestimmter Vertragsklauseln im Zeitarbeitsvertrag eine wichtige Bedeutung zu. Dies hat auch die Bundesanstalt für Arbeit erkannt: Um eine gleichmäßige Prüfpraxis der einzelnen Landesarbeitsämter zu gewährleisten, hat die Bundesanstalt für Arbeit hinsichtlich der Gestaltung von Zeitarbeitsverträgen eine Durchführungsanweisung mit „Checklisten, Hinweisen und Arbeitshilfen" zur Prüfung der Zeitarbeitsverträge gemäß § 3 Abs. 1 Nr. 1 AÜG erlassen[599]. In diesem Dokument legt die Bundesanstalt für Arbeit ihre Rechtsansicht bezüglich der Vereinbarkeit bestimmter Vertragsgestaltungen mit den Vorschriften des AÜG dar. Diese Vorgaben sollen den Landesarbeitsämtern bei der Kontrolle der Zulässigkeit der Zeitarbeitsvertragsgestaltungen helfen und insbesondere zu einer einheitlichen Bewertungspraxis führen[600]. Die Bundesanstalt für Arbeit hat die Durchführungsanweisung auch den Zeitarbeitsunternehmen und anderen interessierten Dritten zugänglich gemacht. Das Dokument ist im Anhang dieser Arbeit abgedruckt[601].

§ 10 Mindestinhalte des Zeitarbeitsvertrages

Vor der Untersuchung der Gestaltungsmöglichkeiten der einzelnen Vertragsklauseln, soll zunächst das Regelungsminimum des Zeitarbeitsvertrages bestimmt werden. Ziel ist es, damit aufzuzeigen, welche Mindestinhalte sich in jedem Zeitarbeitsvertrag finden müssen, das heißt, welche Vertragbestandteile für das wirksame Zustandekommen eines Zeitarbeitsverhältnisses notwendig sind. Besonderheiten gegenüber dem traditionellen zweiseitigen Arbeitsverhältnis könnten sich hinsicht-

---

599 Durchführungsanweisung der BA vom 6.3. 1998, Checkliste, Hinweise und Arbeitshilfen zum Arbeitsvertrag, abgedruckt im Anhang I.

600 Aus den im Rahmen der Rechtstatsachenforschung untersuchten Zeitarbeitsverträgen kann abschließende Aussage über die tatsächliche Umsetzung einer einheitlichen Bewertungspraxis gemacht werden. Auffällig ist allerdings, daß sich in den Musterverträgen nicht nur vereinzelt Gestaltungen finden, die mit den Vorgaben der Durchführungsanweisung der Bundesanstalt für Arbeit nicht in Einklang stehen.

601 Anhang I.

lich der Mindestinhalte des Zeitarbeitsvertrages aus der Drittbezogenheit der Arbeitsleistung und den Spezialvorschriften der §§ 9 - 11 AÜG ergeben[602].

I. Essentialia negotii des Arbeitsvertrages

Das Rechtsverhältnis zwischen dem Verleiher und dem Zeitarbeitnehmer ist zwingend als ein arbeitsvertragliches Rechtsverhältnis auszugestalten[603]. Der Arbeitsvertrag als Unterfall des Dienstvertrages[604] wird durch übereinstimmende Willenserklärungen gemäß § 145 ff. BGB geschlossen. Die mündlich, schriftlich oder durch schlüssiges Verhalten abzugebenden Willenserklärungen müssen die wesentlichen Bestandteile (essentialia negotii) eines Arbeitsvertrages enthalten[605]. Folglich muß auch jeder Zeitarbeitsvertrag die essentialia negotii eines Arbeitsvertrages aufweisen.

Essentialia negotii sind beim Arbeitsvertrag gemäß § 611 BGB die im Gegenseitigkeitsverhältnis stehenden Hauptleistungspflichten. Das sind: Die Verpflichtung zur Leistung der versprochenen Arbeit durch den Arbeitnehmer und die Verpflichtung zur Entrichung der Vergütung durch den Arbeitgeber. Notwendiger Vertragsbestandteil ist das Dienstleistungsversprechen des Arbeitnehmers; es muß Einvernehmen darüber bestehen, daß der Arbeitnehmer weisungsgebundene Dienste für den Vertragspartner leistet. Die zu erbringende Arbeitsleistung muß nicht konkret vereinbart werden, muß jedoch aus dem Arbeitsvertrag bestimmbar sein. Fehlt ein Konsens über die Arbeitsleistung kann kein Arbeitsverhältnis zustande kommen; die Vereinbarung ist Wirksamkeitsvoraussetzung für den Arbeitsvertrag[606]. Auch die Hauptleistungspflicht des Arbeitgebers, die Vergütungszahlung, ist an sich essentieller Bestandteil des Arbeitsvertrages[607]. Allerdings hilft § 612 Abs. 1 und Abs. 2 BGB bei einer fehlenden Vergütungsvereinbarung. Treffen die Vertragsparteien – auch konkludent – keine Vergütungsvereinbarung, so wäre an sich kein wirksamer Arbeitsvertragsabschluß möglich; ohne § 612 Abs. 1 BGB würde es bei einer fehlenden Vergütungsabrede an der Einigung über die essentialia negotii feh-

---

602 Vgl. *Schüren*, AÜG, Einl. Rdnr. 149, § 11 AÜG Rdnr. 17.

603 *Gick*, Gewerbsmäßige Arbeitnehmerüberlassung, S. 82 ff.; *Schüren*, AÜG, Einl. Rdnr. 143; vgl. oben § 5 I..

604 Der Arbeitsvertrag verpflichtet, anders als der Dienstvertrag, zur Leistung weisungsgebundener Dienste; vgl. Palandt/*Putzo*, § 611 BGB Rdnr. 24; *Schaub*, ArbR-Hdb., § 29 Rdnr. 3.

605 LAG Schleswig Holstein vom 15.3. 1995 – 2 Sa 39/95, NZA 1995, 861 (862).

606 MünchArbR/*Richardi*, § 44 Rdnr. 3.

607 *Hromadka/Maschmann*, Arbeitsrecht Bd. 1, Rdnr. 7, S. 216; *Schaub*, ArbR-Hdb., § 66 Rdnr. 14.

len[608]. Diese Vertragslücke soll § 612 Abs. 1 BGB schließen; die Ungültigkeit des Rechtsgeschäftes wegen Dissens soll ausgeschlossen werden[609]. Nach § 612 Abs. 1 BGB gilt eine Vergütung als stillschweigend vereinbart, wenn die Dienstleistung den Umständen nach nur gegen eine Vergütung zu erwarten ist. Damit geht § 612 Abs. 1 BGB über eine bloße Auslegung hinaus und fingiert eine Vergütungsvereinbarung, sofern diese nach den Umständen zu erwarten war und Einvernehmen über die Erbringung einer Dienstleistung erzielt wurde[610]. Im Falle einer fehlenden oder unwirksamen Vergütungsvereinbarung bestimmt sich die Höhe der Vergütung nach § 612 Abs. 2 BGB. Bei Vertragsschluß muß ferner Einvernehmen über die Vertragsparteien des Arbeitsvertrages bestehen[611]. Sofern die Vertragsparteien nicht ausdrücklich im Vertrag bezeichnet sind, müssen sie zumindest bestimmbar sein; das ist der Fall, wenn ein Vertreter handelt, der zwar seine Vertretungsmacht, jedoch nicht den Namen des von ihm Vertretenen, offenlegt[612]. Die Vertragsparteien müssen sich außerdem über den Zeitpunkt des Beginns, das heißt den Zeitpunkt der Aufnahme der Arbeitsleistung, geeinigt haben[613].

Eine Einigung über weitere Inhalte ist für das wirksame Zustandekommen eines Arbeitsvertrages nicht erforderlich[614]. Fehlt eine Vereinbarung über die Arbeitszeit und ergibt sich diese nicht aus Tarifverträgen oder Betriebsvereinbarungen, so ist der Vertrag auszulegen (§§ 157, 242 BGB). Grundsätzlich gilt die branchen- oder betriebsübliche Arbeitszeit als vereinbart[615]. Besteht keine Vereinbarung über die

---

608 *Preis*, Arbeitsrecht, S. 209; *Schaub*, ArbR-Hdb., § 66 Rdnr. 14.

609 Staudinger/*Richardi*, § 612 BGB Rdnr. 6.

610 Palandt/*Putzo*, § 612 BGB Rdnr. 5; Staudinger/*Richardi*, § 612 BGB Rdnr. 5; Münch-Komm/*Schaub*, § 612 BGB Rdnr. 4. Zu der Frage inwiefern § 612 BGB damit zugleich das Vorliegen eines Dienstvertrages fingiert vgl. die divergierenden Ansichten von *Hanau* (AcP 165 (1965), S. 220 (265ff.); Erman/*Hanau*, § 612 BGB Rdnr. 1) und *Richardi* (Staudinger/*Richardi*, § 612 BGB Rdnrn. 6, 13).

611 *Bauer*, JuS 1999, 356; *Bauer*, in Küttner (Hrsg.), Personalbuch, Arbeitsvertrag Rdnr. 26; *Hanau/Preis*, Der Arbeitsvertrag, I B Rdnr. 18.

612 Hinsichtlich der Möglichkeiten zur Stellvertretung gelten für den Arbeitsvertrag gegenüber dem allgemeinen Zivilrecht keine Besonderheiten; die §§ 164 ff. BGB finden Anwendung (*Bauer*, in Küttner (Hrsg.), Personalbuch, Arbeitsvertrag Rdnr. 26; ErfK/*Preis*, BGB, Einl. Rdnr. 31; *Schaub*, ArbR-Hdb., § 32 Rdnr. 29).

613 *Bauer*, in Küttner (Hrsg.), Personalbuch, Arbeitsvertrag Rdnr.26; *Hromadka/Maschmann*, Arbeitsrecht Bd. 1, Rdnr. 53. Nach der ganz herrschenden Vertragstheorie, ist der Arbeitsvertrag mit Einigung über die wesentlichen Bestandteile wirksam geschlossen und kommt nicht erst mit Aufnahme der Arbeit zustande.

614 *Bauer*, in Küttner (Hrsg.), Personalbuch, Arbeitsvertrag Rdnr. 26.

615 MünchArbR/*Blomeyer*, § 48 Rdnr. 116; *Hromadka/Maschmann*, Arbeitsrecht Bd. 1,§ 6 Rdnr. 39; *Hueck/Nipperdey*, Lehrbuch Bd. 1, S. 208; *Preis*, Arbeitsrecht, S. 269; *Schaub*, ArbR-Hdb., § 45 Rdnr. 49; Vgl dazu auch unten § 11 IV 1.

Vertragsdauer, so wird auch die Vertragsdauer durch Auslegung ermittelt[616]; im Zweifel ist davon auszugehen, daß der Arbeitsvertrag für unbestimmte Zeit geschlossen werden sollte[617].

II. Zustimmung nach § 613 Satz 2 BGB

In Abweichung vom traditionellen zweiseitigen Arbeitsverhältnis erbringt der Zeitarbeitnehmer seine Arbeitsleistung einem Dritten und wird nach dessen Weisungen in dessen Betrieb tätig[618]. Nach der Auslegungsregel[619] des § 613 S. 2 BGB ist der Anspruch auf die Arbeitsleistung im Zweifel nicht übertragbar. Deshalb bedarf es der Zustimmung des Arbeitnehmers, damit der Arbeitgeber den Arbeitnehmer einem Dritten zur Arbeitsleistung überlassen und der Dritte den Arbeitnehmer nach seinen Vorstellungen in seinem Betrieb einsetzen kann[620]. Die Zustimmung, als individualrechtliche Vereinbarung mit dem Zeitarbeitnehmer[621], ist vor Aufnahme der Tätigkeit zu erteilen[622]. Arbeitnehmer, die von einem reinen Zeitarbeitsunternehmen beschäftigt werden, verpflichten sich grundsätzlich bereits durch den Zeitarbeitsvertrag zur Arbeitsleistung bei einem Dritten; dadurch erhält der Zeitarbeitsvertrag seinen Charakter als echter Vertrag zugunsten Dritter[623]. Einer Zustimmung nach § 613 S. 2 BGB bedarf es daher beim konkreten Einsatz nicht mehr[624]. Zur Frage welche Anforderungen an die Vereinbarung konkret zu stellen sind, vergleiche unten § 12 I.

---

616 BAG vom 26.1. 1967 – 2 AZR 15/66, AP Nr. 2 zu § 611 BGB Vertragsabschluß = DB 1967, 577.

617 *Bauer*, in Küttner (Hrsg.), Personalbuch, Arbeitsvertrag Rdnr. 27; MünchArbR/*Richardi*, § 44 Rdnr. 18.

618 Vgl. dazu die Abgrenzung der Zeitarbeit vom werkvertraglichen Einsatz, oben § 6 III.

619 Palandt/*Putzo*, § 613 BGB Rdnr. 4; Staudinger/*Richardi*, § 613 BGB Rdnr. 16; MünchKomm/*Schaub*, § 613 BGB Rdnr. 21.

620 V*on Hoyningen-Huene*, Anm. zu BAG vom 17.1. 1979 – 5 AZR 248/78, AP Nr. 2 zu § 613 BGB; Palandt/*Putzo*, § 613 BGB Rdnr. 4; Staudinger/*Richardi*, § 613 BGB Rdnr. 20; *Schüren*, AÜG, Einl. Rdnr. 146.

621 ErfK/*Preis*, § 613 BGB Rdnr. 9.

622 Vgl. *Schüren*, § 1 AÜG Rdnr. 61 ff.

623 Vgl. oben, § 5 III 2.

624 *Becker/Kreickebaum*, Zeitarbeit, S. 111; *Becker/Wulfgramm* § 11 AÜG Rdnr. 23; *Buschmann/Ulber*, Flexibilisierung, S. 97; *Hartwig*, Schutzpflichtverhältnis, S. 7; *Kurr*, JA 1996, 717 (719); *Schüren*, AÜG, Einl. Rdnr. 146; *Weber*, Aufgespaltene Arbeitsverhältnis, S. 318. Anders ist das im Rahmen der nichtgewerbsmäßigen nur gelegentlichen Arbeitnehmerüberlassung: Hier besteht die Arbeitspflicht vertraglich nur gegenüber dem Arbeitgeber und eine Überlassung an Dritte zur Arbeitsleistung ist ausschließlich nach vorheriger Zustimmung im Sinne des § 613 S. 2 BGB zulässig.

III. Mindestangaben nach § 11 Abs. 1 AÜG

Fraglich ist, inwieweit die Dokumentationspflicht des § 11 Abs. 1 AÜG, nach der der wesentliche Inhalt des Arbeitsverhältnisses in einer Urkunde oder wahlweise in einem schriftlichen Arbeitsvertrag festgehalten werden muß[625], zugleich Anforderungen an den Mindestinhalt des Zeitarbeitsvertrages stellt; das heißt, ob aus § 11 Abs. 1 AÜG auch Rückschlüsse auf die inhaltlichen Anforderungen des Zeitarbeitsvertrages zu ziehen sind und diese Vorschrift einen Zwang zur rechtgeschäftlichen Regelung statuiert.

§ 11 Abs. 1 AÜG fordert die Dokumentation des wesentlichen Inhaltes des Arbeitsverhältnisses in einer Urkunde oder einem schriftlichen Arbeitsvertrag. Das Arbeitsverhältnis ist das durch den Arbeitsvertrag begründet Rechtsverhältnis zwischen Arbeitgeber und Arbeitnehmer[626]. Der Inhalt des Arbeitsverhältnisses bestimmt sich primär nach den vertraglichen Vereinbarungen der Arbeitsvertragsparteien, im übrigen nach zwingendem Gesetzesrecht und, anders als sonst bei einem rechtsgeschäftlich begründeten Schuldverhältnis, durch eventuell bestehende Tarifverträge (§ 4 Abs. 1 TVG) und Betriebsvereinbarungen (§ 77 Abs. BetrVG)[627]. Damit gestalten diese verschiedenen Faktoren zusammen die Arbeitsbedingungen eines Arbeitsverhältnisses. § 11 Abs. 1 AÜG begründet eine Pflicht zur Information des Zeitarbeitnehmers über seine Rechtsstellung, die sich aus den verschiedenen Gestaltungsquellen des Arbeitsverhältnisse ergibt.

In dogmatischer Hinsicht lassen sich bei den in § 11 Abs. 1 S. 2 AÜG geforderten Mindestangaben zwei Pflichten unterscheiden: Die *Pflicht* des Arbeitgebers *zur Wiedergabe* der mit dem Arbeitnehmer geschlossenen rechtsgeschäftlichen Vereinbarungen und die *Pflicht zur Information*[628] über Arbeitsbedingungen, die für

---

625 Vgl. oben § 9 I.

626 Allgemeine Ansicht vgl.: MünchArbR/*Richardi*, § 8 Rdnr. 1; *Zöllner/Loritz*, Arbeitsrecht, S. 40. Der Begriff des Arbeitsverhältnisses findet sich in einer Vielzahl gesetzlicher Vorschriften (z.B. §§ 611 a, 612 Abs. 3, 613 a, 621, 622 BGB, § 1 Abs. 1 KSchG, § 1 Abs. 1 TVG, § 2 Abs. 1 Nr. 2 ArbGG); gesetzlich definiert wird der Begriff an keiner Stelle (vgl. *Krause*, AR-Blattei SD 220, 2.1, Rdnr. 1).

627 MünchArbR/*Richardi*, § 8 Rdnr. 28; MünchKomm/*Schaub*, § 611 BGB Rdnr. 125. Ferner wird das Arbeitsverhältnis durch das vertragsimmanente Direktionsrecht des Arbeitgebers gestaltet, vgl. *Zöllner/Loritz*, Arbeitsrecht, S. 73 ff.

628 Typische Gegenstände der Informationspflicht sind: die Kündigungsfristen (§ 11 Abs. 1 S. 2 Nr. 5 AÜG), Leistungen bei Krankheit, Urlaub und vorübergehender Nichtbeschäftigung (§ 11 Abs. 1 S. 2 Nr. 7 AÜG) und die Dauer des jährlichen Erholungsurlaubes (§ 11 Abs. 1 S. 2 Nr. 9 AÜG). Hinsichtlich dieser Gegenstände hat der Gesetzgeber zwingende Mindestregelungen geschaffen, die beim Fehlen einer individuellen oder kollektivvertraglichen Regelung den Inhalt des Arbeitsverhältnisses bestimmen. Durch die Aufnahme dieser gesetzlichen Mindeststandards in die Niederschrift, informiert der Arbeitgeber

das Arbeitsverhältnis auch ohne rechtsgeschäftliche Vereinbarung zwischen den Vertragsparteien gelten. Den Arbeitgeber trifft somit neben der Pflicht zur wahrheitsgemäßen Wiedergabe des vertraglich Vereinbarten die Pflicht zur Information über Umstände, die außerhalb seiner Sphäre liegen[629]. Außerdem muß der Arbeitgeber rein tatsächliche Angaben, wie Ort und Datum der Erlaubniserteilung, in die Urkunde aufnehmen, hinsichtlich der von vornherein nichts zu regeln ist[630].

Sofern sich die in § 11 Abs. 1 S. 2 Nr. 1 – 12 AÜG geforderten Angaben auf Arbeitsbedingungen beziehen, die für das Zeitarbeitsverhältnis auch ohne entsprechende Abrede gelten, ergibt sich schon aus dem Sinn und Zweck des § 11 Abs. 1 AÜG, daß die Vertragsparteien hinsichtlich dieser Inhalte nicht zu einer rechtsgeschäftlichen Regelung verpflichtet werden sollen, sondern dem Arbeitnehmer nur seine kraft Gesetz oder kollektiver Regelung bestehende Rechtsstellung transparent gemacht werden soll. Um Inhalt des Zeitarbeitsverhältnisses zu werden, müssen diese Arbeitsbedingungen daher nicht einzelvertraglich geregelt werden.

1. Zwang zur rechtsgeschäftlichen Regelung

Fraglich ist jedoch, ob § 11 Abs. 1 AÜG hinsichtlich der Arbeitsbedingungen, die einer einzelvertraglichen Vereinbarungen bedürfen[631] - weil keine subsidären gesetzlichen oder kollektivrechtlichen Regelungen existieren - eine Pflicht zur arbeitsvertraglichen Regelung statuiert. Das heißt, ob aus den in § 11 Abs. 1 S. 2 Nr. 1 – 12 AÜG geforderten Mindestangaben materiellrechtliche Schlüsse auf die zwingende Gestaltung des Zeitarbeitsvertrages gezogen werden können und der Arbeitgeber verpflichtet ist, eine den konkreten Anforderungen des § 11 Abs. 1 AÜG entsprechende arbeitsvertragliche Regelung zu treffen oder ob es den Parteien trotz der Regelung des § 11 Abs. 1 AÜG unbenommen bleibt, die Konkretisierung einzelner Arbeitsbedingungen im sonst zulässigen Umfang der einseitigen Leistungsbestimmung des Arbeitgebers (§ 315 BGB) zu unterstellen.

---

den Arbeitnehmer über seine Rechtsstellung.

629 Vgl. zum NachwG: *Feldgen*, Nachweisgesetz, B Rdnr. 48 ff.; *Krause*, AR-Blattei SD 220.2.2, Rdnr. 61.

630 Neben dem Ort und Datum der Erlaubniserteilung nach § 1 AÜG (§ 11 Abs. 1 S. 2 Nr. 1 AÜG) sind in die Urkunde aufzunehmen: Firma und Anschrift des Verleihers (§ 11 Abs. 1 S. 1 Nr. 1 AÜG); Name, Anschrift sowie Tag und Ort der Geburt des Leiharbeitnehmers (§ 11 Abs. 1 S. 2 Nr. 2 AÜG), Zeitpunkt und Ort der Begründung des Arbeitsverhältnisses (§ 11 Abs. 1 S. 2 Nr. 8 AÜG).

631 Wie zum Beispiel: Art und Ort der Tätigkeit (§ 11 Abs. 1 S. 2 Nr. 3 AÜG), die vereinbarte Arbeitszeit (§ 11 Abs. 1 S. 2 Nr. 10 AÜG) sowie grundsätzlich auch die Höhe und Zusammensetzung des Arbeitsentgeltes (§ 11 Abs. 1 S. 2 Nr. 6 AÜG).

Diese Frage wird in der Rechtsprechung und Literatur zu § 11 Abs. 1 AÜG nicht geklärt[632]. Die Literatur diskutiert diese Frage zu den in weiten Teilen inhaltsgleichen Nachweispflichten nach § 2 Abs. 1 S. 2 Nr. 1 – 10 NachwG; zur Vorabentscheidung ist diese Frage dem EuGH vorgelegt[633].

a) Parallele Diskussion zum Nachweisgesetz

Einige Stimmen[634] ziehen aus den in § 2 Abs. 1 S. 2 Nr. 1 NachwG geforderten Angaben materiellrechtliche Schlüsse. § 2 Abs. 1 NachwG zwinge den Arbeitgeber den Anforderungen der einzelnen Nachweispflichten entsprechende vertragliche Regelungen zu treffen und begrenze somit die inhaltliche Gestaltungsfreiheit von Arbeitsverträgen. Nach dieser Ansicht muß zum Beispiel die Art der Tätigkeit den Anforderungen des § 2 Abs. 1 Nr. 5 NachwG entsprechend arbeitsvertraglich präzisiert werden, wodurch das Direktionsrecht des Arbeitgebers in erheblichem Maße eingeschränkt ist. Diese Ansicht geht zum Teil soweit, daß sie arbeitsvertragliche Direktionsrechtserweiterungen, Versetzungsvorbehalte, eine nicht festgelegte Arbeitszeit sowie Mehrarbeitsklauseln für grundsätzlich unzulässig erklärt[635].

Allerdings finden sich weder im NachwG noch in der Nachweisrichtlinie Anhaltspunkte dafür, daß mit § 2 Abs. 1 NachwG eine Pflicht zur konstitutiven Festlegung bestimmter Vertragsinhalte und zugleich ein Verbot unbestimmter Klauseln geschaffen werden sollte[636]. Die Annahme eines Zwangs zur rechtsgeschäftlichen

---

632 Was vermutlich darauf zurückzuführen ist, daß in der Praxis grundsätzlich schriftliche Zeitarbeitsverträge abgeschlossen werden. Undifferenziert nennen einige Stimmen in der Literatur allerdings die Mindestangaben des § 11 Abs. 1 AÜG als zwingenden Vertragsinhalt. So *Schneider*, Hdb. der Zeitarbeit, Rdnr. 199; *Schwantes*, Zeitarbeit, S. 103; so auch die Durchführungsanweisung der BA vom 6.3. 1998, Hinweise zum Arbeitsvertrag, abgedruckt im Anhang I.

633 Hinsichtlich der Nachweispflichten des § 2 NachwG hat das Arbeitsgericht Bremen diese Frage dem EuGH zur Vorabentscheidung vorgelegt (ArbG Bremen Beschluß vom 25.8. 1999 – 10 h Ca 10428/98, DB 1999, 2316, Aktenzeichen des EuGH: C 350/99).

634 *Hock*, ZTR 1997, 490 f.; *Hunold*, AR-Blattei SD 600, Rdnr. 113 ff.; *Zwanziger*, DB 1996, 2027 ff.

635 *Zwanziger*, DB 1996, 2027 f.; a.A. zumindest für den Bereich des öffentlichen Dienstes: *Hock*, ZTR 1999, 49 (51 f.).

636 *Krause*, AR-Blattei SD 220.2.2, Rdnr.144. Auch wenn nach dem Wortlaut des § 2 Abs. 1 Nr. 7 NachwG die Angabe der „vereinbarten Arbeitszeit" gefordert wird, ist damit kein über die allgemeinen Vorschriften hinausgehender Zwang zur rechtsgeschäftlichen Regelung der Arbeitszeit gemeint. Im Gesetzestext des NachwG ist die Formulierung der „vereinbarten Arbeitszeit", anstatt der ursprünglich im Gesetzesentwurf zum NachwG vorgesehenen Angabe der „normalen Tages- und Wochenarbeitszeit des Arbeitnehmers", nur im Hinblick auf die verschiedenen Formen flexibler Arbeitszeitgestaltung gewählt worden (BT-

Vereinbarung wäre auch mit dem Sinn und Zweck des NachwG nicht vereinbar: Ziel des NachwG ist es, den Arbeitnehmer über seine Rechtsstellung zu informieren und Rechtssicherheit und Rechtsklarheit im Arbeitsverhältnis zu schaffen[637]. Zu weit geht es, in den Anforderungen des NachwG einen Schutz vor unbestimmten Arbeitsverträgen zu sehen; das Nachweisgesetz schreibt keinen bestimmten Konkretisierungsgrad arbeitsvertraglicher Vereinbarungen vor. Den Arbeitsvertragsparteien bleibt es trotz des NachwG unbenommen, Arbeitsbedingungen im sonst zulässigen Umfang in das billige Ermessen des Arbeitgebers (§ 315 Abs. 1 BGB) zu stellen[638]. Die Überprüfung, inwieweit Vertragsbestimmungen, die dem Arbeitgeber ein sehr weites Direktionsrecht einräumen, zulässig sind, hat mit Hilfe der allgemeinen Instrumente der Inhaltskontrolle zu erfolgen; eine zweite Kontrolle durch das NachwG ist schon wegen der dadurch hervorgerufenen dogmatischen Unklarheit abzulehnen und keinesfalls vom Sinn und Zweck des NachwG gedeckt[639]. Der Nachweis stellt in dogmatischer Hinsicht keine Willens- sondern eine Wissenserklärung dar[640]; er hat rein deklaratorischen und keinen konstitutiven Charakter[641]. Ein Zwang zur rechtsgeschäftlichen Regelung wäre überdies völlig praxisfern. Würde das NachwG dazu verpflichten, den Anforderungen des § 2 Abs. 1 NachwG entsprechende arbeitsvertragliche Vereinbarung zu treffen, so würde dadurch die notwendige Flexibilität der Arbeitsverträge in einem erheblichen Maße eingeschränkt. Im Laufe längerer Beschäftigungsverhältnisse würde es zwangsläufig zu einer Häufung von Änderungskündigungen kommen. Das kann nicht Sinn und Zweck der Nachweispflicht sein.

Folglich ergibt sich aus der Verpflichtung zur Niederschrift nach dem NachwG weder eine Pflicht zur rechtsgeschäftlichen Vereinbarung bestimmter Vertragsinhalte noch ein Verbot unbestimmter Klauseln[642]. Der Gesetzgeber hat sich dafür entschieden, die in den Nachweis aufzunehmenden Angaben über die vertraglichen Regelungen hinausgehen zu lassen[643].

Drucks. 13/1753, S. 13; vgl. *Feldgen*, Nachweisgesetz, B Rdnrn. 165; 170; *Krause*, AR-Blattei SD 220.2.2, Rdnr. 152).

637 Vgl. die amtliche Begründung zum NachwG, BT-Drucks. 13/668, S. 8.

638 *Krause*, AR-Blattei SD 220.2.2., Rdnr. 219; *Preis*, NZA 1997, 10 (15, Fn. 29); *Schaefer*, NachwG, C Rdnr. 2.; *Schwarze*, ZfA 1997, 43 (45 f.).

639 *Krause*, AR-Blattei SD 220.2.2, Rdnrn. 67; 144.

640 *Krause*, AR Blattei SD 220.2.2, Rdnr. 221; *Schwarze*, ZfA 1997, 43 (60).

641 *Feldgen*, Nachweisgesetz, B Rdnr. 44; *Krause*, AR Blattei SD 220.2.2, Rdnr. 220.

642 So auch *Feldgen*, Nachweisgesetz, B Rdnr. 45; *Krause*, AR Blattei SD 220.2.2, Rdnr. 144; *Preis*, NZA 1997, 10 (15, Fn. 29); *Schaefer*, NachwG, C Rdnr. 2.; *Schwarze*, ZfA 1997, 43 (45 f.).

643 Vgl. *Krause*, AR Blattei SD 220.2.2, Rdnr. 145.

b) Situation im AÜG

Fraglich ist allerdings, ob die Grundsätze des NachwG auf § 11 Abs. 1 AÜG übertragbar sind. § 11 Abs. 1 AÜG ist in seinem Kern bereits seit der Verabschiedung des AÜG in Kraft und damit mehr als 20 Jahre älter als das NachwG. Durch § 11 Abs. 1 AÜG wollte der Gesetzgeber dem Zeitarbeitnehmer über die Aushändigung des allgemeinen Merkblattes hinaus einen besonderen Schutz gewähren und dem Zeitarbeitnehmer seine konkrete Rechtsstellung transparent machen. Ob der Gesetzgeber mit der Schaffung des § 11 Abs. 1 AÜG auch einen Zwang zur Regelung der in § 11 Abs. 1 S. 2 Nr. 1 - 8 AÜG a.F.[644] geforderten Angaben schaffen wollte, ist aus dem Wortlaut des Gesetzes nicht eindeutig zu entnehmen. Hinsichtlich dieser Frage erscheint es notwendig, zwischen dem ursprünglichen Inhalt des § 11 Abs. 1 AÜG und den durch die Anpassung des AÜG an die Nachweispflicht erweiterten Anforderungen des § 11 Abs. 1 AÜG zu differenzieren:

aa) Ursprungsinhalt

Der Ursprungsinhalt des § 11 Abs. 1 S. 2 AÜG entspricht weitgehend dem, was allgemein als Kernbestand von Arbeitsverträgen angesehen wird[645]. Ziel des AÜG ist es, dem Zeitarbeitnehmer durch unabdingbare Mindestarbeitsbedingungen seinen arbeitsrechtlichen Status zu sichern[646]. Abweichend vom allgemeinen Arbeitsrecht soll der arbeitsrechtliche Schutz des Zeitarbeitnehmers durch § 11 AÜG in besonderem Maße ausgestaltet werden[647]. Aufgrund der Tätigkeit in einem Drittbetrieb und den geringen Kontakt des Zeitarbeitnehmers zu seinem Arbeitgeber, wurde die schriftliche Dokumentation der Arbeitsbedingungen für erforderlich gehalten. Der Arbeitnehmer soll zum Beispiel konkret wissen, zu welcher Art der Tätigkeit und inwiefern er zur auswärtigen Arbeitsleistung verpflichtet ist; im Rahmen eines Zeitarbeitsverhältnisses sind die möglichen Tätigkeiten und Einsatzgebiete für den Arbeitnehmer weit weniger absehbar, als in einem traditionellen zweiseitigen Arbeitsverhältnis. Die im Unterschied zum NachwG sehr kurze Zeitspanne, die dem Arbeitgeber zwischen Vertragsschluß und Aushändigung der Urkunde im AÜG zur Verfügung steht[648] verdeutlicht, daß es in § 11 Abs. 1 AÜG darum geht,

---

644 § 11 Abs. 1 AÜG a.F. ist abgedruckt im Anhang IV.

645 Zum Kernbestand jedes Arbeitsvertrages gehören: die Bezeichunung der zu leistenden Tätigkeit, Beginn der Tätigkeit, die Arbeitszeit und die Höhe und Zusammensetzung des Entgelts (*Gaul*, NZA 2000, Beil. zu 3/2000, S. 51; *Preis*, Vertragsgestaltung, S. 60).

646 *Becker/Wulfgramm*, AÜG, Einl. Rdnr. 120 c).

647 *Kaufmann*, Arbeitnehmerüberlassung, Rdnr. 188; *Sandmann/Marschall*, § 11 AÜG Anm. 1.

648 Gemäß § 2 Abs. 1 NachwG hat der Arbeitgeber die Urkunde spätestens einen Monat nach dem Beginn des vereinbarten Arbeitsverhälnisses zu erstellen und dem Arbeitnehmer auszuhändigen. Nach § 11 Abs. 1 S. 2 Nr. 5 AÜG ist die Urkunde demgegenüber unverzüglich im Sinne des § 121 BGB auszuhändigen (vgl. oben § 9 I). Auch wenn § 11 Abs. 1 AÜG a.F.

das vertraglich vereinbarte schriftlich zu fixieren[649]. Auf ein Schriftformerfordernis für den Zeitarbeitsvertrag ist nur wegen der mit dem arbeitsrechtlichen Schutz des Zeitarbeitnehmers nicht zu vereinbarenden Nichtigkeitsfolge des § 125 BGB verzichtet worden[650]; keinesfalls soll der Arbeitgeber durch die Urkundenerstellung besser gestellt werden, als der Arbeitgeber, der sämtliche Angaben in einem schriftlichen Arbeitsvertrag geregelt hat. Die Intention des § 11 Abs. 1 AÜG war es, daß Zeitarbeitsverträge in der Praxis schriftlich abgeschlossen werden und ein Regelungsminimum zum Inhalt haben[651]. § 11 Abs. 1 AÜG a.F. stellt keine differenzierten Anforderungen an die inhaltliche Konkretisierung der Regelung der Arbeitsbedingungen. Auch wenn hinsichtlich der geforderten Angaben, die sich nicht aus sekundärem Gesetzesrecht oder kollektivvertraglichen Regelungen ergeben, ein Zwang zur rechtsgeschäftlichen Regelung besteht, wird das Direktionsrecht des Arbeitgebers nur unwesentlich berührt[652]. Durch die Angaben nach § 11 Abs. 1 AÜG soll es den Landesarbeitsämtern gerade ermöglicht werden, die Einhaltung der arbeitsrechtlichen Bestimmung, insbesondere die Übernahme der Arbeitgeberpflichten durch den Verleiher, zu kontrollieren, um so die Zuverlässigkeit des Zeitarbeitsunternehmers feststellen zu können und gegebenenfalls die Erlaubnis zu versagen[653]. Deshalb müssen hinsichtlich der dem AÜG „eignen" Anforderungen in § 11 Abs. 1 Nr. 1 - 8 AÜG a.F. die Vertragspartner eine vertragliche Regelung treffen, sofern kein ergänzendes Gesetzesrecht oder kollektivrechtliche Regelungen bestehen[654].

---

keine Angaben zum Zeitpunkt der Aushändigung der Urkunde enthält, war die Urkunde nach einhelliger Meinung auch gemäß § 11 Abs. 1 AÜG a.F. bei Vertragsschluß unverzüglich auszuhändigen (*Becker/Wulfgramm*, § 11 AÜG Rdnr. 13 b; *Franßen/Haesen*, § 11 AÜG Rdnr. 11; *Schüren*, § 11 AÜG Rdnr. 61).

649 *Becker/Wulfgramm*, § 11 AÜG Rdnr.13 b.

650 Vgl. oben § 9 I. Demgegenüber ist für den Überlassungsvertrag gemäß § 12 AÜG die Schriftform zwingend vorgeschrieben, da der Schutz des Zeitarbeitnehmers durch die Nichtigkeit dieses Vertrages nicht beeinträchtigt würde.

651 Vgl. *Kurr*, JA 1996, 717 (720). Dieses Ziel hat die Regelung des § 11 Abs. 1 AÜG erreicht. Die Rechtstatschenforschung hat gezeigt, daß Zeitarbeitsverträge in der Praxis immer schriftlich geschlossen werden.

652 Zum Beispiel fordert § 11 Abs. 1 S. 2 Nr. 3 AÜG a.F. nur die Angabe der Art der vom Zeitarbeitnehmer zu leistenden Tätigkeit.

653 Vgl. oben § 9 I, III.

654 Auch wenn sich weder Rechtsprechung noch Literatur zu dieser Frage ausdrücklich geäußert haben, geht die Kommentarliteratur zu § 11 AÜG ohne weitere Auseinandersetzung davon aus, daß die Mindestinhalte des § 11 Abs. 1 S. 2 Nr. 1 - 8 AÜG a. F. vertraglich vereinbart werden müssen, sofern sie sich nicht aus sekundärem Gesetzesrecht oder kollektiven Regelungen ergeben; vgl. *Becker/Wulfgramm*, § 11 AÜG Rdnrn. 13, 13 b; *Franßen/Haesen*, § 11 AÜG Rdnr. 1; *Schüren*, § 11 AÜG Rdnr. 24.

bb) Erweiterter Inhalt

Hinsichtlich der durch die Nachweisrichtlinie im AÜG ergänzten Anforderungen, die nicht aufgrund der speziellen Schutzbedürftigkeit des Zeitarbeitnehmers, sondern nur zur Anpassung des AÜG an das Europarecht in § 11 Abs. 1 AÜG aufgenommen wurden, müssen die zum NachwG genannten Grundsätze gelten: Diese Inhalte entsprechen nicht dem Willen des AÜG-Gesetzgebers; sie sind dem AÜG „aufgedrückt“ worden und dienen nur der Umsetzung der Nachweisrichtlinie. Dafür, daß die Nachweisrichtlinie für den Bereich der gewerbsmäßigen Arbeitnehmerüberlassung eine weitergehende Regelung als im NachwG schaffen wollte, gibt es keine Anhaltspunkte.

2. Ergebnis

In ihrem Ursprung begründet die Pflicht zur Dokumentation der wesentlichen Arbeitsbedingungen nach § 11 Abs. 1 AÜG hinsichtlich der Angaben, die sich nicht aus gesetzlichen oder kollektivrechtlichen Normen ergeben eine Verpflichtung zur vertraglichen Regelung. Allerdings ist § 11 Abs. 1 AÜG im Rahmen der Umsetzung der Nachweisrichtlinie in das nationale Recht in seinen Anforderungen erweitert worden. Hinsichtlich der in § 2 Abs. 1 NachwG geforderten Angaben besteht kein Zwang zur rechtsgeschäftlichen Regelung. Gleiches muß für die in § 11 Abs. 1 AÜG neu aufgenommenen Anforderungen gelten. Anhaltspunkte dafür, daß die Nachweisrichtlinie für den Bereich der gewerbsmäßigen Arbeitnehmerüberlassung eine weitreichendere Regelung als im sonstigen Arbeitsrecht treffen will, gibt es nicht. Hinsichtlich der im Rahmen der Umsetzung der Nachweisrichtlinie neu ins AÜG aufgenommenen Anforderungen wird eine über die zwingenden vertraglichen Regelungen hinausgehende Niederschrift der Arbeitsbedingungen durch § 11 Abs. 1 AÜG gefordert.

Dieses Ergebnis mag etwas praxisfern[655] und für den Zeitarbeitgeber kaum umsetzbar erscheinen. Jedoch begründet § 11 Abs. 1 S. 2 Nr. 1 – 8 AÜG a.F. bei genauem Hinsehen nur hinsichtlich der Art der Tätigkeit (§ 11 Abs. 1 S. 2 Nr. 3 AÜG) zwingend eine rechtsgeschäftliche Vereinbarung; für alle weiteren nach § 11 Abs. 1 Nr. 1 – 8 AÜG a.F. geforderten Angaben bedarf es keiner eigenständigen vertraglichen Regelung, sie ergeben sich aus gesetzlichen Regelungen[656]. In der

---

655 Die Umsetzung der Nachweisrichtlinie in nationales Recht wird als inhaltlich mißglückt und rechtspolitisch verfehlt in der Literatur kritisiert. Vgl. *Krause*, AR-Blattei SD 220.2.2, Rdnr. 145.

656 Die Höhe des Arbeitsentgeltes (§ 11 Abs. 1 S. 2 Nr. 6 AÜG a.F.) bestimmt sich beim Fehlen einer vertraglichen Regelung nach § 612 Abs. 2 BGB. In der Verpflichtung zur Angabe der Befristungsgründe (§ 11 Abs. 1 S. 2 Nr. 4 AÜG a.F.) kann keinesfalls eine Verpflichtung zur Befristung des Zeitarbeitsvertrages gesehen werden. Ganz im Gegenteil soll das Zeitarbeits-

Praxis wird grundsätzlich ein schriftlicher Zeitarbeitsvertrag geschlossen; die Erstellung einer Urkunde mit den wesentlichen Arbeitsbedingungen hat kaum Bedeutung. Auch die Prüfpraxis der Landesarbeitsämter im Hinblick auf § 3 Abs. 1 Nr. 1 AÜG geht davon aus, daß die Verleiher die in § 11 Abs. 1 AÜG geforderten Angaben im Arbeitsvertrag treffen[657]. Allerdings ist es nach § 11 Abs. 1 AÜG zulässig, zum Beispiel die Art der vom Zeitarbeitnehmer zu leistenden Tätigkeit im Arbeitsvertrag nur fachlich zu umschreiben[658] und die den Anforderungen des § 11 Abs. 1 S. 2 Nr. 3 AÜG n.F. entsprechende konkrete Beschreibung oder Charakterisierung der Tätigkeit in einer separaten Urkunde vorzunehmen. Diese Tätigkeitsbeschreibung kann der Arbeitgeber dann durch Ausübung seines Direktionsrechtes jederzeit einseitig ändern und hat dem Zeitarbeitnehmer nur eine neue Urkunde auszuhändigen. Inwieweit eine derartige Vertragsgestaltung ratsam und zulässig ist, soll im Rahmen der einzelnen Vertragsklauseln untersucht werden.

IV. Zusammenfassung

Zwingend müssen in jedem Arbeitsvertrag, den ein Zeitarbeitsunternehmen mit einem Zeitarbeiter abschließt, die essentialia negotii des Arbeitsvertrages zu finden sein. Ferner muß der Arbeitnehmer in Abweichung der Zweifelsregelung des § 613 S. 2 BGB zur Erbringung seiner Arbeitsleistung für einen Dritten verpflichtet werden. Hinsichtlich der in § 11 Abs. 1 S. 2 Nr. 1 – 8 AÜG a.F. geforderten Angaben, sind die Vertragsparteien zur vertraglichen Regelung verpflichtet, sofern sich die Arbeitsbedingungen nicht ohne eine vertragliche Abrede aus Gesetz oder kollektivvertraglichen Regelungen ergeben. Folglich muß der Zeitarbeitsvertrag folgende Regelungen enthalten: Vertragsparteien, Beginn des Zeitarbeitsverhältnisses, Tätigkeitsangabe (§ 11 Abs. 1 S. 2 Nr. 3 AÜG a. F.), Zeitarbeitnehmerklausel (§ 613 S. 2 BGB).

Soll ein schriftlicher Zeitarbeitsvertrag – wie in der Praxis üblich – die Erstellung einer Urkunde ersetzen (vgl. § 11 Abs. 1 S. 4 AÜG), so müssen arbeitsvertraglich folgende weitere Regelungen getroffen werden: Arbeitsvertraglich muß die Zusammensetzung und Höhe des Arbeitsentgeltes geregelt werden (§ 11 Abs. 1 S. 2 Nr. 6 AÜG). Die vereinbarte Arbeitszeit ist in den Arbeitsvertrag aufzunehmen (§ 11 Abs. 1 S. 2 Nr. 10 AÜG). Außerdem muß der Arbeitsvertrag

---

verhältnis nach seinem gesetzlichen Leitbild gerade als ein Arbeitsverhältnis auf unbestimmte Dauer abgeschlossen werden (vgl. *Schüren*, in FS Kissel, S. 1037 (1053); vgl. auch oben § 8 I).

657 Vgl. Durchführungsanweisung der BA vom 6.3. 1998, abgedruckt im Anhang I.

658 Vgl. *Schüren*, § 11 AÜG Rdnr. 22.

einen Hinweis darauf enthalten, daß der Zeitarbeitnehmer an verschiedenen Orten beschäftigt wird (§ 11 Abs. 1 S. 2 Nr. 3 AÜG) und die Tätigkeit den Anforderungen des § 11 Abs. 1 S. 2 Nr. 3 AÜG n.F. entsprechend präzisieren.

Um den Anforderungen des § 11 Abs. 1 S. 2 AÜG zu genügen, hat der Zeitarbeitgeber in diesem Fall folgende weitere Informationen über Arbeitsbedingungen, die sich aus gesetzlichen oder kollektiven Regelungen ergeben, und tatsächliche Umstände des Arbeitsverhältnisses in den schriftlichen Zeitarbeitsvertrag aufzunehmen:

- Firma und Anschrift des Verleihers, die Erlaubnisbehörde sowie Ort und Datum der Erlaubniserteilung (§ 11 Abs. 1 S. 2 Nr. 1 AÜG)
- Vor- und Familienname, Wohnort und Wohnung, Tag und Ort der Geburt des Arbeitnehmers (§ 11 Abs. 1 S. 2 Nr. 2 AÜG)
- Fristen für die Kündigung des Arbeitsverhältnisses (§ 11 Abs. 1 S. 2 Nr. 5 AÜG)
- Leistungen bei Krankheit, Urlaub und vorübergehender Nichtbeschäftigung (§ 11 Abs. 1 S. 2 Nr. 7 AÜG)
- Dauer des jährlichen Erholungsurlaubs (§ 11 Abs. 1 S. 2 Nr. 9 AÜG)

Sofern Tarifverträge oder Betriebsvereinbarungen auf das Arbeitsverhältnis anzuwenden sind[659], ist ein allgemein gehaltener Hinweis auf diese Tarifverträge in den Arbeitsvertrag aufzunehmen (§ 11 Abs. 1 S. 2 Nr. 11 AÜG). Wird das Zeitarbeitsverhältnis als ein befristetes Arbeitsverhältnis abgeschlossen, so sind die Dauer des Arbeitsverhältnisses und die Gründe für die Befristung in dem schriftlichen Arbeitsvertrag zu fixieren (§ 11 Abs. 1 S. 2 Nr. 4 AÜG); seit dem 1.5. 2000 gilt für Befristungsabreden darüber hinaus gemäß § 623 BGB[660] ein konstitutives Schriftformerfordernis[661]. Soll der Zeitarbeitnehmer zur Erbringung seiner Arbeitsleistung außerhalb der Bundesrepublik verpflichtet werden und der Auslandseinsatz einen Monat überdauern, so sind Angaben nach § 2 Abs. 2 NachwG in den schriftlichen Arbeitsvertrag aufzunehmen.

---

659 Zur Frage inwiefern Tarifverträge und Betriebsvereinbarungen das Zeitarbeitsverhältnis unmittelbar gestalten können unten §§ 13, 14.

660 § 623 BGB ist durch Art. 2 des Gesetzes zur Vereinfachung und Beschleunigung des arbeitsgerichtlichen Verfahrens (Arbeitsgerichtsbeschleunigungsgesetz) vom 30.3. 2000 in das BGB aufgenommen worden. Neben Befristungen unterliegt nach dieser Vorschrift auch die Beendigung des Arbeitsverhältnisses durch Kündigung und Auflösungsvertrag der Schriftform als Wirksamkeitsvoraussetzung. Zum Schriftformerfordernis des § 623 BGB und den erwarteten Auswirkungen auf die Praxis: *Preis/Gotthardt*, NZA 2000, 348 ff; *Schaub*, NZA 2000, 344 (347).

661 Das Schriftformerfordernis des § 623 BGB umfaßt - anders als § 11 Abs. 1 Nr. 4 AÜG - allerdings nicht die Angabe des Befristungsgrundes (*Preis/Gotthardt*, NZA 2000, 348 (359)).

Zweiter Abschnitt
Gestaltung der einzelnen Vertragsklauseln

Der folgende Abschnitt untersucht die Möglichkeiten und Grenzen der Vertragsgestaltung hinsichtlich der einzelnen Vertragsklauseln des Zeitarbeitsvertrages. Ausgangspunkt der Untersuchung ist der Zeitarbeitsvertrag ohne Tarifbindung, wie er in der Praxis (noch) der ganz überwiegende Regelfall ist[662]. Unter Berücksichtigung der Mindestangaben des § 11 Abs. 1 S. 2 AÜG werden in § 11 zunächst die Gestaltungsmöglichkeiten der in jedem schriftlichen Zeitarbeitsvertrag zu findenden Arbeitsbedingungen behandelt. Im nachfolgenden § 12 sollen die Gestaltungsspielräume weiterer Vertragsinhalte, die in der Praxis eine besondere Relevanz besitzen[663], im Rahmen der geltenden Gesetzeslage analysiert werden.

Auch wenn die Gestaltung der Zeitarbeitsverträge allein durch den Arbeitgeber erfolgt und der zwischen den beiden Parteien des Arbeitsverhältnisses frei ausgehandelte Individualvertrag im Bereich der Zeitarbeit praktisch nicht existiert[664], soll im Rahmen der Untersuchung der Gestaltungsmöglichkeiten der einzelnen Vertragsklauseln versucht werden, auch die Interessenlage des Zeitarbeitnehmers zu beleuchten und Vor- und Nachteile der jeweiligen Vertragsgestaltung für beide Vertragsparteien[665]. Deshalb wird im Rahmen der vorliegenden Arbeit auf die Erarbeitung konkreter Formulierungsvorschläge zu den einzelnen Vertragsklauseln bewußt verzichtet; Formulierungsvorschläge orientieren sich entweder an arbeitnehmerseitigen Interessen oder versuchen der unternehmerischen Vorsorge verstärkt Rechnung zu tragen[666].

---

662 Zur tarifvertraglichen Gestaltung der Zeitarbeitsverhältnisse und der bestehenden Tarifpraxis vgl. unten § 14.

663 Vgl. oben § 2 Ergebnisse der Rechtstatsachenforschung

664 Vgl. oben § 2 II 1.

665 An den Musterempfehlungen zur Arbeitsvertragsgestaltung in Formularhandbüchern und anderen Publikationen wird kritisiert, daß sich die Vorschläge einseitig an den Interessen der Arbeitgeberseite ausrichten und einen fairen Interessensausgleich vermissen lassen (so *Däubler*, Arbeitsrecht 2, S. 116 ff.; *Föhr/Bobke*, Arbeitsrecht, S. 59; *Mache*, AiB 1987, 200 f.; *Preis*, Vertragsgestaltung, S. 81). Unabhängig von der Frage, inwiefern diese Kritik berechtigt ist, spiegelt die einseitige Interessenausrichtung in den Musterformularen und Aufsätzen die rechtstatsächliche Situation der Vertragsgestaltung im Arbeitsrecht wieder.

666 Konkrete Formulierungsvorschläge finden sich in den Musterzeitarbeitsverträgen der Formularhandbücher vgl. Rechtsformularbuch/*Bauer*, S. 1334 ff.; Münchner Vertragshandbuch/*Kopp*, S. 747; *Hohn/Romanovsky*, Vorteilhafte Arbeitsverträge, S. 298 ff.; *Schaub*, Arbeitsrechtliche Formularsammlung, § 3 IV; Beck'sches Formularbuch/*Schaub*, S. 358 ff. Ein Muster eines Zeitarbeitsvertrages findet sich auch bei *Schneider*, Hdb. der Zeitarbeit, Rdnr. 236.

§ 11 Gestaltung der Mindestinhalte

Zunächst werden die konkreten Gestaltungsmöglichkeiten der in jedem schriftlichen Zeitarbeitsvertrag zu findenden Vertragsklauseln beleuchtet. Wie oben festgestellt, spielt der Abschluß mündlicher Arbeitsverträge im Bereich der Zeitarbeit keine Rolle; Zeitarbeitsverträge werden in der Praxis schriftlich abgeschlossen. Deshalb widmet sich dieser Abschnitt den Vertragsgestaltungsmöglichkeiten unter Berücksichtigung der in § 11 Abs. 1 S. 2 Nr. 1 – 12 AÜG geforderten Angaben. Untersucht werden soll mit den Gestaltungsmöglichkeiten der einzelnen Klauseln zugleich, ob die Erstellung einer Urkunde im Sinne des § 11 Abs. 1 AÜG trotz Abschluß eines schriftlichen Arbeitsvertrages hinsichtlich einzelner Vertragsklauseln Vorteile aufweisen kann. Enthält der schriftliche Arbeitsvertrag einen Teil der in § 11 Abs. 1 S. 2 Nr. 1 - 12 AÜG geforderten Angaben, so kann sich der Inhalt der Urkunde auf die im Arbeitsvertrag fehlenden Angaben beschränken[667].

Die Untersuchung begrenzt sich auf Vertragsklauseln, für deren Gestaltungsmöglichkeiten im Zeitarbeitsvertrag vom allgemeinen Arbeitsrecht abweichende Besonderheiten gelten oder die aufgrund der Dreidimensionalität des Zeitarbeitsverhältnisses besonderer Beachtung bedürfen. Arbeitsbedingungen hinsichtlich deren Vertragsgestaltung im Zeitarbeitsverhältnis keine Besonderheiten gelten und deren Zulässigkeit sich nach allgemeinen gesetzlichen Vorschriften richtet, werden nicht behandelt[668]. Sofern es sich bei diesen Arbeitsbedingungen nicht um Essentialia des Arbeitsvertrages[669] handelt, ist es für den Arbeitgeber gleichgültig, wie er seiner Informationspflicht aus § 11 Abs. 1 AÜG nachkommt: Ob er die Arbeitsbedingungen in einer gesonderten Urkunde im Sinne des § 11 Abs. 1 AÜG niederlegt oder die geforderten Angaben in den schriftlichen Arbeitsvertrag nach § 11 Abs. 1 S. 4 AÜG aufnimmt.

I. Zeitarbeitsklausel

Zum wesentlichen Inhalt des Zeitarbeitsverhältnisses gehört die Zustimmung des Arbeitnehmers, seine Arbeitsleistung, abweichend vom gesetzlichen Leitbild des § 613 S. 2 BGB, bei verschiedenen vom Verleiher zu bestimmenden Entleihern nach den Weisungen des Entleihers zu erbringen[670]. Die Zustimmung, die Tätigkeit

---

667 BT-Drucks. 13/668, S. 11; *Sandmann/Marschall*, § 11 AÜG Anm. 15.

668 Zur Gestaltung dieser Vertragsbestandteile vgl. z.B. *Frey*, Arbeitsrechtliche Fehler; *Gaul*, NZA 2000, Beil. zu 3/2000, S. 51 ff.; *Hanau/Preis*, Der Arbeitsvertrag; *Schaub*, Arbeitsrechtliche Formularsammlung; *Tschöpe*, MDR 1996, 1081.

669 Vgl. oben § 11 I.

670 BAG vom 17.1. 1979 – 5 AZR 248/78, AP Nr. 2 zu § 613 BGB (unter II 1 der Gründe) = DB 1979, 1514; *Ulber*, § 11 AÜG Rdnr. 16; vgl. oben § 10 II.

für einen Dritten zu erbringen und nach dessen Weisungen tätig zu werden, muß der Zeitarbeitnehmer vor der Aufnahme seiner Tätigkeit im Drittbetrieb erteilen[671]. Bei der Tätigkeit für ein reines Zeitarbeitsunternehmen wird die Zustimmung deshalb im Arbeitsvertrag erteilt. Der Zeitarbeitsvertrag verpflichtet als echter Vertrag zugunsten Dritter[672] zur Erbringung der Arbeitsleistung an den Dritten[673]. Einer ausdrücklichen Zustimmung zur Erbringung der Arbeit für einen Dritten bedarf es allerdings nicht: Ausreichend ist es, daß sich die Abweichung von der Zweifelsregelung des § 613 S. 2 BGB aus den Umständen ergibt[674]. Wesensmerkmal der Zeitarbeit ist die Ausübung des arbeitsbezogenen Weisungsrechtes durch den Dritten; durch dieses Merkmal wird die Zeitarbeit von anderen Rechtsverhältnissen abgegrenzt[675]. Schließt ein Arbeitnehmer mit einer Zeitarbeitsfirma einen Arbeitsvertrag als Zeitarbeitnehmer, so willigt er damit zugleich in die Erbringung seiner Arbeitsleistung für einen Dritten nach dessen Weisungen ein[676]. Rechtstatsächlich finden sich trotzdem in einer nicht unerheblichen Zahl der untersuchten Zeitarbeitsverträge explizite Hinweise auf das Weisungsrecht des Dritten[677].

Soll der Zeitarbeitnehmer nicht ausschließlich extern, bei wechselnden Entleihern, sondern auch intern, für das Zeitarbeitsunternehmen selbst, nach Weisungen seines Arbeitgebers eingesetzt werden können, so muß der Arbeitgeber sich diese Möglichkeit ausdrücklich im Arbeitsvertrag vorbehalten[678]. Ohne einen vertraglichen Vorbehalt, hat der Arbeitgeber zwar im Zweifel auch ein eigenes Forderungsrecht, kann die Arbeitsleistung gemäß § 335 BGB allerdings nicht an sich selbst, sondern nur an den Dritten verlangen. Durch diese Vereinbarung erhält der Zeitarbeitsvertrag den Charakter eines „Vertrages auch zugunsten Dritter".

---

671 *Schüren*, AÜG, Einl. Rdnr. 146.

672 Vgl. oben § 5 III 2 b).

673 *Schüren*, AÜG, Einl. Rdnr. 148.

674 MünchArbR/*Marschall*, § 175 Rdnr. 70; Staudinger/*Richardi*, § 613 BGB Rdnr. 5.

675 Vgl. LAG Berlin vom 28.5. 1999 – 8 Sa 425/99 zitiert in IG Metall direkt 02/2000, S. 7; oben § 6 III 2 a).

676 *Becker/Kreikebaum*, Zeitarbeit, S. 153; *Becker/Wulfgramm*, § 11 AÜG Rdnr. 34; *Boewer*, DB 1982, 2033 (2036); MünchKomm/*Müller-Glöge*, § 611 BGB Rdnr. 505; etwas vorsichtiger auch *Ulber*, § 1 AÜG Rdnr. 34.

677 28 % der untersuchten Zeitarbeitsverträge.

678 *Becker/Wulfgramm*, § 11 AÜG Rdnr. 13, *Ulber*, § 11 Rdnr. 19; *Schüren*, § 11 AÜG Rdnr. 23; ErfK/*Wank*, § 11 AÜG Rdnr. 8. Dieser Vorbehalt findet sich in 20 % der ausgewerteten Zeitarbeitsverträge. In zwei Vertragsmustern behält sich der Arbeitgeber vor den Zeitarbeitnehmern auch zur Ausführung eigener Werkverträge einzusetzen.

II. Art der Tätigkeit

Die Art der vom Arbeitnehmer zu erbringenden Tätigkeit ergibt sich aus dem Arbeitsvertrag[679]. Durch die arbeitsvertragliche Festlegung der zu leistenden Tätigkeit wird das Direktionsrecht des Arbeitgebers konkretisiert: Der Arbeitnehmer kann grundsätzlich nur zu Tätigkeiten, die sich in dem durch den Arbeitsvertrag festgelegten Bereich halten, verpflichtet werden. Jede über die vertraglichen Grenzen hinausgehende Arbeitsanweisung kann nicht im Wege des Direktionsrechts erfolgen[680]. Ausweitungen und Änderungen des arbeitsvertraglich festgelegten Tätigkeitsbereiches sind, ohne vertraglichen Vorbehalt, grundsätzlich nur durch einen Änderungsvertrag oder bei fehlender Einigung über eine Änderungskündigung möglich[681].

Die Vereinbarung hinsichtlich der zu leistenden Tätigkeit unterliegt der freien Disposition der Vertragsparteien; auch im Arbeitsvertrag gilt im Grundsatz die Vertragsfreiheit[682]. Arbeitsvertragliche Tätigkeitsbeschreibungen können sehr konkret, aber auch ganz allgemein gehalten sein[683]: Ausreichend ist das allgemeine Versprechen, für den Arbeitgeber tätig zu werden; möglich ist es, den Arbeitnehmer zu einem fremdbestimmten Tätigwerden schlechthin zu verpflichten[684]. In diesem Fall muß der Arbeitnehmer mit der Zuweisung beliebiger Tätigkeiten rechnen und die zugewiesenen Tätigkeiten ausführen, solange sie billigem Ermessen (§ 315 BGB)[685] entsprechen und bei Vertragsschluß voraussehbar waren[686]. Je enger und spezifischer die Tätigkeitsbeschreibung erfolgt, um so eingeschränkter ist das Di-

---

679 Erman/*Hanau*, § 611 BGB Rdnr. 285; ErfK/*Preis*, § 611 BGB Rdnr. 922; *Schaub*, ArbR-Hdb., § 45 Rdnr. 23.

680 BAG vom 27.3. 1980 – 2 AZR 506/78, AP Nr. 26 zu § 611 BGB Direktionsrecht (unter III 2 der Gründe) = DB 1880, 1603; BAG vom 28.2. 1968 – 4 AZR 144/67, AP Nr. 22 zu § 611 BGB Direktionsrecht = RdA 1968, 238; BAG vom 14.12. 1961 – 5 AZR 180/61, AP Nr. 17 zu § 611 BGB Direktionsrecht (LS) = DB 1962, 375; *Ehler*, BB 1999, 1322 (1324); Erman/*Hanau*, § 611 BGB Rdnr. 285; *Preis*, in Hanau/Schaub (Hrsg.), Arbeitsrecht 1997, S. 21 (41); *Schaub*, ArbR-Hdb., § 45 Rdnr. 23.

681 *Ehler*, BB 1999, 1322 (1324); *Preis*, in Hanau/Schaub, Arbeitsrecht 1997, S. 21 (41).

682 BAG vom 9.6. 1965 – 1 AZR 388/64, AP Nr. 10 zu § 315 BGB = BB 1965, 989; *Richter*, DB 1989, 2378 (2381).

683 *Hanau/Preis*, Der Arbeitsvertrag, II T 10; Rdnr. 1; ErfK/*Preis*, § 611 AÜG Rdnr. 922.

684 *Hunold*, AR-Blattei SD 600, Rdnr. 52; *Richter*, DB 1989, 2378 (2381).

685 Die Grundsätze der Billigkeit sind gewahrt, wenn alle wesentlichen Umstände des Falles abgewogen und die beiderseitigen Interessen angemessen berücksichtigt sind (Statt aller: BAG vom 23. 6. 1993 – 5 AZR 337/92, AP Nr. 42 zu § 611 BGB Direktionsrecht (unter II 2 der Gründe) = NZA 1993, 1141; BAG vom 28.9. 1977 – 4 AZR 743/76, AP Nr. 4 zu § 1 TVG Tarifverträge: Rundfunk = DB 1978, 212.

686 *Hanau/Preis*, Der Arbeitsvertrag, II T 10, Rdnr. 7; *Richter*, DB 1989, 2378 (2381).

rektionsrecht des Arbeitgebers. Je weiter der Tätigkeitsbereich gefaßt ist, um so stärker kann der Arbeitgeber durch einseitige Weisungen den Tätigkeitsbereich des Arbeitnehmers variieren. Eine sehr weite Tätigkeitsbeschreibung führt aber gleichzeitig zu einer Ausweitung des Kreises der in die Sozialauswahl einzubeziehenden Arbeitnehmer im Fall einer betriebsbedingten Kündigung[687]. Insofern gibt es weder aus Arbeitnehmer- noch aus Arbeitgeberperspektive eine grundsätzlich vorzugswürdige Vertragsgestaltung; für beide Seiten hat eine weite sowie eine enge vertragliche Festlegung der Tätigkeit Vor- und Nachteile. Deshalb bedarf es im Einzelfall sorgfältiger Überlegung bei der Vertragsgestaltung[688].

Besondere Bedeutung hat die Festlegung der Art der geschuldeten Leistungen im Zeitarbeitsvertrag: Bei Abschluß des Zeitarbeitsvertrages steht der Entleihbetrieb häufig noch nicht fest. Während des Zeitarbeitsverhältnisses wird der Arbeitnehmer bei verschiedenen Entleihern tätig. Deshalb ist es für den Zeitarbeitnehmer weit weniger absehbar, welche konkreten Tätigkeiten auf ihn zukommen und auf welche Arbeitsplätze er überlassen wird, als für einen Arbeitnehmer in einem herkömmlichen zweiseitigen Arbeitsverhältnis. Die arbeitsvertragliche Tätigkeitsbeschreibung bestimmt den Umfang der Pflichten, die den Zeitarbeitnehmer hinsichtlich der Erbringung der Arbeitsleistung beim Entleiher treffen können[689]. Hiermit wird der Rahmen des Weisungsrechtes des Verleihers und des Entleihers festgelegt.

Für den Zeitarbeitsvertrag fordert § 11 Abs. 1 S. 2 Nr. 3 AÜG a.F. zwingend die arbeitsvertragliche Vereinbarung der „Art der vom Leiharbeitnehmer zu leistenden Tätigkeit". (dazu unten 1.). Fraglich ist, welche Gestaltungsmöglichkeiten es ermöglichen, dem Zeitarbeitnehmer auch andere Tätigkeiten zu übertragen (dazu unten 2.). Soll der schriftliche Zeitarbeitsvertrag die Erstellung einer Urkunde ersetzen, so muß der Arbeitsvertrag auch die in § 11 Abs. 1 S. 2 Nr. 3 AÜG n.F. geforderten Angaben zur Tätigkeit enthalten (dazu unten 3.).

1. Anforderungen des § 11 Abs. 1 S. 2 Nr. 3 AÜG a.F.

Anforderungen an die rechtsgeschäftliche Vereinbarung der Art der Tätigkeit im

---

687 BAG vom 17.9. 1998 – 2 AZR 725/97, AP Nr. 36 zu § 1 KSchG 1969 Soziale Auswahl (unter II 2 a der Gründe) = NZA 1998, 1332; *Bauer*, JuS 1999, 356 (357); *Ehler*, BB 1999, 1322 (1324); *Gaul*, NZA 2000, Beil. zu 3/2000, S. 51 (55); *Tschöpe*, MDR 1996, 1081 (1082). In die Sozialauswahl sind die Arbeitnehmer einzubeziehen, die eine vergleichbare Tätigkeit ausüben. Das ist der Fall, sofern Arbeitnehmern im Wege des Direktionsrechts die gleichem Tätigkeiten übertragen werden können.

688 Vgl. ErfK/*Preis*, § 2 NachwG Rdnr. 14.

689 *Ulber*, § 11 AÜG Rdnr. 19.

Zeitarbeitsvertrag ergeben sich aus § 11 Abs. 1 S. 2 Nr. 3 AÜG a.F.[690] Arbeitsvertraglich festzulegen ist danach die vom Zeitarbeitnehmer zu verrichtende Tätigkeit. Die Angabe der zu leistenden Tätigkeit, kann durch Angabe einer bestimmten Tätigkeit – zum Beispiel Textverarbeitung oder Reinigungsarbeiten – oder indem die Tätigkeit durch die Angabe eines Berufsbildes fachlich umschrieben wird - zum Beispiel als Maurer oder Elektriker - erfolgen[691]. Bei der Angabe eines Berufsbildes kann der Zeitarbeitnehmer mit allen zu diesem Berufsbild gehörenden Tätigkeiten und Nebenarbeiten betraut werden[692]. Daher führt die fachliche Umschreibung der Art der Tätigkeit mit einem Berufsbild zu einer weiteren Einsatzmöglichkeit des Arbeitnehmers[693]. Dies hat auch die Vertragspraxis erkannt: Rechtstatsächlich erfolgt die Tätigkeitsbeschreibung in fast allen untersuchten Zeitarbeitsverträgen durch die Angabe eines Berufsbildes[694].

Um Streitigkeiten zu verhindern, wird empfohlen, in die arbeitsvertragliche Tätigkeitsbeschreibung etwaige Nebenarbeiten aufzunehmen[695], auch wenn sich dabei um einen rein deklaratorischen Vertragsinhalt handelt: Nebenarbeiten sind Tätigkeiten, die im inneren Zusammenhang mit der geschuldeten Arbeitsleistung stehen[696]. Als sogenannte Zusammenhangstätigkeiten sind sie Bestandteil der Arbeitspflicht, ohne das sie im Arbeitsvertrag genannt werden müssen, und werden vom Direktionsrecht umfaßt[697].

2. Übertragung anderer Tätigkeiten

Soll der Zeitarbeitnehmer, ohne daß es einer Vertragsanpassung bedarf, auch mit

---

690 § 11 Abs. 1 AÜG a.F. ist abgedruckt im Anhang IV.

691 *Schüren*, § 11 AÜG Rdnr. 22.

692 *Preis*, Arbeitsrecht, S. 265; *Schüren*, § 11 AÜG Rdnr. 22.

693 Zutreffend: *Schüren*, § 11 AÜG Rdnr. 22.

694 In der Praxis erfolgt die Angabe der Tätigkeit oftmals als „Helfer". Die Angabe der Tätigkeit als Helfer ist keine ausreichend präzisierte Berufsbezeichnung, vgl. Neunter AÜG-Erfahrungsbericht, BT-Drucks. 14/4220, S. 19.

695 Kasseler Handbuch/*Düwelll*, 4.5 Rdnr. 333; *Schüren*, § 11 AÜG Rdnr. 22. In der Praxis ist die Aufnahme der Nebentätigkeiten eher unüblich; sie findet sich in keinem der untersuchten Zeitarbeitsverträge.

696 BAG vom 29.8. 1991 – 6 AZR 593/88, AP Nr. 38 zu § 611 Direktionsrecht (unter III 1 d) der Gründe) = NZA 1992, 67; BAG vom 21.2. 1990 – 4 AZR 603/89, AP Nr. 7 zu §§ 22, 23 BAT Krankenkassen = RdA 1990, 191; *Hromadka*, DB 1995, 2601 (2602). Nebenarbeiten sind zum Beispiel das Heranschaffen von Material, das Aufräumen und reinigen des Arbeitsplatzes, Pflege der Ware, vgl. *Schaub*, ArbR-Hdb., § 45 Rdnr. 31.

697 MünchArbR/*Blomeyer*, § 48 Rdnr. 34; *Hromadka*, DB 1995, 2601 (2602); *Preis*, Arbeitsrecht, S. 267.

anderen Tätigkeiten betraut werden, so ist hierfür grundsätzlich eine vertragliche Regelung erforderlich[698]; nur ausnahmsweise kann der Arbeitnehmer auch ohne einen vertraglichen Vorbehalt zur Übernahme anderer Tätigkeiten verpflichtet sein:

a) Aus der Treuepflicht des Arbeitnehmers

Ohne eine vertragliche Regelung kann der Arbeitgeber dem Zeitarbeitnehmer nur in außergewöhnlichen Fällen[699], insbesondere in Notfällen[700], vorübergehend eine andere Tätigkeit übertragen[701]. Aufgrund der arbeitsvertraglichen Treuepflicht, als vertraglicher Nebenpflicht des Arbeitnehmers Schaden vom Arbeitgeber abzuwehren, muß jeder Arbeitnehmer vorübergehend auch solche Tätigkeiten übernehmen, die nicht in seinen arbeitsvertraglich geschuldeten Tätigkeitsbereich fallen[702].

Den Zeitarbeitnehmer trifft eine Treuepflicht sowohl gegenüber seinem Vertragsarbeitgeber, dem Verleiher, als auch gegenüber dem Entleiher in dessen Betrieb er beschäftigt wird; der Zeitarbeitnehmer ist dazu verpflichtet, die Interessen von Verleiher und Entleiher wahrzunehmen und alles zu unterlassen, was diese Interessen schädigen könnte[703]. Aufgrund seiner Treuepflicht wird der Zeitarbeitnehmer in der Praxis nur vom Entleiher, während eines Einsatzes in dessen Betrieb, vorübergehend zu anderen Tätigkeiten verpflichtet sein können. Trifft den Entleiher ein unvorhergesehenen Ereignis, so kann er neben seinen eigenen Arbeitnehmern auch die in seinen Betrieb tätigen Zeitarbeitnehmer zu vertragsfremden Tätigkeiten ein-

---

698 *Schüren*, § 11 AÜG Rdnr. 23.

699 Außergewöhnliche Fälle sind unvorhergesehene durch eine rechtzeitige Personalplannung nicht ohne weiteres behebbare Ereignisse (*Hunold*, AR-Blattei SD 600 Rdnr. 131; *Richter*, DB 1989, 2378 (2380); *Schaub*, ArbR-Hdb., § 45 Rdnr. 32).

700 Für die Frage, wann ein Notfall vorliegt, wird § 14 Abs. 2 AZG herangezogen (BAG vom 3.12. 1980 – 5 AZR 477/78, AP Nr. 4 zu § 615 BGB Böswilligkeit (unter II 2 der Gründe) = DB 1981, 791; Erman/*Hanau*, § 611 BGB Rdnr. 285; *Hromadka*, DB 1995, 2601 (2602); KR/*Rost*, § 2 KSchG Rdnr. 39; *Schaub*, ArbR-Hdb., § 45 Rdnr. 32).

701 BAG vom 3.12. 1980 – 5 AZR 477/78, AP Nr. 4 zu § 615 BGB Böswilligkeit (unter II 2 der Gründe) = DB 1981, 799; BAG vom 14.12. 1961 – 5 AZR 180/61, AP Nr. 17 zu § 611 BGB Direktionsrecht (unter II 2 der Gründe) = DB 1962, 375; BAG vom 8.10. 1962 – 2 AZR 550/61, AP Nr. 18 zu § 611 BGB Direktionsrecht (LS 3) = BB 1962, 1433; MünchArbR/*Blomeyer*, § 48 Rdnr. 35 KR/*Rost*, § 2 KSchG Rdnr. 39; *Schaub*, ArbR-Hdb., § 45 Rdnr. 32.

702 BAG vom 29.1. 1960 – 1 AZR 200/58, AP Nr. 12 zu § 123 Gewerbeordnung (unter II 1 der Gründe) = NJW 1960, 1734; *Berger-Delhey*, DB 1990, 2266 (2268); Erman/*Hanau*, § 611 BGB Rdnr. 285; *Schaub*, ArbR-Hdb., § 45 Rdnr. 32.

703 *Becker/Kreickebaum*, Zeitarbeit, S. 159; *Becker/Wulfgramm*, § 11 AÜG Rdnr. 36; *Konzen*, ZfA 1982, 259 (266); vgl. oben § 5 III.

setzen. Demgegenüber ist für den Verleiher kaum ein unvorhergesehenes Ereignis oder ein Notfall denkbar, der es rechtfertigt, den Zeitarbeitnehmer zu vertragsfremden Tätigkeiten in einen Entleihbetrieb zu überlassen: Hat der Verleiher keine Beschäftigungsmöglichkeit für den Arbeitnehmer innerhalb des vertraglich fixierten Tätigkeitsbereiches, so ist das das Beschäftigungsrisiko des Verleihers, das er gemäß § 11 Abs. 4 S. 2 AÜG unabdingbar zu tragen hat und keinesfalls ein außergewöhnliches Ereignis oder ein Notfall.

Soll der Arbeitgeber die Möglichkeit haben, den Zeitarbeitnehmer auch zur Ausübung anderer - nicht der vertraglichen Tätigkeitsbeschreibung entsprechender - Arbeiten in einen Entleihbetrieb zu überlassen, so bedarf es eines arbeitsvertraglichen Vorbehaltes, der das Direktionsrecht des Arbeitgebers auf die Zuweisung vertragsfremder Tätigkeiten erweitert.

b) Vertraglicher Vorbehalt

Die Erweiterung des Direktionsrechts durch einen arbeitsvertraglichen Vorbehalt ist nach übereinstimmender Ansicht in Rechtsprechung und Literatur grundsätzlich zulässig[704]. Eine Klausel, mit der sich der Arbeitgeber vorbehält, dem Arbeitnehmer auch andere zumutbare[705] Tätigkeiten zuweisen zu können, ermöglicht es allerdings noch nicht, dem Arbeitnehmer auch geringerwertige Arbeiten zu übertragen. Sollen dem Arbeitnehmer auch geringerwertiger Tätigkeiten übertragen werden können, bedarf es hierfür eines expliziten Vorbehalts im Arbeitsvertrag, der das Direktionsrecht des Arbeitgebers auch auf die Zuweisung geringerwertiger Tätigkeiten erweitert[706]. Die Grenze der Zulässigkeit arbeitsvertraglicher Direkti-

---

704 BAG vom 24.4. 1996 – 4 AZR 976/94, AP Nr. 49 zu § 611 BGB Direktionsrecht (unter I 1 der Gründe) = NZA 1997, 104; BAG vom 10.11. 1992 – 1 AZR 185/92, AP Nr. 6 zu § 72 LPVG NW (unter I 1 a der Gründe) = NZA 1993, 331; BAG vom 11.6. 1958 – 4 AZR 514/55, AP Nr. 2 zu § 611 BGB Direktionsrecht (LS 1) = DB 1958, 1186; *Birk*, Die arbeitsrechtliche Leitungsmacht, S. 9 ff; *Gaul*, NZA 2000 Beil. zu 3/2000, S. 51 (54); Erman/*Hanau*, § 611 BGB Rdnr. 293; *Hanau/Preis*, Der Arbeitsvertrag, II T 13, Rdnr. 13 *Falkenberg*, DB 1981,1087 (1088); *Preis*, Vertragsgestaltung, S. 449; *Hunold*, AR Blattei-SD 600, Rdnr. 62.

705 Das Wort zumutbar hat in einer Klausel die zur Leistung „anderer zumutbarer Tätigkeiten" verpflichtet keinen eigenen Regelungsgehalt und ist überflüssig. Niemand ist dazu verpflichtet Unzumutbares zu leisten. Das die „andere Tätigkeit" zumutbar sein muß, ergibt sich allein aus § 315 BGB (*Hanau/Preis*, Der Arbeitsvertrag, II D 30 Rdnr. 9; *Hromadka/Maschmann*, Arbeitsrecht Bd. 1, Rdnr. 59).

706 *Hromadka/Maschmann*, Arbeitsrecht Bd. 1, Rdnr. 59; *Preis*, Vertragsgestaltung, S. 449; KR/*Rost*, § 2 KSchG Rdnr. 48. Wann eine gleichwertige Tätigkeit vorliegt bestimmt sich nach der Verkehrsauffassung und der Sozialanschauung (BAG vom 24.4.1996 – 4 AZR 976/94, AP Nr. 49 zu § 611 BGB Direktionsrecht (unter II 2.2. der Gründe) = NZA 1997, 104 (105); *Hümmerich*, Arbeitsrecht, Rdnr. 193). Eine übersichtliche Zusammenstellung,

onsrechtserweiterungen bildet das zwingende Gesetzesrecht[707]. Uneinigkeit besteht darüber, inwiefern arbeitsvertragliche Direketionsrechtserweiterungen zu einer Umgehung des zwingenden Kündigungsschutzes führen[708]. Eine Umgehung des zwingenden Kündigungsschutzes kann allerdings nur vorliegen, wenn durch eine Änderung wesentlicher Elemente des Arbeitsvertrages das Gleichgewicht von Leistung und Gegenleistung gestört werden[709]. Direktionsrechtserweiterungen, die weder den Umfang der Arbeitspflicht noch die Höhe der Vergütung betreffen, sind daher in jedem Fall mit § 2 KSchG vereinbar.

Auch im Zeitarbeitsvertrag ist es grundsätzlich zulässig, einen Vorbehalt aufzunehmen, nachdem dem Zeitarbeitnehmer auch andere – insbesondere auch nicht seiner Qualifikation entsprechende, berufsfremde oder geringerwertige – Arbeiten zugewiesen werden können[710]. Rechtstatsächlich ist ein derartiger Vorbehalt in Zeitarbeitsverträgen die Regel[711]. Eine vertragliche Klausel, nach der der Arbeitnehmer vorübergehend auch mit anderen, berufsfremden oder geringer qualifizierten Tätigkeiten betraut werden kann, hat auch Vorteile für den Zeitarbeitnehmer: Aufgrund dieser Klausel wird es dem Zeitarbeitsunternehmen erschwert, den Zeit-

---

welche Tätigkeiten als gleichwertig und welche Tätigkeiten als ungleichwertig angesehen wurden, findet sich bei *Hanau/Preis*, Der Arbeitsvertrag, II D 30 Rdnr. 14 f.

707 BAG vom 24.4. 1996 - 4 AZR 976/94, AP Nr. 49 zu § 611 BGB Direktionsrecht (unter II 1 der Gründe) = NZA 1997, 104; *Reinecke*, in Küttner (Hrsg.), Personalbuch, Versetzung Rdnr. 2.

708 Vgl. BAG vom 12.12. 1984 – 7 AZR 509/83, AP Nr. 6 zu § 2 KSchG 1969 = NZA 1985, 321; *Däubler*, Arbeitsrecht 2, S. 469, 560; Erman/*Hanau*, § 611 BGB Rdnr. 293; *Hromadka*, RdA 1992, 234 (238 ff.); *Junker*, in Rieder (Hrsg.), Änderung von Arbeitsbedingungen, S. 13 (45 ff.); *Zöllner*, NZA 1997, 121 (124 f.); vgl. zu dieser Frage unten § 11 V 1.

709 BAG vom 15.11. 1995 – 2 AZR 521/95, AP Nr. 20 zu § 1 TVG Tarifverträge: Lufthansa (unter II 1 der Gründe) = NZA 1996; 603; BAG vom 12.12. 1984 – 7 AZR 509/83, AP Nr. 6 zu § 2 KSchG 1969 (unter II 3 b) der Gründe) = NZA 1985, 321; BAG vom 7.10. 1982 – 2 AZR 455/80, AP Nr. 5 zu § 620 Teilkündigung (unter III 1 b) der Gründe) = NJW 1982, 2284; MünchArbR/*Blomeyer*, § 48 Rdnr. 55; Staudinger/*Richardi* § 611 BGB Rdnr. 279.

710 LAG Köln vom 10.11. 1999 – 6 Sa 493/98, AiB 2000, 56; *Becker/Wulfgramm*, § 11 AÜG Rdnr. 13; *Niebler/Biebl/Ulrich*, Arbeitnehmerüberlassungsgesetz, Rdnr. 444; *Schüren*, § 11 AÜG Rdnr. 23. Mit § 11 Abs. 1 S. 2 Nr. 3 AÜG a.F. ist ein derartiger vertraglicher Vorbehalt vereinbar. Und auch die präzisieren Anforderungen des § 11 Abs. 1 S. 2 Nr. 3 AÜG n.F. stehen der rechtsgeschäftlichen Vereinbarung einer Direktionsrechtserweiterung nicht entgegen. A.A. *Zwanziger*; DB 1996, 2027 f., skeptisch auch *Ehler*; BB 1999, 1322 (1324).

711 Ein solcher Vorbehalt fand sich in allen untersuchten Zeitarbeitsverträgen. Vgl. auch *Mayer*, Anm. zu LAG Köln vom 10.11. 1999 – 6 Sa 493/98, AiB 2000, 56. Dabei beschränken sich die wenigsten Zeitarbeitsverträge auf die Möglichkeit, der Zuweisung anderer zumutbarer Tätigkeiten, in aller Regel wird auch die Möglichkeit geringwertige oder nicht den Qualifikationen des Arbeitnehmers entsprechende Arbeiten zuzuweisen, geschaffen.

arbeitnehmer mangels Einsatzmöglichkeiten betriebsbedingt zu kündigen. Erst wenn auch im Rahmen der Direktionsrechtserweiterung zulässige Ausweichbeschäftigungen längere Zeit nicht mehr zur Verfügung stehen, kann eine Kündigung gerechtfertigt sein[712].

Allerdings können dem Zeitarbeitnehmer trotz der Direktionsrechtserweiterung nicht alle geringerwertigen Arbeiten zugewiesen werden: Die Ausübung des Direktionsrechtes als ein einseitiges Leistungsbestimmungsrecht des Arbeitgebers unterliegt § 315 BGB[713]; die Interessen von Arbeitnehmer und Arbeitgeber sind bei der Ausübung des Direktionsrechts gegeneinander abzuwägen[714]. Angesichts der starken Bedeutung, die die Arbeitswertigkeit für den Arbeitnehmer hat[715] - oftmals wird die Zuweisung einer geringerwertigen Tätigkeit für den Zeitarbeitnehmer sogar schwerer wiegen, als eine geringfügige Minderung des Entgelts[716] - wäre die Zuweisung beliebiger geringerwertiger Arbeiten mit § 315 BGB nicht vereinbar. So berechtigt zum Beispiel eine Klausel, nach der dem Zeitarbeitnehmer vorübergehend auch geringerwertige Aufgaben zugewiesen werden können, nicht dazu, einen als Angestellten eingestellten Zeitarbeitnehmer zu gewerblichen Arbeiten zu überlassen[717].

Zu klären bleibt, ob der Zeitarbeitnehmer auch dauerhaft zu geringerwertigen Tätigkeiten überlassen werden darf (dazu unten (1)) und ob sich die Veränderung der Tätigkeit auch auf die Vergütungshöhe auswirken kann (dazu unten (2)).

(aa) Vorübergehend

Aufgrund eines arbeitsvertraglichen Vorbehaltes soll im Bereich der Zeitarbeit nur die vorübergehende Zuweisung geringerwertiger oder berufsfremder Tätigkeiten zulässig sein[718]. Den Zeitarbeitnehmer dauerhaft zu geringerwertigen Tätigkeiten

---

712 LAG Köln vom 10.11. 1999 – 6 Sa 493/98, AiB 2000, 55 m. Anm. *Mayer*. Vgl. auch *Gaul*, NZA 2000, Beilage zu 3/2000, S. 51 (55).

713 BAG vom 25.10. 1989 – 2 AZR 633/88, AP Nr. 36 zu § 611 BGB Direktionsrecht (LS 2) = NZA 1990, 561; BAG vom 23.6. 1993 – 5 AZR 337/92, AP Nr. 42 zu § 611 BGB Direktionsrecht (LS) = NZA 1993, 1127; MünchArbR/*Blomeyer*, § 48 Rdnr. 55.

714 *Hanau/Preis*, Der Arbeitsvertrag, II T 10 Rdnr. 14; *Schaub*, ArbR-Hdb., § 45 Rdnr. 41.

715 *Hanau/Preis*, Der Arbeitsvertrag, II D 30 Rdnr. 20.

716 *Hanau/Preis*, Der Arbeitsvertrag, II D 30 Rdnr. 20; *Preis*, Vertragsgestaltung, S. 449.

717 LAG Berlin vom 27.7. 1982 – 8 Sa 44/82 zitiert von *Sandmann/Marschall*, § 11 AÜG Anm. 9 und *Schüren*, § 11 AÜG Rdnr. 23.

718 *Becker/Wulfgramm*, § 11 AÜG Rdnr. 13; MünchArbR/*Marschall* § 168 Rdnr. 18; *Niebler/Biebl/Ulrich*, Rdnr. 444; *Schneider*, Hdb. der Zeitarbeit, Rdnr. 239; *Schüren*, § 11 AÜG Rdnr. 23; Durchführungsanweisung der BA vom 6.3. 1998, Hinweise zum Ar-

einzusetzen, ist nach einhelliger Ansicht der Bundesanstalt für Arbeit und der Literatur nicht zulässig[719]. Ein dauerhafter vertragsfremder Einsatz eines Zeitarbeitnehmers wäre auch mit den zwingenden gesetzlichen Regelungen des AÜG nicht zu vereinbaren: Wenn Zeitarbeitnehmer auch bei wechselnden Entleihern zu geringerwertigen Tätigkeiten verpflichtet werden könnten, liefe die Verpflichtung des § 11 Abs. 1 S. 2 Nr. 3 AÜG a.F. zur rechtsgeschäftlichen Regelung der geschuldeten Tätigkeit praktisch leer. Der Gesetzeszweck, dem Arbeitnehmer Klarheit und Rechtssicherheit über die von ihm geschuldete Tätigkeit durch Angabe eines Berufsbildes zu verschaffen, würde verfehlt. Im Rahmen eines Zeitarbeitsverhältnisses ist es für den Arbeitnehmer weit weniger vorhersehbar, zu welchen konkreten Tätigkeiten und an welche Arbeitsplätze er überlassen wird. Das Spektrum der möglichen Einsätze und Tätigkeiten ist wesentlich breiter, als in einem traditionellen zweiseitigem Arbeitsverhältnis, wo der Arbeitnehmer immer nur für seinen Vertragsarbeitgeber tätig wird. Außerdem darf der Verleiher sein Arbeitgeberrisiko nicht auf den Zeitarbeitnehmer abwälzen. Dieser auch im allgemeinen Arbeitsrecht gültige Grundsatz[720] hat für den Bereich der Zeitarbeit als zwingende Grenze der Vertragsgestaltungsfreiheit in § 11 Abs. 4 S. 2 AÜG eine besondere Ausprägung gefunden[721]. Bei einer dauerhaften Überlassung des Zeitarbeitnehmers zu fachfremden oder geringerwertigen Tätigkeiten wäre der Arbeitgeber weitgehend von seinem Arbeitgeberrisiko entlastet.

Allerdings schweigt die Literatur zu der Frage, wie lange ein Einsatz als vorübergehend einzuordnen ist. Die im Rahmen der Konzernklausel des § 1 Abs. 3 Nr. 2 AÜG vorherrschende Auslegung, jeden Einsatz, der nicht auf Dauer erfolgt, als vorübergehend zu betrachten[722], ist nicht übertragbar: Die in reinen Verleihunternehmen tätigen Zeitarbeitnehmer sind immer nur vorübergehend auf einem Arbeitsplatz beschäftigt; aufgrund der derzeit höchstzulässigen Überlassungsdauer von zwölf Monaten (§ 3 Abs. 1 Nr. 6 AÜG) kann ein Zeitarbeitnehmer maximal für ein Jahr in den selben Entleihbetrieb überlassen werden. Eine denkbare Lösung wäre es daher, für die Auslegung des Merkmals vorübergehend die gesetzliche Höchstüberlassungsdauer heranzuziehen und damit sicherzustellen, daß Zeitarbeitnehmer nicht bei mehreren aufeinanderfolgenden Einsätzen zu geringerwertigen oder fachfremden Tätigkeiten eingesetzt werden können.

---

beitsvertrag I/5, abgedruckt im Anhang I.

719 Demgegenüber sind im allgemeinen Arbeitsrecht auch einzelvertragliche Versetzungsvorbehalte, die sich nicht auf die vorübergehende Zuweisung einer anderen Tätigkeit beschränken, grundsätzlich zulässig; vgl. *Hanau/Preis*, Der Arbeitsvertrag, II D 30 Rdnr. 16; *Preis*, Vertragsgestaltung, S. 449; KR/*Rost*, § 2 KSchG Rdnr. 48.

720 Vgl. MünchArbR/*Richardi*, § 14 Rdnr. 75; *Hanau/Preis*, Der Arbeitsvertrag, I C Rdnr. 54.

721 MünchArbR/*Richardi*, § 14 Rdnr. 75. Vgl. oben § 8 I 1.

722 Vgl. oben § 7 II 2 b.

(bb) Vergütung

Der Arbeitnehmer hat, auch wenn er vorübergehend eine geringerwertige Tätigkeit ausübt, Anspruch auf sein Arbeitsentgelt in voller Höhe. Vergütungsregelungen betreffen nicht die Leistungspflicht des Arbeitnehmers, sondern die des Arbeitgebers, und können daher nicht Gegenstand von Direktionsrechtserweiterungen sein[723]. Ein arbeitsvertraglicher Hinweis darauf, daß dem Arbeitnehmer sein voller Lohn fortgezahlt wird, hat nur eine Klarstellungsfunktion[724].

In ihrer Zulässigkeit ohnehin umstrittene Vergütungsanpassungsklauseln finden sich in Zeitarbeitsverträgen nicht und wären mit einer nur vorübergehenden Zuweisung fachfremder Tätigkeiten nicht vereinbar; Vergütungsanpassungsklauseln sind, wenn überhaupt, nur nach einer gewissen Übergangsfrist zulässig[725].

c) Zwischenergebnis

Aufgrund eines arbeitsvertraglich vorbehaltenen erweiterten Leistungsbestimmungsrechtes des Arbeitgebers können Zeitarbeitnehmern vorübergehend auch andere geringerwertige Tätigkeiten zugewiesen werden. Die Begrenzung auf einen vorübergehenden Einsatz ergibt sich aus den Vorschriften des AÜG. Eine Änderung der Vergütungshöhe ist damit nicht verbunden. Die Vereinbarung einer zusätzlichen Vergütungsanpassungsklausel kommt in Arbeitsverträgen mit Zeitarbeitnehmern nicht in Betracht.

3. Schriftlicher Arbeitsvertrag als Urkundsersatz

Soll der Arbeitsvertrag zugleich die Dokumentationspflicht aus § 11 Abs. 1 AÜG erfüllen und die Erstellung einer gesonderten Urkunde ersetzen (§ 11 Abs. 1 S. 4 AÜG), ist arbeitsvertraglich eine § 11 Abs. 1 S. 2 Nr. 3 AÜG n.F. entsprechende Tätigkeitsbeschreibung zu treffen. Diese Tätigkeitsbeschreibung muß „eine kurze Charakterisierung oder Beschreibung der von dem Leiharbeitnehmer zu leistenden Tätigkeit [sowie] der dafür erforderlichen Qualifikationen" enthalten. Fraglich ist, inwiefern hiermit die vom Zeitarbeitnehmer zu erbringende

---

723 *Hanau/Preis*, Der Arbeitsvertrag, II D 30 Rdnr. 23; *Preis*, Vertragsgestaltung, S. 449.

724 Trotzdem findet sich in 39 % der untersuchten Verträge ein Hinweis darauf, daß die Vergütungshöhe unberührt bleibt.

725 Erhebliche Bedenken hinsichtlich der Wirksamkeit von Vergütungsanpassungsklauseln bestehen vor allem aufgrund der Möglichkeit der Umgehung des zwingenden Kündigungsschutzes. Zur Zulässigkeit von Vergütungsanpassungsklauseln: *Hanau/Preis*, Der Arbeitsvertrag, II D 30 Rdnr. 32 ff.; *Preis*, Vertragsgestaltung, S. 450; KR/*Rost*, § 2 KSchG Rdnr. 48; *Schaub*, Formularsammlung, S. 9, Rdnr. 10.

Leistung über die Anforderungen des § 11 Abs. 1 S. 2 Nr. 3 AÜG a.F. hinaus spezifiziert werden muß[726].

Nach der Neuregelung des § 11 Abs. 1 S. 2 Nr. 3 AÜG ist es nicht mehr ausreichend, allein eine charakteristische Berufsbezeichnung oder die Bezeichnung eines entsprechenden Tätigkeitsbereiches in die Niederschrift aufzunehmen[727]. Nach dem neuen Wortlaut „eine kurze Charakterisierung oder Beschreibung der vom Arbeitnehmer zu leistenden Tätigkeit" ist der Arbeitgeber gezwungen, zumindest die wesentlichen Tätigkeitsmerkmale nach Art und Umfang der zu leistenden Arbeit zu beschreiben oder die hauptsächlichen Inhalte der Tätigkeit im Nachweis zu charakterisieren[728]. Ferner sind in der Urkunde auch Angaben über die für die Tätigkeit erforderlichen Qualifikationen des Zeitarbeitnehmers aufzunehmen[729].

Zumeist wird es für den Arbeitgeber bei Abschluß eines Zeitarbeitsvertrages kaum vorhersehbar sein, welche konkreten Tätigkeiten der Zeitarbeitnehmer im Laufe seines Arbeitsverhältnisses bei wechselnden Entleihern verrichten soll. Bei Abschluß des Zeitarbeitsvertrages steht - wenn überhaupt - nur der erste Arbeitseinsatz fest. Trifft der Arbeitgeber trotzdem die in § 11 I S. 2 Nr. 3 AÜG n.F. geforderten Angaben im Zeitarbeitsvertrag, schränkt er sein Direktionsrecht und damit die Einsatzmöglichkeiten des Zeitarbeitnehmers in Entleihbetrieben, in einem erheblichen Maße ein. Eine Änderungskündigung wird relativ schnell notwendig werden. Deshalb erscheint es vor allem bei etwas spezielleren und weniger nachgefragten Tätigkeiten grundsätzlich sinnvoll, die Angaben vor jeder neuen Überlassung in einer *Einsatzmitteilung* zu konkretisieren.

Wichtig ist in diesem Zusammenhang darauf zu achten, ob die Einsatzmitteilung als Zusatzvereinbarung ein Teil des Arbeitsvertrages sein soll oder nur eine Urkunde im Sinne des § 11 Abs. 1 AÜG darstellt. Ist die Einsatzmitteilung Teil des Arbeitsvertrages, kann der Arbeitgeber einseitig im Rahmen seines Direktionsrechts keine Änderungen vornehmen. Dem Inhalt einer neuen Einsatzmitteilung muß der Arbeitnehmer dann jeweils zustimmen, auch wenn sich die Tätigkeitszuweisung

---

726 Aufgrund der Inhaltsgleichheit mit § 2 Abs. 1 Nr. 5 NachwG kann zur Auslegung des § 11 Abs. 1 S. 2 Nr. 3 AÜG auf die Erläuterungen zu § 2 Abs. 1 Nr. 5 NachwG zurückgegriffen werden; vgl. *Feldgen*, Nachweisgesetz, C Rdnr. 224.

727 *Hohmeister*, BB 1998, 1790 (1793); *Krause*, AR-Blattei SD 220.2.2 Rdnr. 140 ff.; *Stückemann*, BB 1999, 2670 (2672); *Treber*, NZA 1998, 856 (862). Vgl auch EuGH vom 4.12. 1997 – Rs. C-253/96 - C-258/96, BB 1998, 272 (274).

728 *Hohmeister*, BB 1998, 1790 (1793); *Krause*, AR-Blattei SD 220.2.2 Rdnr. 142.

729 Die Pflicht des Verleihers, in die Urkunde auch Angaben über die erforderliche Qualifikation aufzunehmen, ist durch die Umsetzung der EG-Rahmenrichtlinie Arbeitsschutz vom 7.8. 1996 (BGBl. I S. 1246) in § 11 Abs. 1 S. 2 Nr. 3 AÜG eingefügt worden.

innerhalb des Direktionsrechtes des Arbeitgebers bewegt. Jede neue Einsatzzuweisung ist eine Vertragsänderung und bedarf der Unterschrift von Arbeitnehmer und Arbeitgeber[730]. Wird die Zusatzvereinbarung nicht zum Teil des Arbeitsvertrages erklärt, ist sie eine Urkunde im Sinne des § 11 Abs. 1 AÜG. Der Arbeitgeber erstellt die Einsatzmitteilung einseitig und muß sie dem Zeitarbeitnehmer unterschrieben vor dem Einsatz aushändigen. In der Erstellung der Einsatzmitteilung liegt dann eine Ausübung des Direktionsrechtes des Arbeitgebers[731]. Wenn sich der Einsatzbetrieb des Zeitarbeitnehmers ändert, muß der Arbeitgeber nur hinsichtlich der geänderten Angaben eine neue Urkunde erstellen, um der Dokumentationspflicht aus § 11 Abs. 1 S. 2 Nr. 3 AÜG zu genügen[732].

Hat der Arbeitgeber sich im Zeitarbeitsvertrag eine vorübergehende Änderung des Tätigkeitsbereichs des Zeitarbeitnehmers vorbehalten, so muß nach Ansicht eines großen Teils der Literatur in der Urkunde auch das potentielle Einsatzfeld den Anforderungen des § 11 Abs. 1 S. 2 Nr. 3 AÜG n.F. entsprechend konkretisiert werden[733]. Sonst würde die mit § 11 Abs. 1 S. 2 Nr. 3 AÜG n.F. geforderte stärkere inhaltliche Konkretisierung der Tätigkeit durch die Direktionsrechtserweiterung wieder verwischt[734]. Folgt man dieser Ansicht, so müßte der schriftliche Arbeitsvertrag, wenn er die Erstellung einer Urkunde ersetzen soll, auch die berufsfremden Tätigkeiten charakterisieren. Das ist in der Praxis kaum durchführbar: Damit die Direktionsrechtserweiterung weiterhin ihren Zweck erfüllen kann, wäre eine endlose Liste möglicher Tätigkeiten in den Arbeitsvertrag aufzunehmen. Das Ziel des § 11 Abs. 1 AÜG, dem Zeitarbeitnehmer Klarheit und Rechtssicherheit über seine Stellung zu verschaffen, liefe leer. In der Praxis, die in aller Regel die Urkunde durch einen schriftlichen Arbeitsvertrag ersetzt, werden potentielle Einsatzfelder daher nicht umschrieben[735]. Unproblematisch werden die Anforderungen des

---

730 Ein Muster einer Einsatzzuweisung in Form eines Änderungsarbeitsvertrages findet sich bei *Schneider*, Hdb. der Zeitarbeit, Rdnr. 312.

731 Nur in vier der untersuchten Arbeitsverträge findet sich ein Hinweis auf eine derartige Einsatzmitteilung. In allen anderen Verträgen hat der Arbeitgeber die Tätigkeit des Zeitarbeitnehmers schon arbeitsvertraglich den Anforderungen des § 11 Abs. 1 S. 2 Nr. 3 AÜG n.F. entsprechend konkretisiert.

732 BT-Drucks. 13/668, S. 11; *Sandmann/Marschall*, § 11 AÜG Anm. 18.

733 *Feldgen*, § 2 NachwG Rdnr. 154; *Kaufmann*, Arbeitnehmerüberlassung, Rdnr. 194; *Krause*, AR-Blattei SD 220.2.2, Rdnr. 146; *Sandmann/Marschall*, § 11 AÜG Anm. 9; a.A. *Gaul* (NZA 2000, Beil. zu 3/2000, S. 51 (54)), der meint, mit der Änderung des Gesetzeswortlautes des § 11 I Nr. 3 AÜG solle allein sichergestellt werden, daß für den Arbeitnehmer Klarheit über die zunächst auszuübende Tätigkeit besteht.

734 Vgl. *Ehler*, BB 1999, 1322 (1324).

735 Die Bundesanstalt für Arbeit verlangt in ihrer Durchführungsanweisung nicht die Nennung der potentiellen Einsatzfelder des Zeitarbeitnehmers, vgl. Durchführungsanweisung der BA

§ 11 Abs. 1 S. 2 Nr. 3 AÜG n.F. erfüllt, wenn der Arbeitgeber die genaue Charakterisierung oder Beschreibung der Tätigkeit in einer Einsatzmitteilung vornimmt. Die geringerwertige oder berufsfremde Tätigkeit wird in der Einsatzzuweisung den Anforderungen des § 11 Abs. 1 S. 2 Nr. 3 AÜG n.F. entsprechend konkretisiert; der Zeitarbeitnehmer weiß auch bei einem vorübergehenden Einsatz in berufsfremden Tätigkeiten, zu welchen genauen Tätigkeiten er im Drittbetrieb verpflichtet ist. Durch die Charakterisierung oder Beschreibung der Tätigkeit und der Angabe der dafür erforderlichen Qualifikationen in einer Zusatzmitteilung, kann es den Zeitarbeitsunternehmen keine Schwierigkeiten bereiten, der Dokumentationspflicht des § 11 Abs. 1 S. 2 Nr. 3 AÜG n.F. nachzukommen. Der Zeitarbeitnehmer wird über die von ihm konkret zu leistende Tätigkeit informiert und die für den Einsatz von Zeitarbeitnehmern erforderliche Flexibilität bleibt erhalten.

4. Zusammenfassung

Im Zeitarbeitsvertrag kommt der Tätigkeitsbeschreibung herausragende Bedeutung zu: Hiermit wird der Bereich der möglichen Arbeiten, zu denen der Zeitarbeitnehmer in einen Drittbetrieb überlassen werden kann, abgesteckt. Die Art der Tätigkeit konkretisiert der Arbeitsvertrag durch die Angabe eines Berufsbildes; diese Konkretisierung schreibt § 11 Abs. 1 S. 1 Nr. 3 AÜG a.F. zwingend vor. In der Regel behält sich der Verleiher im Arbeitsvertrag auch die Übertragung geringerwertiger oder berufsfremder Tätigkeiten vor und erweitert damit sein Direktionsrecht. Diese Direktionsrechtserweiterung ist auch im Zeitarbeitsvertrag zulässig und mit den Vorgaben des § 11 Abs. 1 S. 1 Nr. 3 AÜG n.F. vereinbar, der eine über das materielle Recht hinausgehende Dokumentation erfordert[736]. Allerdings darf der Zeitarbeitnehmer nicht dauerhaft zu anderen Tätigkeiten überlassen werden; die Direktionsrechtserweiterung sollte ausdrücklich auf den vorübergehenden Arbeitseinsatz beschränkt sein[737]. Der Arbeitnehmer erhält auch, wenn er geringerwertigere Tätigkeit übertragen bekommt, die Vergütung in voller Höhe. Hinsichtlich der in § 11 Abs. 1 S. 1 Nr. 3 AÜG n.F. geforderten konkreten Angaben zur Tätigkeit erscheint es sinnvoll, diese in einer vor jedem Einsatz auszufertigenden Einsatzmitteilung zu machen. Dem Zeitarbeitnehmer wird damit klar vor Augen geführt, zu welchen konkreten Tätigkeiten er im Entleihbetrieb verpflichtet ist. Die bestehende Vertragspraxis versucht alle Angaben im Zeitarbeitsvertrag zu machen. Dabei wei-

---

vom 6.3. 1998, Hinweise zum Arbeitsvertrag I/5, abgedruckt im Anhang I.

736 Vgl. oben § 10 III 1 b) bb).

737 In 72 % der untersuchten Zeitarbeitsverträge findet sich eine Beschränkung auf den vorübergehenden Einsatz.

chen die Zeitarbeitsunternehmen häufig auf allgemeine und weite Formulierungen aus, die den Anforderungen des § 11 Abs. 1 S. 1 Nr. 3 AÜG nicht entsprechen[738].

III. Ort der Arbeitsleistung

Als Ort der Arbeitsleistung wird nicht ein bestimmter Arbeitsplatz, sondern der geographische Ort, an dem der Arbeitnehmer seine Arbeitsleistung zu erbringen hat, bezeichnet[739]; typischerweise handelt es sich um einen bestimmen Betrieb oder Betriebsteil des Arbeitgebers[740]. Einen konkreten Arbeitsplatz innerhalb des Betriebes weist der Arbeitgeber dem Arbeitnehmer dann aufgrund seines Direktionsrechtes zu. Die Zuweisung eines Arbeitsplatzes an einem anderen Ort - außerhalb des Betriebes - ist vom allgemeinen Weisungsrecht des Arbeitgebers grundsätzlich nicht gedeckt, hierfür bedarf es eines arbeitsvertraglichen Vorbehaltes[741]. Etwas anderes gilt, wenn sich aus der Art der geschuldeten Arbeitsleistung ergibt, daß der Arbeitnehmer keinen festen Arbeitsplatz in einem Betrieb seines Arbeitgebers hat und es seiner Tätigkeit immanent ist, an verschiedenen Orten zu arbeiten[742]. Diese Konstellation findet sich bei Zeitarbeitsverhältnissen. Daher ist im folgenden zu untersuchen, welche Regelungen hinsichtlich des Ortes der Arbeitsleistung im Zeitarbeitsvertrag erforderlich und zulässig sind.

1. Tätigkeit an verschiedenen Orten

Zeitarbeitsunternehmen schließen Arbeitsverträge mit Zeitarbeitnehmern, um die Zeitarbeitnehmer ständig anderen Unternehmen zur Arbeitsleistung zur Verfügung zu stellen. Der vertragliche Arbeitsplatz der Zeitarbeitnehmer liegt nicht im Betrieb des Verleihers. Aus der Natur des Zeitarbeitsvertrages ergibt es sich, daß Zeitarbeitnehmer an verschiedenen Orten eingesetzt werden und ihre Arbeitsleistung in wechselnden Entleihbetrieben erbringen. Soll der Zeitarbeitnehmer nur innerhalb des Ortes, an dem der Verleiher seinen Sitz hat, eingesetzt werden, so bedarf es hinsichtlich des Ortes der Arbeitsleistung keiner vertraglichen Regelung[743]. Inner-

---

738 So auch die Erfahrungen der Bundesanstalt für Arbeit, vgl. Neunter AÜG-Erfahrungsbericht, BT-Drucks. 14/4220, S. 19.

739 Erman/*Hanau*, § 611 BGB Rdnr. 284; *Schaefer*, NachwG, D Rdnr. 36.

740 MünchArbR/*Blomeyer*, § 45 Rdnr. 70; *Junker*, in Rieder (Hrsg.), Anpassung von Arbeitsbedingungen, S. 13 (28); *Preis*, Arbeitsrecht, S. 262; *Schaub*, ArbR-Hdb., § 45 Rdnr. 14.

741 LAG München vom 24.2. 1988 – 8 Sa/87, DB 1988, 1753; *Schaub*, ArbR-Hdb. § 45 Rdnr. 16; *Zöllner/Loritz*, Arbeitsrecht, S. 167 f.

742 Erman/*Hanau*, § 611 BGB Rdnr. 284; *Junker*, in Rieder (Hrsg.), Anpassung von Arbeitsbedingungen, S. 13 (28); *Schaub*, ArbR-Hdb., § 45 Rdnr. 14.

743 *Kaufmann*, Arbeitnehmerüberlassung, Rdnr. 194; *Niebler/Biebl/Ulrich*, Arbeitnehmerüberlassungsgesetz, Rdnr. 445; *Ulber*, § 11 AÜG Rdnr. 20; vgl. auch LAG Berlin 25.4. 1988 – 9

halb des Gemeindebezirkes sowie in einem Umkreis der üblicherweise von Berufspendlern in Kauf genommen wird[744], kann der Verleiher im Rahmen seines einseitigen Leistungsbestimmungsrechtes dem Arbeitnehmer Entleihbetriebe zuweisen.

Mit der Umsetzung der Nachweisrichtlinie ist in § 11 Abs. 1 S. 2 Nr. 3 AÜG die Verpflichtung eingefügt worden, in die Urkunde einen Hinweis darauf, daß der Arbeitnehmer an verschiedenen Orten beschäftigt wird, aufzunehmen. Diese Verpflichtung besteht gemäß § 2 Abs. 1 Nr. 4 NachwG für alle Arbeitsverträge. Soll der schriftliche Zeitarbeitsvertrag die Erstellung einer gesonderten Urkunde ersetzen, so könnte der Arbeitgeber dieser Verpflichtung schon durch den ausdrücklichen Abschluß eines Zeitarbeitsvertrages nachgekommen sein. Indem sich der Arbeitnehmer zur Erbringung seiner Arbeitsleistung bei wechselnden Entleihern in Abweichung von § 613 S. 2 BGB verpflichtet, ist damit naturgemäß auch die Tätigkeit an verschiedenen Orten verbunden. Dem Zeitarbeitsverhältnis immanent ist eine Tätigkeit an verschiedenen Orten. Der in einem traditionellen zweiseitigen Arbeitsverhältnis für den Arbeitnehmer wichtige Hinweis auf die vertragliche Verpflichtung zu einer Tätigkeit an verschiedenen Orten, hat im Zeitarbeitsvertrag keine eigenständige Bedeutung. Ein expliziter Hinweis auf eine Tätigkeit an verschiedenen Orten erscheint entbehrlich, wenn aus dem Arbeitsvertrag eindeutig erkennbar ist, daß der Arbeitnehmer einen Zeitarbeitsvertrag abschließt[745].

2. Auswärtige Arbeitsleistung

Soll der Zeitarbeitnehmer seine Arbeitsleistung nicht nur bei Verleihern in der näheren Umgebung erbringen, sondern auch außerhalb des Ortes, an dem der Verleiher seinen Sitz hat, eingesetzt werden können, so ist die Verpflichtung zur Erbringung auswärtiger Arbeitsleistungen vertraglich zu regeln[746]. Diese Pflicht schrieb schon § 11 Abs. 1 S. 2 Nr. 3 AÜG a.F. für den Zeitarbeitsvertrag ausdrücklich fest;

Sa 15/88, DB 1988, 1228; *Preis*, Arbeitsrecht, S. 263.

744 Vgl. *Gaul*, NZA 2000 Beil. zu 3/2000, S. 51 (54). Häufig wird die Grenze das Verkehrsverbundsystem, zumindest in Großstädten, bilden. In zwei der untersuchten Zeitarbeitsverträge wird das Direktionsrecht des Arbeitgebers ausdrücklich auf Betriebe innerhalb des Verkehrsverbundsystemes beschränkt.

745 Rechtstatsächlich findet sich nur in 39% der untersuchten Verträge ein ausdrücklicher Hinweis auf eine Tätigkeit an verschiedenen Orten. Auch die BA verlangt in Ihrer Arbeitshilfe zum Arbeitsvertrag keinen expliziten Hinweis auf eine Tätigkeit an verschiedenen Orten.

746 *Becker/Wulfgramm*, § 11 AÜG Rdnr. 13; *Kaufmann*, Arbeitnehmerüberlassung, Rdnr. 194; MünchArbR/*Marschall*, § 175 Rdnr. 17; *Niebler/Biebl/Ulrich*, Arbeitnehmerüberlassungsgesetz, Rdnr. 445; *Sandmann/Marschall*, § 11 AÜG Rdnr. 9; *Schüren*, § 11 AÜG Rdnr. 24; *Ulber*, § 11 AÜG Rdnr. 20. 78 % der untersuchten Verträge enthalten eine Verpflichtung zur auswärtigen Arbeitsleistung.

sie gilt aber unabhängig davon für alle Arbeitsverträge: Ohne eine vertragliche Regelung, hat der Arbeitgeber kein Recht, den Arbeitnehmer im Rahmen seines Direktionsrechtes, zu auswärtigen Arbeitseinsätzen zu verpflichten[747].

Wird im Zeitarbeitsvertrag für den Zeitarbeitnehmer eine Verpflichtung zu auswärtigen Arbeitsleistungen vereinbart, so erfordert der Schutzzweck des § 11 I S. 2 Nr. 3 AÜG, daß dort das genaue Einsatzgebiet angegeben wird[748]. Die bloße Verpflichtung zur auswärtigen Tätigkeit ist nicht ausreichend, rechtstatsächlich nennen deshalb viele Arbeitsverträge das gesamte Bundesgebiet als Einsatzgebiet für auswärtige Einsätze[749].

Fraglich ist, inwiefern die Vereinbarung einer Pflicht zur auswärtigen Arbeitsleistung auch eine vertragliche Regelung hinsichtlich des Ersatzes des Mehraufwandes, die dem Zeitarbeitnehmer durch die Erbringung einer auswärtigen Arbeitsleistung entstehen, erforderlich macht oder ob der Zeitarbeitnehmer, unabhängig von einer vertraglichen Regelung, einen Anspruch auf Ersatz der durch den auswärtigen Arbeitseinsatz entstandenen Mehrkosten hat.

Grundsätzlich haben Arbeitnehmer bei einem auswärtigen Arbeitseinsatz, auch ohne eine vertragliche Regelung, einen Anspruch auf Ersatz der tatsächlich entstandenen Mehrkosten. Das ergibt sich aus § 670 BGB, der bei Arbeitsverhältnissen, die eine Geschäftsbesorgung zum Gegenstand haben, gemäß § 675 BGB unmittelbar, in den übrigen Fällen analog anzuwenden ist[750]. Von diesem gesetzlich garantierten *Aufwendungsersatz*[751] ist die *Aufwandsentschädigung* zu unterschei-

---

747 BAG vom 10.11. 1955 – 2 AZR 591/54, AP Nr. 2 zu § 611 BGB Beschäftigungspflicht (unter I der Gründe) = NJW 1956, 359; LAG München vom 24.2. 1988 – 8 Sa 936/87, DB 1988, 1753; *Gaul*, NZA 2000 Beil. zu 3/2000, S. 51 (54); *Schaub*, ArbR-Hdb., § 45 Rdnr. 16.

748 *Becker/Wulfgramm*, § 11 AÜG Rdnr. 13; *Schüren*, § 11 AÜG Rdnr. 25; *Ulber*, § 11 AÜG Rdnr. 20; Durchführungsanweisung der Bundesanstalt für Arbeit vom 6.3. 1998, Arbeitshilfe II/1, abgedruckt im Anhang I. Dieser Verpflichtung kommen in der Praxis nicht alle Zeitarbeitsverträge nach.

749 Rechtstatsächlich nennen 33 % der untersuchten Arbeitsverträge als Einsatzgebiet die gesamte Bundesrepublik.

750 BAG vom 21.8. 1985 – 7 AZR 199/83, AP Nr. 19 zu § 618 BGB (unter II 2 der Gründe) = NZA 1986, 324; BAG vom 21.9. 1966 – 1 AZR 504/65, AP Nr. 2 zu § 675 BGB (LS 1) = NJW 1967, 414; BAG vom 10.11. 1961 – GS 1/60, AP Nr. 2 zu § 611 BGB Gefährdungshaftung des Arbeitgebers (unter VII der Gründe) = NJW 1962, 411; MünchArbR/*Blomeyer*, § 96, Rdnr. 80; Erman/*Ehmann*, § 670 BGB Rdnr. 9; *Griese*, in Küttner (Hrsg.), Personalbuch, Aufwendungsersatz Rdnr. 1; *Matthes*, AR-Blattei SD 360, Rdnr. 15; *Schaub*, ArbR-Hdb., § 85 Rdnr. 1.

751 Der Anspruch auf Aufwendungen nach § 670 BGB ist kein Lohnanspruch und damit nicht

den: Der Aufwendungsersatz ist ein Ausgleich für das eingebrachte Eigenvermögen des Arbeitnehmers, wenn der Arbeitnehmer von seinem Arbeitgeber auf eine auswärtige Arbeitsstelle entsandt wurde, und keine Gegenleistung für erbrachte Dienste[752]. Die Aufwandsentschädigung ist ein Ausgleich des Mehraufwandes, der zum Beispiel durch längere Fahrzeiten oder auswärtige Verpflegung im Rahmen einer auswärtigen Tätigkeit angefallen ist. Die Aufwandsentschädigung ist, im Gegensatz zum Aufwendungsersatz, Vergütungsbestandteil, auf den kein gesetzlicher Anspruch besteht und die daher einer individual- oder kollektivvertraglichen Grundlage bedarf[753].

Fraglich ist, wann Zeitarbeitnehmer einen gesetzlichen Anspruch auf Aufwendungsersatz haben. Zeitarbeitnehmer werden ständig in wechselnde Entleihbetriebe zur Arbeitsleistung überlassen und werden von vornherein für Arbeitseinsätze außerhalb des Betriebes eingesetzt. Zeitarbeitnehmer haben keinen Arbeitsplatz im Betrieb ihres Arbeitgebers. Deshalb könnte man davon ausgehen, daß die Tätigkeit in den verschiedenen Entleihbetrieben keine Entsendung auf einen anderen Arbeitsplatz darstellt und damit keinen Aufwendungsersatzanspruch begründet[754]. Richtig ist, daß der bloße Einsatz bei wechselnden Entleihern und damit zugleich an verschiedenen Arbeitsorten noch keine einen Anspruch auf Aufwendungsersatz begründende Entsendung ist. Die Fahrtkosten zwischen der Arbeitsstelle und der Privatwohnung sind nicht erstattungspflichtig, bei ihnen handelt es sich, wie bei der Verpflegung während der Arbeitszeit, um vom Lohn des Arbeitnehmers zu bestreitende Aufwendungen[755]. Anders ist das für den vertraglich vorbehaltenen auswärtigen Einsatz, bei dem der Zeitarbeitnehmer vielfach im gesamten Bundesgebiet eingesetzt werden kann: Hinsichtlich der tatsächlich entstandenen Fahrtkosten und der aus der auswärtigen Beschäftigung gegebenenfalls resultierenden Übernachtungskosten hat auch der Zeitarbeitnehmer einen unabhängig von einer vertraglichen Regelung bestehenden Anspruch auf Aufwendungsersatz. Sonst wäre zum Beispiel der Einsatz eines bei einem Münchener Zeitarbeitsunternehmen beschäftigten IT-Spezialisten in Hamburg gar nicht zumutbar.

---

lohnsteuer- und sozialversicherungspflichtig (*Preis*, Arbeitsrecht, S. 400; *Schaub*, ArbR-Hdb., § 45 Rdnr. 5).

752 MünchArbR/*Blomeyer*, § 96 Rdnr. 79; *Hromadka/Maschmann*, Arbeitsrecht Bd. 1, Rdnr. 12. Deshalb ist der Aufwendungsersatz bei Nichtleistung nicht fortzuzahlen.

753 *Griese*, in Küttner (Hrsg.), Personalbuch, Aufwandsentschädigung Rdnr. 1 f.

754 Vgl. LAG Bremen vom 23.10. 1975 – 3 Sa 155/74, EzAÜG Nr. 27 = BB 1976, 1512; *Eichner*, BB 1983, 447.

755 BAG vom 19.1. 1977 – 4 AZR 595/75, AP Nr. 5 zu § 42 BAT (LS 1) = RdA 1977, 263; *Schaub*, ArbR-Hdb., § 85 Rdnr. 85; *Hromadka/Maschmann*, Arbeitsrecht Bd. 1, Rdnr. 23.

Möglich ist es auch, den Aufwendungsersatz und Aufwandsentschädigungen individualvertraglich oder durch kollektive Regelungen zu pauschalieren[756]. Die pauschale Erstattung wird dann als Auslösung bezeichnet[757]. Werden die pauschalierten Beträge – ob als Auslösung deklariert oder nicht - auch gezahlt, wenn keine auswärtige Tätigkeit und damit keine Entsendung vorliegt, dann sind sie als versteckte Lohnbestandteile anzusehen und müssen auch bei einer vorübergehenden Nichtbeschäftigung im Krankheitsfall oder während des Urlaubes fortgezahlt werden[758].

3. Überlassung ins Ausland

Ob ein Zeitarbeitnehmer auch zur Erbringung seiner Arbeitsleistung im Ausland verpflichtet ist, richtet sich allein nach den vertraglichen Vereinbarungen[759]. Bei einer vertraglichen Verpflichtung des Zeitarbeitnehmers zu Auslandseinsätzen[760] müssen die möglichen Einsatzstaaten – auch wenn es sich um Mitgliedstaaten der Europäischen Gemeinschaft handelt – konkret benannt werden[761].

Bei einer länger als einen Monat dauernden Arbeitsleistung im Ausland, sind gemäß § 11 Abs. 1 S. 2 Nr. 12 AÜG in die Urkunde oder den schriftlichen Arbeitsvertrag die Angaben nach § 2 Abs. 2 NachwG aufzunehmen. Das sind: die Dauer der im Ausland auszuübenden Tätigkeit, die Währung in der das Arbeitsentgelt ausgezahlt wird, ein zusätzliches, mit dem Auslandsaufenthalt verbundenes Arbeitsentgelt und damit verbundene zusätzliche Sachleistungen und die vereinbarten

---

756 *Griese*, in Küttner (Hrsg.), Personalbuch, Aufwendungsersatz, Rdnr. 4. Für den Zeitarbeitsvertrag: Durchführungsanweisung der Bundesanstalt für Arbeit vom 6.3. 1998, Arbeitshilfe II, abgedruckt im Anhang I.

757 *Griese*, in Küttner (Hrsg.), Personalbuch, Auslösung Rdnr. 1; *Schneider*, Hdb. der Zeitarbeit, Rdnr. 301; *Thomas*, in Küttner (Hrsg.), Personalbuch, Auslösung Rdnr. 9. Der Begriff der Auslösung wird in der Literatur uneinheitlich verwendet; teilweise werden alle für eine auswärtige Arbeitsleistung angefallenen Mehraufwendungen als Auslösungen bezeichnet. So z.B. LAG Bremen vom 23.10. 1975 – 3 Sa 155/74, EzAÜG Nr. 27 = DB 1976, 1512.

758 Vgl. MünchArbR/*Blomeyer*, § 96 Rdnr. 79; *Eichner*, BB 1983, 447; *Matthes*, AR-Blattei 360 Rdnr. 66.

759 *Ulber*, AÜG, Einl. F Rdnr. 2.

760 Auch wenn sich nur in einem der untersuchten Zeitarbeitsverträge eine Verpflichtung zur Tätigkeit im Ausland findet, nimmt die grenzüberschreitende Arbeitnehmerüberlassung insbesondere infolge der Globalisierung der Märkte und der Öffnung der europäischen Binnengrenzen zu. Zur grenzüberschreitenden Zeitarbeit umfassend: *Feuerborn*, EAS B 2500; *Vor*, Zeitarbeit, S. 155 ff.

761 *Schüren*, § 11 AÜG Rdnr. 25; *Ulber*, § 11 AÜG Rdnr. 20. Das gilt auch sofern die Einsätze auf der Grundlage des § 1 Abs. 3 Nr. 3 AÜG erfolgen, vgl. *Ulber*, § 11 AÜG Rdnr. 20.

Bedingungen für die Rückkehr des Arbeitnehmers. Da diese Angaben ganz konkret auf den einzelnen Auslandseinsatz zugeschnitten sind, können sie praktisch nicht bei Abschluß des Arbeitsvertrages, wo zumeist noch gar nicht feststeht, ob der Arbeitnehmer tatsächlich im Ausland eingesetzt werden wird, gemacht werden. Hinsichtlich dieser Angaben ist die Erstellung einer Urkunde vor dem konkreten Auslandseinsatz notwendig.

Auch die Arbeitnehmerüberlassung ins Ausland unterliegt grundsätzlich den Vorschriften des AÜG. Wenn ein deutsches Zeitarbeitsunternehmen einen bei ihr angestellten deutschen Zeitarbeitnehmer an einen Entleihbetrieb ins Ausland überläßt, können die zwingenden Vorschriften des AÜG auch durch die Wahl einer ausländischen Rechtsordnung im Zeitarbeitsvertrag nicht ausgeschlossen werden[762]. Nur in den Fällen des § 1 Abs. 3 Nr. 3 AÜG[763] ist die Überlassung von Zeitarbeitnehmern ins Ausland vom Anwendungsbereich des AÜG ausgenommen. Nach dieser Ausnahmevorschrift finden die Vorschriften des AÜG keine Anwendung, wenn ein Arbeitnehmer ins Ausland an ein auf Grundlage einer zwischenstaatlichen Vereinbarung[764] begründetes deutsch-ausländisches Gemeinschaftsunternehmen überlassen wird und das Verleihunternehmen an diesem Gemeinschaftsunternehmen beteiligt ist. Der Umfang der Beteiligung des Verleihers am Gemeinschaftsunternehmen ist unerheblich[765]. Gleichfalls unbeachtlich ist, ob es sich bei dem Verleihunternehmen um einen sogenannten Mischbetrieb oder um ein reines Zeitarbeitsunternehmen handelt[766]. Fällt eine Überlassung ins Ausland unter § 1 Abs. 3 Nr. 3 AÜG, kann der Verleiher für die Zeit der Überlassung Regelungen treffen, die mit den Vorschriften des AÜG nicht in Einklang stehen.

4. Zusammenfassung

Mit dem Abschluß eines Zeitarbeitsverhältnisses untrennbar verbunden ist die Tätigkeit an verschiedenen Orten. Deshalb ist im Zeitarbeitsvertrag ein ausdrücklicher

---

762 Vgl. *Junker*, Internationales Arbeitsrecht, S. 226 ff.; *Schüren*, AÜG, Einl. Rdnr. 594 ff.; ErfK/*Wank*, AÜG, Einl. Rdnr. 84 ff. Über dieses Ergebnis herrscht Einvernehmen, allerdings ist die dogmatische Begründung umstritten und birgt insbesondere wegen der räumlichen Verknüpfung der drei Rechtsbeziehungen im AÜG ungelöste Probleme, vgl. hierzu *Junker*, Internationales Arbeitsrecht, S. 225 ff.

763 Eingefügt durch Art. 63 AFRG vom 24.3. 1997, BGBl. I S. 594.

764 Als Beispiel für eine zwischenstaatliche Vereinbarung führt die Begründung des Gesetzesentwurfes (BT-Drucks. 13/4941, 2489) das Abkommen zwischen der Bundesrepublik Deutschland und der Volksrepublik China über die Förderung und den gegenseitigen Schutz von Investitionen vom 7.10. 1983 an.

765 *Feuerborn/Hamann*, BB 1997, 2530 (2533); *Sandmann/Marschall*, § 1 AÜG Anm. 84.

766 *Sandmann/Marschall*, § 1 AÜG Anm. 84; a.A: *Ulber*, § 1 AÜG Rdnr. 260.

Hinweis darauf, daß der Arbeitnehmer an verschiedenen Orten beschäftigt wird, nicht notwendig. In der Regel wird der Zeitarbeitnehmer auch zur Erbringung seiner Arbeitsleistung außerhalb des Ortes, an dem der Zeitarbeitsbetrieb seinen Sitz hat, verpflichtet; angegeben werden muß in diesem Fall allerdings das mögliche Einsatzgebiet. Da es sich beim auswärtigen Arbeitseinsatz von Zeitarbeitnehmern um Entsendungen handelt, haben die Arbeitnehmer unabhängig von einer vertraglichen Regelung einen gesetzlichen Anspruch auf Aufwendungsersatz. Werden Zeitarbeitnehmer ins Ausland überlassen, so finden die Vorschriften des AÜG nur bei der Überlassung an deutsch-ausländische Gemeinschaftsunternehmen im Sinne des § 1 Abs. 3 Nr. 3 AÜG keine Anwendung.

IV. Vergütungsregelung

Die Zahlung der Vergütung ist Hauptleistungspflicht des Verleihers. Zur Vergütung gehört jeder als Gegenleistung für die Arbeitsleistung bestimmte geldwerte Vorteil[767]. Gemäß § 11 Abs. 1 S. 2 Nr. 6 AÜG ist die Vergütung einschließlich ihrer Bestandteile sowie der Fälligkeit schriftlich in einer Urkunde oder einem Arbeitsvertrag niederzulegen[768]. Sofern die Parteien keine Vereinbarung über die Höhe der Vergütung getroffen haben, was in Zeitarbeitsverträgen in der Praxis nicht vorkommen wird, gilt gemäß § 612 Abs. 2 BGB die übliche Vergütung[769] als vereinbart. Die Fälligkeit der Vergütungszahlung ergibt sich aus § 614 BGB[770]. Der Arbeitnehmer ist vorleistungspflichtig, sofern nichts abweichendes bestimmt ist. Auch wenn § 11 Abs. 1 S. 2 Nr. 6 AÜG somit strenggenommen nur eine Informa-

---

767 Erman/*Hanau*, § 611 BGB Rdnr. 387; *Schaub*, ArbR-Hdb., § 66 Rdnr. 4.

768 Schon § 11 Abs. 1 S. 2 Nr. 6 AÜG a.F. schrieb die schriftliche Dokumentation der vereinbarten Vergütung fest. § 11 Abs. 1 S. 1 Nr. 6 AÜG n.F. verlangt nun die Angabe der Zusammensetzung und Höhe des Arbeitsentgelts einschließlich der Zuschläge, Zulagen, Prämien und Sonderzahlungen des Arbeitsentgelts und deren Fälligkeit.

769 Üblich ist die Vergütung, die in der gleichen Region in ähnlichen Betrieben oder Gewerben für eine vergleichbare Tätigkeit gezahlt wird. Die übliche Vergütung kann auch der Tariflohn sein, sofern für den betreffenden räumlichen und fachlichen Bereich ein Tarifvertrag besteht (BAG vom 25.1. 1989- 5 AZR 161/88, AP Nr. 2 zu § 2 BeschFG 1985 (unter IV 1 der Gründe) = NZA 1989, 209; *Schaub*, ArbR-Hdb., § 68 Rdnr. 62). Zur Bestimmung des üblichen Arbeitsentgelts ist auf den üblichen Lohn für Zeitarbeitnehmer und nicht auf die Vergütung, die Arbeitnehmer, die nicht als Zeitarbeitnehmer die gleiche fachliche Tätigkeit ausführen, gezahlt wird, abzustellen. Zeitarbeitnehmer erhalten nach Schätzungen des DGB ein zwischen 22 % und 40 % geringeres Entgelt als festangestellte Arbeitnehmer für die gleiche Tätigkeit; vgl. die Stellungnahme des DGB im Neunten AÜG-Erfahrungsbericht, BT-Drucks. 14/4220, S. 26.

770 Die Bundesanstalt für Arbeit verlangt, daß die Vergütung spätestens am 20. des Folgemonats ausgezahlt wird; Durchführungsanweisung der BA vom 6.3. 1998, Arbeitshilfe V, abgedruckt im Anhang I.

tionspflicht[771] begründet, ist die Vergütungsregelung essentieller Bestandteil eines jeden Zeitarbeitsvertrages.

Auch im Zeitarbeitsvertrag ist es grundsätzlich möglich, sowohl einen Leistungslohn zu vereinbaren, als auch einen Zeitlohn zu zahlen[772]. Nicht notwendig ist, daß die Höhe des Entgelts im Arbeitsvertrag genau bestimmt ist. Ausreichend ist die Angabe von Bemessungsfaktoren, nach denen die Vergütungshöhe bestimmbar ist[773]. In der Praxis finden sich in Zeitarbeitsverträgen jedoch ausschließlich Vereinbarungen eines Zeitlohnes; die Vereinbarung einer Leistungsvergütung erscheint bei der Tätigkeit in verschiedenen Entleihbetrieben aus praktischen Gesichtspunkten kaum umsetzbar. Wird ein nach Zeitlohn bezahlter Zeitarbeitnehmer in einem Entleihbetrieb zu einer nach Akkordlohn vergüteten Arbeit eingesetzt, so könnte für diesen Einsatz eine leistungsbezogene Zulage in einer Zusatzvereinbarung zum Arbeitsvertrag festgelegt werden. Insgesamt bieten die Zeitarbeitsverträge eine eher weniger attraktive materielle Ausstattung: Neben einem Grundlohn gewähren die untersuchten Zeitarbeitsverträge Überstundenzuschläge ab der 41. Wochenarbeitsstunde[774]. Die Zusage eines Weihnachtsgeldes enthalten 50 Prozent der untersuchten Verträge; ein Urlaubsgeld wird in 61 Prozent der Verträge gewährt. Die in der Praxis verwendeten Zeitarbeitsverträge sehen nur selten die Gewährung zusätzlicher Leistungen vor, was unter anderem mit der vergleichsweise kurzen Beschäftigungsdauer der Zeitarbeitnehmer bei einem Zeitarbeitsunternehmen zu erklären sein dürfte[775].

1. Vergütungshöhe

Hinsichtlich der Vergütungshöhe besteht grundsätzlich Vertragsfreiheit[776]. Auch Zuschläge, Zulagen und sonstige Sonderleistungen unterliegen der freien vertraglichen Vereinbarung. Begrenzt wird die Parteiautonomie neben den für alle Arbeitsverträge geltenden gesetzlichen Schranken (Art. 3 Abs. 2 GG, § 612 Abs. 2 BGB, § 2 BeschFG, §§ 138, 242 BGB) durch eine mögliche Tarifbindung[777], den arbeits-

---

771 vgl. unten § 10 III.

772 Vgl. *Becker/Wulfgramm*, § 11 AÜG Rdnr. 13; *Franßen/Haesen*, § 11 AÜG Rdnr. 7; *Sandmann/Marschall*, § 11 AÜG Anm. 11; *Schüren*, § 11 AÜG Rdnr. 45.

773 *Sandmann/Marschall*, § 11 AÜG Anm. 11; *Ulber*, § 11 AÜG Rdnr. 26; BT-Drucks. 13/668, S. 10.

774 Seit der Einführung des ArbZG sind Überstundenzuschläge nur nach vertraglicher Vereinbarung zu zahlen.

775 Vgl. *Becker/Kreickebaum*, Zeitarbeit, S. 162.

776 *Schaub*, ArbR-Hdb., § 67 Rdnr. 1; *Ulber*, § 1 AÜG Rdnr. 51.

777 Zur tarifrechtlichen Zuordnung des Zeitarbeitnehmers vgl. unten § 14.

rechtlichen Gleichbehandlungsgrundsatz (dazu unten a)) und die Mindestentgelte nach dem Arbeitnehmer-Entsendegesetz (AEntG) (dazu unten b)).

a) Arbeitsrechtlicher Gleichbehandlungsanspruch

Gewährt ein Arbeitgeber Leistungen nach allgemeinen Prinzipien - Leistungen mit einem kollektiven Charakter - so findet, trotz des Vorranges der Vertragsfreiheit, der arbeitsrechtliche Gleichbehandlungsgrundsatz auch im Bereich der Vergütung Anwendung[778]. Allerdings scheidet ein Anspruch auf Gleichbehandlung mit den Arbeitnehmern des Entleihbetriebes für Zeitarbeitnehmer von vornherein aus: Der Entgeltanspruch des Zeitarbeitnehmers richtet sich nicht gegen den Entleiher, sondern ausschließlich gegen den Verleiher als Vertragsarbeitgeber des Zeitarbeitnehmers[779]; der Gleichbehandlungsanspruch hat keine Geltung zwischen Arbeitnehmern, die von verschiedenen Arbeitgebern beschäftigt werden[780]. Ein Anspruch auf Gleichbehandlung kann ausschließlich mit den anderen Arbeitnehmern des Verleihers bestehen. Umstritten ist, ob die bei wechselnden Entleihern tätigen Zeitarbeitnehmer als eine eigene Gruppe anzusehen sind[781] oder ob der Gleichbehandlungsgrundsatz auch gegenüber dem intern beschäftigten Stammpersonal des Zeitarbeitsunternehmens Anwendung findet[782]. Werden Leistungen mit kollektivem Charakter gewährt, so bedarf jede Ungleichbehandlung von Arbeitnehmern eines sachlichen Grundes und einer an den sachlichen Grund anknüpfenden Gruppenbildung[783]. Für die Behandlung der Zeitarbeitnehmer als eigene Gruppe gibt es zumindest hinsichtlich der Gewährung eines Weihnachtsgeldes keine Anhaltspunkte: Durch die Gewährung eines Weihnachtsgeldes will der Arbeitgeber grundsätzlich, sofern nichts anderes bestimmt wurde, in der Vergangenheit geleisteten Dienste zusätzlich vergüten und zu den anläßlich des Weihnachtsfestes entstehenden be-

---

778 BAG vom 17.11. 1998 – 1 AZR 147/98, AP Nr. 162 zu § 242 BGB Gleichbehandlung (unter III 1 a) der Gründe) = DB 1999, 637; BAG vom 27.7. 1988 – 5 AZR 244/87, AP Nr. 87 zu § 242 BGB Gleichbehandlung (unter II 2 b der Gründe) = NJW 1988, 2519; MünchArbR/*Richardi*, § 14 Rdnr. 13; *Schaub*, ArbR-Hdb., § 66 Rdnr. 9, § 112 Rdnr. 33.

779 MünchArbR/*Marschall*, § 175 Rdnr. 85; *Schüren*, AÜG, Einl. Rdnr. 173.

780 BAG vom 19.11.1992 – 10 AZR 290/91, AP Nr. 145 zu § 611 BGB Gratifikation (unter II 1 a) der Gründe) = NZA 1993, 405; *Preis*, Arbeitsrecht, S. 372; MünchArbR/*Richardi*, § 14 Rdnr. 9.

781 So *Becker/Kreikebaum*, Zeitarbeit, S. 161; *Schneider*, Hdb. der Zeitarbeit, Rdnr. 291.

782 So *Schüren*, AÜG, Einl. Rdnr. 173; *Ulber*, § 1 AÜG Rdnr. 52.

783 BAG vom 17.11. 1998 – 1 AZR 147/98, AP Nr. 162 zu § 242 BGB Gleichbehandlung (unter III 1 a) der Gründe) = DB 1999, 637; BAG vom 19.8. 1992 – 5 AZR 513/91, AP Nr. 102 zu § 242 BGB Gleichbehandlung (unter II 3 a) der Gründe) = NZA 1993,171; *Schaub*, ArbR-Hdb., § 112 Rdnr. 11.

sonderen Aufwendungen der Arbeitnehmer beitragen[784]. Eine Verletzung des Gleichbehandlungsgrundsatzes entfällt nicht schon deshalb, weil die begünstigte Gruppe der intern tätigen Arbeitnehmer bei reinen Zeitarbeitsunternehmen[785] kleiner als die benachteiligte Gruppe der extern eingesetzten Zeitarbeitnehmer sein wird[786]. Schwerlich ist es sachlich zu rechtfertigen, wenn dauerbeschäftigte Zeitarbeitnehmer, die in gleicher Weise wie das Stammpersonal ihre Arbeitsleistung erbracht haben - wenn auch für einen Dritten - , kein Weihnachtsgeld erhalten und das ausschließlich intern eingesetzte Personal des Zeitarbeitsunternehmens diese zusätzliche Vergütung erhält[787].

b) Arbeitnehmer-Entsendegesetz

Wird ein Zeitarbeitnehmer in einem Entleihbetrieb mit Tätigkeiten beschäftigt, die in den Geltungsbereich eines für allgemeinverbindlich erklärten Mindestlohn-Tarifvertrages nach § 1 Abs. 1 oder Abs. 2 AEntG fallen, so ist auch der Zeitarbeitgeber gemäß § 1 Abs. 2 a AEntG zur Zahlung des im Tarifvertrag festgeschriebenen Mindestlohnes verpflichtet. Damit ist die Vertragsfreiheit bei der Vereinbarung der Vergütung eingeschränkt. Praktische Auswirkungen hat diese Regelung im Baunebengewerbe: Das Baunebengewerbe ist vom sektoralen Verbot der Arbeitnehmerüberlassung in das Baugewerbe (§ 1 b AÜG) ebenso wie das Handwerk nicht betroffen[788]. In das Baunebengewerbe dürfen Zeitarbeitnehmer auch in Deutschland überlassen werden[789]. Derzeit ist ein Mindestlohn-Tarifvertrag im Bereich des Elektrohandwerks für allgemeinverbindlich erklärt worden[790], der gemäß

---

784 BAG vom 25. 1. 1984 - 5 AZR 251/82, AP Nr. 68 zu § 242 BGB Gleichbehandlung (unter II 1 der Gründe) = NZA 1984, 326..

785 Bei sogenannten Mischunternehmen wird die Anzahl der extern tätigen Zeitarbeitnehmer teilweise auch wesentlich geringer als die des Stammpersonals sein.

786 BAG vom 19.4. 1995 – 10 AZR 344/94, AP Nr. 124 zu § 242 BGB Gleichbehandlung (unter II 2 der Gründe) = NZA 1995, 985; BAG vom 25.1. 1984 – 5 AZR 89/82, AP Nr. 67 zu § 242 BGB Gleichbehandlung (unter II 3 b) der Gründe) = NZA 1984, 326.

787 *Schüren*, AÜG, Einl. Rdnr. 173.

788 BGH vom 17.2. 2000 – III ZR 78/99, NZA 2000, 608 (LS). Der Begriff „Betriebe des Baugewerbes“ in § 1 b AÜG entspricht dem gleichlautenden Begriff in § 211 Abs. 1 SGB III. Weiter präzisiert wurde der Begriff „Betriebe des Baugewerbes“ durch die Baubetriebe-Verordnung (vom 28.10.1980, BGBl. I S. 2033 zuletzt geändert am 13.12. 1996, BGBl. I S. 1954) dessen § 2 die Betriebe oder Arbeiten des sogenannten Baunebengewerbes aufführt; vgl. dazu *Schneider*, Hdb. der Zeitarbeit, Rdnr. 411 ff. mit Abdruck der Verordnung.

789 BGH vom 17.2. 2000 – III ZR 78/99, NZA 2000, 608 (LS); *Sandmann/Marschall*, § 3 AÜG Anm. 18 a; *Schneider*, Hdb. der Zeitarbeit, Rdnr. 411

790 Tarifvertrag vom 17.8.1999. Dieser Tarifvertrag ist für den Zeitraum vom 1.9. 1999 bis 31.8. 2001 für allgemeinverbindlich erklärt worden.

§ 1 Abs. 2 a AEntG auch für im Elektrohandwerk beschäftigte Zeitarbeitnehmer gilt.

2. Vergütung während beschäftigungsfreier Zeiten

Der Arbeitnehmer hat einen unabdingbaren Anspruch auf seine Vergütung auch während überlassungsfreier Zeiten. Gemäß § 11 Abs. 4 S. 2 AÜG sind abweichende Vereinbarungen unzulässig. Die Höhe der bei Annahmeverzug fortzuzahlenden Vergütung bestimmt sich, wie in anderen zweiseitigen Arbeitsverhältnissen auch, nach dem Lohnausfallprinzip[791]: Danach muß dem Arbeitnehmer das gewährt werden, was er erhalten hätte, wenn er im Verzugszeitraum gearbeitet hätte; § 615 S. 1 BGB knüpft an den Vergütungsanspruch aus § 611 Abs. 1 BGB an und bewirkt, daß dieser Anspruch in voller Höhe erhalten bleibt[792]. Der Arbeitnehmer hat einen Anspruch auf die vereinbarte Vergütung einschließlich aller Nebenleistungen mit Entgeltcharakter. Dazu gehören zum Beispiel auch Gefahrenzulagen, Nachtarbeitszuschläge, Gratifikationen und Auslösungen, sofern diese im Zeitarbeitsverhältnis zum normalen Arbeitsentgelt gerechnet werden[793]. Hat der Zeitarbeitnehmer regelmäßig eine nicht unerhebliche Zahl an Überstunden erbracht, so erhält er auch die Überstunden inklusive eventuell gezahlter Zuschläge, nach dem Lohnausfallprinzip vergütet[794]. Gemäß § 615 S. 2 BGB muß sich der Arbeitnehmer allerdings anrechnen lassen, was er durch Nichterbringung seiner Arbeitsleistung erspart oder durch anderweitige Verwendung seiner Arbeitskraft erworben oder zu erwerben böswillig unterlassen hat[795].

Gemäß § 11 Abs. 1 S. 2 Nr. 7 AÜG ist die Leistung bei vorübergehender Nichtbeschäftigung in die Urkunde oder den schriftlichen Arbeitsvertrag aufzunehmen; § 11 Abs. 1 S. 2 Nr. 7 AÜG hat insofern eine Kontroll- und Klarstellungsfunkti-

---

791 *Becker/Wulfgramm*, § 11 AÜG Rdnr. 29 a; *Schüren*, § 11 AÜG Rdnr. 84; *Ulber*, § 1 AÜG Rdnr. 54; a.A. *Schneider*, Hdb. der Zeitarbeit, Rdnr. 294, der den Vergütungsanspruch des Zeitarbeitnehmers während verleihfreier Zeiten auf den vertraglichen Mindestlohn beschränken will.

792 Palandt/*Putzo*, § 615 BGB Rdnr. 3; MünchKomm/*Schaub*, § 615 BGB Rdnr. 45.

793 Vgl. LAG Bremen vom 23.5.1975 – 3 Sa 155/74, DB 1976; 1512 = EzAÜG Nr. 27; *Eichner*, BB 1983, 447; vgl. oben § 12 II 2.

794 MünchArbR/*Boewer*, § 78 Rdnr. 46; *Schaub*, AR-Blattei SD 80, Rdnr. 64; *Schneider*, Hdb. der Zeitarbeit, Rdnr. 295. Im Gegensatz dazu bleiben Überstunden nach der Änderung des Bundesurlaubsgesetzes und des Entgeltfortzahlungsgesetzes bei der Berechnung der Urlaubsvergütung und der Entgeltfortzahlung im Krankheitsfall außer Betracht. Zur Zulässigkeit einer Überstundenvereinbarung im Zeitarbeitsvertrag vgl. unten § 12 I 1 a).

795 Vgl. § 11 Abs. 4 S. 2, 2 HS. AÜG. Allerdings ist § 615 S. 2 BGB vertraglich abdingbar (Palandt/*Putzo*, § 615 BGB Rdnr. 6 ; MünchKomm/*Schaub*, § 615 BGB Rdnr. 60).

on[796]. Außerdem sind nach § 11 Abs. 1 S. 2 Nr. 7 AÜG die bei Krankheit und Urlaub des Zeitarbeitnehmers zu gewährenden Leistungen in die Urkunde aufzunehmen. Hinsichtlich der Entgeltfortzahlung im Krankheitsfall und der Gewährung von Leistungen während des gesetzlichen Urlaubs nach dem BUrlG gelten für das Zeitarbeitsverhältnis keine Besonderheiten gegenüber herkömmlichen zweiseitigen Arbeitsverhältnissen.

3. Zusammenfassung

Der Zeitarbeitnehmer erhält als Gegenleistung, für die dem Entleiher erbrachte Arbeitsleistung, die Vergütung vom Verleiher. Die Höhe der Vergütung unterliegt grundsätzlich der freien Vereinbarung der Vertragsparteien. Eingeschränkt wird die Privatautonomie durch eine beiderseitige Tarifbindung und den arbeitsrechtlichen Gleichbehandlungsanspruch. Der arbeitsrechtliche Gleichbehandlungsanspruch findet auch gegenüber dem intern beschäftigten Stammpersonal Anwendung. So gibt es zum Beispiel hinsichtlich der Gewährung eines Weihnachtsgeldes für die Behandlung der Zeitarbeitnehmer als eigene Gruppe keine Anhaltspunkte. Üben Zeitarbeitnehmer in einem Entleihbetrieb Tätigkeiten aus, die in den Geltungsbereich eines für allgemeinverbindlich erklärten Mindestlohn-Tarifvertrages fallen, so haben die Zeitarbeitnehmer gemäß § 1 Abs. 2 a AEntG einen Anspruch auf Gewährung des tariflichen Mindestlohnes. Gemäß § 11 Abs. 4 S. 2 AÜG hat der Zeitarbeitnehmer auch während überlassungsfreier Zeiten einen unabdingbaren Anspruch auf die vertraglich vereinbarte Vergütung einschließlich aller Nebenleistungen mit Entgeltcharakter.

V. Arbeitszeit

Der Zeitarbeitnehmer schuldet keine auf einen Erfolg gerichtete Dienstleistung, sondern eine nach Zeit bemessene Tätigkeit[797]. Die Arbeitszeit ist die Zeit, während der der Arbeitnehmer seinem Arbeitgeber zur Arbeitsleistung verpflichtet ist; es ist die Zeitspanne vom Beginn bis zum Ende der Arbeit ohne Ruhepausen[798]. Die Arbeitszeit wird, wie die übrigen Arbeitsbedingungen, durch den Arbeitsvertrag und kollektivrechtliche Regelungen bestimmt. Eingeschränkt wird die Vertragsfreiheit hinsichtlich der Regelung der Arbeitszeit durch den öffentlich-rechtlichen Arbeitszeitschutz: das Arbeitszeitgesetz (ArbZG)[799] sowie die spezialgesetzlichen Rege-

---

796 *Schüren*, § 11 AÜG Rdnr. 49

797 *Hromadka/Maschmann*, Arbeitsrecht Bd. 1, Rdnr. 35; Staudinger/*Richardi*, § 611 BGB Rdnr. 332 f.

798 Vgl. § 2 Abs. 1 ArbZG; unerheblich ist, ob der Arbeitnehmer während dieser Zeit tatsächlich arbeitet; es genügt wenn der Arbeitnehmer seine Arbeitskraft anbietet.

lungen insbesondere des Jugendarbeitsschutzgesetzes (JArbSchG) und des Mutterschutzgesetzes (MuSchG). Diese zwingenden Regelungen gelten selbstverständlich auch für das Zeitarbeitsverhältnis[800].

Bei den Möglichkeiten und Grenzen der Vereinbarung der Arbeitszeit im Zeitarbeitsvertrag ist zwischen der Dauer und der Lage der Arbeitszeit zu differenzieren:

1. Dauer

Der Umfang der vom Arbeitnehmer zu leistenden Tätigkeit, die Dauer der geschuldeten Arbeitsleistung, steht in einer synallagmatischen Verknüpfung zum Arbeitsentgelt[801]; das heißt mit der Bestimmung der Arbeitszeit wird zumeist auch der Umfang der Vergütung festgelegt, die vom Arbeitgeber zu zahlen ist[802]. Die Dauer der Arbeitsleistungspflicht wird individual- oder kollektivvertraglich festgelegt[803]. In den meisten Arbeitsverhältnissen ist die Dauer der Arbeitszeit tarifvertraglich geregelt – der Kampf der Gewerkschaften um die 35-Stunden-Woche ist allseits bekannt[804]. Im Bereich der Zeitarbeit, wo es bis dato nur vereinzelte Firmentarifverträge gibt, kommt dem Individualvertrag die entscheidende Bedeutung zu. Ist der Umfang der Arbeitszeit weder ausdrücklich noch stillschweigend vereinbart und fehlt auch eine kollektivvertragliche Festsetzung, gilt die betriebs- oder branchenübliche Arbeitszeit als vereinbart[805]. Das allgemeine vertragsimmanente Weisungs-

---

799 Das seit 1994 geltende ArbZG (BGBl. I S. 1170) hat die seit 1938 geltende Arbeitszeitordnung (AZO) außer Kraft gesetzt. Das ArbZG soll die Sicherheit und den Gesundheitsschutz der Arbeitnehmer bei der Arbeitszeitgestaltung gewährleisten und die Rahmenbedingungen für flexible Arbeitszeiten verbessern (§ 1 Nr. 1 ArbZG).

800 *Ulber*, § 11 AÜG Rdnr. 32; *Niebler/Biebl/Ulrich*, Arbeitnehmerüberlassungsgesetz, Rdnr. 458; vgl. auch Durchführungsanweisung der BA vom 6.3. 1998, Arbeitshilfe IV/2 (Stand 8/1998), abgedruckt im Anhang I.

801 MünchArbR/*Blomeyer* § 48 Rdnr. 101, 114; *Hanau/Preis*, Der Arbeitsvertrag, II A 100 Rdnr. 8; ErfK/*Preis*, § 4 BeschFG Rdnr. 2; *Reinecke*, in Küttner (Hrsg.), Personalbuch, Arbeitszeit Rdnr. 28.

802 In allen im Rahmen der Rechtstatsachenforschung untersuchten Zeitarbeitsverträgen wird die Vergütung nach Zeiteinheiten bemessen und ist daher abhängig vom Umfang der Arbeitszeit. Nur in einem der untersuchten Zeitarbeitsverträge ist eine monatliche Vergütung festgelegt. Alle anderen Zeitarbeitsverträge enthalten eine nach Stunden bemessene Vergütungsregelung.

803 MünchArbR/*Blomeyer* § 48 Rdnr. 1115; *Dütz*, Arbeitsrecht, S. 144; Staudinger/*Richardi*, § 611 BGB Rdnr. 328; *Zöllner/Loritz*, Arbeitsrecht, S. 166.

804 Vgl. *Otto*, Einführung, Rdnr. 17.

805 BAG vom 21. 12. 1954 – 2 AZR 51/53, AP Nr. 2 zu § 611 BGB Lohnanspruch = DB 1955, 314; MünchArbR/*Anzinger*, § 218 Rdnr. 7; MünchArbR/*Blomeyer* § 48 Rdnr. 116; *Hromadka*/Maschmann, Arbeitsrecht Bd. 1, § 6 Rdnr. 39; *Hueck/Nipperdey*, Lehrbuch Bd. I, S. 208;

recht des Arbeitgebers umfaßt nicht die einseitige Bestimmung der Dauer der Arbeitszeit[806].

Für den Zeitarbeitsvertrag ergibt sich deshalb auch aus § 11 Abs. 4 S. 2 AÜG kein Zwang zur vertraglichen Vereinbarung: Enthält der Zeitarbeitsvertrag hinsichtlich der Dauer der Arbeitszeit eine Regelungslücke, so gilt die betriebsübliche Arbeitszeit als vereinbart; die Dauer der Arbeitszeit liegt fest, § 615 S. 1 BGB, § 11 Abs. 4 S. 2 AÜG laufen nicht leer[807]. Der Zeitarbeitgeber kann auch beim Fehlen einer rechtsgeschäftlichen Vereinbarung seiner Dokumentationspflicht aus § 11 Abs. 1 S. 2 Nr. 10 AÜG nachkommen und die betriebsübliche Arbeitszeit in die Urkunde aufnehmen. Eine Verpflichtung zur rechtsgeschäftlichen Regelung der Arbeitszeit ergibt sich aus § 11 Abs. 1 S. 2 Nr. 10 AÜG nicht; diese Vorschrift begründet ebenso wie die parallele Vorschrift des § 2 Abs. 1 Nr. 7 NachwG nur eine Informationspflicht[808]. In der Praxis macht es allerdings weder für den Arbeitgeber noch für den Zeitarbeitnehmer einen Sinn, die Arbeitszeit vertraglich nicht zu fixieren und der Informationspflicht des § 11 Abs. 1 S. 2 Nr. 10 AÜG durch Erstellung einer gesonderten Urkunde nachzukommen. Die Festlegung der Dauer der Arbeitszeit ist Bestandteil eines jeden Zeitarbeitsvertrages.

Insbesondere aufgrund der unterschiedlich langen täglichen oder wöchentlichen Arbeitszeiten in den verschiedenen Entleihbetrieben käme es den Interessen des Verleihers entgegen, keine feste Dauer der Arbeitszeit im Arbeitsvertrag festzulegen, sondern den Umfang der Arbeitszeit einseitig durch sein Direktionsrecht zu bestimmen und so an die Arbeitszeitdauer der Entleihbetriebe anzupassen. Zu untersuchen ist es daher, ob es zulässig ist, dem Arbeitgeber im Zeitarbeitsvertrag ein einseitiges Leistungsbestimmungsrecht hinsichtlich der Dauer der Arbeitszeit einzuräumen (dazu unten a)) oder die Dauer der vom Zeitarbeitnehmer geschuldeten Arbeitszeit nur als eine Bandbreite – zum Beispiel zwischen 35 und 40 Wochenstunden – festzulegen (dazu b)). In der Praxis finden sich in Zeitarbeitsverträgen Vereinbarungen einer entleiherbezogenen Dauer der Arbeitszeit; zu prüfen ist die Vereinbarkeit dieser Vertragsgestaltung mit den gesetzlichen Vorgaben (dazu unten c)). Abschließend soll die Länge des im Zeitarbeitsvertrages zulässigen Bezugszeitraumes der Arbeitszeitdauer beleuchtet werden (dazu unten d)).

Preis, Arbeitsrecht, S. 269; *Schaub*, ArbR-Hdb., § 45 Rdnr. 49.

806 *Junker*, in Rieder (Hrsg.), Änderung von Arbeitsbedingungen, S. 13 (29); *Lieb*, Arbeitsrecht, Rdnr. 71; Staudinger/*Richardi*, § 611 BGB Rdnr. 335.

807 Vgl. oben § 8 I 1.

808 Vgl. oben § 10 III. Zum NachwG: *Feldgen*, Nachweisgesetz, B Rdnr. 170; *Krause*, AR-Blattei SD 220.2.2, Rdnr. 152.

a) Vereinbarung eines einseitigen Leistungsbestimmungsrechtes

Eine größtmögliche Flexibilität würde dem Arbeitgeber eine Vertragsgestaltung einräumen, nach der die Bestimmung der Dauer der Arbeitszeit seinem Direktionsrecht unterliegt. Da die Dauer der Arbeitszeit nicht dem allgemeinen Weisungsrecht des Arbeitgebers unterliegt[809], könnte dies nur durch ein vertraglich erweitertes Weisungsrecht des Zeitarbeitgebers erreicht werden. Arbeitsvertragliche Vorbehalte zur einseitigen Leistungsbestimmung sind zwar grundsätzlich zulässig[810]. Allerdings ist die Zulässigkeit der Einräumung eines einseitigen Bestimmungsrechtes hinsichtlich der Dauer der Arbeitszeit zweifelhaft, da vom Umfang der Arbeitszeit zugleich der Umfang der Vergütung abhängt; der Umfang der Arbeitszeit ist zugleich bestimmendes Merkmal der Hauptleistungspflicht[811]. In der Einräumung eines einseitigen Leistungsbestimmungsrechtes sieht eine Ansicht daher eine objektive Umgehung des zwingenden Kündigungsschutzes (§ 2 KSchG) und hält diese Vereinbarung für nichtig (§ 134 BGB)[812]. Die Arbeitszeitdauer gehöre zum Kernbereich des Arbeitsverhältnisses mit der Folge, daß diese Arbeitsbedingungen lediglich durch Gesetz, Kollektiv- oder Einzelvertrag gestaltbar seien[813]. Andere Stimmen ziehen als Grenze der Vereinbarungsbefugnis eines einseitigen Leis-

---

809 BAG vom 21. 12. 1954 – 2 AZR 51/53, AP Nr. 2 zu § 611 BGB Lohnanspruch = DB 1955, 314; MünchArbR/*Anzinger*, § 218 Rdnr. 7; MünchArbR/*Blomeyer* § 48 Rdnr. 116; *Junker*, in Rieder (Hrsg.), Änderung von Arbeitsbedingungen, S. 13 (29); *Lieb*, Arbeitsrecht, Rdnr. 71; Staudinger/*Richardi*, § 611 BGB Rdnr. 335; ErfK/*Wank*, § 2 ArbzG Rdnr. 25.

810 BAG vom 27.1. 1966 – 5 AZR 55/65, AP Nr. 21 zu § 611 BGB Direktionsrecht (LS 1) = RdA 1966, 120; BAG vom 11.6. 1958 – 4 AZR 514/55, AP Nr. 2 zu § 611 BGB Direktionsrecht (LS 1) = DB 1958, 1186; Erman/*Hanau*, § 611 BGB Rdnr. 293; *Hromadka*, RdA 1992, 234 (238); *Junker*, in Rieder (Hrsg.) Änderung von Arbeitsbedingungen, S. 13 (36); *Zöllner*, NZA 1997, 121 (124 f.).

811 BAG 12.12. 1984 – 7 AZR 509/83, AP Nr. 6 zu § 2 KSchG 1969 = SAE 1985, 357 m. Anm. *Schüren*; MünchArbR/*Blomeyer*, § 46 Rdnr. 4; *Hromadka*, DB 1995, 2601; MünchKomm/*Müller-Glöge* § 611 BGB Rdnr. 418; *Preis*, Arbeitsrecht, S. 269; Staudinger/*Richardi*, § 611 BGB Rdnr. 336.

812 BAG 12.12. 1984 – 7 AZR 509/83, AP Nr. 6 zu § 2 KSchG 1969 = SAE 1985, 357 m. Anm. *Schüren*; LAG Brandenburg vom 24.10. 1996 – 3 Sa 393/96, LAGE § 2 KSchG Nr. 22 = NZA-RR 97, 127; Erman/*Hanau*, § 611 BGB Rdnr. 293; *Preis*, Arbeitsrecht, S. 269; Staudinger/*Richardi*, § 611 BGB Rdnr. 335. A.A. mit berechtigten Argumenten: *Zöllner*. NZA 1997, 121 (124 f.).

813 BAG 12.12. 1984 – 7 AZR 509/83, AP Nr. 6 zu § 2 KSchG 1969 = NZA 1985, 321. Für die Zulässigkeit einer tarifvertraglichen Einräumung eines Leistungsbestimmungsrechtes hinsichtlich der Arbeitszeitdauer: BAG vom 12.3. 1992 – AP Nr. 1 zu § 4 BeschFG 1985 (unter II 2 b) bb) der Gründe) = DB 1992, 1785 m. abl. Anm. *Schüren*; *Hromadka*, in FS Kissel, S. 417 ff. Der Siebte Senat hat in seiner Entscheidung vom 12.12. 1984 (a.a.O., unter II 3 d) ff) der Gründe) ausdrücklich offengelassen, ob dem Arbeitgeber durch einen Tarifvertrag das Recht eingeräumt werden kann, die Dauer der Arbeitszeit einseitig zu bestimmen.

tungsbestimmungsrechtes § 138 BGB heran[814]. § 138 BGB sei in jedem Fall erfüllt, wenn sich der Arbeitgeber die Bestimmung der Arbeitszeitdauer vollständig vorbehält und damit auch eine Reduzierung auf Null oder nahe Null vornehmen kann[815].

Für den Zeitarbeitsvertrag verbietet schon § 11 Abs. 4 S. 2 AÜG die Einräumung eines einseitigen Leistungsbestimmungsrechtes hinsichtlich der Arbeitszeitdauer[816]: Ist die Dauer der Arbeitszeit offen, so muß der Verleiher den Zeitarbeitnehmer in Zeiten zwischen zwei Einsätzen in Entleiherbetrieben nicht beschäftigen. Er könnte während dieser Zeit einseitig die Arbeitszeit auf Null reduzieren und würde dadurch sein Vergütungsrisiko vollständig auf den Zeitarbeitnehmer übertragen. Die einseitige Bestimmung des Arbeitgebers hinsichtlich der Arbeitszeitdauer würde eine objektive Umgehung der Annahmeverzugsfolgen darstellen[817].

b) Bandbreitenregelungen

Bandbreiten- oder Korridorregelungen sind Vertragsgestaltungen, bei denen die Dauer der Arbeitszeit im Arbeitsvertrag nur rahmenmäßig durch eine Mindest- und eine Höchstarbeitszeit angegeben wird und der Arbeitgeber befugt ist, den genauen Umfang der Arbeitszeit innerhalb dieses Rahmens einseitig zu bestimmen. Die Zulässigkeit solcher Vertragsgestaltungen ist umstritten.

Das Bundesarbeitsgericht hält individualvertragliche[818] Regelungen, die eine zeitliche Bandbreite von nur wenigen Stunden zur einseitigen Disposition des Arbeitge-

---

814 BAG vom 9.6. 1965 – 1 AZR 388/64, AP Nr. 10 zu § 315 BGB = DB 1965, 1217; *Hromadka*, RdA 1992, 234 (239). Zum Teil differenziert diese Ansicht zwischen individuell ausgehandelten Vereinbarungen und arbeitsvertraglichen Einheitsregelungen: Während bei individuellen Vereinbarungen § 138 BGB die Grenze bilde, sei bei der Vereinbarung in arbeitsvertraglicher Einheitsregelungen § 242 BGB die Grenze. So *Hromadka*, RdA 1992, 234 (240); vgl. hierzu auch *Junker*, Rieder (Hrsg.), Änderung von Arbeitsbedingungen, S. 13 (47 f.).

815 *Hromadka*, RdA 1992, 234 (240).

816 *Brötzmann/Musial*, NZA 1997, 17 (19); *Schüren*, AÜG, Einl. Rdnr. 156.

817 Das Bundessozialgericht hat schon in seiner Entscheidung vom 16.12. 1976 (- 12/7 RAr 89/75, NJW 1978 853 (855) = EzAÜG Nr. 31) die Vereinbarung eines festen Arbeitszeitdeputats für den Zeitarbeitsvertrag als zwingend gefordert; die Konstruktion der Zeitarbeit verschleiere sonst nur eine private Arbeitsvermittlung.

818 Demgegenüber hat das Bundesarbeitsgericht die tarifvertragliche Vereinbarung einer Bandbreite, innerhalb derer der Arbeitgeber den Umfang der Arbeitszeit einseitig bestimmen kann, wiederholt für zulässig erachtet: BAG vom 12.3. 1992 – AP Nr. 1 zu § 4 BeschFG 1985 (unter II 2 b) bb) der Gründe) = DB 1992, 1785 m. abl. Anm. *Schüren*; BAG vom 12.12. 1990 – 4 AZR 238/90, AP Nr. 2 zu § 4 TVG Arbeitszeit (LS) = NZA 1991, 386; BAG 17. 3. 1988 – 6 AZR 268/85, AP Nr. 11 zu § 15 BAT (unter II 3 der Gründe) = NJW 1989, 1564.

bers stellen, wegen einer objektiven Umgehung zwingender Vorschriften des Kündigungsschutzes für unzulässig; der zeitliche Rahmen den die Bandbreitenregelung einräumt, sei unerheblich[819]. Jede einseitige Eingriffsbefugnis des Arbeitgebers in den Umfang der Arbeitszeit nehme dem Arbeitnehmer die Dispositionsfreiheit über die Verwertung seiner Arbeitskraft; der Arbeitnehmer könne aufgrund der Unsicherheit über seine zeitliche Inanspruchnahme keine weitere Nebentätigkeit ausüben[820].

Diese Rechtsprechung wurde in § 4 BeschFG gesetzlich verankert; § 4 Abs. 1 2. HS. BeschFG verlangt die Vereinbarung einer bestimmten Dauer der Arbeitszeit und versperrt damit die Möglichkeit, dem Arbeitgeber ein einseitiges Leistungsbestimmungsrecht hinsichtlich der Arbeitszeitdauer einzuräumen[821].

Trotzdem beurteilt die Literatur die Zulässigkeit individualvertraglicher Vereinbarungen von Bandbreitenregelungen uneinheitlich: Während die überwiegende Meinung der Literatur individualvertragliche Bandbreitenregelungen unabhängig davon, ob es sich um Voll- oder um Teilzeitarbeitsverhältnisse handelt, als unzulässig erachtet[822], wollen andere Autoren individualvertragliche Bandbreitenregelungen nur im Rahmen von Teilzeitarbeitsverhältnissen als grundsätzlich unzulässig qualifizieren. In Vollzeitarbeitsverhältnissen soll demgegenüber eine Bandbreite von 20 Prozent noch tolerabel sein[823]. Wieder andere Stimmen halten arbeitsvertragliche Bandbreitenvereinbarungen mit einem begrenzten Anpassungsvolumen der Arbeitszeit für grundsätzlich zulässig[824].

---

819 BAG vom 12.12. 1984 – 7 AZR 509/83, AP Nr. 6 zu § 2 KSchG 1969 = NZA 1985, 321.

820 BAG vom 12.12. 1984 – 7 AZR 509/83, AP Nr. 6 zu § 2 KSchG 1969 (unter II 3 d) cc) der Gründe) = NZA 1985, 321. So auch LAG Brandenburg vom 24.10. 1996 – 3 Sa 393/96, NZA-RR 1997, 127 = LAGE § 2 KSchG Nr. 22.

821 *Hanau/Preis*, Der Arbeitsvertrag II A 100 Rdnr. 11; *Klevemann*, AiB 1987, 204 (206); MünchArbR/*Schüren*, § 162 Rdnr. 29.

822 Erman/*Hanau*, § 611 BGB Rdnr. 303; *Hanau*, in Hromadka (Hrsg.), Personalmanagement, S. 119 (126);*Hanau*, RdA 1987, 25 (28); *Hanau/Preis*, Der Arbeitsvertrag, II A 100 Rdnrn. 10, 30; *Klevemann*, AiB 1987, 204 (207); *Klevemann*, AuR 1987, 292 (295); *Malzahn*, AuR 1985, 386 (387); *Meyer*, KAPOVAZ, S. 73; ErfK/*Preis*, § 4 BeschFG Rdnr. 9.

823 *Hromadka*, RdA 1992, 234 (242); *Hromadka*, in FS Dietrich, S. 251 (269).

824 *Kappus*, Rechtsfragen, S. 274; *Rieble*, NZA 2000, Beil. zu 3/2000, S. 34 (41);. So im Ergebnis auch *Frey*, Flexible Arbeitszeit, S. 65 f., der die Vereinbarung eines sogenannten „Swingbereiches“ als zulässig erachtet.

Für den Zeitarbeitsvertrag ist die Festlegung eines Arbeitszeitkorridores schon aufgrund des § 11 Abs. 4 S. 2 AÜG unzulässig: Durch die Vereinbarung einer Bandbreite der Arbeitszeitdauer könnte der Verleiher das mit Auftragsschwankungen verbundene Vergütungsrisiko auf den Zeitarbeitnehmer abwälzen. Damit liefen § 615 S. 1 BGB, § 11 Abs. 4 S. 2 AÜG leer[825]. Unter dem Aspekt der Beschränkung der Annahmeverzugsfolgen sind damit die in der Praxis nicht seltenen Vereinbarungen einer Mindestarbeitszeit und eines Garantielohnes[826], der speziell für verleihfreie Zeiten unter Zugrundelegung einer geringeren Arbeitszeit gezahlt wird, unzulässig [827]. Um den Zeitarbeitnehmer vertraglich zu verpflichten, bei Bedarf über das vereinbarte feste Arbeitszeitdeputat zu arbeiten, behilft sich die Praxis mit Überstundenvereinbarungen[828].

c) Entleiherbezogene Arbeitszeitdauer

Rechtstatsächlich finden sich in Zeitarbeitsverträgen auch Vereinbarungen, in denen sich die Dauer der Arbeitszeit nach der tariflichen oder betrieblichen Arbeitszeitdauer des jeweiligen Entleihbetriebes richtet[829]. Da diese Zeitarbeitsverträge zugleich eine nach Stunden bemessene Vergütung vorsehen[830], ist der Arbeitnehmer durch diese Vertragsgestaltung einem - wenn auch nur gering - schwankendem Entgelt ausgesetzt. Mit der Vereinbarung einer entleiherbezogenen Arbeitszeitdauer ist die Dauer der Arbeitszeit im Arbeitsvertrag zwar nicht fest bestimmt, jedoch bestimmbar. Sie richtet sich nicht nach dem einseitigen Leistungsbestimmungsrecht des Arbeitgebers, sondern nach betrieblichen oder tariflichen Regeln. Indirekt bestimmt der Arbeitgeber die Arbeitszeitdauer allerdings mit der Wahl des Entleihbetriebes. Trotzdem können weder der Verleiher noch der das arbeitsbezogene Weisungsrecht im Rahmen des Zeitarbeitsvertrages ausübende Entleiher durch diese Vertragsgestaltung einseitig in die Hauptleistungspflichten des Zeitarbeitsverhältnisses eingreifen. Strenggenommen könnte allerdings auch in einer derartigen

---

825 GK-TzA/*Becker* § 2 BeschFG Rdnr. 384; *Schüren*, AÜG, Einl. AÜG Rdnr. 156; *Ulber*, § 11 AÜG Rdnr. 31; Durchführungsanweisung der BA vom 6.3. 1998, Arbeitshilfe IV/2 (Stand 8/1998), abgedruckt im Anhang I. *Düwell* (Kasseler Handbuch 4.5 Rdnr. 373 f.) will demgegenüber unter Berücksichtigung der Arbeitszeitschwankungen in den verschiedenen Entleihbetrieben eine Schwankungsbreite von bis zu 15 % als zulässig werten.

826 In 17 % der untersuchten Verträgen findet sich die Vereinbarung einer Mindestarbeitszeit.

827 Kasseler Handbuch/*Düwell*, 4.5 Rdnr. 370.

828 Zur Zulässigkeit der arbeitsvertraglichen Verpflichtung des Zeitarbeitnehmers zur Leistung von Überstunden unten § 12 I 1.

829 Regelungen, die auf die für den jeweiligen Entleihbetrieb geltende Arbeitszeitdauer abstellen, finden sich in drei der untersuchten Zeitarbeitsverträge.

830 Ein Zeitarbeitsvertrag koppelt gleichzeitig die Höhe der Vergütung des Zeitarbeitnehmers an den für den Entleihbetrieb geltenden Tariflohn.

Vertragsgestaltung eine Beschränkung der Annahmeverzugsfolgen gesehen werden: Der Arbeitgeber paßt den Umfang der zu vergütenden Arbeitsstunden den tatsächlichen Einsatzmöglichkeiten an. Das gilt allerdings nur für die Zeit, während der der Zeitarbeitnehmer in einem Entleihbetrieb beschäftigt ist; während verleihfreier Zeiten orientiert sich das fortzuzahlende Entgelt an dem im letzten Entleihbetrieb geschuldeten Arbeitszeitumfang. Zu bedenken ist ferner, daß aufgrund unterschiedlicher Wochenarbeitszeiten in den verschiedenen Entleihbetrieben und dem Verbot von Bandbreitenregelungen in der Praxis eine Vereinbarung einer niedrigen Wochenarbeitszeit – zum Beispiel 35 Stunden – mit der Verpflichtung zur Leistung zuschlagfreier Überstunden üblich ist[831]. Überstundenverpflichtungen sind auch in Zeitarbeitsverträgen grundsätzlich zulässig[832]. Für den Zeitarbeitnehmer macht die letztgenannte Regelung praktisch keinen Unterschied zu der Vereinbarung einer entleiherbezogenen Arbeitszeitdauer; bei einer entleiherbezogenen Arbeitszeitdauer ist der Zeitarbeitnehmer während überlassungsfreier Zeiten sogar noch besser gestellt[833]. Für ein Verbot einer entleiherbezogenen Arbeitszeitdauer ist daher auch im Hinblick auf § 11 Abs. 4 S. 2 AÜG kein Platz[834].

d) Bezugszeitraum

Die Vereinbarung einer bestimmten Dauer der Arbeitszeit verlangt sogleich die Festlegung eines Bezugsrahmens, in dem das festgelegte Arbeitszeitvolumen – die Anzahl der geschuldeten Arbeitsstunden – geleistet werden soll[835]. Gesetzlich nicht vorgeschrieben ist, ob die Arbeitszeitdauer als Tages- , Wochen-, Monats- oder Jahresarbeitszeit festzulegen ist. Anstatt von 35 Wochenarbeitsstunden könnte die Arbeitszeit auch als 140 Stunden im Monat oder 1820 Jahresarbeitsstunden vereinbart werden. Durch die Vereinbarung eines längeren Bezugszeitraumes kann die Arbeitszeitdauer in den einzelnen Monaten variieren. In herkömmlichen zweiseitigen Arbeitsverhältnissen ist die Vereinbarung einer Arbeitszeitdauer für einen Be-

---

831 So verfährt die ganz überwiegende Vertragspraxis (vgl. auch Neunter AÜG-Erfahrungsbericht, BT-Drucks. 14/4220, S.199). Mit einer Ausnahme enthalten alle untersuchten Verträge eine Verpflichtung zur Leistung von Überstunden, wobei Zuschläge erst ab der 41. Wochenarbeitsstunde gewährt werden.

832 Zu den Grenzen der Zulässigkeit von Überstundenvereinbarungen vgl. unten § 12 I 1 a).

833 Nach dem Lohnausfallprinzip werden Überstunden nur dann auch in beschäftigungsfreien Zeiten fortgezahlt, wenn sie in den letzten drei Monaten regelmäßig angefallen sind.

834 Auch die Bundesanstalt für Arbeit hält die Vereinbarung einer entleiherbezogenen Arbeitszeitdauer für grundsätzlich zulässig; gefordert wird allerdings, daß eine Mindestarbeitszeit und damit zugleich eine Mindestentlohung im Arbeitsvertrag festgelegt wird (Durchführungsanweisung der BA vom 6.3. 1998, Arbeitshilfe IV/1 (Stand 8/1998), abgedruckt im Anhang I).

835 GK-TzA/*Mikosch*, § 4 BeschFG Rdnr. 49.

zugszeitraum bis zu einem Jahr unbedenklich[836]. Zu prüfen ist, inwieweit das auch für Zeitarbeitsverträge gilt:

Grundsätzlich bestehen auch im Rahmen eines Zeitarbeitsverhältnisses keine Bedenken gegen die Vereinbarung längerer Bezugszeiträume der Arbeitszeitdauer, sofern der Zeitarbeitnehmer eine gleichmäßige monatliche Vergütung, unabhängig von der tatsächlich geleisteten Arbeitszeit, erhält[837]. In der Praxis ist die Vereinbarung eines mehrmonatigen oder auf ein Jahr bezogenen Bezugszeitraumes in Zeitarbeitsverträgen stets mit dem Recht des Arbeitgebers verbunden, die Lage der Arbeitszeit nach dem Arbeitsanfall festzulegen, das heißt den Möglichkeiten, den Zeitarbeitnehmer im Entleihbetrieb zu beschäftigen. Eine von vornherein festgelegte oder auf einer übereinstimmenden Absprache beider Vertragsparteien beruhende Arbeitszeitverteilung findet sich in Zeitarbeitsverträgen nicht[838]. Gleiches gilt für Gleitzeitvereinbarungen, die die Verteilung der Arbeitszeit der einseitigen Bestimmung des Arbeitnehmers unterstellen. Auch die Rechtsprechung[839] und die Bundesanstalt für Arbeit[840] beschäftigen sich ausschließlich mit Vertragsgestaltungen, in denen ein mehrmonatiger Bezugszeitraum oder eine Jahresarbeitszeit im Rahmen eines Abrufarbeitsverhältnisses vereinbart ist. Die Zulässigkeit derartiger Vertragsgestaltungen wird daher im Rahmen der Möglichkeit der Vereinbarung von Abrufarbeit im Zeitarbeitsvertrag untersucht[841].

2. Lage

Die zeitliche Lage der Arbeitspflicht, das heißt Beginn und Ende der täglichen Arbeitszeit, die Pausen sowie die Verteilung der Arbeitszeit auf die einzelnen Wochentage, ist zumeist nicht arbeitsvertraglich geregelt[842]. Während der Umfang der

---

836 MünchArbR/*Blomeyer*, § 48 Rdnr. 101; *Hanau*, in Hromadka (Hrsg.), Personalmanagement, S. 119 (120); *Reinecke*, Küttner (Hrsg.), Personalbuch, Arbeitszeitmodelle Rdnrn. 7, 12; *Malzahn*, AuR 1985, 386 (387). Die Zulässigkeit der Vereinbarung von Jahresarbeitszeiten wird in der Literatur nur dann in Zweifel gezogen, sofern sie im Rahmen einer KAPOVAZ-Vereinbarung nach § 4 BeschFG erfolgt; vgl. unten § 12 I 3 b. Zur Zulässigkeit von Jahresarbeitszeitvereinbarungen vgl. auch MünchArbR/*Schüren*, § 167.

837 *Schneider*, Hdb. der Zeitarbeit, Rdnr. 229; Durchführungsanweisung der BA vom 6.3. 1998, Arbeitshilfe IV/1 (Stand 8/1998), abgedruckt im Anhang I.

838 In keinem der untersuchten Zeitarbeitsverträge fand sich eine derartige Regelung.

839 BSG vom 29.7. 1992 – 11 RAr 51/91, AP Nr. 3 zu § 3 AÜG = NZA 1993, 527.

840 Durchführungsanweisung der BA vom 6.3. 1998, Arbeitshilfe IV/1 (Stand 8/1998), abgedruckt im Anhang I.

841 Vgl. unten § 12 I 3.

842 MünchArbR/*Blomeyer*, § 48 Rdnr. 143; Erman/*Hanau*, § 611 BGB Rdnr. 286; Staudinger/*Richardi*, § 611 BGB Rdnr. 337.

Arbeitszeit dem Direktionsrecht des Arbeitgebers entzogen ist, kann der Arbeitgeber die Lage der Arbeitszeit im Rahmen seines Direktionsrechts bestimmen[843]. Die Ausübung des Direktionsrechtes wird durch die zwingenden Vorschriften des Arbeitszeitschutzes sowie ein dem Betriebsrat gemäß § 87 Abs. 1 Nr. 3 BetrVG zustehendes Mitbestimmungsrecht begrenzt. In Betrieben, in denen kein Betriebsrat besteht, kann der Arbeitgeber die Lage der Arbeitszeit kraft seines Direktionsrechtes innerhalb der Grenzen des ArbZG bestimmen. Die einzelne Leistungsbestimmung des Arbeitgebers unterliegt § 315 I BGB[844].

Im Zeitarbeitsvertrag wird die Lage der Arbeitszeit grundsätzlich nur als Rahmen angegeben werden können. Aus praktischen Gründen muß sich die Lage der Arbeitszeit nach den Bedürfnissen des Entleihbetriebes richten. In den meisten Zeitarbeitsverträgen heißt es: Die Lage und Verteilung der Arbeitszeit richtet sich nach den im Kundenbetrieb geltenden Regelungen[845]. Daß der Zeitarbeitnehmer damit in einem stärkeren Maße einer wechselnden Arbeitszeitlage ausgesetzt ist als ein Arbeitnehmer in einem herkömmlichen zweiseitigen Arbeitsverhältnis, ist Spezifikum der Zeitarbeit. Die Arbeitszeitlage bestimmen und verändern kann der Entleiher durch Ausübung des ihm zustehenden Direktionsrechtes in den Grenzen des Zeitarbeitsvertrages und den ihm durch den Überlassungsvertrag eingeräumten Möglichkeiten sowie den gesetzlichen Vorschriften. Kann oder will der Zeitarbeitnehmer, zum Beispiel wegen anderweitiger Verpflichtungen, nur zu einer bestimmten Tageszeit arbeiten, so muß diese Arbeitszeitlage im Zeitarbeitsvertrag festgelegt werden und ist damit auch für den Entleiher bindend[846].

---

843 BAG vom 23.6. 1992 – 1 AZR 57/92, AP Nr. 1 zu § 611 BGB Arbeitszeit (unter II 2 der Gründe) = NZA 1993, 89; LAG Köln vom 14.2. 1997 – 11 Sa 1002/96, NZA-RR 1997, 391 (LS 1); MünchArbR/*Blomeyer*, § 48 Rdnr. 128; *Hanau*, RdA 1987, 25 (28); *Hanau/Preis*, Der Arbeitsvertrag, II A 100 Rdnr. 72; *Junker*, in Rieder (Hrsg.), Änderung von Arbeitsbedingungen, S. 13 (29); Staudinger/*Richardi*, § 611 BGB Rdnr. 33; *Reinecke*, in Küttner (Hrsg.), Personalbuch, Arbeitszeit, Rdnr. 30; KR/*Rost*, § 2 KSchG Rdnr. 43 a; *Zöllner/Loritz*, Arbeitsrecht, S. 168.

844 BAG vom 23. 6. 1992 – 1 AZR 57/92, AP Nr. 1 zu § 611 BGB Arbeitszeit (unter II 2 der Gründe) = NZA 1993, 89; MünchArbR/*Blomeyer*, § 48 Rdnr. 143 f.; *Baeck/Deutsch*, ArbZG, Einf., Rdnr. 47.

845 So als zulässig erachteter Formulierungsvorschlag der Bundesanstalt für Arbeit (Durchführungsanweisung der BA vom 6.3. 1998, Arbeitshilfe IV/1 (Stand 8/1998), abgedruckt im Anhang I; *Schüren*, AÜG, Einl. Rdnr. 152. Diese Vereinbarung findet sich in 50 % der untersuchten Zeitarbeitsverträge. Zur Frage des Mitbestimmungsrechts des Entleihbetriebsrates bei entleiherbezogener Arbeitszeitlage *Schüren*, AÜG, Einl. Rdnr. 152, § 14 AÜG Rdnr. 219 f.

846 Vgl. *Becker/Wulfgramm*, § 10 AÜG Rdnr. 10.

Gleitzeitvereinbarungen[847], die es dem Arbeitnehmer überlassen, zumindest innerhalb eines vorgegebenen Rahmens die Lage seiner Arbeitszeit autonom zu bestimmen, haben im Bereich der Zeitarbeit keine Bedeutung. Wird im Arbeitsvertrag, wie in der Praxis üblich, die Lage der Arbeitszeit dem jeweiligen Entleihbetrieb angepaßt, so wird der Zeitarbeitnehmer zwar während einzelner Einsätze am im Entleihunternehmen bestehenden Gleitzeitsystem partizipieren, arbeitsvertraglich scheidet jedoch eine Gleitzeitvereinbarung aufgrund der bei Vertragsschluß nicht absehbaren Einsatzbetriebe und der dort bestehenden verschiedenen Regelungen von vornherein aus.

Das Gegenstück zur Gleitzeit ist die Abrufarbeit: Während bei der Gleitzeit der Arbeitnehmer die Lage der Arbeitszeit einseitig bestimmt, obliegt im Rahmen eines Abrufarbeitsverhältnisses die ständig wechselnde Arbeitszeit der einseitigen Leistungsbestimmung des Arbeitgebers[848]. Soll der Arbeitgeber befugt sein, die Lage der Arbeitszeit dem Arbeitsanfall durch sein einseitiges Leistungsbestimmungsrecht anzupassen, so muß der Arbeitsvertrag dem Arbeitgeber dieses Recht ausdrücklich einräumen (§ 4 BeschFG). Das allgemeine Weisungsrecht hinsichtlich der Lage der Arbeitszeit umfaßt nicht die Befugnis zu einer umfassenden Anpassung der Arbeitszeit an den Arbeitsanfall[849]. Zu der Frage der Zulässigkeit der Vereinbarung eines Abrufarbeitsverhältnisses im Zeitarbeitsvertrag unten § 12 I 3.

3. Zusammenfassung

Die Dauer der Arbeitszeit ist im Zeitarbeitsvertrag festzulegen. Vertragsgestaltungen, die dem Arbeitgeber das Recht einräumen, den Umfang der geschuldeten Arbeitsleistung einseitig zu reduzieren, sind mit § 11 Abs. 4 S. 2 AÜG nicht vereinbar. Unbedenklich ist allerdings die Vereinbarung einer entleiherbezogenen Arbeitszeitdauer. In der Praxis wird in Zeitarbeistverträgen regelmäßig eine relativ niedrige wöchentliche Arbeitszeit von 35 Stunden vereinbart. Hinsichtlich der Lage der Arbeitszeit finden sich in Zeitarbeitsverträgen keine konkreten Regelungen; üblich sind Vereinbarungen, daß sich die Lage der Arbeitszeit nach den im Entleihbetrieb geltenden Regelungen richtet. Im übrigen bestimmen der Verleiher oder der Entleiher - sofern er hierzu nach dem Überlassungsvertrag befugt ist – die Lage der Arbeitszeit im Rahmen ihres Weisungsrechtes.

---

847 Vgl. zu Gleitzeitvereinbarungen: MünchArbR/*Anzinger*, § 218 Rdnr. 54.

848 *Hanau*, in Hromadka (Hrsg.), Personalmanagement, S. 119 (126).

849 Erman/*Hanau*, § 611 BGB Rdnr. 303; *Hanau*, RdA 1987, 25 (28); *Meyer*, KAPOVAZ, S. 71 f.; GK-TzA/*Mikosch*, § 4 BeschFG Rdnr. 23.

§ 12 Gestaltungsmöglichkeiten weiterer Vertragsklauseln

Alle untersuchten Zeitarbeitsverträge enthalten neben den notwendigen Vertragsbestandteilen noch eine Vielzahl weiterer Klauseln. Breiten Raum nehmen flexible Gestaltungen der Arbeitszeit in Zeitarbeitsverträgen ein. Von den gesetzlich gewährten Möglichkeiten, ein Zeitarbeitsverhältnis zu befristen, macht die Vertragspraxis häufig Gebrauch; in fast allen Formularzeitarbeitsverträgen wird Raum für eine Befristungsregelung gelassen. Zeitarbeitsspezifisch ist die in zahlreichen Zeitarbeitsverträgen zu findende und nicht unumstrittene Vereinbarung von Meldepflichten. Vertragsstrafenklauseln gehören fast zum „Standardinhalt" von Zeitarbeitsverträgen[850].

Außerdem finden sich in den meisten Zeitarbeitsverträgen: Schriftformklauseln, Geheimhaltungsklauseln, Regelungen für den Fall der vorübergehenden Arbeitsverhinderung (§ 616 BGB), Vereinbarungen einer Probezeit[851], Rückzahlungsklauseln und Abtretungsverbote[852]. Hinsichtlich der Gestaltung dieser Vertragsklauseln bestehen keine Besonderheiten für den Zeitarbeitsvertrag. Es gelten die allgemeinen Grenzen des Arbeitsvertragsrechtes. Deshalb bedarf es im Rahmen dieser Arbeit keiner näheren Auseinandersetzung.

I. Flexible Arbeitszeitgestaltungen

In der Praxis suchen die Zeitarbeitsunternehmen nach zulässigen Gestaltungsmöglichkeiten, ihr Beschäftigungsrisiko - vor allem in überlassungsfreien Zeiten - zu reduzieren. Hierfür ist die Flexibilisierung der Arbeitszeit ein wesentlicher Ansatzpunkt[853].

Unter dem Begriff Flexibilisierung der Arbeitszeit werden verschiedene Gestaltungsformen der Arbeitszeit zusammengefaßt[854]. Für den Zeitarbeitsvertrag kommen insbesondere eine Verpflichtung zu Überstunden[855], Teilzeitarbeitsmodelle[856]

---

850 Vgl. oben § 2 II 2.

851 Zur Befristung auf Probe vgl. unten §12 II.

852 Vgl. oben § 2 II 2.

853 Vgl. *Schneider*, Hdb. der Zeitarbeit, Rdnr. 209.

854 Vgl. MünchArbR/*Anzinger*, § 218 Rdnr. 37; *Hamm*, Flexible Arbeitszeiten, S. 61; *Reinecke*, in Küttner (Hrsg.), Personalbuch, Arbeitszeitmodelle, Rdnr. 1; *Schaub*, ArbR-Hdb., § 160 Rdnr. 23.

855 Dazu unten 1.

856 Dazu unten 2.

und die Vereinbarung einer kapazitätsorientierten variablen Arbeitszeit[857] in Betracht[858]. Zu untersuchen ist, inwieweit sich diese Vertragsgestaltungen auch in Zeitarbeitsverträgen umsetzen und mit den zwingenden Vorgaben des AÜG vereinbaren lassen.

Werden flexible Arbeitszeitmodelle im Zeitarbeitsvertrag festgelegt, so gehören sie zur „vereinbarten Arbeitszeit" im Sinne des § 11 Abs. 1 S. 2 Nr. 10 AÜG. Aus dieser Vorschrift ergeben sich keine Einschränkungen hinsichtlich der Zulässigkeit flexibler Arbeitszeitgestaltungen[859]; gefordert wird allein die Dokumentation der vereinbarten Arbeitszeitregelung in einem schriftlichen Arbeitsvertrag oder ersatzweise in einer Urkunde.

1. Überstunden

Arbeitet ein Arbeitnehmer über die für sein Beschäftigungsverhältnis vereinbarte Arbeitszeit hinaus, so leistet der Arbeitnehmer Überstunden[860]. Zur Leistung von Überstunden ist der Arbeitnehmer grundsätzlich nur verpflichtet, wenn sein Arbeitsvertrag dem Arbeitgeber eine ausdrückliche Anordnungsbefugnis von Überstunden einräumt oder kollektivvertragliche Regelungen dem Arbeitgeber dieses Recht gewähren[861]. Nur in außergewöhnlichen Fällen, insbesondere in Notfällen, ist ein Arbeitnehmer allein aufgrund seiner Treuepflicht zur Leistung von Überstunden verpflichtet[862]. Wird der Zeitarbeitnehmer vertraglich zur Erbringung von Überstunden unabhängig von einem außergewöhnlichen Arbeitsanfall verpflichtet, so

---

857 Dazu unten 3.

858 Demgegenüber scheiden Job-Sharing Vereinbarungen (§ 5 BeschFG/§ 13 TzBfG) aufgrund der Dreidimensionalität des Zeitarbeitsverhältnisses von vornherein aus (vgl. dazu GK-TzA/*Becker*, § 2 BeschFG Rdnr. 388). Auch Altersteilzeitregelungen haben wegen der hohen Fluktuation und zumeist recht kurzen Vertragsdauer im Bereich der Zeitarbeit keine Bedeutung.

859 *Feldgen*, NachwG, Rdnr. 165; vgl. auch oben § 10 III, § 11 IV 1.

860 BAG vom 8.11. 1989 – 5 AZR 642/88, AP Nr. 1 zu § 46 SchwbG (unter II 1 der Gründe) = NZA 1990, 309; MünchArbR/*Anzinger*, § 218 Rdnr. 33. Teilweise wird die Überschreitung der indvidual- oder tarifvertraglichen Arbeitszeit auch als Mehrarbeit bezeichnet, obwohl unter Mehrarbeit im allgemeinen die über die normale gesetzliche Arbeitszeit hinausgehende Arbeit verstanden wird. Vgl. MünchArbR/*Anzinger*, § 218 Rdnr. 31.

861 *Gaul*, NZA 2000, Beil. zu 3/2000, S. 51 (60); *Hümmerich*, Arbeitsrecht, § 1 Rdnr. 208; *Linnenkohl/Kitz/Rauschenberg/Reh*, Arbeitszeitflexiblisierung, S. 46; *Preis*, Arbeitsrecht, S. 274; *Schaub*, ArbR-Hdb., § 45 Rdnr. 68. Umstritten ist, ob dem Arbeitgeber die Anordnungsbefugnis auch durch eine Betriebsvereinbarung eingeräumt werden kann; vgl. dazu *Zöllner/Loritz*, Arbeitsrecht, S. 163.

862 MünchArbR/*Blomeyer*, § 48 Rdnr. 130; *Gaul*, NZA 2000, Beil. zu 3/2000, S. 51 (60); *Klevemann*, BB, 1987, 1242; *Schneider*, Hdb. der Zeitarbeit, Rdnr. 234.

könnte hierin ein nicht unerhebliches Instrument der Arbeitszeitflexibilisierung für den Arbeitgeber liegen[863]. Fraglich ist, ob Überstundenvereinbarungen auch im Zeitarbeitsvertrag zulässig sind und den Entleiher berechtigen, frei darüber zu entscheiden, den Zeitarbeitnehmer über die vertraglich vereinbarte Arbeitszeit hinaus zu beschäftigen.

a) Überstundenvereinbarung

Eine vertragliche Verpflichtung zur Leistung von Überstunden im Zeitarbeitsvertrag könnte mit § 11 Abs. 4 S. 2 AÜG kollidieren[864]: Wird im Zeitarbeitsvertrag eine feste Arbeitszeitdauer mit einer Verpflichtung zu Überstunden verbunden, so könnte man hierin – wie bei Bandbreitenregelungen[865] – eine unzulässige Verlagerung des Risikos der Nichtbeschäftigung auf den Zeitarbeitnehmer sehen.

Für die Frage der Zulässigkeit von Überstundenvereinbarungen in Zeitarbeitsverträgen muß auf die *Regelmäßigkeit* der Überstunden abgestellt werden. Nur wenn eine nicht unerhebliche Anzahl an Überstunden regelmäßig anfällt, ist die Nähe zu unzulässigen Bandbreitenregelungen gegeben und die rechtliche Einordnung der über die vereinbarte Arbeitszeitdauer hinausgehenden Stunden als Überstunden zweifelhaft. Oftmals handelt es sich bei diesen Vertragsgestaltungen in Wirklichkeit um die Vereinbarung eines höheren Arbeitszeitdeputats mit dem unwirksamen Vorbehalt des Arbeitgebers, Absenkungen bis zu einer bestimmten Grenze vorzunehmen[866]. Im übrigen sind jedoch auch in Zeitarbeitsverträgen Überstundenvereinbarungen im Rahmen der Grenzen des ArbZG zulässig[867] und finden sich in allen untersuchten Zeitarbeitsverträgen. In der Praxis wird die Möglichkeit Überstunden anzuordnen teilweise auch an besondere betriebliche Bedürfnisse gekoppelt[868]. In diesen Fällen ist die Zulässigkeit der Überstundenvereinbarung unproblematisch; um besondere betriebliche Bedürfnisse handelt es sich allerdings nur,

---

863 Vgl. *Schneider*, Hdb. der Zeitarbeit, Rdnr. 234.

864 Für einen Verstoß gegen § 11 Abs. 4 S. 2 AÜG: *Bauer*, in Küttner (Hrsg.) Personalbuch, Leiharbeitnehmer, Rdnr. 17.

865 Vgl. oben § 11 V 1 b).

866 Kasseler Handbuch/*Düwell*, 4.5 Rdnr. 371; *Schneider*, Hdb. der Zeitarbeit, Rdnr. 235. Vgl. auch *Hanau*, in Hromadka (Hrsg.), Personalmanagement, S. 119 (128); MünchArbR/*Schüren*, § 166 Rdnr. 10.

867 Vgl. *Schneider*, Hdb. der Zeitarbeit, Rdnr. 234 f.; *Schüren*, AÜG, Einl. Rdnrn. 153, 297, 377; *Ulber*, § 1 AÜG Rdnr. 115; Durchführungsanweisung der BA vom 6.3. 1998, Arbeitshilfe IV/1 (Stand 8/1998), abgedruckt im Anhang I.

868 Eine solche Regelung findet sich in einem der untersuchten Verträge.

wenn sie nicht regelmäßig und gehäuft auftreten. Derartige Vorbehalte ermöglichen somit von vornherein nicht den regelmäßigen Abruf von Überstunden[869].

b) Überstundenvergütung

Sieht der Arbeitsvertrag keine Regelung hinsichtlich der Vergütung der Überstunden vor, ist dem Arbeitnehmer das übliche Entgelt zu zahlen (§ 612 Abs. 2 BGB)[870]. Eine gesetzliche Verpflichtung für Überstunden einen Zuschlag zu zahlen, besteht nicht (mehr)[871]. Allerdings können auch Zuschläge betriebs- oder branchenüblich sein; dann sind sie gemäß § 612 II BGB dem Arbeitnehmer zu gewähren[872]. Rechtstatsächlich wird in Zeitarbeitsverträgen zumeist ab der 40. Wochenstunde ein Überstundenzuschlag von 25 Prozent des Stundenlohnes gezahlt[873].

Grundsätzlich zulässig ist es, wie in jedem anderen Arbeitsverhältnis auch[874], im Zeitarbeitsvertrag zu vereinbaren, daß angefallene Überstunden mit Freizeit ausgeglichen werden[875]. Die Überstunden werden zu einer vorverlegten Arbeitsleistung,

---

869 Sofern der Arbeitnehmerüberlassungsvertrag den Entleiher zur Anordnung von Überstunden ermächtigt, ist der Entleiher befugt aufgrund seines Weisungsrechtes Überstunden anzuordnen. Zu der Frage inwiefern die Anordnung der Überstunden durch den Entleiher auch dem Mitbestimmungsrecht des Betriebsrates des Entleihbetriebes unterliegt: LAG Köln vom 21.10. 1994 – 13 TaBV 45/94, BB 1995, 568 = MDR 1995, 393; vgl. auch unten § 13.

870 Da die Vergütung der Überstunden und eventueller Zuschläge durch den Verleiher erfolgt, muß der Entleiher im Überlassungsvertrag ermächtigt werden, Überstunden anzuordnen. Fehlt diese Befugnis im Überlassungsvertrag und ist der Zeitarbeitnehmer aber arbeitsvertraglich zur Leistung von Überstunden nach Weisung des Entleihers verpflichtet, so ist der Verleiher zur Vergütung geleisteter Überstunden verpflichtet. Im Innenverhältnis zwischen Verleiher und Entleiher handelt es sich um eine rechtsgrundlose Leistung (*Schüren*, AÜG, Einl. Rdnr. 378).

871 Vor Einführung des ArbZG mußte der Arbeitgeber gemäß § 15 AZO einen Zuschlag von 25 % zahlen.

872 MünchArbR/*Anzinger*, § 218 Rdnr. 33; *Hromadka/Maschmann*, Arbeitsrecht Bd. 1, § 6 Rdnr. 70; *Reinecke*, in Küttner (Hrsg.), Personalbuch, Überstunden, Rdnr. 12.

873 Die vor allem bei leitenden Angestellten durchaus übliche Vereinbarung einer Pauschalvergütung, durch die auch eventuell anfallende Überstunden abgegolten sind, findet sich in Zeitarbeitsverträgen nicht.

874 Vgl. BAG vom 17.1. 1995 – 3 AZR 399/94, AP Nr. 15 zu § 611 BGB Mehrarbeitsvergütung = NZA 1995, 1000; *Hanau/Preis*, Der Arbeitsvertrag, II M 30 Rdnr. 21; *Preis*, Vertragsgestaltung, § 15 III 2 e), S. 444 f. Ohne eine vertragliche Vereinbarung kann der Arbeitgeber dem Arbeitnehmer allerdings keine Freizeit aufdrängen (vgl. *Hanau/Preis*, Der Arbeitsvertrag, II M 30 Rdnr. 21; Kasseler Handbuch/*Künzl*, 2.1. Rdnr 404).

875 *Kaufmann*, Arbeitnehmerüberlassung Rdnr. 211; *Schneider*, Hdb. der Zeitarbeit, Rdnr. 231.

die durch bezahlte Freizeit abgegolten wird[876]. Unzulässig ist es allerdings, wenn der Verleiher den Zeitpunkt der Freizeitgewährung einseitig festlegen kann[877]; der Anspruch des Zeitarbeitnehmers auf Vergütung auch während verleihfreier Zeiten würde durch einen vom Arbeitgeber einseitig festgelegten Freizeitausgleich umgangen[878]. Vielmehr muß die Freistellung immer „nach Wünschen des Zeitarbeitnehmers in Absprache mit dem Arbeitgeber unter Berücksichtigung der betrieblichen Belange" erfolgen[879]. In der Praxis wird es trotzdem oft darauf hinauslaufen, daß der Freizeitausgleich mit verleihfreien Zeiten zusammenfällt. Erfolgt die Freistellung zum Abbau von Überstunden auf Wunsch des Zeitarbeitnehmers, ist es unschädlich, wenn der Freizeitausgleich im Einzelfall mit einem „Beschäftigungsloch" zusammenfällt[880].

Bei einer Überstundenabgeltung durch Freizeitausgleich erscheint es zweckmäßig, als Zusatzvereinbarung zum Arbeitsvertrag ein Arbeitszeitkonto zu vereinbaren. Auf dem Arbeitszeitkonto werden die vom Zeitarbeitnehmer geleisteten Überstunden als Zeitguthaben erfaßt[881]. Aus Gesichtspunkten einer möglichen Umgehung des § 11 Abs. 4 S. 2 AÜG ist es unzulässig, daß der Zeitarbeitgeber während Nichtbeschäftigungszeiten des Zeitarbeitnehmers negatives Zeitguthaben mit Minusstunden aufbaut, die durch die Erbringung von Überstunden zu einem späteren Zeitpunkt ausgeglichen werden sollen[882]. Das Arbeitszeitkonto darf nur zur Verwaltung von Plusstunden dienen. Ferner muß ein fester Bezugszeitraum, innerhalb dessen die Überstunden auszugleichen sind, festgelegt werden; nach den Vorgaben der Bundesanstalt für Arbeit soll es dem Zeitarbeitnehmer am Ende dieses Bezugs-

---

876 Die arbeitsvertragliche Möglichkeit, anstatt einer Vergütung in Geld einen Freizeitausgleich zu leisten, ist eine Ersetzungsbefugnis. Vgl. BAG vom 17.1. 1995 – 3 AZR 399/94, AP Nr. 15 zu § 611 BGB Mehrarbeitsvergütung (unter II 2 a) der Gründe) = NZA 1995, 1000.

877 In herkömmlichen zweiseitigen Arbeitsverträgen ist es durchaus zulässig, dem Arbeitgeber ein einseitiges Leistungsbestimmungsrecht (§ 315 Abs. 1 BGB) hinsichtlich des Zeitpunktes des Freizeitausgleiches einzuräumen. Vgl. BAG vom 17.1. 1995 – 3 AZR 399/94, AP Nr. 15 zu § 611 BGB Mehrarbeitsvergütung = NZA 1995, 1000; *Schlegel*, in Küttner (Hrsg.), Personalbuch, Überstunden, Rdnr. 13.

878 Vgl. Kurzdarstellung der zulässigen Arbeitszeitregelungen des LAA NRW, abgedruckt im Anhang II. Wann die Gewährung eines Freizeitausgleichs als Überstundenvergütung gegen § 11 Abs. 4 S. 2 AÜG verstößt, hat das BAG offengelassen (vom 17.1. 1995 – 3 AZR 399/94, AP Nr. 15 zu § 611 BGB Mehrarbeitsvergütung (unter III. der Gründe) = NZA 1995, 1000).

879 Durchführungsanweisung der BA vom 6.3. 1998, Arbeitshilfe IV/2 (Stand 8/1998), abgedruckt im Anhang I.

880 Kasseler Handbuch/*Düwell*, 4.5 Rdnr. 372; *Schneider*, Hdb. der Zeitarbeit, Rdnr. 231.

881 Vgl. Mustervereinbarung eines Arbeitszeitkontos des LAA NRW, abgedruckt im Anhang III.

882 *Schneider*, Hdb. der Zeitarbeit, Rdnr. 231.

zeitraumes allerdings erneut freigestellt sein, ob er sich die Überstunden auszahlen läßt oder sie dem Zeitkonto wieder zuführt[883]. Zur Dokumentation, daß die Freistellung auf Wunsch des Zeitarbeitnehmers erfolgt und nicht – entgegen § 11 Abs. 4 S. 2 AÜG – der Überbrückung von überlassungsfreien Zeiten dient, erscheint es zweckmäßig, die Freistellung vom Zeitarbeitnehmer schriftlich beantragen zu lassen[884].

2. Teilzeitarbeit

Nach der Legaldefinition des § 2 Abs. 2 BeschFG[885] sind Teilzeitarbeitnehmer: Arbeitnehmer deren regelmäßige Wochenarbeitszeit kürzer ist, als die vergleichbarer vollzeitbeschäftigter Arbeitnehmer des Betriebes[886]. Eine untere Grenze für die vereinbarte Arbeitszeit gibt es nicht; eine Vereinbarung über wenige Stunden im Monat reicht aus; auch geringfügig Beschäftigte gehören zu der Gruppe der Teilzeitarbeitnehmer.

Gegen die Vereinbarung eines Zeitarbeitsverhältnisses in Form einer Teilzeitbeschäftigung bestehen keine Bedenken[887]. Oft wird allerdings die Wahl eines Teilzeitarbeitsverhältnisses durch anderweitige zeitliche Verpflichtungen, die der Ausübung eines Vollzeitarbeitsverhältnisses entgegenstehen, entscheidend beeinflußt. Diese Verpflichtungen machen es für den Arbeitnehmer oftmals erforderlich, die Lage der Arbeitszeit im Arbeitsvertrag zu fixieren[888]. Für den Zeitarbeitgeber ist es in der Regel kaum möglich, ein Zeitarbeitsverhältnis mit einer fest bestimmten Arbeitszeitlage abzuschließen. Praktisch wird die Vereinbarung von Teilzeitarbeitsverhältnissen im Bereich der Zeitarbeit daher nur zweckmäßig sein, wenn der Arbeitnehmer in der ihm verbleibenden Zeit seine Arbeitskraft weder anderweitig

---

883 Durchführungsanweisung der BA vom 6.3. 1998, Arbeitshilfe IV/2 (Stand 8/1998), abgedruckt im Anhang I.

884 *Kaufmann*, Arbeitnehmerüberlassung, Rdnr. 212; Durchführungsanweisung der BA vom 6.3. 1998, Arbeitshilfe IV/2 (Stand 8/1998), abgedruckt im Anhang I. Vgl. dazu auch das Musterformular in: *Schneider*, Hdb. der Zeitarbeit, Rdnr. 233.

885 Das zum 1.1.2001 in Kraft getretene Gesetz über Teilzeitarbeit und befristete Arbeitsverträge (TzBfG) vom 21.12.2000 hat das BeschFG ersetzt. Die Legaldefinition des § 2 Abs. 2 BeschFG ist wortgleich in § 2 Abs. 1 S. 1 TzBfG übernommen worden.

886 Wenn keine wöchentliche Arbeitszeit vereinbart ist, so ist die regelmäßige Arbeitszeit maßgeblich, die im Jahresdurchschnitt auf eine Woche entfällt.

887 Vgl. GK-TzA/*Becker*, § 2 BeschFG Rdnr. 365 ff.; *Schüren*, AÜG, Einl. Rdnr. 156; *Ulber*, § 11 AÜG Rdnr. 31; Durchführungsanweisung der BA vom 6.3. 1998, Arbeitshilfe IV/1 (Stand 8/1998), abgedruckt im Anhang I.

888 MünchArbR/*Schüren*, § 162 Rdnr. 57.

verwerten muß, noch familiäre oder sonstige Verpflichtungen ihn an der Aufnahme eines Vollzeitarbeitsverhältnisses hindern.

Dem Grundsatz, daß der Verleiher als Arbeitgeber unabdingbar das Risiko einer Nichtbeschäftigung zu tragen hat (§ 11 Abs. 4 S. 2 AÜG), entnimmt die Bundesanstalt für Arbeit, daß bei Teilzeitarbeitsverhältnissen die Festlegung der Dauer der Arbeitszeit höchstens auf einen Zweimonatszeitraum zulässig ist. Bei befristeten Teilzeitarbeitsverhältnissen mit einer Laufzeit von weniger als zwei Monaten fordert die Bundesanstalt für Arbeit die Festlegung einer täglichen oder wöchentlichen Arbeitszeit[889]. Diese Grenzen erscheinen etwas willkürlich gewählt: Nach der Entscheidung des Bundessozialgerichtes, auf die sich die Bundesanstalt für Arbeit bei der Festsetzung dieser Grenzen ausdrücklich beruft, ist die Festlegung einer Jahresarbeitszeit bei gleichzeitiger Vereinbarung einer am Arbeitsanfall orientierten Arbeitszeit unzulässig[890]. Für die Wahl eines Zweimonatszeitraumes liefert die Entscheidung keine Anhaltspunkte. Anstatt pauschaler Grenzen erscheint eine Interessenabwägung im Einzelfall notwendig, um die zulässige Länge des Bezugszeitraumes zu bestimmen.

Nach ganz überwiegender Ansicht ist es auch im Rahmen von Teilzeitarbeitsverhältnissen zulässig, den Arbeitnehmer arbeitsvertraglich zur Leistung von Überstunden zu verpflichten[891]. Sonst würden Teilzeitarbeitnehmer entgegen § 2 BeschFG gegenüber Vollzeitbeschäftigten ungleich behandelt: durch Ausschluß des Mehrverdienstes einerseits, durch Vorenthaltung der Mehrbelastung andererseits[892]. Dafür spricht auch, daß aufgrund der allgemeinen Arbeitszeitverkürzungen die Grenze zwischen Voll- und Teilzeitarbeitnehmern zunehmend verwischt[893]. Für die Vereinbarung von Überstunden bestehen keine Unterschiede, ob es sich um vollzeit- oder teilzeitbeschäftigte Zeitarbeitnehmer handelt: Ein Gestaltungsmißbrauch liegt vor, wenn ein teilzeitbeschäftigter Zeitarbeitnehmer regelmäßig zu Überstunden in einem erheblichem Umfang herangezogen wird und eine Arbeitsleistung wie ein vollzeitbeschäftigter Zeitarbeitnehmer erbringt. Das ergibt sich ganz allgemein aus dem Verbot der Gesetzesumgehung: Überstundenvereinba-

---

889 Durchführungsanweisung der BA vom 6.3. 1998, Arbeitshilfe IV/1 (Stand 8/1998), abgedruckt im Anhang I.

890 BSG vom 29.7. 1992 – 11 RAr 51/91, AP Nr. 3 zu § 3 AÜG (LS) = NZA 1993, 527.

891 MünchArbR/*Blomeyer*, § 48 Rdnr. 129; *Hanau/Preis*, Der Arbeitsvertrag, II T 20 Rdnr. 28; *Hromadka/Maschmann*, Arbeitsrecht Bd. 1, Rdnr. 67; GK-TzA/*Lipke*, § 2 BeschFG Rdnr. 108; *Rieble*, NZA 2000 Beil. zu 3/2000, S. 34 (41); *Schaub*, ArbR-Hdb., § 44 Rdnr. 23; a.A. *Klevemann*, BB 1987, 1242 (1244).

892 *Rieble*, NZA 2000 Beil. zu 3/2000, S. 34 (41).

893 *Rieble*, NZA 2000 Beil. zu 3/2000, S. 34 (41).

rungen sind unzulässig, wenn sie die durch § 4 BeschFG zwingend geforderte Vereinbarung einer festen Arbeitszeitdauer umgehen und ein flexibles Arbeitszeitdeputat funktional ersetzen[894]. Speziell für den Zeitarbeitsvertrag aus § 11 Abs. 4 S. 2 AÜG: Diese Vertragsgestaltung kommt einem flexiblen Arbeitszeitdeputat gleich und überträgt das Vergütungsrisiko des Arbeitgebers unzulässig auf den Zeitarbeitnehmer[895].

3. Kapazitätsorientierte variable Arbeitszeit

Die Vereinbarung einer kapazitätsorientierten variablen Arbeitszeit (KAPOVAZ) räumt dem Arbeitgeber ein einseitiges Leistungsbestimmungsrecht zur Anpassung der Arbeitszeitlage an den Arbeitsanfall ein. Diese auch als Abrufarbeit[896] bezeichnete Vertragsgestaltung ist in § 4 BeschFG[897] gesetzlich geregelt: § 4 BeschFG erlaubt eine Anpassung der Arbeitszeitlage an den Arbeitsanfall, schließt jedoch eine Anpassung der Dauer der Arbeitszeit an den Arbeitsanfall aus; Vertragsgestaltungen, die die Bestimmung der Dauer der regulären Arbeitszeit dem Direktionsrecht des Arbeitgebers unterstellen, sind gemäß § 4 BeschFG generell untersagt[898]. Voraussetzung einer gesetzeskonformen Abrufarbeit ist daher, die Vereinbarung eines festen Arbeitszeitdeputats, das der Arbeitgeber innerhalb eines bestimmten Bezugsraumes abrufen kann. Fordert der Arbeitgeber das Gesamtdeputat nicht ab, ist er

---

894 MünchArbR/*Schüren*, § 162 Rdnr. 70; *Stevens-Bartoll*, AiB 1985, 122 (123).

895 Kasseler Handbuch/*Düwell*, 4.5 Rdnr. 371; demgegenüber sieht *Ulber* (§ 11 AÜG Rdnr. 32) in jeder Vereinbarung zur Leistung von Überstunden in einem Teilzeitarbeitsverhältnis einen Verstoß gegen § 11 Abs. 4 S. 2 AÜG.

896 Vgl. *Hanau*, RdA 1987, 25 (27). Eine einheitliche Terminologie hat sich bisher nicht herausgebildet. Am verbreitesten sind die Begriffe Abrufarbeit und KAPOVAZ. Daneben findet sich der Begriff der „bedarfsabhängigen variablen Arbeitszeit" (vgl. *Meyer*, KAPOVAZ, S. 32; ErfK/*Preis*, § 4 BeschFG Rdnr. 5). Demgegenüber handelt es sich beim „Bedarfs-Abruf" um eine grundlegend andere Vertragsgestaltung, die nichts mit § 4 BeschFG gemein hat: Beim Bedarfs-Abruf steht es dem Arbeitgeber frei den Arbeitnehmer abzuberufen, ohne daß es beim Nichtabruf zum Annahmeverzug kommt. Es wird kein Dauerbeschäftigungsverhältnis begründet, vielmehr handelt es sich jeweils um einzelne Aushilfsbeschäftigungsverhältnisse (*Danne*, BlStSozArbR 1985, 353 (354 f.). Vereinbarungen eines „Bedarfs-Abrufs" im Bereich der Zeitarbeit unterliegen daher dem Befristungsverbot des § 3 Abs. 1 Nr. 3 AÜG.

897 Das zum 1.1.2001 in Kraft getretene Gesetz über Teilzeitarbeit und befristete Arbeitsverträge (TzBfG) vom 21.12.2000 hat das BeschFG abgelöst. Die Vorschrift des § 4 BeschFG wurde in § 12 TzBfG überführt. Die Vorschrift übernimmt im wesentlichen den Inhalt des § 4 BeschFG. Zum Inhalt der Neuregelung: *Busch*, NZA 2001 593 f.

898 Erman/*Hanau*, § 611 BGB Rdnr. 305; *Löwisch*, BB 1985, 1200 (1204); ErfK/*Preis*, § 4 BeschFG Rdnr. 2; *Rieble*, NZA 2000, Beil. zu 3/2000, S. 34 (40); *Schüren*, Anm. zu BAG vom 12.12. 1984 – 7 AZR 509/83, SAE 1985, 362; vgl. oben § 11 V 1 a), b).

trotzdem verpflichtet gemäß § 615 S. 1 BGB alle geschuldeten Arbeitsstunden zu vergüten[899].

Für die Zulässigkeit variabler Arbeitszeit notwendig ist die Festlegung eines bestimmten Bezugszeitraumes, in dem der festgelegte Arbeitsumfang zu leisten ist[900]. Je weiter der Bezugszeitraum gefaßt ist, um so größer sind die Dispositionsmöglichkeiten des Arbeitgebers, auf den aktuellen Arbeitskräftebedarf zu reagieren. § 4 BeschFG schreibt keinen festen Bezugszeitraum vor, während dessen die Arbeitsleistung abgerufen werden muß. Grundsätzlich sind Vereinbarungen mit täglichen, wöchentlichen oder monatlichen Bezugszeiträumen unbedenklich. Die Zulässigkeit von Jahresarbeitszeitverträgen ist umstritten[901]. Lange Bezugszeiträume eröffnen dem Arbeitgeber weite Möglichkeiten, auf seinen Arbeitsbedarf zu reagieren. Für den Arbeitnehmer kann ein langer Bezugszeitraum zu einer größeren Unsicherheit hinsichtlich des Arbeitsabrufes führen[902]. Allerdings besteht der Gesetzeszweck des § 4 BeschFG nicht darin, den Arbeitnehmer vor starken Schwankungen beim Abruf zu schützen, sondern die Umgehung des zwingenden Kündigungsschutzes zu verhindern[903]. Eindeutig für die Zulässigkeit spricht § 2 Abs. 2 BeschFG: Diese Vorschrift geht davon aus, daß es Arbeitsverhältnisse gibt, bei denen die Arbeitszeit so unregelmäßig verteilt ist, daß sich die regelmäßige Arbeitszeit nur aus dem Jahresdurchschnitt ergibt[904]. Der bei Jahresarbeitszeitverträgen drohenden Gefahr einer schwankenden Entgeltzahlung, kann durch eine an der durchschnittlichen monatlichen Arbeitszeit orientierten kontinuierlichen Entgeltzahlung begegnet werden; damit wird dem Bedürfnis des Arbeitnehmers nach sozialer Sicherheit hinreichend Rechnung getragen[905]. Jahresarbeitszeitvereinbarungen in Verbindung mit einer KAPOVAZ sind daher grundsätzlich zulässig[906].

---

899 *Mahlzahn*, AuR 1985, 386 (387); *Meyer*, KAPOVAZ, S. 96; GK-TzA/*Mikosch*, § 4 BeschFG Rdnr. 88; MünchArbR/*Schüren*, § 166 Rdnr. 30.

900 ErfK/*Preis*, § 4 BeschFG Rdnr. 23.

901 Gegen die Zulässigkeit: *Buschmann/Ulber*, Flexibilisierung, S. 168; GK-TzA/*Mikosch*, § 4 BeschFG Rdnr. 50; *Stevens-Bartol*, AiB 1985, 122 f.

902 ErfK/*Preis*, § 4 BeschFG Rdnr. 25.

903 *Meyer*, KAPOVAZ, S. 81.

904 Erman/*Hanau*, § 611 BGB Rdnr. 310; *Hanau*, RdA 1987, 25 (29); *Löwisch*, BB 1985, 1200 (1204); *Meyer*, KAPOVAZ, S. 81; MünchArbR/*Schüren*, § 166 Rdnr. 26.

905 Erman/*Hanau*, § 611 BGB Rdnr. 310; ErfK/*Preis*, § 4 BeschFG Rdnr. 25; MünchArbR/*Schüren*, § 166 Rdnr. 28.

906 So die herrschende Meinung: *Brötzmann/Martiny*, Jahresarbeitszeitvertrag, S. 3; *Danne*, BlStSozArbR 1985, 353 (356); Erman/*Hanau*, § 611 BGB Rdnr. 300; *Hanau*, RdA 1987, 25 (29); *Mahlzahn*, AuR 1985, 386 (387); *Meyer*, KAPOVAZ, S. 76 ff.; *Löwisch*, BB 1985, 1200 (1204); MünchArbR/*Schüren*, § 166 Rdnr. 27.

Anders als im Regierungsentwurf zu § 4 BeschFG[907] ursprünglich vorgesehen, bezieht sich die Regelung des § 4 BeschFG nicht ausschließlich auf Arbeitnehmer, die halbtägig oder kürzer beschäftigt sind. Nach überwiegender Meinung ist auch für Vollzeitarbeitskräfte die Vereinbarung einer Arbeit auf Abruf nur in den Grenzen des § 4 BeschFG zulässig[908]. Richtig ist zwar der Einwand, daß sich § 4 BeschFG im Abschnitt Teilzeitarbeit befindet[909], jedoch ergibt sich aus dem Wortlaut des § 4 BeschFG keine arbeitszeitabhängige Beschränkung des Anwendungsbereiches des § 4 BeschFG. Aufgrund der Arbeitszeitverkürzungen sind die Grenzen zwischen Voll- und Teilzeitarbeitnehmern heute fließend[910], und Abrufarbeit kann im Rahmen des durch das ArbZG zulässigen Verteilungszeitraumes auch mit Vollzeitarbeitskräften praktiziert werden. Einen sachlichen Grund, Vollzeitarbeitskräfte aus dem Anwendungsbereich des § 4 BeschFG auszunehmen, gibt es nicht; vielmehr gebietet eine am Schutzzweck des § 4 BeschFG orientierte Auslegung auch eine Einbeziehung von Vollzeitarbeitskräften[911].

a) Zulässigkeit im Zeitarbeitsvertrag

Schon vor Inkrafttreten des § 4 BeschFG war die Zulässigkeit von Zeitarbeitsverhältnissen mit einer Vereinbarung zur Abrufarbeit umstritten und Gegenstand juristischer Auseinandersetzungen[912]. Auch mit der Einführung des § 4 BeschFG hat sich daran nichts geändert; bis heute herrscht Uneinigkeit über die Zulässigkeit der Vereinbarung einer KAPOVAZ im Zeitarbeitsvertrag. Die Frage, ob § 4 BeschFG auch auf Zeitarbeitsverträge anwendbar ist, ist weder dem Gesetzeswortlaut des § 4 BeschFG noch der Gesetzesbegründung[913] zu § 4 BeschFG zu entnehmen[914]. Ob Vereinbarungen einer KAPOVAZ - als auf ein herkömmliches zweiseitiges Ar-

---

907 Regierungsentwurf vom 11.10. 1984; BT-Drucks. 10/2102.

908 Erman/*Hanau*, § 611 BGB Rdnr. 303; *Hanau*, RdA 1987, 25 (28); *ders.*, in Hromadka (Hrsg.), Personalmanagement, S. 119 (122); *Hümmerich*, Arbeitsrecht, S. 55; *Löwisch*, BB 1985, 1200 (1204); *Meyer*, KAPOVAZ, S. 66 ff.; ErfK/*Preis*, § 4 BeschFG Rdnr. 6; *Schüren*, Anm. zu BAG vom 12.12. 1984 – 7 AZR 509/83, SAE 1985, 362; MünchArbR/*Schüren*, § 166 Rdnr. 12.; a.A. *Hromadka*, in FS Hanau, S. 211 (215); GK-TzA/*Mikosch* § 4 BeschFG Rdnr. 17.

909 Deshalb lehnt *Mikosch* (GK-TzA § 4 BeschFG Rdnr. 17) sowohl eine unmittelbare als auch eine entsprechende Anwendung des § 4 BeschFG auf Vollzeitarbeitsverhältnisse ab.

910 *Hanau*, in Hromadka (Hrsg.), Personalmanagement, S. 119 (122); ErfK/*Preis*, § 4 BeschFG Rdnr. 6; *Rieble*, NZA 2000, Beil. zu 3/2000, S. 34 (41).

911 Zutreffend: ErfK/*Preis*, § 4 BeschFG Rdnr. 6.

912 BSG vom 16.12. 1976 — 12 Rar 89/75, NJW 1978, 854 = EzAÜG Nr. 31; *Becker*, SGb 1977, 435 (440); vgl. GK-TzA/*Becker*, § 2 BeschFG.

913 BT-Drucks. 10/2102; BT-Drucks. 10/3206.

914 Vgl. GK-TzA/*Becker*, § 2 BeschFG Rdnr. 382.

beitsverhältnis zugeschnittene Arbeitszeitgestaltungen - auch im Zeitarbeitsvertrag zulässig sind, richtet sich danach, inwiefern zwingende Grundsätze des AÜG der Anwendung des § 4 BeschFG entgegen stehen[915]. Gegen die Möglichkeit, in einem Zeitarbeitsverhältnis eine KAPOVAZ zu vereinbaren, wird neben vermittlungsrechtlichen Aspekten vor allem der Rechtsgrundsatz des § 11 Abs. 4 S. 2 AÜG angeführt.

aa) Vermittlungsrechtliche Aspekte

Die Gestaltung von Zeitarbeitsverhältnissen als Abrufarbeitsverhältnisse wird unter dem Gesichtspunkt, daß es sich eigentlich um eine verschleierte Arbeitsvermittlung handele, für unzulässig gehalten[916]. Durch den Abruf beende der Verleiher nur die zwischenzeitliche Arbeitslosigkeit des Zeitarbeitnehmers und betreibe daher Arbeitsvermittlung. In dieser Vertragsgestaltung liege eine Verstoß gegen die Befristungsregelung des § 3 Abs. 1 Nr. 3 AÜG[917] und das Synchronisationsverbot des § 3 Abs. 1 Nr. 5 AÜG[918].

Diese Bedenken sind hinsichtlich Vertragsgestaltungen mit einem flexiblen Arbeitszeitdeputat begründet[919]. Die Vereinbarung einer offenen Arbeitszeitdauer ist nach § 4 BeschFG allerdings unzulässig[920]. Bei einer gesetzeskonform im Sinne des § 4 BeschFG gestalteten variablen Arbeitszeit steht der Zeitarbeitnehmer, wie es dem gesetzlichen Leitbild des AÜG entspricht, in einem dauerhaften Beschäftigungsverhältnis zum Zeitarbeitsunternehmen und nicht nur in einzelnen, für die Zeit des jeweiligen Einsatzes befristeten Arbeitsverhältnissen. In der Vereinbarung einer KAPOVAZ liegt somit weder eine unzulässige Befristung im Sinne des § 3 Abs. 1 Nr. 3 AÜG noch wird das Synchronisationsverbot des § 3 Abs. 1 Nr. 5 AÜG verletzt[921].

---

915 GK-TzA/*Becker*, § 2 BeschFG Rdnr. 382.

916 BSG vom 16.12. 1976 - 12/7 RAr 89/75, NJW 1978, 854 = EzAÜG Nr. 31; *Becker/Wulfgramm*, § 3 AÜG Rdnr. 39 b; *Buschmann/Dieball/Stevens-Bartoll*, Teilzeitarbeit, § 4 BeschFG Rdnr. 90.

917 BSG vom 16.12. 1976 - 12/7 RAr 89/75, NJW 1978, 854 = EzAÜG Nr. 31; *Sandmann/Marschall*, § 3 AÜG Anm. 27.

918 *Buschmann/Ulber*, Flexibilisierung, S. 99.

919 *Schüren*, AÜG, Einl. Rdnr. 157.

920 Vgl. oben § 11 V 1 a), b).

921 So auch *Schubel*, BB 1985, 1606 (1608).

bb) Vergütungsrisiko, § 11 Abs. 4 S. 2 AÜG

Als Hauptargument gegen die Zulässigkeit einer am Arbeitsanfall orientierten Arbeitszeit wird vorgebracht, daß diese Vertragsgestaltung mit dem Rechtsgrundsatz des § 11 Abs. 4 S. 2 AÜG kollidiere[922]. Die Zeiten der tatsächlichen Beschäftigung des Arbeitnehmers hingen bei einer solchen Vertragsgestaltung von den Einsatzmöglichkeiten des Zeitarbeitnehmers im Drittbetrieb ab[923]; der Zeitarbeitnehmer büße seine Zeitsouveränität ein und könne die verbleibende Zeit kaum für Nebentätigkeiten nutzen[924]. Bei einer KAPOVAZ-Vereinbarung trage der Arbeitnehmer das Risiko, daß Überlassungsverträge zwischen dem Verleiher und dem Entleiher zustande kommen[925]. Damit übertrage der Verleiher sein Beschäftigungsrisiko entgegen § 11 Abs. 4 S. 2 AÜG auf den Arbeitnehmer[926].

Zutreffend ist, daß Vereinbarungen einer KAPOVAZ in erster Linie Arbeitgeberinteressen dienen[927]; allerdings hat der Gesetzgeber mit § 4 BeschFG ein legitimes Arbeitgeberinteresse an Abrufarbeit anerkannt[928]. Gegen den Einwand, mit einer nicht festgelegten, am Arbeitsanfall orientierten Lage der Arbeitszeit, werde die Zeitsouveränität des Arbeitnehmers sowie die Möglichkeiten, seine Arbeitskraft durch die Aufnahme von Nebentätigkeiten zu verwerten, beschnitten, läßt sich nichts einwenden. Allerdings schützt § 11 Abs. 4 S. 2 AÜG gerade nicht die Zeitsouveränität des Arbeitnehmers: § 11 Abs. 4 S. 2 AÜG verbietet es, das Vergütungsrisikos bei Annahmeverzug des Zeitarbeitgebers vertraglich zu beschränken oder aufzuheben[929]. § 615 S. 1 BGB erhält den Vergütungsanspruch des Arbeitnehmers, wenn der Arbeitgeber in Annahmeverzug gerät[930]. Durch die Unabdingbarkeit des § 615 S. 1 BGB soll dem Arbeitnehmer eine konstante gleichbleibende Vergütung unabhängig von den Einsatzmöglichkeiten des Verleihers gesichert

---

922 *Buschmann/Dieball/Stevens-Bartoll*, Teilzeitarbeit, § 4 BeschFG Rdnr. 90; *Buschmann/Ulber*, Flexiblisierung, S. 99; *Becker/Wulfgramm*, § 3 AÜG Rdnr. 39 b; *Schaller*, DStR 1996, 469 (471 f.); *Schaub*, ArbR-Hdb., § 120 Rdnr. 47; *Ulber*, § 3 AÜG Rdnr. 80.

923 *Ulber*, § 9 AÜG Rdnr. 47.

924 *Fitting/Kaiser/Heither/Engels*, § 5 BetrVG Rdnr. 45; *Klevemann*, DB 1987, 2096 (2098 f.); *Meyer*, KAPOVAZ, S. 47.

925 *Buschmann/Dieball/Stevens-Bartoll*, Teilzeitarbeit, § 4 BeschFG Rdnr. 90.

926 *Buschmann/Dieball/Stevens-Bartoll*, Teilzeitarbeit, § 4 BeschFG Rdnr. 90; *Schaller*, DStR 1996, 469 (471); *Schaub*, ArbR-Hdb., § 120 Rdnr. 47.

927 Vgl. Begründung des Regierungsentwurfes vom 11.10. 1984, BT-Drucks. 10/2102, S. 25.

928 *Hanau*, in Hromadka (Hrsg.), Personalmanagement, S. 119 (121).

929 Erman/*Belling*, § 615 BGB Rdnr. 4; MünchArbR/*Boewer*, § 78 Rdnr. 5; *Brötzmann/Musial*, NZA 1997, 17 (18); MünchArbR/*Marschall*, § 175 Rdnr. 29; *Staudinger/Richardi*, § 615 BGB Rdnr. 11.

930 Erman/*Belling*, § 615 BGB Rdnrn. 1, 33; Palandt/*Putzo*, § 615 BGB Rdnr. 3.

werden[931]. Bei einer gesetzeskonform gestalteten Abrufarbeit, bei der der Arbeitnehmer ein festes Arbeitszeitdeputat schuldet und sich nur die Verteilung der Arbeitszeit nach dem Arbeitsanfall richtet, muß der Arbeitgeber die Arbeitsstunden des Arbeitszeitdeputats, die er nicht abruft, gemäß § 615 S. 1 BGB vergüten[932]. Das Risiko, durch die ungewisse Lage der Arbeitszeit seine Freizeit nur eingeschränkt anderweitig wirtschaftlich verwerten zu können, trifft den Zeitarbeitnehmer in einem gleichen Maße wie jeden anderen Arbeitnehmer, der gesetzeskonforme Abrufarbeit leistet[933].

Auch wenn durch § 11 Abs. 4 S. 2 AÜG alle Vereinbarungen, die die Voraussetzungen oder Rechtsfolgen des § 615 S. 1 BGB einschränken oder aufheben, verboten sind [934], verstößt es nicht gegen § 11 Abs. 4 S. 2 AÜG, wenn der Verleiher durch eine vertragliche Vereinbarung schon das Eintreten der Annahmeverzugsvoraussetzungen zu verhindern versucht. Von der Unabdingbarkeit der Annahmeverzugsfolgen strikt zu trennen ist die Möglichkeit, durch eine vertragliche Vereinbarung dafür zu sorgen, daß es gar nicht zum Annahmeverzug des Arbeitgebers kommt[935]. Diese Suche entspricht einem legitimen Arbeitgeberinteresse. Eine gesetzlich zugelassene Form der Risikoreduzierung ist die Vereinbarung einer am Arbeitsanfall orientierten Arbeitszeit nach § 4 BeschFG.

In einer flexiblen Arbeitszeitgestaltung nach § 4 BeschFG liegt daher keine grundsätzlich unzulässige Abwälzung des Vergütungsrisikos[936]. Ein abweichendes Ergebnis kann sich in besonderen Konstellationen aus einer Interessenabwägung im Einzelfall ergeben[937].

cc) Ergebnis

Die Vorschriften des AÜG stehen einer Anpassung der Arbeitszeit an den Arbeits-

---

931 Vgl. *Kaufmann*, Arbeitnehmerüberlassung, Rdnr. 210.

932 *Mahlzahn*, AuR 1985, 386 (387); GK-TzA/*Mikosch*, § 4 BeschFG Rdnr. 88; *Schüren*, AÜG, Einl. Rdnr. 157.

933 *Schüren*, AÜG, Einl. Rdnr. 158.

934 So die h.M.: LAG Frankfurt vom 23.1. 1987 – 13 Sa 1007/86, DB 1987, 1741 = EzAÜG Nr. 227; *Franßen/Haesen*, § 11 AÜG Rdnr. 31; *Schüren*, § 11 AÜG Rdnr. 80; skeptisch *Brötzmann/Musial*, NZA 1997, 17 (18 f.).

935 Vgl. MünchArbR/*Boewer*, § 78 Rdnr. 7.

936 Kasseler Handbuch/*Düwell*, 4.5 Rdnr. 373; *Kaufmann*, Arbeitnehmerüberlassung, Rdnr. 210; *Schubel*, BB 1985, 1606 (1607); *Schüren*, AÜG, Einl. Rdnr. 158. Offengelassen: BSG vom 29.7. 1992 – 11 RAr 51/91, AP Nr. 3 zu § 3 AÜG = NZA 1993, 527.

937 *Schüren*, AÜG, Einl., Rdnr. 158.

anfall grundsätzlich nicht entgegen[938]. Auch im Zeitarbeitsvertrag kann die Arbeitszeitlage entsprechend § 4 BeschFG an den Arbeitsanfall angepaßt werden, wenn eine bestimmte Arbeitszeitdauer fest vereinbart ist[939].

b) Sonderform: Jahresarbeitszeit auf Abruf

Nach überwiegender Meinung ist die Vereinbarung einer KAPOVAZ im Sinne des § 4 BeschFG bei gleichzeitiger Vereinbarung einer Jahresarbeitszeit grundsätzlich zulässig[940]. Ob eine solche Vertragsgestaltung auch im Zeitarbeitsvertrag zulässig ist, hängt davon ab, inwiefern sie mit den zwingenden Grundsätzen des AÜG in Einklang steht.

aa) Vergütungsrisiko, § 11 Abs. 4 S. 2 AÜG

Durch die Vereinbarung eines Jahresarbeitszeitvolumens im Rahmen einer KAPOVAZ-Abrede wird die Arbeitszeit noch über die normale Abrufarbeit hinaus flexibilisiert[941]. Je weiter der Bezugszeitraum gefaßt ist, um so größer ist der Spielraum des Arbeitgebers bei der Konkretisierung der Arbeitszeit[942] und um so kleiner ist das Risiko des Arbeitgebers, den Arbeitnehmer nicht einsetzen zu können, jedoch gemäß § 615 S. 1 BGB zur Vergütungszahlung verpflichtet zu sein. Trotzdem verstößt die Vereinbarung einer Jahresarbeitszeit auf Abruf nicht gegen § 11 Abs. 4 S. 2 AÜG i.V.m. § 615 S. 1 BGB: Auch bei der Vereinbarung einer Jahresarbeitszeit erhält der Zeitarbeitnehmer eine konstante monatlich gleichbleibende Vergütung. Weder die Voraussetzungen noch die Rechtsfolgen des § 615 S. 1 BGB werden durch diese Vereinbarung beschnitten.

bb) § 1 Abs. 2 AÜG

Allerdings hat das Bundessozialgericht die Vereinbarung einer Arbeit auf Abruf im Sinne des § 4 BeschFG im Rahmen eines Zeitarbeitsvertrages bei gleichzeitiger Vereinbarung einer Jahresarbeitszeit von 50 Tagen für unzulässig erklärt[943]: Bei

---

938 Durchführungsanweisung der BA vom 6.3. 1998, Arbeitshilfe IV /1 (Stand vom 8/1998), abgedruckt im Anhang I; ausdrücklich offengelassen hat diese Frage das BSG vom 29.7. 1992 - 11 RAr 51/91, AP Nr. 3 zu § 3 AÜG = NZA 1993, 527. Für eine wöchentliche oder monatliche Arbeitszeit: *Sandmann/Marschall*, § 3 AÜG Anm. 27; *Schneider*, Hdb. der Zeitarbeit, Rdnr. 226.

939 44 % der untersuchten Zeitarbeitsverträge enthalten eine Vereinbarung einer KAPOVAZ.

940 Vgl. oben § 12 I 3.

941 BSG vom 29.7. 1992 - 11 RAr 51/91, AP Nr. 3 zu § 3 AÜG = NZA 1993, 527.

942 *Malzahn*, AuR 1985, 386 (387).

943 BSG vom 29.7. 1992 - 11 RAr 51/91, AP Nr. 3 zu § 3 AÜG (LS) = NZA 1993, 527.

einer derartigen Vertragsgestaltung übernehme der Verleiher nicht mehr die üblichen Arbeitgeberrisiken, seine Rolle reduziere sich auf die eines Jobvermittlers. In der Vereinbarung einer Jahresarbeitszeit auf Abruf liege eine Umgehung des Befristungsverbotes des § 3 Abs. 1 Nr. 3 AÜG. Bei einer vereinbarten Arbeitszeit von 50 Arbeitstagen im Jahr könne der Verleiher, selbst wenn der Zeitarbeitnehmer arbeitsunfähig erkrankt, Arbeitsdefizite ausgleichen. Die Aufgabe des Verleihers reduziere sich auf die eines Jobvermittlers für 50 Tage im Jahr; dem Verleiher verblieben kaum Arbeitgeberrisiken. Deshalb lägen Vertragsgestaltungen dieser Art außerhalb der Grenzen zulässiger Arbeitnehmerüberlassung.

Zutreffend ist, daß dem Verleiher bei einer Jahresarbeitszeit von 50 Tagen auf Abruf kaum mehr Arbeitgeberrisiken verbleiben und sich damit gemäß § 1 Abs. 2 AÜG die Rolle des Verleihers im wesentlichen auf die eines Arbeitsvermittlers reduziert[944]. Der Zweck, dem Arbeitnehmer mit dem Abschluß eines Zeitarbeitsvertrages eine Dauerbeschäftigung zu sichern[945], wird weitgehend vereitelt. Bei einem Arbeitszeitdeputat von nur 50 Arbeitstagen im Jahr hat der Verleiher kaum ein Risiko, den Zeitarbeitnehmer nicht bis zur Ausschöpfung des Arbeitszeitdeputats einsetzen zu können. Der Abruf der Arbeitszeit kann in der Regel vollständig mit den Einsatzmöglichkeiten in Drittbetrieben synchronisiert werden. Der Verleiher muß den Zeitarbeitnehmer immer nur dann abrufen, wenn gerade ein Entleihbetrieb zur Verfügung steht. Es handelt sich um eine diskontinuierliche Beschäftigung des Zeitarbeitnehmers, bei der es zu langen Beschäftigungspausen[946] kommt. Damit verstößt ein solcher Arbeitsvertrag als funktionsgleiches rechtliches Gestaltungsmittel[947] gegen § 3 Abs. 1 Nr. 3 – 5 AÜG; die Rolle des Arbeitgebers reduziert sich auf die eines Jobvermittlers.

Fraglich ist allerdings, ob jede Vereinbarung einer Jahresarbeitszeit auf Abruf im Zeitarbeitsvertrag mit § 1 Abs. 2 AÜG unvereinbar ist. Schon bei einem Jahresarbeitszeitvolumen von 100 Tagen reduziert sich die Möglichkeit der Synchronisation der Einsätze des Zeitarbeitnehmers mit den Entleihmöglichkeiten stark. Zu längeren unbezahlten Beschäftigungspausen kommt es nicht. Für die Frage der Zulässigkeit von Jahresarbeitszeiten kommt es daher auf eine Bewertung des Einzelfalles an. Pauschal können Jahresarbeitszeitvereinbarungen nicht als mit § 1 Abs. 2 AÜG

---

944 So auch *Sandmann/Marschall*, § 3 AÜG Anm. 27.

945 Vgl. *Joost*, DB 1980, 161 (163); *Schüren*, in FS Kissel, S. 1037 (1053).

946 Unbezahlte längere Beschäftigungspausen sind grundsätzlich nur dann zulässig, wenn sie durch Gründe in der Person des Zeitarbeitnehmers gerechtfertigt sind (vgl. *Schüren*, in FS Kissel, S. 1037 (1040)).

947 Vgl. oben § 9 I 2 c).

unvereinbar angesehen werden, entscheidend ist das Verhältnis der Anzahl der geschuldeten Arbeitstage oder -stunden zur Länge des Bezugszeitraumes.

cc) Ergebnis

Die Vereinbarung einer Jahresarbeitszeit von 50 Tagen bei gleichzeitiger Vereinbarung einer KAPOVAZ ist nicht zulässig. Hier trägt der Verleiher kein ausreichendes Arbeitgeberrisiko im Sinne des § 1 Abs. 2 AÜG. Starre Grenzen für die zulässige Länge des Bezugszeitraumes in dem das vereinbarte Arbeitsdeputat abgerufen werden muß, bestehen nicht. Der von der Bundesanstalt für Arbeit in ihrer Arbeitshilfe gewählte Zweimonatszeitraum als Höchstgrenze des Bezugszeitraumes[948] mag zwar als Anhaltspunkt dienen, kann jedoch im Einzelfall durchaus überschritten werden[949], ohne daß hierin eine unzulässige Abwälzung der Arbeitgeberrisiken liegen muß.

4. Zusammenfassung

Dreh- und Angelpunkt der Zulässigkeit flexibler Arbeitszeitgestaltungen ist die Vereinbarkeit dieser Vertragsgestaltungen mit § 11 Abs. 4 S. 2 AÜG. Unvereinbar mit § 11 Abs. 4 S. 2 AÜG sind Arbeitszeitgestaltungen allerdings nur, wenn keine feste Arbeitszeitdauer vereinbart wird und der Arbeitgeber einseitig darüber entscheiden kann, in welchem zeitlichen Umfang er den Zeitarbeitnehmer beschäftigt.

Flexible Modelle hinsichtlich der Lage der Arbeitszeit, bei einem verbindlich festgelegten Arbeitszeitdeputat, kollidieren nicht mit der Unabdingbarkeit des § 615 S. 1 BGB: Die Unabdingbarkeit des § 615 S. 1 BGB bewirkt, daß der Zeitarbeitnehmer auf eine gleichbleibende feste Vergütung vertrauen kann[950]. § 615 S. 1 BGB regelt allein die Frage nach der Vergütung im Falle des Annahmeverzuges[951]. Durch eine nicht festgelegte Lage der Arbeitszeit wird der Zeitarbeitnehmer ausschließlich in seiner Zeitsouveränität und den Möglichkeiten, seine Ar-

---

948 Durchführungsanweisung der BA vom 6.3. 1998, Arbeitshilfe IV /1 (Stand vom 8/1998), abgedruckt im Anhang I.

949 Rechtstatsachenforschung: In der Praxis finden sich keine Vereinbarungen von die Zweimonatsgrenze überschreitenden Bezugszeiträumen. Das mag zum einen an den klaren Vorgaben der Bundesanstalt für Arbeit liegen, zum anderen ist das sicher auch darauf zurückzuführen, daß die meisten Zeitarbeitsverhältnisse nicht länger als drei Monate bestehen. Die Wahl eines längeren Bezugszeitraumes würde die Abwicklung eines beendeten Zeitarbeitsverhältnissen unnötig erschweren (zu diesem Problemkreis vgl. *Meyer*, KAPOVAZ, S. 145 f.).

950 Vgl. Palandt/*Putzo*, § 615 BGB Rdnr. 3; *Kaufmann*, Arbeitnehmerüberlassung, Rdnr. 210.

951 *Kaufmann*, Arbeitnehmerüberlassung, Rdnr. 210.

beitskraft durch Aufnahme einer Nebentätigkeit zu verwerten, eingeschränkt[952]. Diese Einschränkung trifft den Zeitarbeitnehmer in der gleichen Weise wie jeden anderen Arbeitnehmer auch. § 11 Abs. 4 S. 2 AÜG ist nicht tangiert.

II. Befristungen

Aus § 9 Nr. 2 AÜG folgt, daß Zeitarbeitsverhältnisse nur einmalig befristet werden dürfen, sofern sich die Befristung nicht unmittelbar an eine vorangegangene Befristung anschließt[953] oder durch sachlichen Grund in der Person des Zeitarbeitnehmers gerechtfertigt ist.

Ein *sachlicher Grund in der Person* des Zeitarbeitnehmers liegt vor, sofern der Arbeitnehmer ein eigenes Interesse an der Befristung hat und nicht aus in der Sphäre des Verleihers begründeten Erwägungen kein unbefristetes Zeitarbeitsverhältnis anstrebt[954]. Typische Gründe in der Person des Zeitarbeitnehmers sind: familiäre Verpflichtungen, das Überbrücken eines Zeitraumes bis zur Begründung eines neuen Dauerarbeitsverhältnisse, begrenzte Zeit wegen Schul- oder Semesterferien, der Wunsch bestimmte Arbeitsbereiche kennenzulernen[955]. Ausreichend ist auch der bloße Wunsch des Arbeitnehmers an einer Befristung[956]. Allerdings stellt die Rechtsprechung wegen der großen Umgehungsgefahr hohe Anforderungen an den Nachweis dieses Befristungsgrundes und fordert objektive Anhaltspunkte, aus denen ein Interesse des Arbeitnehmers an einer befristeten Beschäftigung gefolgert werden kann[957]. Teilweise wird auch die Einberufung zum Wehrdienst oder Ersatzdienst als ein in der Person des Zeitarbeitnehmers liegender Grund im Sinne des § 9 Nr. 2 AÜG gewertet[958]. Anders als die Aufnahme eines Studiums wurzelt die Einberufung zum Wehrdienst nicht in den persönlichen Verhältnissen des Zeitar-

---

952 A.A. *Buschmann/Ulber*, Flexibilisierung, S. 99; *Ulber*, § 11 AÜG Rdnr. 31. Diese Autoren erachten eine vertragliche Fixierung der Lage der Arbeitszeit im Zeitarbeitsvertrag für zwingend erforderlich.

953 Vgl. oben § 8 I 2 a).

954 LAG Hamm vom 8.8. 1991 – 4 S a 603/91, LAGE Nr. 4 zu § 9 AÜG (LS 3); *Franßen/Haesen*, § 3 AÜG Rdnr. 39; *Schüren*, § 3 AÜG Rdnr. 117.

955 LAG Hamm vom 8.8. 1991 – 4 S a 603/91, LAGE Nr. 4 zu § 9 AÜG (unter 2.2 der Gründe); *Becker/Wulfgramm*, § 3 AÜG Rdnr. 39; *Sandmann/Marschall*, § 3 AÜG Anm. 25.

956 LAG Hamm vom 8.8. 1991 – 4 S a 603/91, LAGE Nr. 4 zu § 9 AÜG (unter 2.3 der Gründe); *Becker/Wulfgramm*, § 3 AÜG Rdnr. 39; *Sandmann/Marschall*, § 3 AÜG Anm. 25.

957 BSG vom 16.12. 1976 – 12/7 RAr 89/75, NJW 1978, 853 (854) = EzAÜG Nr. 31; LAG Hamm vom 8.8. 1991 – 4 S a 603/91, LAGE Nr. 4 zu § 9 AÜG (unter 2.3 der Gründe); *Schüren*, § 3 AÜG Rdnr. 120.

958 So LAG Hamm vom 8.8. 1991 – 4 Sa 603/91, LAGE Nr. 4 zu § 9 AÜG; *Becker/Wulfgramm*, § 3 AÜG Rdnr. 39.

beitnehmers, sondern tritt als Bürgerpflicht von außen an den Arbeitnehmer heran[959]. Deshalb ist die Einberufung zum Wehr- oder Ersatzdienst auch kündigungsrechtlich privilegiert[960] und stellt keinen in der Person des Zeitarbeitnehmers begründeten Befristungsgrund dar[961].

Zweifelhaft ist auch die Einordnung einer Befristung auf Probe[962]. Befristete Probearbeitsverhältnisse sind im allgemeinen Arbeitsrecht zulässig[963]. Fraglich, ist jedoch, ob die Befristung zur Probe durch Gründe in der Person des Zeitarbeitnehmers gerechtfertigt ist; die Befristung dient vornehmlich dazu, dem Arbeitgeber die Möglichkeit zu geben, sich ein Urteil zu bilden, ob der Arbeitnehmer für die Arbeit geeignet ist[964]. Seit der Neuregelung des §9 Nr. 2 AÜG hat diese Frage allerdings keine Bedeutung mehr: Jedes Zeitarbeitsverhältnis kann erstmalig ohne Vorliegen eines sachlichen Grundes auf eine unbestimmte Zeit befristet werden[965]. Damit ist auch eine Befristung zur Erprobung im Zeitarbeitsverhältnis unproblematisch möglich.

Unschädlich ist es auch, wenn der Grund in der Person des Zeitarbeitnehmers nachträglich wegfällt; entscheidend ist allein, daß der sachliche Grund im Zeitpunkt der Befristung vorliegt[966]. Unerheblich ist, ob das Zeitarbeitsverhältnis schon anfänglich als ein befristetes abgeschlossen wird oder ein zunächst unbefristetes Arbeitsverhältnis nachträglich befristet wird[967].

---

959 *Schüren*, in FS Kissel, S. 1037 (1039).

960 Gemäß § 2 Abs. 1 ArbPlatzSchG darf der Arbeitgeber dem Arbeitnehmer von der Zustellung des Einberufungsbescheid bis zur Beendigung des Grundwehrdienstes nicht kündigen.

961 *Schüren*, § 3 AÜG Rdnr. 118, § 9 AÜG Rdnr. 59; *Schüren*, in FS Kissel, S. 1037 (1039); *Ulber*, § 9 AÜG Rdnr. 49.

962 Davon zu unterscheiden ist die Vereinbarung eines unbefristeten Arbeitsverhältnisses mit einer Probezeit gemäß § 622 Abs. 3 BGB. Die Vereinbarung einer Probezeit ist im Zeitarbeitsvertrag unproblematisch zulässig und findet sich in 94 % der untersuchten Zeitarbeitsverträge.

963 Vgl. BAG vom 15.3. 1978 – 5 AZR 831/76, AP Nr. 45 zu § 620 BGB Befristeter Arbeitsvertrag (LS 1) = NJW 1978, 2319; *Schaub*, ArbR-Hdb., § 40 Rdnr. 11. Dazu auch *Schüren*, § 9 AÜG Rdnr. 69.

964 LAG Hamm vom 8.8. 1991 – 4 S a 603/91, LAGE Nr. 4 zu § 9 AÜG (unter 2.4 der Gründe); *Becker/Wulfgramm*, § 3 AÜG Rdnr. 40.

965 Vgl. oben § 8 I 2 a).

966 *Niebler/Biebl/Ulrich*, Arbeitnehmerüberlassungsgesetz, Rdnr. 453; *Sandmann/Marschall*, § 9 AÜG Anm. 21; *Schüren*, § 9 AÜG Rdnr. 65.

967 *Schüren*, in FS Kissel, S. 1037 (1038).

Wird ein Zeitarbeitsverhältnis als ein befristetes Arbeitsverhältnis abgeschlossen, so gehört die Befristung zum wesentlichen Inhalt des Zeitarbeitsverhältnisses und ist gemäß § 11 Abs. 1 Nr. 4 AÜG in die Urkunde oder schriftlichen Arbeitsvertrag aufzunehmen. Auch die Gründe der Befristung sind zu nennen, wobei formelhafte Erklärungen wie „Wunsch des Arbeitnehmers" grundsätzlich nicht ausreichen sollen[968]. Vielmehr müssen die sachlichen Gründe für die Bundesanstalt für Arbeit nachprüfbar niedergelegt werden[969].

III. Meldepflichten während verleihfreier Zeiten

Zeitarbeitsunternehmen werben mit einem kurzfristigen und flexiblen Personaleinsatz ihrer Zeitarbeitnehmer um Kunden: Bei Personalengpässen sollen Zeitarbeitnehmer als eine von einem auf den anderen Tag zu rekrutierende Personalreserve dienen. Diesem praktischen Bedürfnis der Zeitarbeitsunternehmen, ihre Arbeitnehmer kurzfristig in Entleihunternehmen einsetzen zu können, entspringen die in zahlreichen Zeitarbeitsverträgen zu findenden Vereinbarungen von Melde- oder Präsenzpflichten. Durch Melde- oder Präsenzpflichten wird der Zeitarbeitnehmer in überlassungsfreien Zeiten zwischen zwei Einsätzen verpflichtet, sich regelmäßig, teilweise sogar mehrmals täglich, im Büro seines Arbeitgebers persönlich einzufinden oder sich telephonisch zu melden[970].

Umstritten ist, inwiefern derartige Verpflichtungen mit den zwingenden Vorschriften des AÜG vereinbar sind. Zweifelhaft ist die Zulässigkeit von Melde- oder Präsenzpflichten wegen § 11 Abs. 4 S. 2 AÜG: Nach ganz herrschender Meinung verbietet § 11 Abs. 4 S. 2 AÜG sämtliche Vertragsgestaltungen, die die Voraussetzungen oder Rechtsfolgen des § 615 S. 1 BGB einschränken[971]. Zu untersuchen ist, inwieweit durch die Vereinbarung von Meldepflichten die Voraussetzungen des Annahmeverzuges beschnitten werden.

1. Voraussetzungen des Annahmeverzuges

Neben dem Bestehen eines wirksamen Arbeitsvertrages und der Nichtannahme der Arbeitsleistung durch den Arbeitgeber setzt der Annahmeverzug im Sinne des

---

968 *Sandmann/Marschall*, § 3 AÜG Anm. 25.

969 BSG vom 16.12. 1976 – 12/7 RAr 89/75, NJW 1978, 853 (854) = EzAÜG Nr. 31; *Becker/Wulfgramm*, § 3 AÜG Rdnr. 39.

970 Vereinbarungen von Melde- oder Präsenzpflichten finden sich in 50 % der untersuchten Zeitarbeitsverträge.

971 LAG Frankfurt vom 23.1. 1987 – 13 Sa 1007/86, DB 1987, 1741(LS 2) = EzAÜG Nr. 227; *Franßen/Haesen*, § 11 AÜG Rdnr. 31; Erman/*Belling*, § 615 BGB Rdnr. 4; *Schüren*, § 11 AÜG Rdnr. 80.

§ 615 S. 1 BGB das Angebot der Arbeitsleistung durch den Arbeitnehmer sowie die Leistungsmöglichkeit des Arbeitnehmers voraus. Fraglich ist, ob die Vereinbarung einer Meldepflicht die Angebotsobliegenheit des Zeitarbeitnehmers unzulässig verschärft und inwieweit die Leistungsbereitschaft des Zeitarbeitnehmers Voraussetzung des Annahmeverzuges ist.

a) Angebot der Arbeitsleistung

Voraussetzung des Annahmeverzuges im Sinne des § 615 S. 1 BGB ist das Angebot der Arbeitsleistung durch den Arbeitnehmer. Für das Leistungsangebot gelten auch im Arbeitsverhältnis die §§ 294 – 296 BGB[972].

aa) Angebot nach § 294 ff. BGB

Auch im dreiseitigen Zeitarbeitsverhältnis ist der Verleiher Gläubiger der Arbeitsleistung; er hat einen Anspruch auf die Erbringung der Arbeitsleistung an den Dritten (§ 335 BGB). Dem Verleiher ist die Arbeitsleistung anzubieten. Erbringt der Zeitarbeitnehmer seine Arbeitsleistung einem Dritten, so ist es allerdings ausreichend, wenn der Arbeitnehmer seine Arbeitsleistung diesem Entleiher anbietet[973].

Das im Regelfall gemäß § 294 BGB erforderliche tatsächliche Angebot der Arbeitsleistung durch den Arbeitnehmer, könnte entbehrlich sein, wenn dem Zeitarbeitnehmer der Entleihbetrieb nicht bekannt ist. Ein wörtliches Angebot des Schuldners ist gemäß § 295 S. 1 2. Alt. BGB ausreichend, sofern die Erbringung der Arbeitsleistung eine Mitwirkungshandlung des Arbeitgebers erfordert. Ist die Mitwirkungshandlung nach dem Kalender bestimmt, so bedarf es gemäß § 296 S. 1 BGB überhaupt keines Angebotes, wenn der Arbeitgeber die Handlung nicht vornimmt.

Mitwirkungshandlungen sind alle Handlungen, die dem Arbeitgeber obliegen, bevor der Arbeitgeber die Leistung annehmen kann. Durch die Mitwirkungsleistung wird die Arbeitsleistung des Arbeitnehmers erst möglich[974]. Im Zeitarbeitsverhält-

---

972 Die ganz überwiegende Meinung wendet §§ 294 BGB ff. unabhängig davon, daß es sich um ein Dauerschuldverhältnis handelt, auf das Arbeitsverhältnis an: MünchArbR/*Boewer*, § 78 Rdnr. 16 ff.; Soergel/*Kraft*, § 615 BGB Rdnr. 10; Staudinger/*Richardi*, § 615 BGB Rdnr. 46; MünchKomm/*Schaub* § 615 BGB Rdnr. 12.

973 Erman/*Belling*, § 615 BGB Rdnr. 9; MünchArbR/*Boewer*, § 78 Rdnr. 17; Soergel/*Kraft*, § 615 BGB Rdnr. 12; ErfK/*Preis*, § 615 BGB Rdnr. 20. Auch die Vertreter der Ansicht, die den Zeitarbeitsvertrag als unechten Vertrag zugunsten Dritter einordenen, halten das Angebot an den Dritten für ausreichend.

974 MünchArbR/*Boewer*, § 78 Rdnr. 23; ErfK/*Preis*, § 615 BGB Rdnr. 36; *Schaub*, ArbR-Hdb.,

nis besteht die erforderliche Mitwirkungshandlung in einer Erklärung: Die Herbeiführung des im Zeitarbeitsvertrag geschuldeten Leistungserfolges - die Erbringung der Arbeitsleistung für einen Dritten - ist abhängig von der Zuweisung eines Entleihbetriebes durch den Verleiher. Erst wenn dem Zeitarbeitnehmer ein Einsatzbetrieb zugewiesen ist, kann er seine geschuldete Arbeitsleistung erbringen. Die Zuweisung des Einsatzbetriebes ist eine Mitwirkungshandlung im Sinne des § 295 BGB[975]. Kalendermäßig bestimmt ist die Mitwirkungshandlung, wenn sich der Zeitpunkt der Mitwirkungshandlung aus dem Vertrag ergibt oder errechnen läßt[976]. Kalendermäßig bestimmt sind Mitwirkungshandlungen auch, wenn sie täglich neu anfallen[977]. Der Zeitpunkt der Zuweisung eines Einsatzbetriebes ist im Zeitarbeitsvertrag nicht bestimmt und richtet sich danach, wann der Arbeitgeber einen Auftrag mit einem Einsatzbetrieb abschließt. Dadurch daß die Zuweisung des Einsatzbetriebes vor der Arbeitsaufnahme festgelegt sein muß, ist der Zeitpunkt dieser Mitwirkungshandlung nicht kalendermäßig bestimmt[978]. Damit beschränkt sich gemäß § 295 BGB die Handlungspflicht des Zeitarbeitnehmers auf ein wörtliches Arbeitsangebot[979], das der Zeitarbeitnehmer ausdrücklich oder konkludent unterbreiten kann[980]

bb) Entbehrlichkeit des Angebotes nach § 10 Abs. 4 AÜG

Ein abweichendes Ergebnis ergibt sich auch nicht aus § 10 Abs. 4 AÜG: Diese Vorschrift enthält eine Sonderregelung[981], die nach einer gemäß § 9 Nr. 3 AÜG unwirksamen Arbeitgeberkündigung das Angebot des Arbeitnehmers für den Erhalt des Lohnanspruches für entbehrlich erklärt. Keinesfalls kann aus dieser Ausnahmevorschrift gefolgert werden, daß es im Zeitarbeitsverhältnis grundsätzlich

---

§ 48 Rdnr. 10; MünchKomm/*Schaub*, § 615 BGB Rdnr. 16.

975 Zutreffend: *Brötzmann/ Musial*, NZA 1997, 17 (18 f.).

976 Erman/*Battes*, § 296 BGB Rdnr. 1; *Brötzmann/Musial*, NZA 1997, 17 (18).

977 Erman/*Belling*, § 615 BGB Rdnr. 21; vgl. auch Staudinger/*Richardi*, § 615 BGB Rdnr. 66.

978 So auch *Brötzmann/Musial*, NZA 1997, 17 (19); a.A. *Schüren*, § 11 AÜG Rdnr. 81.

979 LAG Frankfurt vom 23.1. 1987 – 13 Sa 1007/86, DB 1987, 1741 = EzAÜG Nr. 227; *Becker/Wulfgramm*, § 11 AÜG Rdnr. 55 b; *Brötzmann/Musial*, NZA 1997, 17 (19); *Niebler/Biebl/Ulrich*, Arbeitnehmerüberlassungsgesetz, Rdnr. 482.

980 Das LAG Frankfurt (vom 23.1. 1987 – 13 Sa 1007/86, DB 1987, 1741 = EzAÜG Nr. 22) hat in der bis zum Beginn des Annahmeverzuges ausgeübten Tätigkeit des Zeitarbeitnehmers ein stillschweigendes Angebot, die vertragliche Arbeitsleistung auch weiter zu erbringen, gesehen.

981 *Becker/Wulfgramm*, § 11 AÜG Rdnr. 55 b; *Brötzmann/Musial*, NZA 1997, 17 (19); *Schüren*, § 11 AÜG Rdnr. 83.

keines Angebotes zur Begründung des Annahmeverzuges bedarf[982]. Ganz im Gegenteil zeigt diese Vorschrift gerade, daß auch im Zeitarbeitsvertrag für die Begründung des Annahmeverzuges ein Angebot nach den allgemeinen Vorschriften der §§ 294 ff. BGB erforderlich ist. Sonst hätte der Gesetzgeber den Wortlaut des § 10 Abs. 4 AÜG auch in § 11 Abs. 4 AÜG aufnehmen können.

cc) Tägliche Wiederholung des Angebotes

Aus der Tatsache, daß es sich beim Arbeitsverhältnis um ein Dauerschuldverhältnis handelt, ergibt sich, daß die Leistungspflichten ständig neu entstehen. Widersinnig wäre es allerdings, wenn der Arbeitnehmer seine Arbeitsleistung immer wieder neu anbieten müßte. Ausreichend ist es vielmehr, wenn der Arbeitnehmer seine Arbeitsleistung einmalig anbietet[983]. Eines neuen Angebotes bedarf es erst, wenn der Annahmeverzug beendet war und der Arbeitgeber die Arbeitsleistung erneut nicht annimmt.

Beendet ist der Annahmeverzug, wenn seine Voraussetzungen wegfallen[984]. Nimmt der Arbeitgeber die erforderliche Mitwirkungshandlung vor und setzt den Arbeitnehmer hiervon in Kenntnis, endet der Annahmeverzug für die Zukunft (ex nunc)[985]. Eine Ansicht läßt den Annahmeverzug im Zeitarbeitsverhältnis - abweichend von anderen zweiseitigen Arbeitsverhältnissen - mit Ablauf des Tages, an dem der Arbeitnehmer seine Arbeitsleistung angeboten hat, enden und kommt damit zu dem Ergebnis, daß es täglich eines neuen Angebotes des Zeitarbeitnehmers bedarf[986]. Begründet wird diese Ansicht damit, daß es charakteristisch für die Zeitarbeit ist, daß der Zeitarbeitnehmer keine festen Arbeitszeiten hat und auf Abruf dienstleistungsbereit sein muß sowie mit der Abdingbarkeit des § 615 S. 2 BGB. Beide Argumente überzeugen nicht:

Genau wie in traditionellen zweiseitigen Arbeitsverhältnissen kann auch in einem Zeitarbeitsverhältnis eine variable am Arbeitsanfall orientierte Arbeitszeit im Sinne des § 4 BeschFG vereinbart werden[987]. Allerdings handelt es sich dann, bei den

---

982 So aber LAG Frankfurt vom 23.1. 1987 – 13 Sa 1007/86, DB 1987, 1741 = EzAÜG Nr. 227; GK-TzA/*Becker*, § 2 BeschFG Rdnr. 385.

983 BAG vom 24.10. 1991 – 2 AZR 112/91, AP Nr. 50 zu § 615 BGB (unter II 1 der Gründe) = NZA 1992, 403; BAG vom 18.8. 1961 – 4 AZR 132/60, AP Nr. 20 zu § 615 BGB (LS 2) m. Anm. *Zöllner*; Soergel/*Kraft*, § 615 BGB Rdnr. 18; *Schaub*, ArbR-Hdb., § 49 Rdnr. 23.

984 ErfK/*Preis*, § 615 BGB Rdnr. 65.

985 Erman/*Belling*, § 615 BGB Rdnr. 29; Soergel/*Kraft*, § 615 BGB Rdnr. 45; MünchKomm/*Schaub*, § 615 BGB Rdnr. 36; *Schaub*, ArbR-Hdb., § 49 Rdnr. 23.

986 *Brötzmann/Musial*, NZA 1997, 17 (19).

987 Vgl. oben § 12 I 3.

Zeiten, in denen der Arbeitgeber die Arbeitsleistung des Arbeitnehmers nicht abruft, nicht um einen Annahmeverzug im Sinne des § 615 S. 1 BGB, sondern um eine flexible Form der Arbeitszeitgestaltung. Zeitarbeitnehmer sind zwar oftmals größeren Schwankungen bei der Lage ihrer Arbeitszeit ausgesetzt – die Lage der Arbeitszeit richtet sich im allgemeinen nach den für den Entleihbetrieb geltenden Regelungen –, müssen sich im Übrigen allerdings in keinem anderen Maße als andere Arbeitnehmer im Fall eines Annahmeverzuges kurzfristig zur Arbeitsleistung bereithalten.

Auch mit § 615 S. 2 BGB läßt sich eine Begrenzung des Annahmeverzuges auf den einzelnen Arbeitstag nicht begründen: Die Abdingbarkeit dieser Vorschrift besteht nicht nur im Zeitarbeitsverhältnis; § 615 S. 2 BGB ist nach ganz einhelliger Meinung grundsätzlich abdingbar[988], wie es auch der Hinweis „§ 615 S. 2 BGB bleibt unberührt" am Ende des § 11 Abs. 4 S. 2 AÜG zeigt.

Damit besteht der Annahmeverzug auch im Zeitarbeitsverhältnis über den gesamten überlassungsfreien Zeitraum fort, ohne daß es eines erneuten Angebotes des Zeitarbeitnehmers bedarf.

dd) Zwischenergebnis

Nach den Regelungen des Annahmeverzuges ist ein einmaliges wörtliches Angebot (§ 295 BGB) des Zeitarbeitnehmers erforderlich, um den Arbeitgeber in Annahmeverzug zu versetzen. Weiterer Angebote bedarf es während der Zeit des Annahmeverzuges nicht. Zu prüfen ist allerdings, welche Verpflichtungen sich aus dem Erfordernis der Leistungsbereitschaft für den Zeitarbeitnehmer ergeben.

b) Leistungsbereitschaft des Zeitarbeitnehmers

Gemäß § 297 BGB muß der Arbeitnehmer leistungsbereit und leistungsfähig sein; ist dem Arbeitnehmer die Leistungserbringung unmöglich, kommt der Arbeitgeber nicht in Annahmeverzug. Während die Leistungsbereitschaft grundsätzlich nur im Zeitpunkt der Begründung des Annahmeverzuges vorliegen muß, setzt die Fortdauer des Annahmeverzuges im Arbeitsverhältnis – als einem Dauerschuldverhältnis – voraus, daß die Leistungsbereitschaft des Arbeitnehmers fortbesteht[989].
Die Leistungsbereitschaft des Arbeitnehmers begründet grundsätzlich keine lau-

---

988 Erman/*Belling*, § 615 BGB Rdnr. 3; Soergel/*Kraft*, § 615 BGB Rdnr. 8; MünchKomm/*Schaub*, § 615 BGB Rdnr. 60.

989 BAG vom 18.12. 1974 – 5 AZR 66/74, AP Nr. 30 zu § 615 BGB (unter 2 b) bb) der Gründe) = NJW 1975, 1336; Palandt/*Heinrichs*, § 297 BGB Rdnr. 2; *Schaub*, ArbR-Hdb., § 49 Rdnr. 25.

fende Erkundigungspflicht des Arbeitnehmers, ob sein Arbeitgeber inzwischen bereit ist, seine Arbeitsleistung anzunehmen, oder die erforderliche Mitwirkungshandlung nachgeholt hat. Zur Beendigung des Annahmeverzuges muß nicht der Arbeitnehmer, sondern der Arbeitgeber tätig werden[990]. Der Arbeitgeber muß den Arbeitnehmer zur Arbeitsaufnahme auffordern[991]. Dem Arbeitnehmer eine laufende Erkundigungspflicht aufzubürden, würde bedeuten, den Arbeitgeber weitgehend von seiner Fürsorgepflicht zu entlasten. Kraft seiner Fürsorgepflicht hat der Arbeitgeber vielmehr die Verpflichtung, den Arbeitnehmer möglichst frühzeitig über eine Wiederaufnahme der Arbeit zu informieren[992].

Der Annahmeverzug setzt auch nicht voraus, daß sich der Arbeitnehmer ständig zur Dienstleistung bereithält und nichts anderes tut[993]. Das zeigt schon § 615 S. 2 BGB, nach dem der Arbeitnehmer eine andere bezahlte Tätigkeit aufnehmen kann[994]. Während des Annahmeverzuges muß sich der Arbeitnehmer zwar nicht ständig abrufbereit halten[995], allerdings muß der Zeitarbeitnehmer zwischen den Einsätzen für den Arbeitgeber erreichbar und verfügbar sein[996]. In keinem Fall ist der Zeitarbeitnehmer verpflichtet, für seinen Arbeitgeber über die Zeitdauer der betrieblichen Arbeitszeit hinaus erreichbar zu sein. Und auch während der betrieblichen Arbeitszeit darf der Zeitarbeitnehmer nicht ans Telephon gekettet werden; kurzfristige Abwesenheitszeiten muß der Verleiher, bei seinen Versuchen den Arbeitnehmer zu erreichen, einkalkulieren[997].

---

990 *Schaub*, AR-Blattei SD 80, Rdnr. 52.

991 BAG vom 21.1.1993 - 2 AZR 309/92, AP Nr. 53 zu § 615 BGB (LS) = NZA 1993, 550; BAG vom 14.3. 1962 – 4 AZR 146/61, AP Nr. 21 zu § 615 BGB = DB 1962, 775; Erman/*Belling*, § 615 BGB Rdnr. 29; Soergel/*Kraft*, § 615 BGB Rdnr. 45; *Schaub*, ArbR-Hdb., § 49 Rdnr. 23.

992 LAG Frankfurt vom 23.1. 1987 – 13 Sa 1007/86, DB 1987, 1741 = EzAÜG Nr. 227.

993 BAG vom 18.8. 1961 - 4 AZR 132/60, AP Nr. 20 zu § 615 BGB = DB 1961, 1360; BAG vom 11.7. 1985 – 2 AZR 106/84, AP Nr. 35 a zu § 615 BGB (unter II 3 der Gründe) = NZA 1987, 57.

994 Erman/*Hanau* (9.Auflage), § 615 BGB Rdnr. 24; vgl. auch Staudinger/*Richardi*, § 615 BGB Rdnr. 79.

995 BAG vom 18.8. 1961 –4 AZR 132/60, AP Nr. 20 zu § 615 BGB = DB 1961, 1360; Erman/*Belling*, § 615 BGB Rdnr. 24; ErfK/*Preis*, § 615 BGB Rdnr. 49

996 *Ulber*, § 11 AÜG Rdnr. 65.

997 LAG Frankfurt vom 23.1. 1987 – 13 Sa 1007/86, DB 1987, 1741 = EzAÜG Nr. 227

Folglich läßt sich auch mit dem Erfordernis der Leistungsbereitschaft des Arbeitnehmers keine tägliche Meldepflicht als Voraussetzung des Annahmeverzuges (§ 615 S. 1 BGB) begründen.

2. Ergebnis

Die Vereinbarung einer täglichen Meldepflicht des Zeitarbeitnehmers während verleihfreier Zeiten erschwert die Voraussetzungen des Annahmeverzuges und ist daher gemäß § 11 Abs. 4 S. 2 AÜG unzulässig. Gemäß § 134 BGB sind derartige Vereinbarungen in Zeitarbeitsverträgen nichtig.

Im Annahmeverzug muß der Zeitarbeitnehmer allerdings während der normalen Betriebszeiten mit gewissen Unterbrechungen für den Arbeitgeber zum Arbeitseinsatz erreichbar sein. Um den Arbeitnehmer nicht an das Telephon zu binden und trotzdem dem Bedürfnis des Arbeitgebers nach einem spontanen Einsatz seiner Zeitarbeitnehmer gerecht zu werden, bietet sich folgende in der Praxis teilweise schon zu findende Vereinbarung an: Der Zeitarbeitnehmer wird verpflichtet, während der regulären Arbeitszeit zu bestimmten Meldezeiten – zum Beispiel vormittags und nachmittags – telephonisch für seinen Arbeitgeber erreichbar zu sein. Alternativ kann der Zeitarbeitnehmer zu den Meldezeiten selbst mit dem Verleiher in Kontakt treten[998].

Da es keines tatsächlichen Angebotes der Arbeitsleistung durch den Zeitarbeitnehmer im Sinne des § 294 BGB bedarf[999], ist es ebenfalls unzulässig, den Arbeitnehmer zu verpflichten, sich im Büro des Arbeitgebers einzufinden. Im Regelfall schuldet der Zeitarbeitnehmer ausschließlich die Erbringung seiner Arbeitsleistung an einen Dritten; der Verleiher hat nur ein Recht die Arbeitsleistung an den Dritten zu fordern. Die Vereinbarung einer Anwesenheits- oder Präsenzpflicht erscheint auch in den Fällen, wenn der Zeitarbeitnehmer nach seinem Arbeitsvertrag dazu verpflichtet ist, seine Arbeitsleistung auch im Betrieb seines Arbeitgebers – des Verleihers – zu erbringen[1000], nicht zulässig. Der Arbeitnehmer schuldet nur die im Arbeitsvertrag festgelegte Tätigkeit und kann auch im Verleihbetrieb nicht zu beliebigen anderen Tätigkeiten herangezogen werden. Auch im Annahmeverzug sind Arbeitnehmer nicht zu vertragsfremden Tätigkeiten verpflichtet[1001]. Insbesondere kann der Arbeitnehmer nicht dazu verpflichtet werden, wenn ihm sein Arbeitgeber

---

998 Diese Vereinbarung findet sich in 11 % der untersuchten Verträge.

999 *Niebler/Biebl/Ulrich*, Arbeitnehmerüberlassungsgesetz, Rdnr. 482; *Schüren*, § 11 AÜG Rdnr. 81.

1000 Vgl. dazu oben § 11 I.

1001 Vgl. Erman/*Belling*, § 615 BGB Rdnr. 10; *Schaub*, ArbR-Hdb., § 48 Rdnr. 20; MünchKomm/*Schaub*, § 615 BGB Rdnr. 32.

auch im eigenen Betrieb keine vertraglich geschuldete Tätigkeit zuweist, den Tag über auf die Zuweisung eines neuen Entleihbetriebes zu warten[1002].

IV. Vertragsstrafen

In der Praxis üblich ist die Vereinbarung von Vertragsstrafen für den Fall des Vertragsbruches des Zeitarbeitnehmers[1003]. Vertragsstrafen bewirken insbesondere die erleichterte Durchsetzung zivilrechtlicher Schadensersatzansprüche und bestimmen deren Umfang im voraus[1004]. Vertragsstrafenvereinbarungen sind im Zeitarbeitsvertrag nach allgemeinen Grundsätzen[1005] zulässig, sofern sie nicht gegen die zwingenden Vorschriften des AÜG verstoßen[1006]. Vertragsstrafenabreden, die den Arbeitnehmer von der Begründung eines Arbeitsverhältnisses mit dem Entleiher abhalten, verstoßen gegen § 9 Nr. 5 AÜG und sind daher unzulässig[1007]. Nach allgemeinen Grundsätzen zulässig sind demgegenüber Vertragsstrafenvereinbarungen für den Fall, daß der Zeitarbeitnehmer die Arbeit nicht aufnimmt oder sie ohne ordnungsgemäße Kündigung beendet[1008].

1002 Die Vereinbarung einer Präsenzpflicht findet sich in zwei der untersuchten Zeitarbeitsverträge.

1003 Die Vereinbarung von Vertragsstrafen findet sich in 72 % der untersuchten Verträge.

1004 MünchArbR/*Blomeyer*, § 57 Rdnr. 55; vgl. *Hanau/Preis*, Der Arbeitsvertrag, II V 50 Rdnr. 1 ff.

1005 Zur Zulässigkeit der arbeitvertraglichen Vereinbarung von Vertragsstrafen: MünchArbR/*Blomeyer*, § 57 Rdnr. 57 ff.; *Hanau/Preis*, Der Arbeitsvertrag, II V 50; *Schaub*, ArbR-Hdb., § 60; *Söllner*, AuR 1981, 97 f.

1006 *Becker/Wulfgramm*, § 11 AÜG Rdnr. 13 a; *Schüren*, § 11 AÜG Rdnr. 58; *Ulber*, § 11 AÜG Rdnr. 39.

1007 *Schüren*, § 11 AÜG Rdnr. 58; *Ulber*, § 9 AÜG Rdnr. 82. Vgl. oben § 8 II.

1008 *Schüren*, § 11 AÜG Rdnr. 59.

Dritter Teil
Kollektivvertragliche Gestaltungsfaktoren des Zeitarbeitsverhältnisses

Neben den privatautonomen Regelungen des Arbeitsvertrages und dem durch den Arbeitsvertrag begründeten Direktionsrecht des Arbeitgebers gestalten kollektivvertragliche Regelungen unmittelbar die Arbeitsverhältnisse. Kollektivvertragliche Regelungsfaktoren sind die Betriebsvereinbarung und der Tarifvertrag. Beide wirken normativ, das heißt unmittelbar und zwingend, auf ihnen unterfallende Arbeitsverhältnisse ein (§ 4 Abs. 1 S. 1 TVG, § 77 Abs. 4 S. 1 BetrVG). Schreiben Betriebsvereinbarungen oder Tarifverträge Arbeitsbedingungen fest, implementieren sie diese von außen in den konkreten und individuellen Arbeitsvertrag hinein. In vielen Arbeitsverhältnissen dominieren kollektivvertragliche Gestaltungen[1009]; privatautonome Regelungen werden durch die Ordnung der Betriebs- und Tarifparteien weitgehend verdrängt[1010].

Welche Bedeutung kollektivvertraglichen Gestaltungen im Bereich der Zeitarbeit zukommen kann, wird im nachfolgenden Dritten Teil untersucht[1011]. Sowohl das BetrVG als auch das TVG sind auf das traditionelle zweiseitige Arbeitsverhältnis zugeschnitten; Regelungen, die der Situation der aufgespaltenen Arbeitgeberstellung Rechnung tragen, finden sich in diesen Gesetzen nicht. Im AÜG ist die kollektivrechtliche Zuordnung der Zeitarbeitnehmer nur partiell geregelt. Zieht man eine Parallele zum Individualarbeitsrecht, so dürfte eine tarifrechtliche und betriebsverfassungsrechtliche Zuordnung des Zeitarbeitnehmers ausschließlich zum Verleihbetrieb bestehen.

§ 13 Betriebsvereinbarung

Auf betrieblicher Ebene sind die Betriebsparteien – der Arbeitgeber und der Betriebsrat – befugt, durch Betriebsvereinbarungen normativ und zwingend wirkende Regelungen zu schaffen[1012]. Zu untersuchen ist, ob auch Zeitarbeitsverhältnisse durch Betriebsvereinbarungen unmittelbar gestaltet werden. Welche Arbeitsverhältnisse den Regelungen einer Betriebsvereinbarung unterliegen, richtet sich nach dem Geltungsbereich der Betriebsvereinbarung.

1009 *Preis*, in Hanau/Schaub (Hrsg.), Arbeitsrecht 1997, S. 21 (22).

1010 *Junker*, NZA 1997, 1305.

1011 Die durch das Betriebsverfassungs-Reformgesetz am 28.7.2001 in Kraft getretenen Änderungen sind in dieser Arbeit nicht berücksichtigt worden.

1012 Diese Regelungsbefugnis wird in Anknüpfung an die Privat- und die Tarifautonomie als Betriebsautonomie bezeichnet; vgl. GK-BetrVG/*Kreutz*, § 77 BetrVG Rdnr. 27; *Richardi*, § 77 BetrVG Rdnr. 60; *Waltermann*, Rechtssetzung durch Betriebsvereinbarung, S. 53 ff.

Über den Geltungsbereiches der Betriebsvereinbarung trifft das BetrVG keine ausdrückliche Regelung. Räumlich gilt die Betriebsvereinbarung nur für den Betrieb, dessen Betriebsrat sie abgeschlossen hat[1013]. In personeller Hinsicht können Betriebsvereinbarungen grundsätzlich alle betriebszugehörigen Arbeitnehmer erfassen. Allerdings können die Betriebsparteien den persönlichen Geltungsbereich einer Betriebsvereinbarung – sofern dem nicht der Gleichbehandlungsgrundsatz (§ 75 BetrVG) entgegensteht – auf bestimmte Arbeitnehmergruppen oder Betriebsabteilungen beschränken.

Für die Frage, ob Betriebsvereinbarungen des Verleihbetriebes und/oder des Entleihbetriebes auf die Arbeitsverhältnisse der Zeitarbeitnehmer normativ einwirken und diese damit gestalten, ist somit zunächst die betriebsverfassungsrechtliche Zuordnung des Zeitarbeitnehmers zu beleuchten. Nur wenn Zeitarbeitnehmer betriebszugehörig im Sinne des § 5 BetrVG sind, können sie von der Betriebsautonomie erfaßt werden.

I. Betriebsverfassungsrechtliche Zuordnung von Zeitarbeitnehmern

Grundtatbestand der betriebsverfassungsrechtlichen Zuordnung ist die Betriebszugehörigkeit im Sinne des § 5 BetrVG[1014]. Die Betriebszugehörigkeit eines Arbeitnehmers ist Voraussetzung für seine Einbeziehung in die Betriebsverfassung und entscheidet darüber, ob ein konkreter Betriebsrat Beteiligungsrechte hinsichtlich eines Arbeitnehmers hat, ob der Arbeitnehmer in diesem Betrieb wahlberechtigt ist und ob der Arbeitnehmer der Betriebsautonomie in personeller Hinsicht unterfällt[1015]. Nur ein betriebszugehöriger Arbeitnehmer kann von der Rechtssetzung durch Betriebsvereinbarungen normativ erfaßt werden.

Im BetrVG wird die Betriebszugehörigkeit nicht definiert[1016]. Voraussetzung der Betriebszugehörigkeit ist, daß es sich um Arbeitnehmer im Sinne des § 5 BetrVG handelt. Umstritten ist, welche Voraussetzungen an die Betriebszugehörigkeit neben der Arbeitnehmereigenschaft[1017] des Beschäftigten zu stellen sind, das heißt

---

[1013] Däubler/Kittner/Klebe/*Berg*, § 77 BetrVG Rdnr. 34; *Fitting/Kaiser/Heither/Engels*; § 77 BetrVG Rdnr. 32; *von Hoyningen-Huene*, Betriebsverfassungsrecht, S. 214; GK-BetrVG/*Kreutz*, § 77 BetrVG Rdnr. 161.

[1014] *Richardi*, NZA 1987, 145.

[1015] *Christiansen*, Betriebszugehörigkeit, S. 13; GK-BetrVG/*Kreutz*, § 7 BetrVG Rdnr. 17; *Martens*, in FS Hilger/Stumpf, S. 437 (454); *Richardi*, NZA 1987, 145 (146); *Säcker/Joost*, Betriebszugehörigkeit, S. 11; Däubler/Kittner/Klebe/*Trümner*, § 5 BetrVG Rdnr. 12..

[1016] Vgl. *Waltermann*, Rechtssetzung durch Betriebsvereinbarung, S. 192; *ders.* NZA 1998, 505 (507).

[1017] Der Arbeitnehmerstatus steht bei Zeitarbeitnehmern außer Frage: Konstitutives Merkmal der

welche Qualität die Beziehung des einzelnen Arbeitnehmers zum Betrieb haben muß. Unumstritten sind diejenigen Arbeitnehmer betriebszugehörig und fallen in den Zuständigkeitsbereich des Betriebsrats, die in einem Arbeitsverhältnis zum Betriebsinhaber stehen und zugleich tatsächlich in den Betrieb eingegliedert sind – wie es im traditionellen zweiseitigen Arbeitsverhältnis der Fall ist[1018].

Zeitarbeitnehmer stehen in einem beschäftigungslosen Vertragsverhältnis zum Zeitarbeitsunternehmen und in einem vertragslosen Beschäftigungsverhältnis zum Dritten[1019]; die Vertragsbeziehung und die Beschäftigungsbeziehung fallen auseinander. Könnte eine Betriebszugehörigkeit nur beim kumulativen Vorliegen beider Komponenten bejaht werden, wären Zeitarbeitnehmer betriebsverfassungsrechtlich vertretungslos[1020]. Außer Frage steht, daß dieses Ergebnis nicht akzeptabel wäre: Auch die in einem dreiseitigen Arbeitsverhältnis tätigen Zeitarbeitnehmer müssen betriebsverfassungsrechtlichen Schutz genießen; mit dem Schutzzweck des BetrVG und des AÜG wäre es unvereinbar, den Zeitarbeitnehmern den Schutz des BetrVG zu entziehen. Notwendig ist deshalb eine differenzierte Betrachtung der Betriebszugehörigkeit von Zeitarbeitnehmern zum Verleih- und zum Entleihbetrieb nach den Vorschriften des BetrVG und des AÜG.

1. Verleihbetrieb

Der Zeitarbeitnehmer steht in einer arbeitsvertraglichen Beziehung zum Betriebsinhaber des Zeitarbeitsbetriebes, wird allerdings in einem Drittbetrieb nach Weisungen des Dritten tätig. Damit fehlt es an der Beschäftigungskomponente im Verleihbetrieb. Ursprünglich enthielt das AÜG keine Regelung über die betriebsverfassungsrechtliche Zuordnung der Zeitarbeitnehmer. Der Gesetzgeber hielt eine ausdrückliche Regelung für entbehrlich: Aus der individualrechtlichen Zuordnung von Zeitarbeitnehmern zum Verleihbetrieb folge auch die betriebsverfassungsrechtliche

---

gewerbsmäßigen Arbeitnehmerüberlassung ist das Bestehen eines Arbeitsvertrages zwischen dem Zeitarbeitsunternehmen und dem Zeitarbeitnehmer. Im übrigen besteht über den Arbeitnehmerbegriff des BetrVG eine anhaltende Diskussion.

1018 BAG vom 14.5. 1997 – 7 ABR 26/96, AP Nr. 6 zu § 8 BetrVG 1972 (unter II 1 der Gründe) = NZA 1997, 1245; BAG vom 18.1. 1989 – 1 ABR 21/88, AP Nr. 1 zu § 9 BetrVG 1972 (unter II 1 b) der Gründe) = NZA 1989, 724; *Fitting/Kaiser/Heither/Engels*, § 7 BetrVG Rdnr. 8; ErfK/*Hanau/Kania*, § 77 BetrVG Rdnr. 5; *Kraft*, in FS Pleyer, S. 383 (386); GK-BetrVG/*Kreutz*, § 77 BetrVG Rdnr. 147; *Rost*, NZA 1999, 113 (117); *Rüthers/Bakker*, ZfA 1990, 245 (305).

1019 *Rüthers/Bakker*, ZfA 1990, 245 (260); *Waltermann*, Rechtssetzung durch Betriebsvereinbarung, S. 220.

1020 *Rüthers/Bakker*, ZfA 1990, 245 (306).

Zuordnung zu diesem Betrieb[1021]. Auch die ganz herrschende Meinung in Rechtsprechung und Literatur schloß aus der individualrechtlichen Zuordnung des Zeitarbeitnehmers auf die betriebsverfassungsrechtliche Zuordnung zu dem Betrieb seines Vertragsarbeitgebers[1022].

a) Zuordnung nach § 14 Abs. 1 AÜG

Durch § 14 AÜG hat der Gesetzgeber 1981 die Betriebszugehörigkeit des Zeitarbeitnehmers spezialgesetzlich geregelt[1023]: Gemäß § 14 Abs. 1 AÜG bleibt der Zeitarbeitnehmer auch während seiner Tätigkeit in einem Entleihbetrieb Angehöriger des entsendenden Verleihbetriebes. Der Zeitarbeitnehmer ist zur Wahl des Betriebsrates im Verleihbetrieb wahlberechtigt und wählbar (§§ 7, 8 BetrVG). Durch die spezialgesetzliche Regelung des § 14 Abs. 1 AÜG kommt es daher auf die Frage, ob allein das Bestehen eines Arbeitsvertrages für die Begründung des Betriebszugehörigkeit ausreicht nicht an.

Auch wenn § 14 AÜG den Zeitarbeitnehmer unbeschränkt dem Verleihbetrieb zuordnet, ist der Betriebsrat des Zeitarbeitsbetriebes allerdings weder tatsächlich noch rechtlich in der Lage, dem Zeitarbeitnehmer einen umfassenden betriebsverfassungsrechtlichen Schutz zu gewähren.

b) Rechtliche Grenzen

Aufgrund der aufgespaltenen Arbeitgeberstellung kann der Verleihbetriebsrat viele betriebsverfassungsrechtliche Aufgaben und Rechte gar nicht wahrnehmen: Beteiligungsrechte die an das vertragliche Band zum Betriebsinhaber anknüpfen bestehen unproblematisch für den Verleihbetriebsrat. Soweit Beteiligungsrechte des Betriebsrats an die Eingliederung des Arbeitnehmers in die Betriebsstruktur anknüpfen, kann der Betriebsrat des Verleihbetriebes mangels Einwirkungsmöglichkeiten seine Beteiligungsrechte nicht wirksam ausüben; auf die betriebliche Struktur des Entleihbetriebes hat der Betriebsrat des Verleihbetriebes keine Einwirkungsmöglichkeiten[1024]. Die Mitbestimmung ist allein auf die Bereiche beschränkt,

---

1021 Vgl. Ausschußbericht zum AÜG Entwurf, BT-Drucks. 6/3505, S. 4.

1022 BAG vom 14.5. 1974 - 1 ABR 40/73, AP Nr. 2 zu § 99 BetrVG 1972 (unter II 2 der Gründe) = NJW 1974, 1966; *Becker*, AÜG, 1. Auflage, § 11 AÜG Rdnr. 40; *Fitting/Kaiser/Auffahrt*, 11. Auflage, § 5 BetrVG Rdnr. 7 a; *Franßen/Haesen*, AÜG, Einl. Rdnr. 35; *Halbach*, DB 1980, 2389 (2390).

1023 § 14 AÜG wurde durch das Gesetz zur Bekämpfung der illegalen Beschäftigung (BillBG) vom 15.12. 1981 (BGBl. I S. 1390) in das AÜG eingefügt.

1024 BAG vom 15. 4.1974 - 1 ABR 40/73, AP Nr. 2 zu § 99 BetrVG 1972 (unter II 2 der Gründe) = NJW 1974, 1966. Vgl. auch *Becker*, AuR 1982, 369 (374).

in denen der Verleiher Arbeitgeberrechte gegenüber seinem Zeitarbeitnehmer ausübt[1025]. Für Fragen, die allein dem arbeitsbezogenen Weisungsrecht des Entleihers unterliegen und hinsichtlich der der Verleiher kein Bestimmungsrecht besitzt, hat der Betriebsrat des Verleihbetriebes auch kein Mitbestimmungsrecht[1026].

c) Tatsächliche Schranken

Zudem existieren nur vereinzelt Betriebsräte in Zeitarbeitsunternehmen, obwohl der ganz überwiegende Anteil der Verleihbetriebe über fünf oder mehr Arbeitnehmer verfügt[1027] und damit betriebsratsfähig im Sinne des § 1 BetrVG ist[1028]. Fast ausschließlich Zeitarbeitsunternehmen mit einer nicht unerheblichen Zahl interner Mitarbeiter oder Mischbetriebe verfügen über Betriebsräte[1029]. Dies wird vor allem daran liegen, daß sich in reinen Zeitarbeitsbetrieben die Zeitarbeitnehmer untereinander kaum kennen, weil sie ständig bei verschiedenen Entleihern tätig sind. Außerdem sind Zeitarbeitnehmer seltener als andere Arbeitnehmer gewerkschaftlich organisiert[1030]. Die Fluktuation der Zeitarbeitnehmer ist sehr hoch, die meisten Zeitarbeitnehmer sind weniger als drei Monate bei einem Zeitarbeitsunternehmen beschäftigt[1031]; die Wählbarkeit zu einem Betriebsrat nach § 8 BetrVG setzt jedoch eine Betriebszugehörigkeit von mindestens sechs Monaten voraus. Das es in Zeitarbeitsbetrieben bisher nur vereinzelt zur Einleitung eines Verfahrens zur Bildung eines Betriebsrates kam, ist nicht zuletzt darauf zurückzuführen, daß die Gewerk-

---

1025 *Christiansen*, Betriebszugehörigkeit, S. 115.

1026 BAG vom 14.5. 1974 – 1 ABR 40/73, AP Nr. 2 zu § 99 BetrVG 1972 (unter II 2 der Gründe) = NJW 1974, 1966; LAG Köln vom 21.10.1994 – 13/10 TaBV 45/94, BB 1995, 568 = MDR 1995, 393; *Gick*, Gewerbsmäßige Arbeitnehmerüberlassung, S. 128; *Waltermann*, Rechtssetzung durch Betriebsvereinbarung, S. 223.

1027 Vgl. Arbeitnehmerüberlassungsstatistik der BA, 2. Halbjahr 1999 (Stichtag 31.12. 1999), Tabelle Nr. 6.

1028 Zahlen über die Verbreitung von Betriebsräten in reinen Zeitarbeitsunternehmen sind bisher nicht erhoben worden (vgl. Achter AÜG-Erfahrungsbericht, BT-Drucks. 13/5498, S. 19). Nach mündlichen Aussagen der DAG wurde in maximal 5 % der deutschen Zeitarbeitsbetriebe bisher ein Betriebsrat gegründet.

1029 Vgl. auch Neunter AÜG-Erfahrungsbericht, BT-Drucks. 14/4220, S. 20.

1030 Über den Organisationsgrad von Zeitarbeitnehmern gibt es kein Zahlenmaterial. Übereinstimmend wird er als sehr gering eingeschätzt. Vgl. Siebter AÜG-Erfahrungsbericht, BT-Drucks. 12/3180, S. 16; Sechster AÜG-Erfahrungsbericht, BT-Drucks. 11/2639, S. 19; *Schüren*, AÜG, Einl. Rdnr. 252.

1031 67 % der Zeitarbeitsverhältnisse wird innerhalb eines Zeitraumes von drei Monaten aufgelöst (Arbeitnehmerüberlassungsstatistik der BA, 2. Halbjahr 1999 (Stichtag 31.12. 1999), Tabelle Nr. 5). Ausführlich beschreibt *Kock* (Austauschbare Belegschaft, S. 100 ff.) welche tatsächlichen Hindernisse und Probleme sich bei der Gründung eines Betriebsrats in einem Zeitarbeitsbetrieb ergeben können.

schaften jahrelang kein Interesse an in Zeitarbeit beschäftigten Arbeitnehmern hatten[1032]. Anstatt Zeitarbeitsverhältnisse mitzugestalten – und sich für die Gründung von Betriebsräten in Zeitarbeitsunternehmen einzusetzen[1033] – wollten die Gewerkschaften bis in jüngste Zeit diese Beschäftigungsform verbieten[1034]. In den letzten Jahren haben die Gewerkschaften diese Position ein Stück weit aufgegeben: So setzt sich die IG-Metall seit ihrem Gewerkschaftsbeschluß vom 19. Ordentlichen Gewerkschaftstag 1999 ausdrücklich für die Gründung von Betriebsräten in der Zeitarbeitsbranche ein und hat im Zuge des Abschlusses von Firmentarifverträgen mit Zeitarbeitsunternehmen Vereinbarungen getroffen, wonach umgehend Betriebsratswahlen eingeleitet werden müssen[1035].

2. Entleihbetrieb

Zu prüfen ist, inwieweit die Zeitarbeitnehmer über ihre Betriebszugehörigkeit zum Verleihbetrieb hinaus auch im Entleihbetrieb betriebszugehörig im Sinne des Betriebsverfassungsgesetzes sind.

a) Betriebszugehörigkeit nach § 14 Abs. 2 und Abs. 3 AÜG

§ 14 Abs. 2 und Abs. 3 AÜG enthalten punktuelle Regelungen hinsichtlich einzelner betriebsverfassungsrechtlicher Rechte im Entleihbetrieb: Gemäß § 14 Abs. 2 S. 1 AÜG sind die Zeitarbeitnehmer bei der Wahl der betriebsverfassungsrechtlichen Arbeitnehmervertretungen im Entleihbetrieb weder wahlberechtigt noch wählbar[1036]. § 14 Abs. 2 S. 2 AÜG räumt dem Zeitarbeitnehmer das Recht

---

1032 Vgl. unten § 14.

1033 Gemäß § 17 Abs. 2 BetrVG haben im Betrieb vertretene Gewerkschaften ein Antragsrecht zu Betriebsratswahlen, um in einem betriebsratslosen Betrieb die Wahl eines Betriebsrates zu veranlassen. Ferner können gemäß § 14 Abs. 5 BetrVG die im Betrieb vertretenen Gewerkschaften Wahlvorschläge machen.

1034 Vgl. DGB-Expertise zur Arbeitnehmerüberlassung, in Soziale Sicherheit 1997, 421 ff.

1035 Um die aus der atypischen Struktur der Zeitarbeit resultierenden tatsächlichen Probleme bei der Gründung und Funktionsfähigkeit von Betriebsräten in Zeitarbeitsunternehmen zu vermindern, kann durch einen zustimmungsbedürftigen Tarifvertrag gemäß § 3 Abs. 1 Nr. 2 BetrVG die Errichtung einer anderen Vertretung der Arbeitnehmer vereinbart werden. Von dieser Möglichkeit haben die Tarifparteien ÖTV, DAG und das Zeitarbeitsunternehmen Randstad mit ihrem Tarifabschluß vom 14.4. 2000 Gebrauch gemacht

1036 Diese Regelung war seit Inkrafttreten des § 14 AÜG rechtspolitisch umstritten. Insbesondere seit der Verlängerung der Höchstüberlassungsdauer von Zeitarbeitnehmern auf zwölf Monate, ist der für den Gesetzgeber maßgebliche Gesichtspunkt, der zu kurzen Verweildauer von Zeitarbeitnehmern im Entleihbetrieb (vgl. BT-Drucks. 9/847, S. 9), nicht mehr stichhaltig. Im Zuge der am 28.7.2001 in Kraft getretenen Reform des Betriebsverfassungsgesetzes (BGBl. I, 1852) wurde Zeitarbeitnehmern, die länger als drei Monate im Entleihbetrieb tätig

ein, die Sprechstunden der Arbeitnehmervertretungen des Entleihbetriebes aufzusuchen, an Betriebs- und Jugendversammlungen im Entleihbetrieb teilzunehmen und die Individualrechte aus §§ 81, 82 Abs. 1 und §§ 84 bis 86 des BetrVG im Entleihbetrieb auszuüben. Gemäß § 14 Abs. 3 AÜG ist vor der Übernahme eines Zeitarbeitnehmers zur Arbeitsleistung, der Betriebsrat des Entleihbetriebes nach § 99 BetrVG zu beteiligen. § 14 AÜG soll wesentliche Aspekte der betriebsverfassungsrechtlichen Stellung des Zeitarbeitnehmers im Entleihbetrieb regeln; ausdrücklich handelt es sich jedoch nicht um eine abschließende Regelung[1037]. Vielmehr kodifiziert § 14 AÜG bloß den Stand der damaligen Rechtsprechung zur betriebsverfassungsrechtlichen Stellung des Zeitarbeitnehmers[1038]. § 14 Abs. 2 und Abs. 3 AÜG schließt damit zwar eine über die genannten Mitbestimmungsrechte des Betriebsrates hinausgehende Beteiligung des Entleihbetriebsrats nicht aus, begründet allerdings auch keine weiteren Rechte. Weitere Rechte des Entleihbetriebsrats könnten sich ergeben, wenn der Zeitarbeitnehmer auch im Entleihbetrieb betriebszugehörig im Sinne des BetrVG ist.

b) Betriebszugehörigkeit nach dem Betriebsverfassungsgesetz

Inwiefern dem Betriebsrat des Entleihbetriebes über die in § 14 Abs. 2 und Abs. 3 AÜG ausdrücklich normierten Beteiligungsrechte hinaus weitere Rechte in bezug auf die im Betrieb tätigen Zeitarbeitnehmer zustehen, ist abhängig vom Verständnis der Betriebszugehörigkeit im Sinne des Betriebsverfassungsgesetzes. Im wesentlichen finden sich dabei zwei Strömungen:

aa) Zweikomponentenlehre

Die überwiegende Meinung fordert für die betriebsverfassungsrechtliche Betriebszugehörigkeit eines Arbeitnehmers die kumulative Erfüllung zweier Komponenten: Der Arbeitnehmer muß in einem Arbeitsverhältnis zum Betriebsinhaber stehen (1.

---

sind, in § 7 S. 2 BetrVG das aktive Wahlrecht eingeräumt. Die Regelung des § 14 Abs. 2 S. 1 AÜG wurde angepaßt. In der Neufassung heißt es: „Leiharbeitnehmer sind bei der Wahl der betriebsverfassungsrechtlichen Arbeitnehmervertretung nicht wählbar".

1037 So heißt es in der Begründung des Gesetzesentwurfes: Die Feststellung etwaiger weiterer Beteiligungsrechte des Betriebsrats durch die Rechtsprechung bleibe unberührt (BT-Drucks. 9/847, S. 9).

1038 Vgl. BAG vom 15.4. 1986 – 1 ABR 44/84, AP Nr. 35 zu § 99 BetrVG 1972 (unter II 2 c) der Gründe) = NZA 1986, 755; *Schaub*, ArbR-Hdb., § 120 VI 3; *Sandmann/Marschall*, § 14 AÜG Anm. 2; ErfK/*Wank*, § 14 AÜG Rdnr. 14. Kodifiziert wurden insbesondere folgende Entscheidungen: BAG vom 14.5. 1974 – 1 ABR 40/73, AP Nr. 2 zu § 99 BetrVG 1972 = NJW 1974, 1966; BAG vom 6.6. 1978 – 1 ABR 66/75, AP Nr. 6 zu § 99 BetrVG 1972 = DB 1978, 1841.

Komponente) und tatsächlich in die Betriebsorganisation eingegliedert sein (2. Komponente)[1039]. Daß die tatsächliche Eingliederung allein zur Begründung der Betriebszugehörigkeit nicht genügen könne, begründet diese Ansicht mit § 14 Abs. 1 AÜG[1040]. Für die Vertreter dieser Ansicht begründet § 14 Abs. 2 und Abs. 3 AÜG Rechte des Zeitarbeitnehmers und des Entleiherbetriebsrats, die ohne diese Vorschrift mangels Betriebszugehörigkeit des Zeitarbeitnehmers nicht bestünden; bei § 14 Abs. 2 und Abs. 3 AÜG handle es sich um konstitutive Regelungen[1041].

Auch die Vertreter dieser Ansicht erkennen den – vom Gesetzgeber ausdrücklich betonten[1042] – nicht abschließenden Charakter des § 14 AÜG an. Um den Zeitarbeitnehmern den durch das BetrVG gewährleisteten Schutz nicht zu entziehen, prüfen die Vertreter dieser Ansicht hinsichtlich der einzelnen Beteiligungsrechte des BetrVG, inwiefern sie auf im Betrieb tätige Zeitarbeitnehmer analoge Anwendung finden können[1043].

1039 BAG vom 22.3. 2000 – 7 ABR 34/98, NZA 2000, 1119 (unter II 2 a) der Gründe); BAG vom 25.2. 1998 – 7 ABR 11/97, AP Nr. 8 zu § 8 BetrVG (unter II 1 der Gründe) = NZA 1998, 838; BAG vom 14.5. 1997 – 7 ABR 26/96, AP Nr. 6 zu § 8 BetrVG 1972 (unter II 1 der Gründe) = NZA 1997, 1245; BAG vom 25.11. 1992 – 7 ABR 7/92, AP Nr. 8 zu § 1 GesamthafenbetriebsG (unter I der Gründe) = NZA 1993, 955; BAG vom 29.1. 1992 – 7 ABR 27/91, AP Nr. 1 zu § 7 BetrVG 1972 (unter II der Gründe) = NZA 1992, 894; BAG vom 18.1. 1989 – 7 ABR 21/88, AP Nr. 1 zu § 9 BetrVG 1972 (unter II 1 b der Gründe) = NZA 1989, 724; LAG Baden-Württemberg vom 16.9. 1996 – 15 TaBV 10/96, AiB 1997, 599 (600); *Erdlenbruch*, Betriebsverfassungsrechtliche Stellung, S. 74; *Hess/Schlochauer/Glaubitz*, § 7 BetrVG Rdnr. 3; *von Hoyningen-Huene*, Betriebsverfassungsrecht, S. 36; *Kraft*, in FS Pleyer, S. 383 f.; GK-BetrVG/*Kraft*, § 5 BetrVG Rdnr. 10 ff.; GK-BetrVG/*Kreutz*, § 7 BetrVG Rdnr. 19; im Grundsatz auch: *Fitting/Kaiser/Heither/Auffahrt*, § 7 BetrVG Rdnr. 8.

1040 BAG vom 25.11. 1992 – 7 ABR 7/92, AP Nr. 8 zu § 1 GesamthafenbetriebsG (unter I der Gründe) = NZA 1993, 955; BAG vom 18.1. 1989 – 7 ABR 21/88, AP Nr. 1 zu § 9 BetrVG 1972 (unter II 1 b) der Gründe) = NZA 1989, 724; *Sandmann/Marschall*, § 14 AÜG Anm. 4; ErfK/*Wank*, § 14 AÜG Rdnr. 2.

1041 ErfK/*Wank*, § 14 AÜG Rdnr. 3; vgl. auch *Schüren*, § 14 AÜG Rdnrn. 16, 29.

1042 Vgl. Begründung zum Regierungsentwurf, BT-Drucks. 9/847, S. 8 f.

1043 *Becker*, AuR 1982, 369 (372); *Erdlenbruch*, Betriebsverfassungsrechtliche Stellung, S. 74 ff.; *Gick*, Gewerbsmäßige Arbeitnehmerüberlassung, S. 134; GK-BetrVG/*Kraft*, § 5 BetrVG Rdnr. 19; *Kraft*, in FS Pleyer, 383 (393 f.); *Worpenberg*, Konzerninterne Arbeitnehmerüberlassung, S. 308. Vor Inkrafttreten des § 14 AÜG schon *Becker*, Anm. zu BAG vom 15.4. 1974 – 1 ABR 40/73, NJW 1974, 1967 (1968); *Müllner*, Aufgespaltene Arbeitgeberstellung, S. 73. Einige Vertreter dieser Ansicht sprechen wegen der im Entleihbetrieb durch § 14 Abs. 2, Abs. 3 AÜG eingeräumten Rechte sowie der analogen Anwendung einzelner Mitbestimmungsrechte auch von einer „partiellen Betriebszugehörigkeit" des Zeitarbeitnehmers zum Entleihbetrieb (zum Beispiel: *Becker*, AuR 1982, 369 (371); *Gick*, Gewerbsmäßige Arbeitnehmerüberlassung, S, 129; *Erdlenbruch*, Betriebsverfassungsrechtliche Stellung, S. 66. Kritisch dazu *Schüren* (§ 14 AÜG Rdnr. 45), der zu Recht darauf hinweist,

bb) Lehre vom betriebsverfassungsrechtlichen Arbeitsverhältnis[1044]

Eine andere Ansicht verzichtet auf die vertragliche Bindung zum Betriebsinhaber als Voraussetzung für die Betriebszugehörigkeit eines Arbeitnehmers. Wer betriebszugehöriger Arbeitnehmer ist, sei teleologisch zu bestimmen[1045]. Für die Vertreter dieser Ansicht ist jeder Arbeitnehmer, der in den Betrieb eingegliedert wird, um dort den arbeitstechnischen Zweck des Betriebes durch weisungsgebundene Tätigkeiten zu verwirklichen, betriebszugehörig[1046]. Die so verstandene Betriebszugehörigkeit ist nicht mit der Beschäftigung im Betrieb identisch: Maßgeblich sei, ob der Betriebsinhaber das arbeitsrechtliche Weisungsrecht hinsichtlich der im Betrieb beschäftigten Arbeitnehmer ausübt[1047].

Folgt man dieser Ansicht gelangt man zur *doppelten Betriebszugehörigkeit* des Zeitarbeitnehmers[1048]. § 14 Abs. 2 S. 2 und 3, Abs. 3 AÜG haben nach dieser Ansicht rein deklaratorische Natur. § 14 Abs. 2 S. 1 AÜG, der die Zeitarbeitnehmer von der Wahl des Betriebsrats des Entleihbetriebes ausschließt und ihnen ein passives Wahlrecht verwehrt, sei demgegenüber eine Sonderregelung mit einschränkender Wirkung[1049]; diese Vorschrift verkürze die an sich aus der Betriebszugehörig-

---

daß damit die betriebsverfassungsrechtliche Zuordnung mit den sich aus ihr ergebenden Rechtsfolgen vermischt wird. Die Betriebszugehörigkeit ist grundsätzlich nicht teilbar.

1044 So begrifflich *Schneider/Trümner*, in FS Gnade, S. 175; *Schüren*, § 14 AÜG Rdnr. 20.

1045 MünchArbR/*Joost*, § 304 Rdnr. 49; *Rüthers/Bakker*, ZfA 1990, 245 (306); *Schüren*, § 14 AÜG Rdnr. 20.

1046 *Christiansen*, Betriebszugehörigkeit, S. 79, 118; *von Hoyningen-Huene*, Anm. zu BAG vom 15.12. 1992 – 1 ABR 38/92, SAE 1994, 112; MünchArbR/*Joost* § 304 Rdnr. 48 f.; *Ratayczak*, Anm. zu LAG Baden-Württemberg vom 16.9. 1996 – 15 TaBV 10/96, AiB 1997, 600 (601); *Richardi*, § 5 BetrVG Rdnrn. 77, 81; *ders.* NZA 1987, 145 (146); *Rüthers/Bakker*, ZfA 1990, 245 (310; *Säcker*, in FS Quack, S. 421 (427); *Schneider/Trümner*, in FS Gnade, S. 175 (193); Däubler/Kittner/Klebe/*Schneider*, § 7 BetrVG Rdnrn. 5, 7; *Schüren*, § 14 AÜG Rdnr. 23 ff.; Däubler/Kittner/Klebe/*Trümner*, § 5 BetrVG Rdnr. 29; *Zeuner*, in FS Hilger und Stumpf, S. 771 (774); *Ziemann*, Anm. zu BAG vom 18.1. 1989 – 7 ABR 21/88, AuR 1990, 58 (62 f.). So hinsichtlich des Zuständigkeitsbereiches des Betriebsrates auch: *Rost*, NZA 1999, 114 (117 f.), der allerdings hinsichtlich der Wahlberechtigung der Zweikomponentenlehre folgt.

1047 MünchArbR/*Joost*, § 304 Rdnr. 49.

1048 So auch für die Zeit vor Inkrafttreten des § 14 AÜG: BAG vom 6.6. 1978 – AP Nr. 6 zu § 99 BetrVG 1972 (unter II 1 a) der Gründe) = DB 1978, 1841; BAG vom 28.4. 1964 – 1 ABR 1/64, AP Nr. 3 zu § 4 BetrVG 1952 (unter I 5 c) der Gründe) = NJW 1964, 1873; BAG vom 11.4. 1958 – 1 ABR 2/57, AP Nr. 1 zu § 6 BetrVG 1952 (unter 2 der Gründe) = DB 1958, 658; LAG Hamm vom 24.5 1973 – 8 Ta BV 13/73, DB 1973, 983; *Bollinger*, S. 135 ff.; *Franßen/Haesen*, AÜG, Einl. Rdnr. 37; *Hueck/Nipperdey*, Bd. I, S. 525; *Maurer*, BB , 1974, 512; *Ramm*, ZfA 1973, 263 (284); *Windbichler*, DB 1975, 739 f.

1049 *Christiansen*, S. 119 f.; *Schüren*, § 14 AÜG Rdnrn. 16, 30; *Waltermann*, Rechtssetzung durch Betriebsvereinbarung, S. 225.

keit folgenden umfangreichen Betriebsverfassungsrechte, ändere jedoch nichts an dem Grundtatbestand der Betriebszugehörigkeit zum Entleihbetrieb[1050].

Nach dieser Ansicht bedarf es keiner Rechtsfortbildung durch analoge Anwendung der Vorschriften des BetrVG. Die Beteiligungsrechte des Betriebsrats werden entsprechend ihrem Sinn und Zweck zum Teil im Betrieb des Verleihers und zum Teil im Betrieb des Entleihers relevant[1051]. Die Zuordnung der Beteiligungsrechte im Verleiher- und im Entleiherbetrieb muß durch Auslegung der einzelnen Vorschriften des BetrVG festgelegt werden[1052].

cc) Stellungnahme

Einer analogen Anwendung der Vorschriften des BetrVG bedarf es nicht und das BetrVG findet unmittelbare Anwendung, wenn die Zeitarbeitnehmer betriebszugehörig im Entleihbetrieb sind. Eine Betriebszugehörigkeit der Zeitarbeitnehmer auch zum Entleihbetrieb wäre zu bejahen, wenn der Verzicht auf das arbeitsvertragliche Band zum Betriebsinhaber – wie es die Lehre vom betriebsverfassungsrechtlichen Arbeitsverhältnis vertritt – mit dem BetrVG in Einklang steht (dazu unten (1)) und § 14 AÜG für den Bereich der Zeitarbeit keine von dieser allgemeinen betriebsverfassungsrechtlichen Zuordnung abweichende Regelung trifft (dazu unten (2)).

(1) Betriebsverfassungsrechtliche Zuordnung nach allgemeinen Regeln

Hinsichtlich der Frage, ob die betriebsverfassungsrechtliche Zuordnung eines Arbeitnehmers ausschließlich bei Bestehen eines arbeitsvertraglichen Bandes zum Betriebsinhaber bejaht werden kann, liefert das Betriebsverfassungsgesetz keine ausdrücklichen Hinweise[1053]. Demgegenüber läßt der mit dem BetrVG intendierte Schutz einen Verzicht auf eine arbeitsvertragliche Bindung zum Betriebsinhaber berechtigt erscheinen: Ziel des BetrVG ist es in erster Linie, dem Arbeitnehmer einen Ausgleich für die Fremdbestimmung durch seinen Arbeitgeber zu gewähren. Die betriebliche Mitbestimmung soll eine Gegenmacht zum Weisungsrecht des Arbeitgebers bilden; in der kollektiven Partizipation an Entscheidungen, die sonst allein dem Weisungsrecht des Arbeitgebers unterstehen, liegt der primäre Schutz-

---

[1050] *Schneider/Trümner*, in FS Gnade, S. 175 (193); *Schüren*, § 14 AÜG Rdnr. 16.

[1051] *Schüren*, § 14 AÜG Rdnr. 44.

[1052] *Von Hoyningen-Huene*, Anm. zu BAG vom 15.12. 1992 – 1 ABR 38/92, SAE 1994, 112; so auch *Waltermann*, Rechtssetzung durch Betriebsvereinbarung, S. 226.

[1053] *Bollinger*, Arbeitnehmerüberlassung, S. 136; *Waltermann*, NZA 1998, 505 (507); *ders.* NZA 1996, 357 (364). So auch *Kraft* (in FS Pleyer, S. 383 (386)), der daraus allerdings die Notwendigkeit des Bestehens eines Arbeitsverhältnisses zum Betriebsinhaber ableiten will.

zweck des BetrVG[1054]. Neben der Begrenzung des Weisungsrechtes soll die Betriebsverfassung dem Arbeitsschutz und dem Arbeitsvertragsschutz des Arbeitnehmers dienen[1055]. Der überwiegende Teil der betriebsverfassungsrechtlichen Beteiligungsrechte setzt keine arbeitsvertragliche Bindung zum Betriebsinhaber voraus, sondern knüpft vielmehr an tatsächliche Vorgänge an[1056]. Das BetrVG ist auf den Betrieb bezogen und an Sachkomplexen orientiert[1057]. Übt der Betriebsinhaber das Direktionsrecht gegenüber einem Arbeitnehmer, der zu einem anderen Arbeitgeber in einem Arbeitsverhältnis steht, aus, kann der mit dem BetrVG intendierte Schutz nur gewährleistet werden, wenn der Betriebsrat des Beschäftigungsbetriebes auch für diesen Arbeitnehmer zuständig ist[1058]. Da der Betriebsrat des Vertragsarbeitgebers kein Mitbestimmungsrecht hinsichtlich der Fragen hat, die dem Direktionsrecht des Beschäftigungsbetriebsinhabers unterliegen, würde jede andere Ansicht zu einer Verkürzung des betriebsverfassungsrechtlichen Schutzes von Arbeitnehmern bei gespaltener Arbeitgeberstellung führen. Deshalb muß der Arbeitnehmer, der dem Direktionsrecht des Betriebsinhabers - zumindest teilweise - unterworfen ist und gegenüber dem der Betriebsinhaber damit Arbeitgeberrechte wahrnimmt, in den betriebsverfassungsrechtlichen Schutz einbezogen werden[1059]. Das Bestehen einer arbeitsvertraglichen Bindung zum Betriebsinhaber kann für die Betriebszugehörigkeit grundsätzlich nicht ausschlaggebend sein.

Die Gegenansicht beruft sich zur Begründung der von ihr vertretenen Kumulationstheorie auf § 14 AÜG. In § 14 AÜG komme eindeutig zum Ausdruck, daß die Be-

---

1054 *Bollinger*, Arbeitnehmerüberlassung, S. 137; *Christiansen*, Betriebszugehörigkeit, S. 32 f.; *Ramm*, ZfA 1973, 263 (284); *Rüthers/Bakker*, ZfA 1990, 245 (310); *Säcker*, in FS Quack, S. 421 (423); GK-BetrVG/*Wiese*, Einl. Rdnr. 43; Vgl. auch Bericht der Mitbestimmungskommission, BT-Drucks. 6/334, S. 65.

1055 Vgl. Bericht der Mitbestimmungskommission, BT-Drucks. 6/334, S. 67 f.

1056 *Von Hoyningen-Huene*, Anm. zu BAG vom 15.12. 1992 – 1 ABR 38/92, SAE 1994, 112 (113); Däubler/Kittner/Klebe/*Trümner*, § 5 BetrVG Rdnr. 24. Das zeigen exemplarisch die Mitbestimmungsrechte des § 87 Abs. 1 BetrVG: Die Tatbestände des § 87 Abs. 1 Nr. 1, 2, 3, 5, 6 ,7, 8 und 12 BetrVG setzen nicht notwendig das Bestehen eines Arbeitsvertrages und einer vollständigen Arbeitgeberstellung beim Betriebsinhaber voraus. Der Schutzzweck dieser Beteiligungsrechte ist immer betroffen, wenn der Betriebsinhaber von seinem Weisungsrecht Gebrauch macht (vgl. *Rüthers/Bakker*, ZfA 1990, 245 (306)). Das hat auch das BAG zu einzelnen Tatbeständen des § 87 Abs. 1 BetrVG anerkannt. Für § 87 Abs. 1 Nr. 2 BetrVG: BAG vom 15.2. 1992 – 1 ABR 28/92, AP Nr. 7 zu § 14 AÜG (unter B II 3 der Gründe) = NZA 1993, 513. Für § 87 I Nr. 9: BAG vom 28.7. 1992 – 1 ABR 22/92, AP Nr. 7 zu § 87 BetrVG 1972 Werkmietwohnungen = NZA 1993, 272.

1057 *Waltermann*, NZA 1998, 505 (597).

1058 *Rüthers/Bakker*, ZfA 1990, 245 (311); *Schüren*, § 14 AÜG Rdnr. 24.

1059 Vgl. *Franßen/Haesen*, AÜG, Einl. Rdnr. 37; *Schüren*, § 14 AÜG Rdnr. 26; Däubler/Kittner/Klebe/*Trümner*, § 5 BetrVG Rdnr. 27 a.

triebszugehörigkeit das kumulative Vorliegen eines Arbeitsverhältnisses zum Betriebsinhaber und die Eingliederung des Arbeitnehmers in diesen Betrieb voraussetze[1060]. Allerdings hat die Kumulationstheorie in § 14 AÜG gerade keinen Niederschlag gefunden: Würde die Betriebszugehörigkeit das kumulative Vorliegen einer Vertrags- und einer Beschäftigungskomponente erfordern, wäre der Zeitarbeitnehmer - entgegen der Regelung des § 14 Abs. 1 AÜG - dem Verleihbetrieb gerade nicht betriebsverfassungsrechtlich zugeordnet; zum Betriebsinhaber das Verleihbetriebes besteht zwar ein Arbeitsverhältnis, nach der Kumulationstheorie würde die Zuordnung jedoch an der fehlenden Beschäftigungskomponente scheitern. Deshalb kann § 14 AÜG kein allgemeiner Begriff der Betriebszugehörigkeit entnommen werden. Vielmehr handelt es sich um eine Sonderregelung für den Bereich der gewerbsmäßigen Arbeitnehmerüberlassung[1061]. Für andere Formen des drittbezogenen Personaleinsatzes – zum Beispiel die unter § 1 Abs. 3 Nr. 2 AÜG fallende konzerninterne Arbeitnehmerüberlassung oder die nichtgewerbsmäßige Arbeitnehmerüberlassung – auf die § 14 AÜG keine Anwendung findet, würde die Anwendung der Kumulationstheorie dazu führen, daß diese Arbeitnehmer keinen betriebsverfassungsrechtlichen Schutz genießen, weil sie weder im Betrieb ihres Vertragsarbeitgebers noch in dem Betrieb, in dem sie tatsächlich ihre Arbeitsleistung erbringen, betriebszugehörig wären[1062]. Dieses Ergebnis ist mit der Schutzfunktion des BetrVG nicht zu vereinbaren[1063].

Daß Arbeitnehmer bereits dann in das betriebsverfassungsrechtliche Schutzsystem einzubeziehen sind, wenn sie dem Direktionsrecht des Betriebsinhabers unterliegen, zeigt auch die Rechtsprechung zu § 99 BetrVG: Danach sei es für die Auslösung des Mitbestimmungsrechtes ausreichend, wenn der Betriebsinhaber gegenüber dem Arbeitnehmer wenigstens einen Teil der Arbeitgeberstellung übernehme, ohne daß es auf das Bestehen eines Arbeitsvertrages zum Betriebsinhaber ankom-

---

1060 BAG vom 25.11. 1992 - 7 ABR 7/92, AP Nr. 8 zu § 1 Gesamthafenbetrieb (unter I der Gründe) = NZA 1993, 955; BAG vom 18.1. 1989 – 7 ABR 21/88, AP Nr. 1 zu § 9 BetrVG 1972 (unter II 1 b) der Gründe) = NZA 1989, 724; LAG Baden-Württemberg vom 16.9. 1996 – 15 TaBV 10/96, AiB 1997, 599 (600); *Becker/Wulfgramm*, § 14 AÜG Rdnr. 18; *Sandmann/Marschall*, § 14 AÜG Anm. 4; ErfK/*Wank*, § 14 AÜG Rdnr. 2.

1061 So auch *Rüthers/Bakker*, ZfA 1990, 245 (306); *Säcker*, in FS Quack, S. 421 (427); Däubler/Kittner/Klebe/*Trümner*, § 5 BetrVG Rdnr. 22.

1062 Um dieses untragbare Ergebnis zu vermeiden, wenden die Vertreter der Kumulationstheorie § 14 AÜG analog auf die nichtgewerbsmäßige Arbeitnehmerüberlassung an. So zum Beispiel BAG vom 18.1 1989 – 7 ABR 62/87, AP Nr. 2 zu § 14 AÜG (LS) = NZA 1989, 728; *Kraft*, in FS Pleyer, S. 383 (388 ff); *Windbichler*, Arbeitsrecht im Konzern, S. 278; *Worpenberg*, Konzerninterne Arbeitnehmerüberlassung, S. 308.

1063 So auch *Schüren*, § 14 AÜG Rdnr. 41.

me[1064]. Wenn die Auslösung des Mitbestimmungsrechtes ein arbeitsvertragliches Band zum Betriebsinhaber nicht voraussetzt und die Betriebszugehörigkeit durch die Einstellung im Sinne des § 99 BetrVG begründet wird[1065], kann auch für die Betriebszugehörigkeit ein Arbeitsverhältnis zum Betriebsinhaber keine Voraussetzung sein. Jedes andere Ergebnis wäre inkonsequent[1066].

Erfordert der Schutzzweck des BetrVG somit, alle Arbeitnehmer, die ihre Arbeitsleistung unter dem arbeitsrechtlichen Weisungsrecht des Betriebsinhabers erbringen als betriebszugehörig zu betrachten, sind Zeitarbeitnehmer auch im Entleihbetrieb betriebszugehörig. Die Konsequenz einer doppelten Betriebszugehörigkeit ist durch das BetrVG nicht ausgeschlossen. Das Bundesarbeitsgericht und die Literatur haben die Möglichkeit einer doppelten Betriebszugehörigkeit ausdrücklich anerkannt[1067].

(2) Modifikation nach § 14 AÜG

Fraglich ist, ob § 14 AÜG an der nach allgemeinen Regeln bestehenden Betriebszugehörigkeit des Zeitarbeitnehmers zum Entleihbetrieb und einer daraus resultierenden doppelten Betriebszugehörigkeit etwas ändert.

Dem Wortlaut des § 14 AÜG ist nicht zu entnehmen, daß es sich bei der betriebsverfassungsrechtlichen Zuordnung zum Verleihbetrieb nach § 14 Abs. 1 AÜG um eine ausschließliche Zuordnung der Zeitarbeitnehmer handelt und die Zeitarbeitnehmer darüber hinaus nicht auch noch dem Entleihbetrieb angehören können. Ei-

---

1064 BAG vom 18.10.1994 – 1 ABR 9/94, AP Nr. 5 zu § 99 BetrVG 1972 Einstellung (LS) = NZA 1995, 281; BAG vom 27.7. 1993 – 1 ABR 7/93, AP Nr. 3 zu § 93 BetrVG 1972 (unter I 1 der Gründe) = NZA 1994, 92; BAG vom 5.3. 1991 – 1 ABR 39/90, AP Nr. 90 zu § 99 BetrVG 1972 (unter II 5 der Gründe) = NZA 1991, 686.

1065 *Von Hoyningen-Huene*, Betriebsverfassungsrecht, S. 36.

1066 So auch *Schüren*, § 14 AÜG Rdnr. 35; Däubler/Kittner/Klebe/*Trümner*, § 5 BetrVG Rdnr. 26; vgl. auch *Windbichler*, DB 1975, 739 (740).

1067 BAG vom 25.11. 1992 – 7 ABR 7/92, AP Nr. 8 zu § 1 GesamthafenbetriebsG (LS 2) = NZA 1993, 955; BAG vom 6.6. 1978 – 1 ABR 66/75, AP Nr. 6 zu § 99 BetrVG 1972 (unter II 1 a) der Gründe) = DB 1978, 1841; BAG vom 28.4. 1964 – 1 ABR 1/64, AP Nr. 3 zu § 4 BetrVG 1952 (unter I 5 der Gründe) = NJW 1964, 1873; BAG vom 11. 4. 1958, 1 ABR 2/57, AP Nr. 1 zu § 6 BetrVG 1952 (unter 2 der Gründe) = DB 1958, 658; vgl. *Fitting/Kaiser/Heiher/Engels*, § 5 BetrVG Rdnr. 62 f., § 7 BetrVG Rdnr. 5 a; *Richardi*, § 7 BetrVG Rdnr. 23 ff.; *Rüthers/Bakker*, ZfA 1990, 245 (314); a.A. *Kraft* (GK-BetrVG, § 5 BetrVG Rdnr. 18; in FS Pleyer, S. 383 (392)) wegen der damit verbundenen Möglichkeit der Mitgliedschaft in zwei Betriebsräten.

ne doppelte Betriebszugehörigkeit schließt der Wortlaut des § 14 AÜG nicht aus[1068].

Auch der Ausschluß des Wahlrechtes im Entleihbetrieb nach § 14 Abs. 2 AÜG liefert keine Hinweise auf den Ausschluß der Betriebszugehörigkeit der Zeitarbeitnehmer. Trotz dieser Regelung können die Zeitarbeitnehmer im Entleihbetrieb betriebszugehörig im Sinne des Betriebsverfassungsgesetzes sein; der Gesetzgeber kann die Rechtsfolgen der Betriebszugehörigkeit für bestimmte Arbeitnehmergruppen besonders gestalten. Mit dem Ausschluß des Wahlrechtes hat der Gesetzgeber die Rechtsfolgen der Betriebszugehörigkeit für Zeitarbeitnehmer abweichend von den Regelungen BetrVG in zulässiger Weise eingeschränkt[1069].

Ebenso führt die Betrachtung der Gesetzessystematik des § 14 AÜG zu keinem eindeutigen Ergebnis: Bestünde eine ausschließliche betriebsverfassungsrechtliche Zuordnung zum Verleihbetrieb, dann wäre der Ausschluß des Wahlrechtes im Entleihbetrieb nach § 14 Abs. 2 S. 1 AÜG überflüssig. Andererseits hätte es der Regelungen des § 14 Abs. 2 S. 2 und 3 AÜG nicht bedurft, wenn der Zeitarbeitnehmer auch dem Entleihbetrieb betriebsverfassungsrechtlich zugeordnet wäre[1070]. Auch die amtliche Begründung zum Gesetzesentwurf des § 14 AÜG[1071] liefert ein widersprüchliches Bild: Zum einen heißt es: „die allgemeine Schutzfunktion des Betriebsverfassungsrechtes gebiete diese *betriebsverfassungsrechtlich doppelte Zuordnung* der Zeitarbeitnehmer“ und „durch Absatz 3 Satz 1 wird in Übereinstimmung mit der Rechtsprechung (...) *klargestellt*, daß der Betriebsrat des Entleihbetriebes (...) zu beteiligen ist“. An anderer Stelle der amtlichen Begründung heißt es demgegenüber: „Zum Schutze (...) des Leiharbeitnehmers *ordnen* die Absätze 2 und 3 den Leiharbeitnehmer *in einem gewissen Umfang* auch dem Betrieb des Entleihers zu“.

Die Betrachtung des Schutzzweckes des § 14 AÜG führt demgegenüber zu einem eindeutigen Ergebnis: Das AÜG soll in erster Linie dem Schutz der Zeitarbeitnehmer dienen[1072]. Eine umfassende betriebliche Mitbestimmung wird am besten er-

---

1068 BAG vom 15.12. 1992- 1 ABR 38/92, AP Nr. 2 zu § 14 AÜG (unter B II 1 b) der Gründe) = NZA 1993, 513; *Rüthers/Bakker*, ZfA 1990, 245 (314); *Schüren*, § 14 AÜG Rdnr. 32; Däubler/Kittner/Klebe/*Trümner*, § 5 BetrVG Rdnr. 21; a.A. BAG vom 25.11. 1992 – 7 ABR 7/92, AP Nr. 8 zu § 1 GesamthafenbetriebsG (unter I der Gründe) = NZA 1993, 955; *Becker*, AuR 1982, 369 (371); *Kaufmann*, Arbeitnehmerüberlassung, Rdnr. 275; *Sandmann/Marschall*, § 14 AÜG Anm. 4.

1069 *Schüren*, § 14 AÜG Rdnr. 45.

1070 Vgl. *Schüren*, § 14 AÜG Rdnr. 36 ff.

1071 BT-Drucks. 9/847, S. 8 f.

1072 Vgl. *Becker/Wulfgramm*, AÜG, Einl. Rdnr. 2; *Sandmann/Marschall*, AÜG, Einl. Anm. 21.

reicht, wenn der Zeitarbeitnehmer in beiden Betrieben betriebszugehörig ist. Nur so wird eine Verkürzung der betriebsverfassungsrechtlichen Mitbestimmung vermieden, was sowohl aus dem Aspekt des Individualschutzes des eingegliederten Arbeitnehmers, als auch im Interesse der Belegschaft in die der Arbeitnehmer eingegliedert wird, notwendig ist[1073]. Dem Schutz der Arbeitnehmer trägt eine doppelte betriebsverfassungsrechtliche Zuordnung in einem stärken Maße Rechnung als die alleinige Zuordnung zum Verleihbetrieb. Dem mit dem AÜG intendierten Schutz der Zeitarbeitnehmer würde es widersprechen, wenn Zeitarbeitnehmern – abweichend von den allgemeinen Regeln – durch § 14 AÜG die Betriebszugehörigkeit zum Entleihbetrieb vorenthalten würde.

3) Ergebnis

Die Mitbestimmung durch das Betriebsverfassungsgesetz dient in erster Linie der Begrenzung des einseitigen Weisungsrechtes des Arbeitgebers. Da sowohl der Verleiher als auch der Betriebsinhaber des Entleihbetriebes Arbeitgeberrechte gegenüber dem Zeitarbeitnehmer ausübt, sind Zeitarbeitnehmer betriebsverfassungsrechtlich sowohl dem Verleih- als auch dem Entleihbetrieb zugeordnet, gemäß § 14 Abs. 2 S. 1 AÜG allerdings ausschließlich im Verleihbetrieb wahlberechtigt. Die Zeitarbeitnehmer sind auch im Entleihbetrieb betriebszugehörig, die Vorschriften des BetrVG finden unmittelbare Anwendung, ohne daß es einer Analogie bedarf.

Allerdings folgt aus der Anerkennung einer doppelten betriebsverfassungsrechtlichen Zuordnung sowohl zum Verleih- als auch zum Entleihbetrieb noch nicht die uneingeschränkte Anwendbarkeit aller Vorschriften des Betriebsverfassungsgesetzes[1074]. Vielmehr ist durch Auslegung der einzelnen Beteiligungsrechte des BetrVG zu ermitteln, welche konkreten Beteiligungsrechte im Bereich des Verleihbetriebes und des Entleihbetriebes Anwendung finden.

Die Auslegung richtet sich nach dem Normzweck: Zu fragen ist jeweils, welcher Betriebsrat – der des Verleih- oder der des Entleihbetriebes – nach dem Zweck des einzelnen Beteiligungsrechtes rechtlich und tatsächlich berufen und in der Lage ist, die Rechte in bezug auf die Zeitarbeitnehmer auszuüben, so daß die Schutzfunktion des Betriebsverfassungsgesetzes nicht außer Kraft gesetzt wird[1075]. Setzen betriebs-

---

1073 *Rost*, NZA 1999, 113 (118).

1074 Vgl. *Windbichler*, DB 1975, 739 (741).

1075 *Rost*, NZA 1999, 113 (118); vgl. auch *Konzen*, ZfA 1982, 259 (277); *Rüthers/Bakker*, ZfA 1990, 245 (310 f.). Grundsätzlich besteht kein Ausschlußverhältnis zwischen Rechten des Verleihbetriebsrats und Rechten des Entleihbetriebsrats; das Bestehen eines Beteiligungsrechtes des Verleihbetriebsrats schließt die gleichzeitige Einräumung dieser Betriebsverfasverfassungsrechtliche Befugnisse das Bestehen eines Arbeitsverhältnisses voraus, so können sie ausschließlich vom Betriebsrat des Verleihbetriebes wahrgenommen werden. Bezwecken die Beteiligungsrechte demgegenüber die Kontrolle des arbeitsbezogenen Weisungsrechtes oder regeln sie das Verhalten der Arbeitnehmer im Betrieb, muß der Entleihbetriebsrat die Rechte in bezug auf die Zeitarbeitnehmer ausüben[1076]. In allen Bereichen in denen der Entleiher aufgrund seines Weisungsrechtes Maßnahmen gegenüber Zeitarbeitnehmern anordnen kann, hat der Betriebsrat des Entleihbetriebes ein Mitbestimmungsrecht[1077].

II. Reichweite von Betriebsvereinbarungen

Zu prüfen bleibt, ob die dem Betriebsrat des Verleih- und des Entleihbetriebes zustehenden Mitbestimmungsrechte auch durch Betriebsvereinbarungen mit normativer Wirkung für und gegen den Zeitarbeitnehmer ausgeübt werden können oder ob eine Diskrepanz zwischen dem Bestehen eines Mitbestimmungsrecht des Betriebsrates einerseits und den Möglichkeiten betrieblicher Normsetzung durch Betriebsvereinbarung andererseits besteht. Die Betriebsvereinbarung ist das wichtigste und am häufigsten gebrauchte Instrument der Ausübung der Beteiligungsrechte des

---

sungsrechte im Entleihbetrieb nicht aus (*Schüren*, § 14 AÜG Rdnr. 56). Trotzdem führt die doppelte Betriebszugehörigkeit der Zeitarbeitnehmer in der Praxis nicht zu Zuständigkeitskonkurrenzen der beiden Betriebsräte (*Rüthers/Bakker*, ZfA 1990, 245 (314). Durch die Aufspaltung der Arbeitgeberbefugnisse und die tatsächliche Eingliederung in den Entleihbetrieb, sind die Mitbestimmungsrechte in der Regel eindeutig zwischen den Betriebsräten aufgeteilt. Sofern dem Entleiher das arbeitsbezogene Weisungsrecht zusteht, übt er allein dieses Recht aus; der Verleiher hat auf den Arbeitsablauf im Entleihbetrieb keinen Einfluß mehr und ist von der Nutzung der Arbeitskraft für eigene Zwecke ausgeschlossen.

1076 *Schüren*, § 14 AÜG Rdnr. 44; *Stückmann*, DB 1999, 1902 (1904); vgl. auch schon BAG vom 14.5. 1974 - 1 ABR 40/73, AP Nr. 2 zu § 99 BetrVG 1972 (unter II 2 der Gründe) = NJW 1974, 1966. Dieser Leitlinie folgt auch die Ansicht, die die Betriebszugehörigkeit des Zeitarbeitnehmers zum Entleihbetrieb ablehnt und die Beteiligungsrechte im Entleihbetrieb im Wege der Analogie der einzelnen Vorschriften des Betriebsverfassungsgesetzes herleitet: Vgl. BAG vom 15.12. 1992 - 1 ABR 38/92, AP Nr. 7 zu § 14 AÜG (unter 3 II 2 der Gründe) = NZA 1993, 513; BAG vom 28.7. 1992 - 1 ABR 22/92, AP Nr. 7 zu § 87 BetrVG 1972 Werkmietwohnungen (unter C II 1 b) (2) der Gründe) = NZA 1993, 272; *Erdlenbruch*, Betriebsverfassungsrechtliche Stellung, S. 76 ff.; *Kraft*, in FS Pleyer, S. 383 (392); *Müllner*, Aufgespaltene Arbeitgeberstellung, S. 88 f.

1077 *Halbach*, DB 1980, 2389 (2390); *Rost*, NZA 1999, 113 (118); *Schüren*, § 14 AÜG Rdnr. 240. Umfassende Untersuchungen der einzelnen Beteiligungsrechte des BetrVG, inwiefern sie nach ihrem Schutzzweck auf die im Entleihbetrieb tätigen Zeitarbeitnehmer anwendbar sind, finden sich bei *Erdlenbruch*, Betriebsverfassungsrechtliche Stellung, S. 76 ff.; *Müllner*, Aufgespaltene Arbeitgeberstellung, S. 72 ff.; *Schüren*, § 14 AÜG Rdnrn. 191 ff.; 272 ff.; *Waltermann*, Rechtssetzung durch Betriebsvereinbarung, S. 228 ff.

Betriebsrats[1078]. Grundsätzlich erfassen Betriebsvereinbarungen alle betriebszugehörigen Arbeitnehmer im Sinne des § 5 BetrVG[1079], sofern der persönliche Geltungsbereich der Betriebsvereinbarung nicht auf eine bestimmte Gruppe von Arbeitnehmern beschränkt ist[1080]. Somit müßten nach dem hier vertretenen Verständnis der Betriebszugehörigkeit sowohl Betriebsvereinbarungen zwischen dem Zeitarbeitgeber und dem Betriebsrat des Verleihbetriebes als auch Betriebsvereinbarungen zwischen dem Betriebsinhaber des Entleihbetriebes und dem dortigen Betriebsrat das Zeitarbeitsverhältnis normativ gestalten können.

Zu überlegen ist allerdings, ob der Ausschluß des Wahlrechtes der Zeitarbeitnehmer im Entleihbetrieb (§ 14 Abs. 2 S. 1 AÜG) an diesem Ergebnis etwas ändert. Die Betriebsvereinbarung wird von einem Betriebsrat abgeschlossen, den der Zeitarbeitnehmer nicht gewählt hat und nicht wählen kann. Dem Betriebsrat des Entleihbetriebes könnte mangels Legitimation durch die Wahl die sachliche Basis für die Einwirkung auf das Arbeitsverhältnis fehlen[1081]. Zutreffend geht es bei der Rechtssetzung durch Betriebsvereinbarung nicht bloß um eine Einwirkung auf die tatsächliche Stellung des Zeitarbeitnehmers oder die Einschränkung des Direktionsrechtes des Entleihers, sondern um die unmittelbare Gestaltung des Arbeitsverhältnisses[1082]. Allerdings folgt die Rechtssetzung durch Betriebsvereinbarung gerade nicht den Grundsätzen der Privatautonomie[1083]: Die Geltung von Betriebsvereinbarungen beruht nicht auf der willentlichen Anerkennung der Arbeitnehmer durch Unterwerfung[1084]. Der Betriebsrat handelt nicht als Vertreter der Arbeitnehmer[1085].

1078 GK-BetrVG/*Kreutz*, § 77 BetrVG Rdnr. 6.

1079 Däubler/Kittner/Klebe/*Berg*, § 77 BetrVG Rdnr. 35; *Hess/Schlochauer/Glaubitz*, § 77 BetrVG Rdnr. 9; *von Hoyningen-Huene*, Betriebsverfassungsrecht, S. 214; GK-BetrVG/*Kreutz*, § 77 BetrVG Rdnr. 147; *Richardi*, § 77 BetrVG Rdnr. 69.

1080 Däubler/Kittner/Klebe/*Berg*, § 77 BetrVG Rdnr. 35; *Fitting/Kaiser/Heither/Engels*, § 77 BetrVG Rdnr. 33; *Hess/Schlochauer/Glaubitz*, § 77 BetrVG Rdnr. 12. Bei der Beschränkung auf bestimmte Arbeitnehmergruppen ist als Grenze der Zulässigkeit der betriebsverfassungsrechtliche Gleichbehandlungsgrundsatz nach § 75 BetrVG zu beachten.

1081 So der Einwand von *Kraft* (GK-BertrVG, § 5 BetrVG Rdnr. 25). Vgl. auch BAG vom 25.10. 1988 – 3 AZR 483/86, AP Nr. 1 zu § 1 BetrAVG (unter I 2 c) der Gründe) = NZA 1989, 122. Dieser Problematik begegnet man außerdem bei der umstrittenen Frage der Einbeziehung von Ruheständlern in den Geltungsbereich von Betriebsvereinbarungen. Vgl. dazu BAG vom 13.5. 1997 - 1 AZR 75/97, AP Nr. 65 zu § 77 BetrVG 1972 (unter I 2 der Gründe) = NZA 1998, 160; *Richardi*, § 77 BetrVG Rdnr. 71 f.; *Waltermann*, NZA 1998, 505 f.

1082 *Kraft*, in FS Pleyer, S. 383 (398); GK-BetrVG/*Kraft*, § 5 BetrVG Rdnr. 25.

1083 *Kreutz*, Grenzen der Betriebsautonomie, S. 74; *Waltermann*, Rechtssetzung durch Betriebsvereinbarung, S. 227; *Waltermann*, NZA 1998, 505 (507).

1084 *Waltermann*, Rechtssetzung durch Betriebsvereinbarung, S. 226 f.

1085 *Von Hoyningen-Huene*, Betriebsverfassungsrecht, S. 47; GK-BetrVG/*Kreutz*, § 77 BetrVG

Auch später in den Betrieb eintretende Arbeitnehmer werden von bestehenden Betriebsvereinbarungen normativ erfaßt, obwohl sie den Betriebsrat nicht legitimiert haben[1086]. Die Normsetzungsbefugnis der Betriebsparteien beruht in erster Linie auf dem Betriebsverfassungsgesetz selbst. Dieses in einem demokratischen Verfahren zustande gekommene und gemäß Art. 20 Abs. 2 S. 1 GG auf das Volk zurückzuführende Gesetz verleiht dem Betriebsrat die Legitimation zur Gestaltung von Arbeitsverhältnissen[1087]. Bei der Wahl der Betriebsräte handelt es sich demgegenüber allein um die binnendemokratische Legitimation der Betriebsräte[1088]. Bei der Frage, wem dieses Wahlrecht zustehen soll, hatte der Gesetzgeber einen Gestaltungsspielraum. Mit § 7 BetrVG hat er davon Gebrauch gemacht und allen aktiven Arbeitnehmern des Betriebes, die das 18. Lebensjahr vollendet haben, ein aktives Wahlrecht eingeräumt[1089]. Die Entscheidung, minderjährige Arbeitnehmer von der Legitimation des Betriebsrats auszuschließen, liegt im Rahmen des gesetzgeberischen Gestaltungsspielraumes. Niemand zieht daraus den Rückschluß Arbeitnehmer, die das 18. Lebensjahr noch nicht vollendet haben, von der normativen Geltung von Betriebsvereinbarungen auszunehmen[1090]. Das gleiche gilt für zwischen zwei Betriebsratswahlen in den Betrieb eingetretene Arbeitnehmer; auch sie unterliegen ohne Zweifel dem Geltungsbereich von Betriebsvereinbarungen, obwohl sie den Betriebsrat nicht legitimiert haben, weil sie am Tag der Betriebsratswahl noch nicht betriebszugehörig waren[1091]. Die gesetzgeberische Entscheidung durch 14 Abs. 2 S. 2 AÜG, den Zeitarbeitnehmern im Entleihbetrieb das Wahlrecht zu versagen, war von Anfang an rechtspolitisch umstritten[1092] und ist durch die Verlängerung der Höchstüberlassungsdauer auf zwölf Monate neu zu überdenken[1093], hat allerdings keine Auswirkungen auf die Einbeziehung von Zeitarbeitnehmern in den Geltungsbereich von Betriebsvereinbarungen des Entleihbetriebes.

Rdnr. 183; *Müller-Franken*, Befugnis zu Eingriffen, S. 52 ff.

1086 *Fitting/Kaiser/Heither/Engels*; § 77 BetrVG Rdnr. 33; GK-BetrVG/*Kreutz*, § 77 BetrVG Rdnrn. 147, 153.

1087 *Waltermann*, Rechtssetzung durch Betriebsvereinbarung, S. 227; *Waltermann*. NZA 1996, 357 (365); *Waltermann*, NZA 1998, 505 (507 f.); vgl. auch GK-BetrVG/*Kreutz*, § 77 BetrVG Rdnr. 186.

1088 *Waltermann*, Rechtssetzung durch Betriebsvereinbarung, S. 205; *Waltermann*, NZA 1998, 505 (508); *Waltermann*., NZA 1996, 357 (365); vgl. auch *Veit*, Funktionelle Zuständigkeit, S. 188.

1089 *Waltermann*, Rechtssetzung durch Betriebsvereinbarung, S. 207.

1090 *Rüthers/Bakker*, Anm. zu BAG vom 25.10. 1989 – 3 AZR 483/86, EzA Nr. 26 zu § 77 BetrVG (unter II 1 der Anm.); *Veit*, Funktionelle Zuständigkeit, S. 186.

1091 *Veit*, Funktionelle Zuständigkeit, S. 186; *Waltermann*, NZA 1998, 505 (508).

1092 Vgl. *Becker*, AuR 1982, 369 (372); *Becker/Wulfgramm*, § 14 Rdnr. 32; Schüren, § 14 AÜG Rdnr. 47; ErfK/*Wank*, § 14 AÜG Rdnr. 5.

1093 Vgl. dazu unten § 14 IV.

Grundsätzlich hat die Befugnis zur normativen Strukturierung der Arbeitsbedingungen der Betriebsinhaber als Arbeitgeber[1094]. Deshalb kann der Entleihbetriebsrat Betriebsvereinbarungen mit normativer Wirkung für die im Betrieb beschäftigten Zeitarbeitnehmer nur insoweit erlassen, als der Regelungsinhalt der Betriebsvereinbarung dem Weisungsrecht des Betriebsinhabers unterliegt. Nur für die Fragen, hinsichtlich der der Entleiher Arbeitgeberrechte wahrnimmt und der Entleihbetriebsrat daher ein Beteiligungsrecht hat, besteht auch eine Normsetzungsbefugnis durch Betriebsvereinbarung[1095]. Regelungen zu Lasten des Vertragsarbeitgebers können die Betriebsparteien des Entleihbetriebes nicht erlassen[1096], da in diesem Bereich schon das Mitbestimmungsrecht fehlt.

Unproblematisch werden die Zeitarbeitnehmer von Betriebsvereinbarungen des Verleihbetriebes erfaßt: Die Arbeitnehmer sind betriebszugehörig, haben den Betriebsrat durch ihre Wahl legitimiert und stehen in einem Arbeitsverhältnis zum Betriebsinhaber.

III. Ergebnis

Zeitarbeitnehmer sind betriebsverfassungsrechtlich sowohl ihrem Arbeitgeberbetrieb – dem Verleiher – als auch dem Beschäftigungsbetrieb – dem Entleiher – zugeordnet. Die individualrechtliche Aufspaltung der Arbeitgeberstellung führt auch zur Aufspaltung der betriebsverfassungsrechtlichen Beteiligungsrechte zwischen dem Verleih - und dem Entleihbetriebsrat. Inwiefern die Zeitarbeitnehmer den Beteiligungsrechten in den einzelnen Betrieben unterfallen, richtet sich nach dem Normzweck der einzelnen Vorschriften des BetrVG. Hat der jeweilige Betriebsrat demnach ein Mitbestimmungsrecht, so kann er dieses auch durch den Abschluß von Betriebsvereinbarungen ausüben[1097].

1094 *Richardi*, § 77 BetrVG Rdnr. 74.

1095 GK-BetrVG/*Kreutz*, § 77 BetrVG Rdnr. 147.

1096 *Richardi*, § 77 BetrVG Rdnr. 74.

1097 So auch GK-BetrVG/*Kreutz*, § 77 BetrVG, *Richardi*, § 77 BetrVG Rdnr. 76. Zu diesem Ergebnis kommt auch der ganz überwiegende Teil der Literatur, der eine Betriebszugehörigkeit zum Entleihbetrieb ablehnt und die Vorschriften des BetrVG analog anwendet. So *Becker/Wulfgramm*, § 14 AÜG Rdnr. 110; *Erdlenbruch*, Betriebsverfassungsrechtliche Stellung, S. 224 ff.; *Fitting/Kaiser/Heither/Engels*, § 77 BetrVG Rdnr. 33; MünchArbR/*Marschall*, § 175 Rdnr. 100; *Müllner*, Aufgespaltene Arbeitgeberstellung, S. 87; *Worpenberg*, Konzerninterne Arbeitnehmerüberlassung, S. 314; a.A. *Kraft*, in FS Pleyer, S, 383 (398); GK-BetrVG/*Kraft*, § 5 BetrVG Rdnr. 25.

IV. Reform des Betriebsverfassungsgesetzes[1098]

Die amtierende Bundesregierung plant vor den nächsten Betriebsratswahlen Anfang 2002 das BetrVG zu reformieren. Wesentliche Inhalte sollen die Novellierung des Arbeitnehmerbegriffes sowie die Zuerkennung eines aktiven Wahlrechtes der Zeitarbeitnehmer im Entleihbetrieb sein[1099]. Ziel der Reform ist es, die zunehmende Erosion der betrieblichen Mitbestimmung zu stoppen. Die Gewerkschaften haben schon 1998 Reformvorschläge vorgelegt: Diese Vorschläge zielen in die gleiche Richtung. Das Betriebsverfassungsgesetz soll Zeitarbeitnehmer künftig stärker in den betriebsverfassungsrechtlichen Schutz im Entleihbetrieb einbeziehen, indem den Zeitarbeitnehmern auch im Entleihbetrieb sowohl das aktive als auch das passive Wahlrecht eingeräumt werden soll[1100].

Mit der Einführung eines Wahlrechtes der Zeitarbeitnehmer im Entleihbetrieb würde auch der Gesetzgeber die doppelte Betriebszugehörigkeit der Zeitarbeitnehmer anerkennen[1101]. Die Einführung des aktiven Wahlrechtes der Zeitarbeitnehmer im Entleihbetrieb erscheint geboten: Nach der derzeitigen Gesetzeslage können Zeitarbeitnehmer bis zu einer Dauer von 12 Monaten in einen Betrieb überlassen werden. Befristet eingestellten Arbeitnehmern und Aushilfsarbeitskräften, die nur wenige Wochen im Betrieb beschäftigt sind, wird demgegenüber schon immer ein Wahlrecht gewährt, sofern sie am Tag der Wahl in einem Arbeitsverhältnis zum Betriebsinhaber stehen[1102]. Daher erscheint die Berufung auf die nur vorübergehende Tätigkeit der Zeitarbeitnehmer im Betrieb unbegründet[1103]. Vielmehr sprechen

---

1098 Am 28.7.2001 ist die Reform des BetrVG in Kraft getreten (BGBl. I, 1852). Im neueingefügten S. 2 des § 7 BetrG heißt es: „Werden Arbeitnehmer eines anderen Arbeitgebers zur Arbeitsleistung überlassen, so sind diese wahlberechtigt, wenn diese länger als drei Monate im Betrieb eingesetzt werden". Zum Betriebsverfassungs-Reformgesetz 2001: *Reichold*, NZA 2001, S. 857 ff.

1099 Vgl. *Frankfurter Allgemeine Zeitung*, vom 16.9. 2000, S. 13; *Der Spiegel*, vom 9.10. 2000, Heft 41/2000, S. 134.

1100 So der Novellerierungsvorschlag des DGB.

1101 Abzuwarten bleibt, ob sich das Bundesarbeitsgericht dann auch gezwungen sehen würde von der Kumulationstheorie abzuweichen. Eine Berufung auf § 14 AÜG zur Begründung des Erfordernisses zweier Komponenten kommt dann erst recht nicht mehr in Betracht.

1102 BAG vom 29. 1. 1992 – 7 ABR 27/91, AP Nr. 1 zu § 7 BetrVG 1972 (unter III 1 a) aa) der Gründe) = DB 1992, 1429; *Fitting/Kaiser/Heither/Engels*, § 7 BetrVG Rdnr. 5 a; *Hess/Schlochauer/Glaubitz*, § 7 BetrVG Rdnr. 17 f. *Plander* (Normalarbeitsverhältnis, Rdnr. 320 ff.) prüft aus diesem Grund, ob der nach geltendem Recht bestehende Wahlrechtsausschluß von Zeitarbeitnehmern gegen Art. 3 GG verstößt.

1103 Mit der bei Inkrafttreten des Arbeitnehmerüberlassungsgesetzes bestehenden Höchstüberlassungsdauer von drei Monaten und dem daraus resultierenden nur vorübergehenden Einsatz im Entleihbetrieb wurde der Ausschluß des Wahlrechtes der Zeitarbeitnehmer im Entleihbetrieb begründet (BT-Drucks. 9/847, S. 9).

gute Gründe für ein aktives Wahlrecht der Zeitarbeitnehmer im Entleihbetrieb: Wird der Betriebsrat auch von den im Betrieb tätigen Zeitarbeitnehmern legitimiert, wird sich der Betriebsrat stärker berufen fühlen, auch die Interessen der im Betrieb tätigen Zeitarbeitnehmer zu vertreten. Solange den Zeitarbeitnehmern im Entleihbetrieb das Wahlrecht verwehrt ist, müssen Betriebsräte, die die Interessen der im Betrieb tätigen Zeitarbeitnehmer negieren, nicht um ihre Wiederwahl fürchten. Ganz im Gegenteil könnten Betriebsräte, die sich ausdrücklich für die Interessen der betriebsfremden Arbeitnehmer einsetzen, in einen Interessenskonflikt geraten, sofern die Interessen der Zeitarbeitnehmer mit denen der Stammbelegschaft nicht in Einklang stehen[1104].

Ob demgegenüber - wie insbesondere vom DGB gefordert - auch die Anerkennung eines passiven Wahlrechtes der Zeitarbeitnehmer geboten ist, erscheint zweifelhaft. Mit der Anerkennung eines passiven Wahlrechtes könnte zwar die in arbeitnehmerlosen Betrieben bestehende Lücke des betriebsverfassungsrechtlichen Schutzes[1105] der dort eingesetzten Arbeitnehmer geschlossen werden, es entstünde aber eine Reihe weiterer ungelöster Fragen: Der besondere Kündigungsschutz von Betriebsratsmitgliedern könnte problemlos unterlaufen werden, indem der Entleiher mit dem Verleiher ein Zurückweisungsrecht im Arbeitnehmerüberlassungsvertrag vereinbart. Außerdem bestünde die theoretische Möglichkeit der Mitgliedschaft in zwei Betriebsräten.

§ 14 Tarifvertrag

Über lange Jahre war die Zeitarbeit eine nahezu tariffreie Branche. Die Gewerkschaften des DGB verweigerten den Abschluß von Tarifverträgen mit Zeitarbeitsunternehmen und kämpften statt dessen für ein Verbot dieser Beschäftigungsform[1106]. Mit dem Abschluß eines Tarifvertrages[1107] für die auf der Weltausstellung

---

1104 Vgl. *Hamann*, Erkennungsmerkmale, S. 143. Allerdings dürfen nach § 75 BetrVG auch Zeitarbeitnehmer ohne sachlichen Grund nicht ungleich im Betrieb behandelt werden. Zur effektiveren Vertretung der Interessen der Zeitarbeitnehmer im Entleihbetrieb kann ein Tarifvertrag vorsehen, daß gemäß § 3 Abs. 1 Nr. 1 BetrVG eine betriebsverfassungsrechtliche Zusatzvertretung für Zeitarbeitnehmer im Entleihbetrieb geschaffen wird (vgl. *Becker/Kreikebaum*, Zeitarbeit, S. 180).

1105 Zur betriebsverfassungsrechtlichen Situation in arbeitnehmerlosen Betrieben: *Stückmann*, DB 1999, 1902 ff.

1106 Vgl. DGB-Expertise zur Arbeitnehmerüberlassung, Soziale Sicherheit, 1997, 420 (423).

1107 Dieser Firmentarifvertrag wurde zwischen dem Zeitarbeitsunternehmen Adecco und der IG Metall (Verhandlungsführer) sowie den Gewerkschaften Nahrung Genuß Gaststätten (NGG),

in Hannover (Expo 2000) beschäftigten Zeitarbeitnehmer haben die Gewerkschaften ein Tabu gebrochen. Insbesondere entfachte dieser Tarifabschluß eine neue Diskussion über das Für und Wider, die rechtlichen und die tatsächlichen Auswirkungen, eines Verbandstarifvertrages für die Zeitarbeitsbranche; auch wenn in der Präambel des „EXPO-Tarifvertrages" eine präjudizierende Wirkung auf mögliche spätere tarifliche Regelungen noch ausdrücklich verneint wird[1108].

Um die rechtlichen Möglichkeiten und tatsächlichen Grenzen einer tarifvertraglichen Gestaltung des Zeitarbeitsverhältnisses auszuloten, ist zunächst die tarifrechtliche Zuordnung der Zeitarbeitnehmer zu untersuchen (dazu unten I). Im Anschluß sollen die gegenwärtige Tarifpraxis und insbesondere die Möglichkeiten des Abschlusses eines Verbandstarifvertrages beleuchtet werden (dazu unten II).

I. Tarifrechtliche Zuordnung der Zeitarbeitnehmer

1. Tarifvertragliche Regelungen des Verleihbetriebes

Das durch den Zeitarbeitsvertrag begründete Arbeitsverhältnis zum Verleiher kann durch Tarifverträge gestaltet werden[1109]. Nach § 1 Abs. 1 TVG können tarifvertragliche Regelungen über den Inhalt, den Abschluß und die Beendigung des Zeitarbeitsverhältnisses sowie über betriebliche und betriebsverfassunsgsrechtliche Fragen abgeschlossen werden. Durch Inhaltsnormen sowie Normen über den Abschluß und die Beendigung des Arbeitsverhältnisses kann das Zeitarbeitsverhältnis vergleichbar jedem anderen Arbeitsverhältnis tarifvertraglich gestaltet werden. Inhaltlich sind den tarifvertraglichen Gestaltungsmöglichkeiten die gleichen Schranken wie dem Zeitarbeitsvertrag gesetzt: Bei den Vorschriften des AÜG handelt es sich um zwingendes Recht, von dem auch durch tarifvertragliche Regelungen nicht abgewichen werden kann[1110].

Öffentliche Dienste Transport und Verkehr (ÖTV), Handel Banken Versicherungen (HBV) und der Industriegewerkschaft Bau (IG Bau) abgeschlossen.

1108 Demgegenüber fordern die Tarifparteien ÖTV/DAG und das Zeitarbeitsunternehmen Randstad in der Präambel des von ihnen am 14.4. 2000 unterzeichneten Tarifvertrages die Zeitarbeitsbranche ausdrücklich dazu auf, sich den Bedingungen des von ihnen ausgehandelten Tarifvertrages anzuschließen und bezeichnen den Abschluß eines Branchentarifvertrages als ausdrückliches Ziel.

1109 *Becker/Wulfgramm*, § 11 AÜG Rdnr. 38; *Däubler*, Tarifvertragsrecht, Rdnr. 1026; *Gick*, Gewerbsmäßige Arbeitnehmerüberlassung, S. 141; *Schüren*, AÜG, Einl. Rdnr. 251 ff; *Ulber*, § 1 AÜG Rdnr. 101; *Wiedemann*, in Wiedemann, § 1 TVG Rdnr. 299.

1110 *Becker/Wulfgramm*, § 11 AÜG Rdnr. 39; *Sandmann/Marschall*, § 3 AÜG Anm. 23. Nur im Rahmen einer wirtschaftszweiginternen Arbeitnehmerüberlassung nach § 1 Abs. 3 Nr. 1 AÜG kann ein für den Verleiher und den Entleiher geltender Tarifvertrag die Anwendung der Vorschriften des AÜG ausschließen. Die Ausnahmevorschrift des

Der Verleiher hat den Einsatz des Zeitarbeitnehmers im Entleihbetrieb so zu gestalten, daß die Tarifbestimmungen eingehalten werden; den Verleiher trifft beim Abschluß des Arbeitnehmerüberlassungsvertrages eine diesbezügliche Gestaltungspflicht[1111]. Auch der Entleiher kann von den für das Zeitarbeitsverhältnis geltenden Tarifnormen nicht abweichen[1112]. Einschränkungen der tarifvertraglichen Regelungsmöglichkeiten ergeben sich aus der Dreidimensionalität des Zeitarbeitsverhältnisses: Betriebsnormen und betriebsverfassungsrechtliche Normen stoßen auf tatsächliche Schranken. Tarifvertragliche Regelungen zu betrieblichen und betriebsverfassungsrechtlichen Fragen, deren Aufgabe es insbesondere ist, die unternehmerische Gestaltungsfreiheit im betrieblichen Organisationsbereich im Interesse der Arbeitnehmer einzuschränken und eine einheitliche Regelung für alle im Betrieb Beschäftigten zu erreichen[1113], können nur eine eingeschränkte Bedeutung in Tarifverträgen der Verleihbetriebe haben[1114], da der Zeitarbeitnehmer während seiner Tätigkeit im Entleihbetrieb von der betrieblichen Gestaltung gar nicht betroffen ist[1115].

Überlassen sogenannte Mischbetriebe[1116] nur einen Teil ihrer Arbeitnehmer als Zeitarbeitnehmer an Drittunternehmen und beschäftigen im übrigen Arbeitnehmer zur Verfolgung eines eigenen Betriebszweckes, werden auch die Zeitarbeitnehmer vom Tarifvertrag erfaßt. Der Geltungsbereich der Tarifverträge richtet sich nicht nach der Tätigkeit des einzelnen Arbeitnehmers, sondern in der Regel nach dem Industrieverbandsprinzip. Daß einzelne Arbeitnehmer eines Betriebes als Zeitarbeitnehmer an andere Unternehmen verliehen werden, hat auf ihre Tarifbindung keinen Einfluß[1117]. Sofern es zu einem Tarifabschluß für die Zeitarbeitsbranche kommt, könnte dies zu einer Tarifkonkurrenz führen, die nach den allgemeinen Regeln aufzulösen ist[1118].

---

§ 1 Abs. 3 Nr. 1 AÜG gilt allerdings nicht für reine Zeitarbeitsunternehmen. Zu § 1 Abs. 3 Nr. 1 AÜG vgl. *Sandmann/Marschall*, § 1 AÜG Anm. 74 f.

1111 *Ulber*, § 1 AÜG Rdnrn. 101, 107.

1112 *Windbichler*, Arbeitsrecht im Konzern, S. 441.

1113 *Lieb*, Arbeitsrecht, Rdnr. 536 f.; *Löwisch/Rieble*, § 1 TVG Rdnr. 80; *Oetker*, in Wiedemann, § 3 TVG Rdnr. 134 ff.; *Schaub*, ArbR-Hdb., § 202 Rdnr. 17.

1114 Vgl. *Gick*, Gewerbsmäßige Arbeitnehmerüberlassung, S. 143.

1115 *Windbichler*, Arbeitsrecht im Konzern, S. 440; vgl. *Gick*, Gewerbsmäßige Arbeitnehmerüberlassung, S. 143. So läuft zum Beispiel ein Anspruch auf kostenlose Spezialkleidung leer, wenn Zeitarbeitnehmer die Spezialkleidung während der Tätigkeit im Entleihunternehmen nicht benötigen

1116 Vgl. dazu oben § 3 II 1.

1117 *Schüren*, AÜG, Einl. Rdnr. 260; *Ulber*, § 1 AÜG Rdnr. 107.

1118 *Becker/Wulfgramm*, AÜG, Einl. Rdnr. 67 c, § 11 AÜG Rdnr. 39 a; vgl. auch *Schüren*,

2. Tarifvertragliche Regelungen des Entleihbetriebes

a) Grundsatz

Aus der arbeitsrechtlichen Grundkonzeption des AÜG und dem Bestehen eines Arbeitsverhältnisses allein zum Verleiher folgt, daß die im Entleihbetrieb geltenden Tarifverträge - mangels Bestehens eines der beiderseitigen Tarifbindung unterliegenden Arbeitsverhältnisses - auf die im Betrieb beschäftigten Zeitarbeitnehmer grundsätzlich keine Anwendung finden können[1119]. Die Nichtgeltung der tariflichen Regelungen der Entleihbetriebe folgt im übrigen auch daraus, daß Zeitarbeitsunternehmen zum Dienstleistungsgewerbe gehören und in der Regel nicht zum Gewerbe der Beschäftigungsbetriebe, in das die Zeitarbeitnehmer überlassen werden. Zeitarbeitsunternehmen unterfallen, auch wenn sie sich auf die Überlassung von Arbeitnehmern in ausschließlich einen Wirtschaftszweig spezialisiert haben, nicht dem fachlichen Geltungsbereich des für den Entleihbetrieb geltenden Tarifvertrages[1120]. Das gilt auch dann, wenn der Tarifvertrag gemäß § 5 TVG für allgemeinverbindlich erklärt wurde: Der Geltungsbereich eines Tarifvertrages ändert sich durch die Allgemeinverbindlichkeitserklärung nicht; die Allgemeinverbindlichkeitserklärung dehnt die Tarifgebundenheit nur auf die nichtorganisierten Arbeitnehmer und Arbeitgeber aus, die in den räumlichen, betrieblichen, fachlichen und persönlichen Geltungsbereich des Tarifvertrages fallen[1121]. Eine Ausnahme gilt nur hinsichtlich der nach dem Arbeitnehmer-Entsendegesetz (AEntG) für allgemeinverbindlich erklärten Mindestentgelttarifverträge: Wird der Zeitarbeitnehmer in einem Entleihbetrieb mit Tätigkeiten beschäftigt, die in den Geltungsbereich eines solchen Mindestentgelttarifvertrages fallen, so hat auch er Anspruch auf den Tariflohn[1122].

---

§ 11 AÜG Rdnr. 43. Zu den allgemeinen Grundsätzen der Tarifkonkurrenz: *Wank*, in *Wiedemann*, § 4 TVG Rdnr. 264.

1119 *Becker/Kreikebaum*, Zeitarbeit, S. 193; *Becker/Wulfgramm*, § 11 AÜG Rdnr. 38 a.; *Däubler*, Tarifvertragsrecht, Rdnr. 1027; *Franßen/Haesen*, AÜG, Einl. Rdnr. 37 a; Erman/*Hanau*, § 611 BGB Rdnr. 99; *Kempen/Zachert*, § 1 TVG Rdnr. 203; *Windbichler*, Arbeitsrecht im Konzern, S. 441.

1120 BVerfG vom 6.10. 1987 - 1987 – 1 BvR 1086, 1468 und 1623/82, EzA Nr. 1 zu § 12 a AFG (unter C IV 2 a) der Gründe) = DB 1988, 605 (608); BAG vom 10.12. 1997 – 4 AZR 247/96, AP Nr. 20 zu § 3 TVG (unter 2 a) bb) der Gründe) = DB 1998, 1089; LAG Hamm vom 1.2. 1996 – 4 Sa 1044/95, LAGE Nr. 1 zu § 11 AÜG = AR-Blattei ES 1840 Nr. 28; LAG Frankfurt am Main vom 19.12. 1972 – 3 Sa 486/72, DB 1973, 624 = EzAÜG Nr. 12; LAG Schleswig-Holstein – 3 Sa 103/72, DB 1972, 2166 = EzAÜG Nr. 1 zu § 4 TVG; *Becker/Kreikebaum*, Zeitarbeit, S. 193; *Becker/Wulfgramm*, § 11 AÜG Rdnr. 38 a..

1121 *Kempen/Zachert*, § 5 TVG Rdnr. 21; *Löwisch/Rieble*, § 5 TVG Rdnr. 26; *Schaub*, ArbR-Hdb.; § 207 Rdnrn. 8, 21; *Ulber*, § 1 AÜG Rdnr. 103; *Wank*, in Wiedemann, § 5 TVG Rdnr. 127 f.

1122 Vgl. oben § 11 IV.

Die tarifrechtliche Zuordnung des Zeitarbeitnehmers allein zum Verleiher ist seit Bestehen des AÜG einer harschen Kritik ausgesetzt: Der Einsatz von Zeitarbeitnehmern führe dazu, daß trotz Bestehens eines für allgemeinverbindlich erklärten Tarifvertrages nicht alle im Betrieb tätigen Arbeitnehmer den gleichen Lohn erhalten. Deshalb sei mit dem Einsatz von Zeitarbeitnehmern eine Spaltung der Belegschaft verbunden und negative Einflüsse auf das Funktionieren der Tarifautonomie zu befürchten[1123]. Diese Überlegungen standen auch im Mittelpunkt der Entscheidung des Bundesverfassungsgerichtes zum Verbot der gewerbsmäßigen Arbeitnehmerüberlassung im Bereich des Baugewerbes[1124]. Zahlreiche Stimmen fordern bis heute eine gesetzliche Regelung, die die tarifrechtliche Gleichbehandlung der externen Zeitarbeitnehmern mit dem Stammpersonal des Entleihbetriebes festschreibt[1125]. Dabei wird insbesondere auf die Situation in Frankreich verwiesen, wo Zeitarbeitnehmern durch Gesetz der Tariflohn des für den Entleihbetrieb geltenden Tarifvertrages gewährt wird (Art. L 124-3 al. 2 nr. 6. code du travail)[1126]. Bei dem Verweis auf die französische Regelung darf allerdings nicht aus dem Auge verloren werden, daß in Frankreich die Zeitarbeitsverträge für die Dauer der einzelnen Überlassung abgeschlossen werden können[1127].

1123 Vgl. *Röwekamp*, AuR 1984, 323 (325).

1124 BVerfG vom 6.10. 1987 – 1 BvR 1086, 1468 und 1623/82, EzA Nr. 1 zu § 12 a AFG (unter C IV 2 a) der Gründe) = DB 1988, 605 (608).

1125 Vgl. *Ulber*, § 1 AÜG Rdnr. 103. So auch die erneute Forderung des DGB an den Gesetzgeber in seiner Stellungnahme zum Neunten AÜG-Erfahrungsbericht (Januar 2000). Das Bundesverfassungsgericht hat es als rechtlich möglich angesehen, die Zeitarbeitnehmer durch eine gesetzliche Regelung in die beim Entleiher geltende tarifliche Ordnung einzubeziehen (BVerfG vom 6.10. 1987 – 1 BvR 1086, 1468 und 1623/82, EzA Nr. 1 zu § 12 a AFG (unter C IV 2 a) der Gründe) = DB 1988, 605 (608)). Schon unter der bestehenden Gesetzeslage wird Zeitarbeitnehmern der Tariflohn des Entleihbetriebes gewährt: Dies ist zum einen dadurch geschehen, daß der Entleihbetrieb zum Adressat der tariflichen Regelung gemacht wurde: Der „Tarifvertrag über allgemeine betriebliche Arbeitsbedingungen im rheinisch-westfälischen Steinkohlenbergbau“ vom 1.5. 1975 sowie der Manteltarifvertrag des selben Geltungsbereiches vom 1.9. 1973 verpflichteten Entleihunternehmen, die Einhaltung der jeweiligen Tarifverträge zu vereinbaren, sofern keine anderen Tarifverträge auf das Zeitarbeitsverhältnis Anwendung finden (vgl. *Kempen/Zachert*, § 1 TVG Rdnr. 204). Einen anderen Weg geht der zwischen der START-Zeitarbeit GmbH - ein Ableger des gleichnamigen niederländischen Personaldienstleisters, der sich auf die Überlassung von schwer vermittelbaren Arbeitnehmern spezialisiert hat - und der ÖTV abgeschlossene Tarifvertrag: Dieser Tarifvertrag gewährt den Zeitarbeitnehmern den im Entleihbetriebe geltenden Tariflohn.

1126 So z.B. die Gewerkschaften in ihrer Stellungnahme zum Neunten AÜG-Erfahrungsbericht, BT-Drucks. 14/4220, S. 27.

1127 Art. L 124-2-2 al. I code du travail. Vgl. zum französischen Recht der Arbeitnehmerüberlassung *Sandmann/Marschall*, AÜG Einl. Rdnr. 39.

Schon unter der bestehenden Gesetzeslage bezieht eine zunehmend große Gruppe in der Literatur Zeitarbeitnehmer in den Geltungsbereich der für den Entleihbetrieb geltenden betrieblichen und betriebsverfassungsrechtlichen Normen ein[1128]. Zu prüfen ist, inwiefern sich für betriebliche und betriebsverfassungsrechtliche Normen im Sinne des § 3 Abs. 2 TVG eine Ausnahme von der grundsätzlichen Zuordnung allein zum Verleihbetrieb begründen läßt.

b) Betriebliche und betriebsverfassungsrechtliche Normen

Gemäß § 3 Abs. 2 TVG gelten betriebliche und betriebsverfassungsrechtliche Normen eines Tarifvertrages für das ganze Unternehmen deren Arbeitgeber tarifgebunden ist[1129]. Fraglich ist, ob deshalb auch die im Betrieb tätigen Zeitarbeitnehmer den tarifvertraglichen Normen im Sinne des § 3 Abs. 2 TVG unterfallen.

Voraussetzung ist hierfür zunächst, daß Betriebsnormen und betriebsverfassungsrechtliche Normen nach § 3 Abs. 2 TVG, anders als für allgemeinverbindlich erklärte Tarifverträge im Sinne des § 5 TVG, auch Arbeitnehmer, die nicht in den Geltungsbereich des Tarifvertrages fallen, erfassen können. Im Rahmen des § 3 Abs. 2 TVG ist die Tarifgebundenheit des Arbeitnehmers nicht maßgeblich, ausreichend ist allein die Tarifgebundenheit des Arbeitgebers[1130]. Anders als bei für allgemeinverbindlich erklärten Tarifverträgen dehnt § 3 Abs. 2 TVG nicht die Tarifgebundenheit auf die Arbeitsverhältnisse nicht tarifgebundener Arbeitnehmer aus[1131], sondern stellt allein auf die Tarifbindung des Arbeitgebers ab[1132]. Kommt es allein auf die Tarifbindung des Arbeitgebers an, so muß auch nur der Arbeitgeber in den Geltungsbereich des Tarifvertrages fallen[1133]. Das ergibt sich auch daraus, daß nur für Normen deren einheitliche Anwendung im Betrieb unumgänglich ist, der mit § 3 Abs. 2 TVG verbundenen Eingriff in die negative Koalitionsfreiheit der

---

1128 So *Bollinger*, Arbeitnehmerüberlassung, S. 178 ff.; *Gick*, Gewerbsmäßige Arbeitnehmerüberlassung, S. 148 ff.; Erman/*Hanau*, § 611 BGB Rdnr. 99, *Windbichler*, Arbeitsrecht im Konzern, S. 441; *Worpenberg*, Konzerninterne Arbeitnehmerüberlassung, S. 320 f.

1129 *Kempen/Zachert*, § 3 TVG Rdnr. 12; *Oetker*, in Wiedemann, § 3 TVG Rdnr. 127.

1130 *Löwisch/Rieble*, § 3 TVG Rdnr. 59; *Oetker*, in Wiedemann, § 3 TVG Rdnr. 128; *Otto*, Einführung, Rdnr. 453; *Schaub*, ArbR-Hdb., § 202 Rdnr. 17; *Zöllner/Loritz*, Arbeitsrecht, S. 396.

1131 Diese Rechtswirkung hat die Allgemeinverbindlichkeitserklärung gemäß § 5 Abs. 4 TVG.

1132 *Dietrich*, Betriebliche Norm, S. 86; *Oetker*, in Wiedemann, § 3 TVG Rdnr. 128; a.A. *Kempen/Zachert*, § 3 TVG Rdnr. 12; *Schaub*, ArbR-Hdb., § 202 Rdnr. 17.

1133 A.A. *Kempen/Zachert*, § 3 TVG Rdnr. 12. Diese Autoren sehen in § 3 Abs. 2 TVG eine Erweiterung der Tarifgebundenheit im Sinne einer Allgemeinverbindlichkeitserklärung für den Betrieb und fordern deshalb, daß auch die Arbeitnehmer vom Geltungsbereich des Tarifvertrages erfaßt werden.

nichtorganisierten Arbeitnehmer gerechtfertigt ist[1134]. Eine betriebseinheitliche Regelung kann allerdings nur erzielt werden, wenn es nicht darauf ankommt, ob auch der einzelne Arbeitnehmer in den Geltungsbereich des Tarifvertrages fällt[1135].

Fraglich ist allerdings, ob der Entleiher gegenüber den im Betrieb tätigen Zeitarbeitnehmern überhaupt „Arbeitgeber" im Sinne des § 3 Abs. 2 BetrVG ist[1136]. Der Betriebsinhaber des Entleihbetriebes ist nicht der Vertragsarbeitgeber der Zeitarbeitnehmer; einzelne Arbeitgeberrechte stehen ihm allerdings zu[1137]. Da Zeitarbeitnehmer auch im Entleihbetrieb betriebszugehörig sind[1138], müssen betriebsverfassungsrechtliche Tarifnormen auch für die im Betrieb tätigen Zeitarbeitnehmer gelten, sofern sie Regelungsgegenstände betreffen, hinsichtlich derer der Betriebsrat des Entleiherbetriebes ein Beteiligungsrecht hat oder der Zeitarbeitnehmer Individualrechte (auch) im Entleihbetrieb wahrnehmen kann . Explizit zeigt das § 14 Abs. 2 S. 3 AÜG: Durch § 14 Abs. 2 S. 3 AÜG in Verbindung mit § 86 BetrVG hat der Gesetzgeber die Erstreckung einer betriebsverfassungsrechtlichen Norm des für den Entleihbetriebes geltenden Tarifvertrages auf die Zeitarbeitnehmer angeordnet[1139]. Der hinter dieser Regelung stehende Gedanke ist verallgemeinerungsfähig: Betriebliche und betriebsverfassungsrechtliche Normen des für den Entleihbetrieb geltenden Tarifvertrages erfassen auch die im Betrieb tätigen Zeitarbeitnehmer, sofern die Normen Regelungen der betrieblichen Organisation des Entleihers betreffen, von denen der Zeitarbeitnehmer sachlich betroffen ist[1140]. Zeitarbeitnehmer haben arbeitsvertraglich ausdrücklich ihrer Überlassung zur Arbeitsleistung in ein Drittunternehmen zugestimmt (§ 613 S. 2 BGB), sie werden damit nicht ohne eine vertragliche Grundlage zur Arbeitsleistung in einem Entleihunternehmen gezwungen. Insofern ist ihre Situation mit der von Außenseitern

---

1134 BAG vom 17.6. 1997 – 1 ABR 3/97, AP Nr. 2 zu § 3 TVG Betriebsnormen (unter B 1 a) der Gründe) = NZA 1998, 213; BAG vom 26.4. 1990 – 1 ABR 84/87, AP Nr. 57 zu Art. 9 GG (unter V 2 b) der Gründe) = NZA 1990, 850; BAG vom 21.1. 1987 – 4 AZR 486/86, AP Nr. 46 zu Art. 9 GG = NZA 1987, 121; *Kempen/Zachert*, § 1 TVG Rdnr. 36; *Löwisch/Rieble*, § 1 TVG Rdnr. 80; *Oetker*, in Wiedemann, § 3 TVG Rdnr. 136 f.

1135 A.A. *Kempen/Zachert*, § 3 TVG Rdnr. 12.

1136 Ablehnend: *Mayer*, AuR 1974, 353 (359).

1137 Vgl. oben § 5 III.

1138 Vgl. oben § 13 I.

1139 *Becker/Wulfgramm*, § 14 AÜG Rdnr. 45; *Gick*, Gewerbsmäßige Arbeitnehmerüberlassung, S. 143; MünchArbR/*Marschall*, § 175 Rdnr. 99; *Ulber*, § 14 AÜG Rdnr. 60.

1140 So auch *Gick*, Gewerbsmäßige Arbeitnehmerüberlassung, S. 144; *Windbichler*, Arbeitsrecht im Konzern, S. 441 f.; vgl. auch *Bollinger*, Arbeitnehmerüberlassung, S. 178 f.; *Worpenberg*, Konzerninterne Arbeitnehmerüberlassung, S. 321.

vergleichbar und es besteht kein unzulässiger Zwang sich einem fremden Tarif zu unterwerfen[1141].

c) Ergebnis

Grundsätzlich unterfallen Zeitarbeitnehmer nur den tarifvertraglichen Regelungen des Verleihbetriebes. Von den betrieblichen und betriebsverfassungsrechtlichen Normen im Sinne des § 3 Abs. 2 TVG des für den Entleihbetrieb geltenden Tarifvertrages werden Zeitarbeitnehmer in Ausnahme von diesem Grundsatz erfaßt.

II. Tarifpraxis

Von tarifvertraglichen Gestaltungsmöglichkeiten des Zeitarbeitsverhältnisses wurde in der Vergangenheit nur sehr vereinzelt Gebrauch gemacht. Zwischen der Deutschen Angestellten Gewerkschaft (DAG) und dem Bundesverband Zeitarbeit (BZA) kam es zwischen 1970 und 1989 zu Tarifabschlüssen. Die damaligen Versuche, diese Tarifverträge für allgemeinverbindlich zu erklären, scheiterten[1142]. Seit der letzte Manteltarifvertrag für Angestellte in Unternehmen der Zeitarbeit von der DAG mit Wirkung zum 31.3. 1989 gekündigt wurde[1143], ist es zu keinem Tarifabschluß eines Verbandstarifvertrages für die Zeitarbeit gekommen. Die Mitgliedsfirmen des Bundesverbandes Zeitarbeit versuchten in den folgenden Jahren durch Selbstverpflichtungen einheitliche Standards in der Zeitarbeitsbranche durchzusetzen. Diese „Arbeitsbedingungen und Sozialleistungen" (ABS-BZA) des Bundesverbandes Zeitarbeit e.V. wurden vom Markt allerdings nicht akzeptiert und führten zu einem großen Mitgliederschwund im Bundesverband Zeitarbeit[1144].

Nachdem die Gewerkschaften des DGB sich in den letzten Jahren für Tarifabschlüsse im Bereich der Zeitarbeit geöffnet haben[1145], kam es zum Abschluß einer Reihe von Haustarifverträgen. Neben den in den Entgelttarifverträgen und Manteltarifverträgen zu findenden klassischen tarifvertraglichen Inhalten sind in den Tarifverträgen auch einige zeitarbeitsspezifische Besonderheiten vereinbart: Vielfach schreiben die Haustarifverträge die Gründung von Betriebsräten in bisher betriebs-

---

1141 *Windbichler*, Arbeitsrecht im Konzern, S. 442

1142 Vgl. *Schubel*, Arbeitgeber 1979, 1278.

1143 Die DAG kündigte den Tarifvertrag wegen Unstimmigkeiten über eine flexible Arbeitszeitgestaltung. Abgedruckt ist dieser Tarifvertrag bei *Becker/Wulfgramm*, AÜG, Anhang III.

1144 Vgl. Achter AÜG-Erfahrungsbericht, BT-Drucks. 13/5498, S. 19; *Frankfurter Allgemeine Zeitung*, vom 4. 5. 1999, S. 19.

1145 Ablehnend noch DGB-Expertise zur Arbeitnehmerüberlassung von 1997, Soziale Sicherheit 1997, 420 (423).

ratslosen Zeitarbeitsbetrieben fest und verpflichten zur Einleitung eines Wahlverfahrens[1146]. Einige Tarifverträge sehen die bevorzugte Einstellung von Langzeitarbeitslosen vor und verpflichten den Arbeitgeber zur Durchführung von Qualifizierungsmaßnahmen während verleihfreier Zeiten.

Sowohl von Arbeitgeberseite - insbesondere von den marktführenden Zeitarbeitsunternehmen, aber auch vom Bundesverband Zeitarbeit - als auch auf Gewerkschaftsseite wird in jüngster Zeit verstärkt der Abschluß eines Verbandstarifvertrages für die Zeitarbeitsbranche gefordert. Für die Arbeitgeber spielen Imagefragen eine wichtige Rolle: Nur wenn es gelänge, das Bild der Zeitarbeitnehmer als „Arbeitnehmer zweiter Klasse" zu korrigieren und die Zeitarbeit von dem Ruf der Dumpinglöhne zu befreien, könne die erhoffte Expansion dieser Beschäftigungsform erreicht werden[1147]. Demgegenüber sehen mittlere und kleinere Zeitarbeitsunternehmen dieser Entwicklung mit Besorgnis entgegen, für sie seien die niedrigen Löhne überlebenswichtig[1148].

Die Zeitarbeitnehmer können unbeschränkt von ihrer positiven Koalitionsfreiheit Gebrauch machen. Sie können sich zu Gewerkschaften zusammenschließen und ihren Arbeitgeber mit dem Mittel des Arbeitskampfes zum Abschluß von Tarifverträgen zwingen[1149]. Ein gewerkschaftlicher Zusammenschluß speziell von Zeitarbeitnehmern besteht nicht. Über den Organisationsgrad von Zeitarbeitnehmern fehlt Zahlenmaterial; übereinstimmend wird der Organisationsgrad als sehr gering eingeschätzt[1150]. Da die Mitgliedschaft der Zeitarbeitnehmer darüber hinaus auf verschiedene Gewerkschaften verstreut ist, befürchten viele Stimmen, daß es zu keinem fairen Tarifabschluß kommen wird, weil die Gewerkschaftsseite sich mehr oder minder den Angeboten der Arbeitgeberseite beugen müsse[1151]. Eine größere Gruppe von Zeitarbeitnehmern könnte jedoch nach der Gründung der Dienstleis-

---

1146 So schreibt auch der „Expo-Tarifvertrag" die Einsetzung einer Interessenvertretung für die auf der Weltausstellung beschäftigten Zeitarbeitnehmer fest. Aufgrund der auf fünf Monate befristeten Dauer der Weltausstellung wäre die Errichtung eines Betriebsrats nach dem BetrVG nicht möglich gewesen. Für das Zeitarbeitsunternehmen Randstad wurde tarifvertraglich die Errichtung einer „anderen Vertretung der Arbeitnehmer" im Sinne des § 3 Abs. 2 TVG vereinbart.

1147 Vgl. *Financial Times Deutschland*, vom 29.2. 2000, S. 13; *Frankfurter Allgemeine Zeitung*, vom 29.4. 2000, S. 22; *Frankfurter Allgemeine Zeitung*, vom 4.5. 1999, S. 17.

1148 Vgl. *Frankfurter Allgemeine Zeitung*, vom 26.4. 2000, S. 19.

1149 *Schüren*, AÜG, Einl. Rdnr. 252.

1150 Vgl. *Schüren*, AÜG, Einl. Rdnr. 252; vgl. auch Siebter AÜG-Erfahrungsbericht, BT-Drucks. 12/3180, S. 16.

1151 Vgl. Stellungnahme der Gewerkschaften im Neunten AÜG-Erfahrungsbericht, BT-Drucks. 14/4220, S. 27; *Krüger*, Verbot der Leiharbeit, S. 150 f.

tungsgewerkschaft Ver.di erreicht werden[1152]. Im Rahmen ihres Arbeitsverhältnisses zum Verleiher haben die Zeitarbeitnehmer das Streikrecht im selben Umfang wie andere Arbeitnehmer auch[1153]. Bis heute ist es allerdings zu keinem Arbeitskampf zwischen organisierten Zeitarbeitnehmern und ihren Arbeitgebern gekommen. Auch in Zukunft erscheint ein Arbeitskampf in der Zeitarbeitsbranche unwahrscheinlich: Aufgrund der atypischen Struktur des Zeitarbeitsverhätnisses sowie insbesondere der hohen Fluktuation der Zeitarbeitnehmer und der damit verbundenen kurzen Verweildauer im Zeitarbeitsunternehmen, wird sich die zur Durchführung eines Arbeitskampfes erforderliche Organisationsmacht kaum erreichen lassen. Von Gewerkschaftsseite werden die Zeitarbeitnehmer, die zu einem überwiegenden Teil mittels der Zeitarbeit einen Stammarbeitsplatz in einem Unternehmen suchen, nicht als mobilisierungsfähige Belegschaft betrachtet[1154].

Losgelöst von der Frage, welche tatsächlichen Auswirkungen ein Verbandstarifvertrag für die Zeitarbeitsbranche hätte, rechtliche Hindernisse bestehen für einen Tarifabschluß nicht. Entgegen den allgemeinen Rufen nach mehr Flexibilität und betriebsnäheren Regelungen[1155], strebt der Bundesverband Zeitarbeit die Allgemeinverbindlichkeitserklärung eines Verbandstarifvertrages an. Ziel sei es, eine einheitliche Regelung für die gesamte Branche zu erreichen[1156]. Unabhängig von der Frage, welche praktischen Auswirkungen ein derartiger Schritt für die Zeitarbeitsbranche hätte, würde eine Allgemeinverbindlichkeitserklärung unter derzeitigen Bedingungen schon an den formellen Voraussetzungen scheitern: Statt der in § 5 Abs. 1 Nr. 1 TVG geforderten 50 Prozent repräsentiert der BZA nur 30 Prozent der in der Zeitarbeitsbranche beschäftigten Arbeitnehmer[1157].

1152 Vgl. *Frankfurter Allgemeine Zeitung*, vom 4.5. 2000, S. 19. Am 2.7.2001 ist Ver.di (Vereinigte Dienstleistungsgewerkschaften) gegründet und ins Vereinsregister eingetragen worden. Zu Verdi fusionierten: ÖTV, DAG, HBV, IG Medien und die Deutsche Postgewerkschaft. Damit ist Ver.di die größte Einzelgewerkschaft im DGB.

1153 *Brox/Rüthers*, Arbeitskampfrecht, Rdnr. 678; *Löwisch*, Arbeitskampfrecht, 170.2., Rdnr. 281.

1154 Vgl. *Frankfurter Allgemeine Zeitung*, vom 4.5. 1999, S. 19.

1155 Vgl. *Zöllner*, NZA 2000, Beil. zu 3/2000, S. 1.

1156 So *Gert Denkhaus*, Geschäftsführer des BZA, in: *Frankfurter Allgemeine Zeitung*, vom 4.5. 1999, S.19.

1157 Vgl. *Frankfurter Allgemeine Zeitung*, vom 4.5. 1999, S. 19; *Zeit*, vom 15.7. 1999, S. 31.

Zusammenfassung und Ergebnisse

Mit dieser Arbeit ist der Versuch gemacht worden, die individual- und kollektivvertraglichen Gestaltungsmöglichkeiten des Zeitarbeitsverhältnisses einer vertieften Analyse zu unterziehen. Dabei diente die in der Praxis durchgeführte Rechtstatsachenforschung als Basis. Im folgenden wird ein Überblick über die wesentlichen Ergebnisse der Untersuchung gegeben:

1. Der Blick auf die geschichtliche Entwicklung der Zeitarbeit und ihrer gesetzlichen Rahmenbedingungen hat vor Augen geführt, wie eng die Zeitarbeit historisch mit der Arbeitsvermittlung verknüpft ist; heute zeigt sich diese enge Verknüpfung an der zunehmenden Bedeutung der Arbeitsvermittlung durch Arbeitnehmerüberlassung. Seit 1972 ist die Bedeutung der Zeitarbeit stetig gewachsen, wobei neben der Konjunkturentwicklung und der gesellschaftlichen Akzeptanz dieser Beschäftigungsform insbesondere die Maßnahmen des Gesetzgebers einen unmittelbaren Einfluß auf die Verbreitung der Zeitarbeit hatten. Dieses Ergebnis läßt vermuten, daß eine weitere Deregulierung der Vorschriften des AÜG unmittelbar zu einer weiteren Ausweitung der Zeitarbeit führen würde.

2. Schon bei den „Grundlagen der Zeitarbeit" gibt es zahlreiche Zweifelsfragen. Uneinigkeit herrscht über die Frage, mit welcher dogmatischen Begründung dem Entleiher Arbeitgeberrechte gegenüber dem Zeitarbeitnehmer zustehen und Nebenpflichten auch in diesem vertragslosen Rechtsverhältnis begründet werden. Da die in der Praxis gebräuchlichen Zeitarbeitsverträge sämtliche für die Annahme eines echten Vertrages zugunsten Dritter notwendigen Bestandteile enthalten und die in der Praxis üblichen Vertragsgestaltungen nicht in einem Widerspruch zu § 328 ff. BGB stehen, ist der Zeitarbeitsvertrag als echter Vertrag zugunsten Dritter zu qualifizieren. Damit steht dem Entleiher ein eigenes Forderungsrecht auf die Arbeitsleistung des Zeitarbeitnehmers zu; Treue- und Fürsorgepflichten erwachsen als Annex zur Hauptleistungspflicht.

3. Im Grenzbereich zwischen dem dienst- oder werkvertraglichen Personaleinsatz und der gewerbsmäßigen Überlassung von Arbeitnehmern besteht bis heute eine hohe Rechtsunsicherheit. Diese Rechtsunsicherheit basiert insbesondere auf der Entwicklung immer neuer Erscheinungsformen des drittbezogenen Personaleinsatzes. Aufgrund der vielfältigen Möglichkeiten die dispositiven Vorschriften des Dienst- oder Werkvertrages abzubedingen, hat der überwiegende Teil, der von der Rechtsprechung und Literatur entwickelten Abgrenzungskriterien, nur indizierenden Charakter. Allein die Ausübung des arbeitsbezogenen Weisungsrechtes durch den Dritten ist konstitutives Merkmal der Arbeitnehmerüberlassung Übt der Dritte das arbeitsbezogene Weisungsrecht aus, so handelt es sich immer um ein Zeitarbeitsverhältnis. Schwierigkeiten bereitet allerdings nicht selten die Identifika-

tion des arbeitsbezogenen Weisungsrechtes. In diesen Fällen müssen andere Kriterien herangezogen werden, um das Weisungsrecht des Dritten zu identifizieren.

4. Bei den verschiedenen Erscheinungsformen konzerninterner Arbeitnehmerüberlassung handelt es sich in der Regel um gewerbsmäßige Arbeitnehmerüberlassung im Sinne des AÜG. Allerdings ist die Einhaltung der Vorschriften des AÜG nur bei ständiger gewerbsmäßiger Arbeitnehmerüberlassung im Konzern zwingend; die vorübergehende Überlassung von Arbeitnehmern ist gemäß § 1 Abs. 3 Nr. 2 AÜG von der Anwendung der Vorschriften des AÜG freigestellt. Um eine ständige Überlassung handelt es sich bei der Tätigkeit von konzerninternen Zeitarbeitsunternehmen und Personalführungsgesellschaften. Ebenso handelt es sich um eine ständige gewerbsmäßige Arbeitnehmerüberlassung, wenn Arbeitnehmer kontinuierlich in anderen Konzernunternehmen eingesetzt werden und keinen Arbeitsplatz in ihrem Stammunternehmen besitzen.

5. Für den Zeitarbeitsvertrag besteht kein zwingendes Schriftformerfordernis. § 11 Abs. 1 AÜG fordert allein die Dokumentation der wesentlichen Inhalte des Zeitarbeitsverhältnisses in einer Urkunde. Trotzdem werden Zeitarbeitsverträge in der Praxis immer schriftlich geschlossen. Im Rahmen des Erlaubnisverfahrens überwacht die Bundesanstalt für Arbeit die Einhaltung der Vorschriften des AÜG anhand der Vertragsgestaltungen der von den Zeitarbeitsunternehmen einzureichenden Musterzeitarbeitsverträge. Im Rahmen ihrer Inhaltskontrolle kann die Bundesanstalt für Arbeit Vertragsklauseln, die mit den Vorschriften des AÜG nicht in Einklang stehen, zwar nicht unmittelbar die Wirksamkeit versagen, die Zeitarbeitsunternehmen allerdings durch entsprechende Auflagen zur Korrektur ihrer Vertragsmuster anhalten und die Einhaltung der arbeitsrechtlichen Vorschriften notfalls durch die Versagung oder den Widerruf der Erlaubnis erzwingen.

6. Hinsichtlich der individualvertraglichen Gestaltungsmöglichkeiten des Zeitarbeitsvertrages besteht die Frage der dogmatischen Einordnung des § 11 Abs. 1 Nr. 1 – 12 AÜG. Während hinsichtlich der in § 11 Abs. 1 AÜG a.F. geforderten Angaben eine Verpflichtung zur rechtsgeschäftlichen Regelung grundsätzlich zu bejahen ist, begründen die im Rahmen der Umsetzung der EG-Nachweisrichtlinie in das AÜG neu aufgenommen Anforderungen keinen Zwang zu einer rechtsgeschäftlichen Regelung; hinsichtlich dieser Anforderungen wird eine über die vertraglichen Regelungen hinausgehende Niederschrift der Arbeitsbedingungen in einer Urkunde gefordert. Praktische Bedeutung hat diese Frage insbesondere hinsichtlich der Gestaltung der Tätigkeitsbeschreibung im Zeitarbeitsvertrag. Da ausschließlich die in § 11 Abs. 1 Nr. 3 AÜG a.F. geforderten Angaben zur Tätigkeit im Zeitarbeitsvertrag zu treffen sind, können die nach § 11 Abs. 1 Nr. 3 AÜG n.F. geforderten konkreten Angaben zur Tätigkeit in einer

vor jedem Einsatz neu auszufertigenden Einsatzmitteilung gemacht werden. Von dieser Möglichkeit macht die Praxis nur vereinzelt Gebrauch.

7. Inhaltliche Grenzen setzt den individualvertraglichen Gestaltungsmöglichkeiten des Zeitarbeitsvertrages insbesondere § 11 Abs. 4 S. 2 AÜG. Diese für den Schutz der Zeitarbeitnehmer essentielle Regelung ist Dreh- und Angelpunkt der Zulässigkeit flexibler Arbeitszeitgestaltungen, denen in den Zeitarbeitsverträgen der Praxis eine herausragende Bedeutung zukommt. § 11 Abs. 4 S. 2 AÜG verbietet allerdings ausschließlich Vertragsgestaltungen, die den Vergütungsanspruch des Zeitarbeitnehmers im Annahmeverzug seines Arbeitgebers beschneiden. Vertragsgestaltungen, die den Zeitarbeitnehmer in seiner Zeitsouveränität einschränken, werden durch § 11 Abs. 4 S. 2 AÜG nicht verboten und sind im Zeitarbeitsverhältnis im gleichen Umfang wie in herkömmlichen zweiseitigen Arbeitsverhältnissen zulässig. Neben Arbeitszeitgestaltungen untersagt der § 11 Abs. 4 AÜG zum Beispiel die Vereinbarung einer täglichen Meldepflicht im Zeitarbeitsvertrag.

8. Durch das Arbeitsförderungsreformgesetz (AFRG) 1997 wurde das Befristungsverbot des § 9 Nr. 2 AÜG gelockert. Seit dieser Neuregelung können Zeitarbeitsverhältnisse erstmalig ohne das Vorliegen eines sachlichen Grundes in der Person des Zeitarbeitnehmers befristetet werden. Außerdem sind nach den Neuregelungen im Bereich der Zeitarbeit sogenannte Kettenbefristungen zulässig. Die von einigen Stimmen in der Literatur geforderte teleologische Reduktion des § 9 Nr. 2 AÜG kommt mangels einer Regelungslücke nicht in Betracht; de lege lata ist die mehrfach ununterbrochene Befristung des Zeitarbeitsverhältnisses zulässig.

9. Die Zeitarbeitnehmer sind sowohl im Verleih- als auch im Entleihbetrieb betriebszugehörig. Die Zeitarbeitsverhältnisse werden durch Betriebsvereinbarungen des Verleih- und den Entleihbetriebsrats unmittelbar gestaltet. Besteht sowohl im Verleih- als auch im Entleihbetrieb ein Betriebsrat, genießen Zeitarbeitnehmer einen umfassenden betriebsverfassungsrechtlichen Schutz. Auch die betriebsverfassungsrechtliche Situation der Stammbelegschaft des Entleihbetriebes wird durch den Einsatz von Zeitarbeitnehmern nicht beschnitten; die Zeitarbeitnehmer unterliegen den Betriebsvereinbarungen des Entleihbetriebes zum Beispiel hinsichtlich der Arbeitszeit, des Arbeitsablaufes und der Ordnung des Betriebes. Ist der Entleiher aus dem Überlassungsvertrag befugt, Überstunden anzuordnen, so ist der Betriebsrat des Entleihbetriebes gemäß § 87 Abs. 1 Nr. 2 BetrVG im selben Umfang wie gegenüber der Stammbelegschaft zu beteiligen. Im Rahmen einer Reform des BetrVG erscheint es geboten, dem Zeitarbeitnehmer das aktive Wahlrecht auch im Entleihbetrieb einzuräumen. Daß viele Zeitarbeitnehmer nur einen lückenhaften betriebsverfassungsrechtlichen Schutz genießen, beruht primär auf tatsächlichen Defiziten. Nur wenige Zeitarbeitsunternehmen verfügen über einen Betriebsrat. Diese Situation kann und wird sich in den nächsten Jahren ändern, insbesondere

wenn sich auch die Gewerkschaften zunehmend für die Gründung von Betriebsräten in Zeitarbeitsunternehmen einsetzen.

10. Tarifrechtlich ist der Zeitarbeitnehmer allein seinem Arbeitgeberbetrieb zugeordnet. Die im Entleihbetrieb geltenden Tarifverträge finden auf die Zeitarbeitnehmer keine Anwendung ausschließlich die betrieblichen und betriebsverfassungsrechtlichen Normen im Sinne des § 3 Abs. 2 TVG erfassen auch die im Entleihbetrieb tätigen Zeitarbeitnehmer. Bis heute sind nur wenige Zeitarbeitsunternehmen tarifgebunden; die Zeitarbeit war jahrelang eine nahezu tariffreie Branche. Im Anschluß an den Tarifabschluß für die auf der Weltausstellung in Hannover (Expo 2000) beschäftigten Zeitarbeitnehmer wurde eine Reihe von Haustarifverträgen mit Zeitarbeitsunternehmen abgeschlossen. In diesem Zusammenhang entfachte eine neue Diskussion über das Für und Wider eines Verbandstarifvertrages für die Zeitarbeitsbranche. Insbesondere die Arbeitgeberseite hofft durch einen Tarifvertrag; die Beschäftigungsform der Zeitarbeit als eine reguläre Beschäftigungsform auf dem Arbeitsmarkt weiter zu etablieren.

Anhang I

Checkliste Arbeitsvertrag
für die Prüfung durch die Landesarbeitsämter gemäß § 3 Abs. 1 Nr. 1 AÜG

Angaben/Regelungen	Beanstandungen ja	Beanstandungen nein	Bemerkungen
o Firma, Anschrift des Verleihers	☐	☐	
o Erlaubnis nach dem AÜG: Erlaubnisbehörde, Ort, Datum der Erteilung	☐	☐	
o Vor-, Familiennamen, Wohnort, Wohnung, Geburtstag, -ort des LAN	☐	☐	
o Arbeitsvertrag, Unterschriften, Arbeitspapiere *	☐	☐	
o Anlagen zum Arbeitsvertrag *	☐	☐	
o nachträgliche Änderung des Arbeitsvertragsmusters *	☐	☐	
o Weiterverwendung von Formularverträgen *	☐	☐	
o Arbeitsschutzkleidung *	☐	☐	
o Art, besondere Merkmale der von dem LAN zu leistenden Tätigkeit, dafür erforderliche Qualifikationen, Hinweis auf Beschäftigung an verschiedenen Orten *	☐	☐	
etwaige Pflicht zur auswärtigen Leistung **	☐	☐	
o Beginn, Dauer des Arbeitsverhältnisses, Gründe für eine Befristung *	☐	☐	

* siehe Hinweise zum Arbeitsvertrag
** siehe Arbeitshilfe

Angaben/Regelungen	Beanstandungen ja	Beanstandungen nein	Bemerkungen
o Vereinbarung einer Probezeit *	☐	☐	
o Fristen für die Kündigung des Arbeitsverhältnisses **	☐	☐	
o Arbeitszeitregelung, Einrichtung eines Arbeitszeitkontos **	☐	☐	
o Zusammensetzung, Höhe des Arbeitsentgelts, einschließlich der Zuschläge, Zulagen, Prämien, Sonderzahlungen sowie anderer Bestandteile des Arbeitsentgelts und deren Fälligkeit **	☐	☐	
o Aufrechnung, pfändbares Einkommen **	☐	☐	
o Meldepflicht, Leistungen bei Krankheit **	☐	☐	
o Meldepflicht, Leistungen bei Nichteinsatz, vorübergehender Nichtbeschäftigung **	☐	☐	
o Dauer des Erholungsurlaubes **	☐	☐	
o Hinweis auf Tarifverträge, Betriebsvereinbarungen *	☐	☐	
o „überraschende" Klauseln **	☐	☐	
o Geheimhaltung von Geschäftsangelegenheiten *	☐	☐	
o Vertragsstrafen **	☐	☐	
o Zeitpunkt, Ort der Begründung des Arbeitsverhältnisses	☐	☐	

* siehe Hinweise zum Arbeitsvertrag
** siehe Arbeitshilfe

Hinweise zum Arbeitsvertrag

o **Anlagen** zum Arbeitsvertrag

o Anlagen zum Arbeitsvertrag wie Betriebsvereinbarungen, Bewerbungsbögen, Arbeitseinsatzzuweisungen **müssen** zum Vertragsbestandteil erklärt werden.

o **Arbeitspapiere**

- Zeugnis (§ 630 BGB, § 130 I GewO)
- Urlaubsbescheinigung (§ 6 II BUrlG)
- Arbeitsbescheinigung (§ 312 SGB III)
- Sozialversicherungsausweis
- Lohnsteuerkarte

o Der Arbeitgeber hat dem Arbeitnehmer die in seinem Besitz befindlichen Arbeitspapiere bei Beendigung des Arbeitsverhältnisses, d. h. am **letzten Arbeitstag** auszuhändigen bzw., wenn dies nicht möglich ist, eine Zwischenbescheinigung auszustellen. Dem Arbeitgeber steht auch bei außerordentlicher Beendigung des Arbeitsverhältnisses durch den Arbeitnehmer **kein** Zurückbehaltungsrecht zu.

o **Arbeitsschutzkleidung**

o Die Verpflichtungen des Verleihers zu Schutzmaßnahmen (**§ 618 BGB**) können durch Vereinbarungen weder aufgehoben noch beschränkt werden (**§ 619 BGB** Unabdingbarkeit der Fürsorgepflichten). Daraus folgt, daß

- der Arbeitnehmer **nicht** mit der Kostenübernahme für Sicherheitsausrüstung und Schutzkleidung (z. B. Sicherheitsschuhe, Atemmaske, Schutzanzug, -helm) belastet werden darf. Der Verleiher hat ferner für eine turnusmäßige Reinigung zu sorgen, notwendige Reparaturen zu bezahlen und etwaige Ersatzbeschaffungen zu tätigen. Er hat den Arbeitnehmer mit den zur Erbringung der Arbeitsleistung notwendigen Arbeitsgeräten und -materialien auszustatten.
- Die Regelung einer eventuellen **Kostenbeteiligung** des Arbeitnehmers bei Nichtrückgabe ist gesondert zu behandeln.

o **Arbeitsvertrag,** Unterschriften

o Der Abschluß von Arbeitsverträgen (Urkunden) unterliegt gemäß **§ 11 Abs. 1 AÜG** bestimmten Formvorschriften.
Der Arbeitsvertrag muß vom Arbeitgeber unterzeichnet werden. **Beide** Vertragsparteien haben den Arbeitsvertrag so zu unterschreiben, daß der **gesamte** Vertragstext einschließlich der Verweisungen auf Anlagen durch die Unterschriften abgedeckt ist.

o nachträgliche Änderung des **Arbeitsvertragsmusters**

o Liegt der Erlaubniserteilung nach dem AÜG u. a. ein eingereichtes Arbeitsvertragsmuster zugrunde, sind **nachträgliche** inhaltliche Änderungen dieses Musters im Hinblick auf **§ 11 Abs. 1 AÜG** der Erlaubnisbehörde **unaufgefordert** anzuzeigen.

o Auch ohne eine ausdrückliche gesetzliche Regelung entspricht es dem Grundsatz von Treu und Glauben, daß der Verleiher der Erlaubnisbehörde alle **wesentlichen** Änderungen mitteilt .

LSG Bremen v. 15.3.1983, L 5 BR 11/82

o Beginn, Dauer des Arbeitsverhältnisses, Gründe für eine **Befristung**

o Bei unbefristeten Arbeitsverhältnissen genügt die Angabe des Datums des **Beginns.**

o **§ 3 Abs. 1 Nr. 3 AÜG:**
Die einmalige Befristung des Arbeitsvertrages zwischen Verleiher und LAN setzt keinen **besonderen** Befristungsgrund voraus. Es wird vielmehr für die einmalige Befristung den Verleihern und LAN die Möglichkeit des allgemeinen Arbeitsrechts zur Befristung eröffnet. Die Vorschrift erweitert entgegen der in der Literatur vertretenen Ansicht nicht für Leiharbeitsverhältnisse die Zulässigkeit befristeter Arbeitsverträge über das allgemeine Arbeitsrecht hinaus. Die Beschränkung des BeschFG, nach der die Gesamtdauer der Befristung eines Arbeitsverhältnisses mit einem Arbeitgeber 2 Jahre nicht übersteigen darf, und innerhalb dieser Zeit der befristete Arbeitsvertrag höchstens 3 mal verlängert werden darf, gilt also auch für Leiharbeitsverhältnisse.

Ein befristeter Arbeitsvertrag darf wiederholt nur dann abgeschlossen werden, wenn sich für die Befristung ein sachlicher Grund aus der Person des Leiharbeitnehmers ergibt oder die Befristung für einen Arbeitsvertrag vorgesehen ist, der unmittelbar an einen mit demselben Verleiher geschlossenen Arbeitsvertrag anschließt.

Das gleiche gilt auch für alle weiteren, sich unmittelbar, also ohne Unterbrechung, anschließenden Arbeitsverträge, und zwar bis zu einer Höchstdauer nach **§ 1 Abs. 1 Beschäftigungsförderungsgesetz (BeschFG),** der nur die 3-malige Verlängerung des befristeten Arbeitsvertrages bis zu längstens 2 Jahren für zulässig erklärt.
Bei einem mehrmals zulässigerweise befristeten Arbeitsvertrag, bei dem der LAN durchgehend nur bei einem Entleiher eingesetzt wird, liegt lediglich **eine Synchronisation** vor, da der mehrmals befristete Arbeitsvertrag nämlich **ein Vertrag** und die Tätigkeit beim Entleiher **eine Tätigkeit** ist.

o Das Verbot wiederholter befristeter Arbeitsverträge **(§ 3 Abs. 1 Nr. 3 AÜG)** und wiederholter Synchronisation **(§ 3 Abs. 1 Nr. 5 AÜG)** gilt zeitlich unbegrenzt für die arbeitsvertraglichen Beziehungen zwischen Verleiher und LAN:

o Nach **§ 9 Nr. 2 AÜG** ist die wiederholte Befristung unwirksam, es sei denn ein sachlicher Grund in der Person des LAN liegt zum Zeitpunkt des Vertragsabschlusses tatsächlich vor oder die Befristung ist für einen Arbeitsvertrag vorgesehen, der unmittelbar an einen mit demselben Verleiher geschlossenen Arbeitsvertrag anschließt.
Bei Unwirksamkeit der Befristung kommt grundsätzlich ein unbefristetes Arbeitsverhältnis zustande, so daß der Arbeitnehmer, auch ohne seine Arbeitskraft anzubieten, unabdingbaren Anspruch auf Arbeitsentgelt hat **(§ 10 Abs. 4 AÜG).**

Fortsetzung „Befristung"

o **§ 3 Abs. 1 Nr. 4 AÜG:**
Ein Verstoß gegen das Verbot der Wiedereinstellung innerhalb von 3 Monaten nach Beendigung des Arbeitsverhältnisses aufgrund einer Kündigung durch den Verleiher erfüllt erst im Wiederholungsfall einen Versagungstatbestand und steht damit im Zusammenhang mit der Sicherung des Befristungsverbotes gemäß **Nr. 3.**
Daher darf der Verleiher denselben LAN einmalig/erstmalig innerhalb von 3 Monaten wieder einstellen, ohne gegen das AÜG zu verstoßen bzw. ohne daß die erste Kündigung i. V. m. **§ 9 Nr. 3 AÜG** unwirksam wird.

o **§ 3 Abs. 1 Nr. 5 AÜG:**
Arbeitsverhältnisse dürfen nicht wiederholt auf den ersten Überlassungszeitraum beschränkt werden (Synchronisationsverbot). Der Verleiher könnte demzufolge rechtsunschädlich z. B. während der ersten Überlassung einen Auflösungsvertrag mit dem LAN schließen und das Arbeitsverhältnis ohne Zweiteinsatz beenden.

o Ein befristetes Arbeitsverhältnis endet in der Regel durch Zeitablauf. Gehen die Vertragsparteien ein Arbeitsverhältnis auf befristete Zeit ein **(§ 620 Abs. 1 BGB)**, dann soll in der Regel während des Laufes der Befristung die ordentliche Kündigung ausgeschlossen sein. Ist im Einzelfall eine ordentliche Kündigung vorgesehen, muß sie schriftlich vereinbart werden.

o Die Gründe für eine wiederholte Befristung müssen ausführlich und nachvollziehbar im Arbeitsvertrag angegeben werden **(§ 11 Abs. 1 Nr. 4 AÜG)**. Aus der Begründung muß sich schlüssig und unmißverständlich ergeben, warum der Arbeitnehmer nur bis zu einem bestimmten Tag arbeiten kann. Die Gründe müssen einer Überprüfung nach objektiven Maßstäben standhalten, d. h. allein der Wunsch des Arbeitnehmers genügt nicht. Auch stichwortartige Begründungen, z. B. „Student", sind in der Regel nicht hinreichend. Wird eine Erklärung vom Arbeitgeber oder Arbeitnehmer nur zum **Schein** angegeben, um die Erlaubnisbehörde zu täuschen, führt dies zur Annahme der Unzuverlässigkeit im Sinne von **§ 3 Abs. 1 Nr. 1 AÜG.**
Die einmalige Befristung ist **ohne besondere** Gründe zulässig; es reicht ein entsprechender Hinweis (z.B. einmalige Befristung) aus.

o Bei Zweifeln, ob tatsächlich ein sachlicher Grund in der Person des LAN vorliegt, hat der Verleiher die entsprechenden **Nachweise** zu erbringen.

o Eine unzulässige Befristung kann zur **Versagung** der Erlaubnis führen.

o Weiterverwendung von **Formularverträgen**

o Es kann nach **§ 2 Abs. 2 AÜG per Auflage** die Verwendung bestimmter, bisher verwendeter Formularverträge untersagt werden.

o **Geheimhaltung** von Geschäftsangelegenheiten

o Im Rahmen der Vertragsfreiheit bleibt es **grundsätzlich** den Parteien überlassen, Verschwiegenheitstatbestände zu schaffen.

o Eine Verschwiegenheitsverpflichtung ist nur insoweit zulässig, als die Geheimhaltung durch **berechtigte** betriebliche Interessen gerechtfertigt ist.

o Die Vereinbarung sog. **All-Klauseln**, also der Verpflichtung, sämtliche während der Tätigkeit bei der Firma bekannt werdenden Geschäftsangelegenheiten geheimzuhalten (übermäßige Vertragsbindung des Arbeitnehmers), geht über das anzuerkennende berechtigte Arbeitgeberinteresse hinaus. Derartige Klauseln sind i. S. **§ 138 BGB** sittenwidrig und nichtig.

LAG Hamm v. 5.10.1988

o Vereinbarung einer **Probezeit**

o Regelung der Dauer der Probezeit nach **§ 622 Abs. 3 BGB**

o Für das LAN-Verhältnis gelten hinsichtlich der Dauer der Probezeit die **allgemeinen** arbeitsrechtlichen Regeln.

o Die Erprobung eines LAN kann ausgestaltet werden als
- **vorgeschaltete Probezeit** im Rahmen eines unbefristeten Arbeitsverhältnisses,
- **echte Befristung.**

o Die Dauer der vereinbarten Probezeit muß nicht in einem bestimmten Verhältnis zur beabsichtigten Dauer des gesamten befristeten Arbeitsverhältnisses stehen (**Abstandsgebot**).

o Die **Kündigung** des unbefristeten bzw. befristeten Arbeitsverhältnisses während einer vereinbarten Probezeit, längstens für die Dauer von 6 Monaten, ist mit einer verkürzten Frist von 2 Wochen möglich (**§ 622 Abs. 3 BGB**).

o Art, besondere Merkmale der von dem LAN zu leistenden **Tätigkeit**, dafür erforderliche Qualifikationen, Hinweis auf Beschäftigung an verschiedenen Orten

Umfang der Arbeitsplatzbeschreibung

o **§ 2 Abs. 1 Satz 2 Nr. 5 Nachweisgesetz:**
Die Nachweispflicht bezieht sich auf die Bezeichnung oder allgemeine Beschreibung der vom LAN zu leistenden Tätigkeit;
die Angabe
- eines der Tätigkeit entsprechenden charakteristischen Berufsbildes (z. B. Bürokraft) bzw.
- die Angabe des Aufgabenbereichs

reicht aus, soweit dadurch die zu leistende Tätigkeit **hinreichend** bezeichnet wird (z. B. Bürohilfstätigkeiten).
Die Angabe der aufgrund des **Direktionsrechts** des AG **konkret** zu leistende Tätigkeit ist **nicht erforderlich.** Der Arbeitgeber ist nicht verpflichtet, sich sein Direktionsrecht im Nachweis vorzubehalten oder darauf hinzuweisen oder die Angabe der konkretisierten Tätigkeit nachzureichen.

Fortsetzung „Tätigkeit"

o **§ 11 Abs. 1 Nr. 3 AÜG:**
Soweit hiernach die Art der vom LAN zu leistenden Tätigkeit in der Urkunde angegeben werden muß, gelten diese für **§ 2 Abs. 1 Satz 2 Nr. 5 des Nachweisgesetzes** bestehenden Grundsätze ebenfalls. Zusätzlich sind noch etwaige besondere Merkmale der vom LAN zu leistenden Tätigkeit sowie etwaige Besonderheiten der Tätigkeit bei einem Entleiher in die Urkunde aufzunehmen. Da es bei Abschluß eines Leiharbeitsvertrages, insbesondere eines unbefristeten Leiharbeitsvertrages, in der Regel gar nicht möglich sein wird, die besonderen Merkmale der Tätigkeit innerhalb späterer Überlassungen bereits zum Zeitpunkt des Abschlusses des Leiharbeitsvertrages festzulegen, reicht es aus, wenn etwaige besondere Merkmale einer Tätigkeit jeweils vor der einzelnen Überlassung in einem Zusatz zum Arbeitsvertrag festgehalten werden.

o Die Art der Tätigkeit muß genau angegeben sein. Vorübergehend sind auch artfremde bzw. minderqualifizierte Arbeiten möglich. Der Vergütungsanspruch bleibt davon **unberührt.** Entsprechende Einsatzmöglichkeiten dürfen nicht auf Dauer und nur unter Beachtung der gebotenen **Zumutbarkeits- und Billigkeitsgrundsätze** vereinbart werden.
(Wegen der regionalen Einsatzmöglichkeiten siehe Arbeitshilfe „etwaige Pflicht zur auswärtigen Leistung, Aufwendungsersatzleistungen")

o Hinweis auf **Tarifverträge,** Betriebsvereinbarungen

o Tarifvertragliche Regelungen sind **bindend,** wenn ein Tarifvertrag für allgemeinverbindlich erklärt ist oder Arbeitgeber und Arbeitnehmer tarifgebunden sind. Die Anwendung kann auch einzelvertraglich vereinbart werden. Soweit damit gesetzliche Mindestnormen zu Ungunsten des Arbeitnehmers unterschritten werden, ist dies aber nur zulässig, sofern der Arbeitgeber fachlich und räumlich dem Tarifvertrag zugeordnet werden kann. Bei Mischbetrieben mit überwiegend verleihfremdem Zweck erstreckt sich eine Tarifbindung ggf. auch auf den Verleih.

o Bezüglich der Vergütung liegt eine **sittenwidrige** Lohnvereinbarung erst bei einem erheblichen Mißverhältnis zum allgemeinen Lohnniveau für vergleichbare Arbeiten in Verleihbetrieben vor.

Arbeitshilfe
Etwaige Pflicht zur auswärtigen Leistung, Aufwendungsersatzleistungen

Grundsatz	o Nach **§ 11 Abs. 1 Nr. 3 AÜG** ist die etwaige Pflicht zur auswärtigen Leistung in der Urkunde/im Arbeitsvertrag anzugeben.
Einsatzgebiet	o Der Leiharbeitnehmer muß bei Vertragsabschluß wissen, welches Einsatzgebiet für ihn in Frage kommt. Der räumliche Einsatzbereich ist **eindeutig** abzugrenzen und ggf. einzelvertraglich zu vereinbaren (keine Formularvereinbarung).
Aufwendungs-ersatz	o Nach **§ 670 BGB** ist der Arbeitgeber zum **Ersatz von Aufwendungen verpflichtet**, die der Arbeitnehmer zum Zwecke der Ausführung seiner Arbeitsleistung den Umständen nach für erforderlich halten durfte.
Aufwendungs-ersatzleistungen	o Aufwendungsersatzleistungen sind ggf. in einer Anlage/im Vertrag festzuhalten.
	o Sie richten sich nach der Entfernung des Arbeitsortes vom Betriebssitz, der Art der Unterbringung sowie des Verkehrsmittels.
	o Der Aufwendungssatz kann weder als freiwillige Leistung des Arbeitgebers ausgestaltet noch von einer bestimmten täglichen Stundenzahl abhängig gemacht werden.
	o Auf Verlangen des Arbeitnehmers hat der Arbeitgeber für die von ihm veranlaßten Aufwendungen einen **Vorschuß** zu leisten **(§ 669 BGB).**
Pauschalierung	o Der Ersatz der Aufwendungen **kann** u. a. aus Vereinfachungsgründen pauschaliert werden. Liegt dies nicht vor, sind Notwendigkeit und Höhe der Aufwendungen vom Arbeitnehmer darzulegen.
sittenwidrige Vereinbarungen	o Ein zu geringer Aufwandsersatz oder eine zu geringe Pauschale kann sittenwidrig im Sinne des **§ 138 BGB** und damit **nichtig** sein.
	o Unzulässig ist auch, wenn Aufwandspauschalen nicht mehr bezahlt werden, wenn eine vereinbarte wöchentliche Arbeitszeit oder tägliche Arbeitszeit unterschritten wird.

Arbeitshilfe Kündigungsfristen

Grundsatz

- o Vertragsregelungen, die lediglich **pauschal** die Anwendung der jeweiligen gesetzlichen Vorschrift beinhalten, sind für sich allein nicht ausreichend.
- o Kündigungsfristen sind **konkret** anzugeben.

Kündigungsfristen

- o **§ 11 Abs. 1 Nr. 5 AÜG**
  Soweit keine tarifvertraglichen Regelungen bestehen, sind die Fristen für die Kündigung des Arbeitsverhältnisses nach dem BGB anzuwenden: **§ 626 Abs. 2 BGB i. V. m. §§ 622 Abs. 1 bis 3 BGB.**
- o Die Kündigungsfristen für Arbeiter und Angestellte richten sich nach dem Kündigungsfristengesetz (KündFG) vom 7.10.1993, durch das **§ 622 BGB geändert** wurde:

  - **§ 622 Abs. 1 BGB:**
    Frist 4 Wochen zum 15. oder zum Ende eines Kalendermonats
  - **§ 622 Abs. 2 BGB:**
    Je nach Dauer des Arbeitsverhältnisses gelten längere Kündigungsfristen (Betriebszugehörigkeit - Kündigung zum Ende des Kalendermonats):
    - 2 Jahre - 1 Monat
    - 5 „ - 2 Monate
    - 8 „ - 3 „
    - 10 „ - 4 „
    - 12 „ - 5 „
    - 15 „ - 6 „
    - 20 „ - 7 „
  - **§ 622 Abs. 3 BGB:**
    während einer vereinbarten Probezeit, längstens für die Dauer von 6 Monaten, Frist 2 Wochen
  - **§ 622 Abs. 4 BGB:**
    abweichende Kündigungsfristen durch tarifvertragliche Vereinbarung
    - Auch zwischen nicht tarifgebundenen Vertragspartnern können abweichende Kündigungsfristen über Einzelvertrag vereinbart werden, jedoch nur dann, wenn zumindest die **gesamte** Kündigungsregelung des Tarifvertrages Inhalt des Einzelvertrages wird. Einzelarbeitsverträge ohne Bezugnahme auf einen Tarifvertrag müssen **mindestens** die Kündigungsfristen des BGB beinhalten.
  - **§ 622 Abs. 5 BGB:**
    kürzere Kündigungsfrist durch einzelvertragliche Regelung
    - vorübergehende Aushilfe (nicht länger als 3 Monate) gemäß **§ 11 Abs. 4 Satz 1 AÜG** nicht anwendbar
    - Frist 4 Wochen bei Arbeitgebern mit in der Regel nicht mehr als 20 Arbeitnehmern (regelmäßige Arbeitszeit wöchentlich 10 oder monatlich 45 Stunden, ausschließlich zu ihrer Berufsbildung Beschäftigte)

Kündigungszugang/ Fristenlauf	o Der Arbeitgeber ist für den Zugang nachweispflichtig. Vgl. **§ 130 BGB**, wonach die Willenserklärung gegenüber einem Abwesenden erst in dem Zeitpunkt wirksam wird, in welchem diese ihm zugeht. Der Fristbeginn muß eindeutig i. S. des **§ 187 BGB** bezeichnet sein.
fristlose Kündigung	o Wann und ob eine fristlose Kündigung möglich ist, bestimmt **§ 626 BGB**. Diese Vorschrift ist zwingend und unabdingbar. Das Recht zur außerordentlichen Kündigung darf weder beseitigt noch beschränkt werden, weil § 626 BGB voraussetzt, daß die Fortsetzung des Arbeitsverhältnisses unzumutbar ist.
	o Die **Erweiterung** des Kündigungsrechtes durch **pauschale fristlose** Kündigungsgründe des Arbeitgebers ist nach überwiegender Rechtsauffassung unzulässig.

Stand 8/1998

Arbeitshilfe
Arbeitszeitregelung, Einrichtung eines Arbeitszeitkontos

Arbeitszeitvereinbarungen - Grundsätzliches -	o Die Dauer der Arbeitszeit (Vollzeit/Teilzeit) ist auch im Hinblick auf Garantielohnansprüche **konkret** anzugeben (nicht etwa „von../bis"). Für die festgelegte Arbeitszeit muß eine **gleichmäßige wöchentliche oder monatliche Entlohnung** erfolgen; bei entleiherbezogener Arbeitszeit/Entlohnung muß eine Mindestarbeitszeit/Mindestentlohnung festgelegt werden.
	o Die Lage und Verteilung der Arbeitszeit richtet sich nach den im Kundenbetrieb **geltenden** Regelungen: Dieser Zusatz ist nicht zu beanstanden und ist u. a. für die Feststellung von Lohnausfallansprüchen (z. B. Karfreitag, Stunden im Betrieb ausgefallen, ohnehin frei aufgrund betrieblicher Übung) erforderlich.
	o Etwaige Verpflichtungen zu Mehr-, Schicht-, Nacht- oder Sonn- und Feiertagsarbeit im Rahmen der Zulässigkeit nach dem Arbeitszeitgesetz (ArbZG) sind **anzugeben.**
	o Auch für die Anpassung der Arbeitszeit an den Arbeitsanfall ist Voraussetzung, daß Verleiher und LAN eine bestimmte Dauer der Arbeitszeit festlegen (**§ 4 Abs. 1 BeschFG**). Sondervorschriften des AÜG stehen dem grundsätzlich nicht entgegen.
Sonderregelung Teilzeit	o Im Interesse des LAN, der eine Teilzeitarbeit (weniger als die tarifliche Wochenarbeitszeit - i. d. R. bei Mischbetrieben - bzw. weniger als die durchschnittliche tarifliche Wochenarbeitszeit - Ende 1997 abgerundet 37 Std) mit einer bestimmten Stundenzahl ausüben will und im Interesse des Grundsatzes, daß der Verleiher als Arbeitgeber das Risiko einer Nichtbeschäftigung zu tragen hat (**§ 11 Abs. 4 Satz 2 AÜG**), ist nur eine Vereinbarung zwischen Verleiher und LAN zulässig, die • eine täglich oder wöchentlich bestimmte Arbeitszeit festlegt oder • bei einem unbefristeten Vertrag oder bei einem befristeten Vertrag mit einer Laufzeit von über 2 Monaten allenfalls eine Festlegung für höchstens 2 Monate trifft (z. B. Arbeitszeit von 120 Stunden im 2-Monats-Zeitraum). • Eine Festlegung der bestimmten Arbeitszeit lediglich für 1 Jahr oder 1 Jahresquartal (3 Monate) ist wegen des großen Zeitraumes für die Verteilung der bestimmten Arbeitszeit **nicht** zulässig. BSG v. 29.7.1992, 11 RAr 51/91 • Eine **untere** Grenze für die vereinbarte Arbeitszeit besteht nicht; eine Vereinbarung über eine Arbeitszeit von wenigen Stunden im Monat reicht aus.

Fortsetzung „Arbeitszeitvereinbarungen, Arbeitszeitkonto"

o Bei der Vereinbarung von Arbeit auf Abruf (auch im Rahmen von Arbeitszeitkonten) ist eine **Arbeitszeitankündigung** von mindestens 4 Tagen im voraus gemäß **§ 4 Abs. 2 BeschFG** zu beachten.

Arbeitszeitkonten

o Die Einrichtung von Arbeitszeitkonten muß **konkret** geregelt sein. Übertragungen von Zeitguthaben (Plus- oder Minusstunden gegenüber der vereinbarten Arbeitszeit) sind grundsätzlich zulässig, soweit feste Grenzen (Stunden und Zeitraum) bestehen. Dem Leiharbeitnehmer muß es freigestellt bleiben, am Ende des Abrechnungszeitraumes zu entscheiden, ob Mehrarbeitsstunden/Überstunden ausgezahlt oder dem Arbeitszeitkonto zugeführt werden sollen.

o Der Ausgleich hat nach den Wünschen des Leiharbeitnehmers in **Absprache** mit dem Arbeitgeber unter Berücksichtigung der betrieblichen Belange zu erfolgen. In der Praxis läßt sich dies am einfachsten mit Hilfe eines (formularmäßigen) Antrages gewährleisten.

Ausgleich nach dem Arbeitszeitgesetz

o Die Vorschriften des **ArbZG** gelten **auch** für Leiharbeitsverhältnisse. Von der Zulässigkeit der Vereinbarung variabler Arbeitszeiten nach dem **BeschFG** und dem **AÜG** ist die Regelung des ArbZG über den Ausgleich von werktäglicher und wöchentlicher Mehrarbeit über 8 Stunden werktäglich oder 48 Stunden wöchentlich zu unterscheiden.

o Nach **§ 3 ArbZG** dürfen maximal 10 Stunden pro Werktag und damit mittelbar 60 Stunden pro Woche mit einer **Ausgleichsverpflichtung** auf 8 Stunden werktäglich innerhalb eines Ausgleichszeitraumes von 6 Monaten bzw. 24 Wochen gearbeitet werden .

Arbeitshilfe Arbeitsentgelt

Grundsatz

o Die ordnungsgemäße Lohnabrechnung obliegt dem Arbeitgeber. Nach **§ 11 Abs. 1 Nr. 6 AÜG** sind sämtliche Vergütungsklauseln (Zusammensetzung und Höhe des Arbeitsentgelts einschließlich der Zuschläge, Zulagen, Prämien und Sonderzahlungen sowie anderer Bestandteile des Arbeitsentgelts und deren Fälligkeit) im Arbeitsvertrag zu **definieren** und **festzulegen** bzw. die Voraussetzungen zu nennen, unter denen sie gewährt werden. Das gleiche gilt für Zulagen aller Art wie z. B. Erschwernis-, Schmutzzulagen. Der Hinweis auf pauschale Leistungen ist zu unkonkret.

wöchentliche Arbeitszeit

o Festzulegen ist die **regelmäßige wöchentliche** Arbeitszeit, auch wenn unterschiedliche saisonale Arbeitszeiten, Teilzeit o. ä. vereinbart werden.

Fälligkeit

o Nach **§ 614 BGB** ist die Vergütung der Leistung nach Ablauf der vereinbarten Zeitabschnitte zu bezahlen. Der Arbeitnehmer ist grundsätzlich **vorleistungspflichtig.**

o Die Vereinbarung, nach der die Zahlung des Gehalts später erfolgen soll, ist zu akzeptieren, soweit der **20. des Folgemonats** nicht überschritten wird.

Abschlagszahlung

o Bei Verschiebung der Lohnabrechnung auf einen späteren Abrechnungstermin ist als Äquivalent eine **Abschlagszahlung** angemessen.

Prüfung der Lohn- und Gehaltsabrechnung

o Für die Überprüfung der Entgeltabrechnung durch den Arbeitnehmer ist von einer angemessenen Ausschlußfrist in der Regel von 2 Monaten auszugehen. Ausschlußfristen für alle Ansprüche aus dem Arbeitsverhältnis dürfen nicht **unangemessen** kurz sein; etwa 2 Monate entsprechen der überwiegenden Rechtsprechung.

Lohnsplitting

o Der Garantielohn ist nach dem **Lohnausfallprinzip** zu berechnen. Zum Lohn gehören grundsätzlich alle Lohnbestandteile, die im Falle der Arbeitsleistung zu gewähren sind.

Rechtsanspruch

o Auf **bestimmte** übliche Zuschläge (z. B. für Nachtarbeit in der Zeit von 23 - 6 Uhr) besteht ein Rechtsanspruch, d. h. falls sie nicht im Arbeitsvertrag definiert sind, kann der Leiharbeitnehmer sich auf die üblichen Sätze berufen (s. a. **§ 5 ArbZG**).

Lohnfortzahlung

o Im Krankheitsfall hat der Arbeitnehmer **Anspruch** auf Lohnfortzahlung für die Dauer von 6 Wochen in Höhe von mindestens 80% des ihm bei der für ihn maßgebenden regelmäßigen Arbeitszeit zustehenden Arbeitsentgelts gemäß **§ 3 Abs. 1 i. V. m. § 4 Abs. 1 EFZG.**

o Der Anspruch entsteht nach 4wöchiger ununterbrochener Dauer des Arbeitsverhältnisses.

o Die Berechnung des Arbeitsentgeltes an Feiertagen erfolgt nach dem Lohnausfallprinzip. Vgl. **§ 4 Abs. 2 i. V. m. § 2 Abs. 1 EFZG.** Danach hat der Arbeitgeber dem Arbeitnehmer das Arbeitsentgelt fortzuzahlen, das er ohne den Arbeitsausfall erhalten hätte.

Pfändbares Einkommen

- Die Pfändungsfreigrenzen gelten auch für die Aufrechnung. Die eigenen Ansprüche müssen **unbestritten** sein.

- Arbeitseinkommen kann nur nach Maßgabe der **§§ 850 a bis k ZPO** gepfändet werden. Die Pfändungsschutzvorschriften sind im öffentlichen Interesse erlassene Bestimmungen. Sie sind unabdingbar und unverzichtbar. Eine „Kahlpfändung" des AN mit der Folge, daß er auf Sozialhilfe angewiesen ist, soll verhindert werden.

- **Absolut unpfändbar:** sind z. B. Aufwendungsersatzleistungen wie Reisekosten, Auslösungen, Erschwerniszulagen, soweit sie den üblichen Rahmen nicht überschreiten.

- Im übrigen ist das Arbeitseinkommen im Rahmen des **§ 850 c ZPO** relativ pfändbar. Anhaltspunkte für maßgebliche Beträge sind der jeweils aktuellen Pfändungstabelle (Anlage 2 zu § 850 c ZPO) zu entnehmen, und zwar je nach üblichem Auszahlungszeitraum der Monats-, Wochen- oder Tagestabelle. Bei monatlicher Lohnabrechnung gilt immer die Monatstabelle. Dies gilt auch im Falle der Beendigung des Arbeitsverhältnisses vor Ablauf eines Monats.

  ArbG Münster v. 10.7.1990, 2 Ca 992/90

Arbeitshilfe Meldepflicht, Leistungen bei Krankheit

Meldepflicht	o Im Krankheitsfall bestimmt das Entgeltfortzahlungsgesetz die **Anzeige- und Nachweispflicht (§ 5 EFZG).**
Form der Krankmeldung	o Eine Form ist **nicht** vorgeschrieben.
Anzeigepflicht	o Gemäß **§ 5 Abs. 1 EFZG** ist der Arbeitnehmer verpflichtet, dem Arbeitgeber die Arbeitsunfähigkeit und deren voraussichtliche Dauer **unverzüglich, d. h. ohne schuldhaftes Zögern,** mitzuteilen. Bei Zeitangaben kann die Formulierung möglichst „bis zu" hilfreich sein. o Sofern eine Meldepflicht zum Ende der Gültigkeitsdauer der AU-Bescheinigung vereinbart ist, dürfen aus der Verletzung keine Vertragsstrafen und kündigungsrechtlichen Folgen abgeleitet werden.
Nachweispflicht	o Dauert die AU **länger als** 3 Kalendertage, hat der Arbeitnehmer eine ärztliche Bescheinigung über das Bestehen der AU und deren Dauer spätestens an dem darauffolgenden Arbeitstag vorzulegen. o Der Arbeitgeber ist berechtigt, die Bescheinigung **früher** zu verlangen.
Folgeerkrankung	o Bei einer Folgeerkrankung ist diese **erneut** unverzüglich anzuzeigen und eine erneute ärztliche Bescheinigung vorzulegen.
Leistungen	o Gemäß **§ 11 Abs. 1 Nr. 7 AÜG** sind Dauer und Berechnungsweise der vom Arbeitgeber zu erbringenden Leistungen bei Krankheit **deutlich** und **erkennbar**, d. h. nicht an versteckter Stelle, im Arbeitsvertrag aufzunehmen. o Im Krankheitsfall hat der Arbeitnehmer Anspruch auf **Lohnfortzahlung** der vertragsgemäßen Vergütung i. d. R. in Höhe von mindestens 80% (**§ 3 Abs. 1 i. V. m. § 4 Abs. 1 EFZG**).
Unabdingbarkeit	o Die gesetzlichen Regelungen, so auch **§ 3 Abs. 1 und § 5 EFZG,** sind nach **§ 12 EFZG unabdingbar.**

Arbeitshilfe
Meldepflicht, Leistungen bei Nichteinsatz, vorübergehender Nichtbeschäftigung

Meldepflicht bei Annahmeverzug

o Grundsätzlich gibt es **keine** Meldepflicht bei Annahmeverzug des Verleihers. Es bestehen aber keine Bedenken gegen eine **angemessene** tägliche Meldepflicht.

Erreichbarkeit

o Eine über die Meldung hinausgehende Anwesenheit in den Räumen des Verleihers kann nicht erwartet werden.

LAG Frankfurt v. 23.1.1987, 13 Sa 340/86

Leistungen

o Gemäß **§ 11 Abs. 1 Nr. 7 AÜG** sind Dauer und Berechnungsweise der vom Arbeitgeber zu erbringenden Leistungen bei vorübergehender Nichtbeschäftigung **deutlich** und **erkennbar**, d. h. nicht an versteckter Stelle, im Arbeitsvertrag aufzunehmen.

o Während der Dauer einer Nichtbeschäftigung hat der Arbeitnehmer Anspruch auf **Lohnfortzahlung** der vertragsgemäßen Vergütung (Garantielohn).

Unabdingbarkeit

o Die gesetzlichen Regelungen, so auch **§ 3 Abs. 1 EFZG,** sind nach **§ 12 EFZG unabdingbar.**

keine Nachleistungspflicht

o **§ 615 BGB:** Kommt der Arbeitgeber mit der Annahme der Dienste in Verzug, kann der Verpflichtete für die infolge des Verzuges nicht geleisteten Dienste die **vereinbarte** Vergütung verlangen, ohne zur **Nachleistung** verpflichtet zu sein.
Das Recht des LAN auf Vergütung kann nicht durch Vertrag aufgehoben oder beschränkt werden (**§ 11 Abs. 4 Satz 2 AÜG).**

Erklärungsbedürftigkeit gegenüber LAA

o Jeder Zeitraum, für den keine Vergütung gezahlt wird, ist dem Landesarbeitsamt gegenüber erklärungsbedürftig.

Arbeitsangebot

- Wer als Arbeitgeber in rechtlich zulässiger Weise für einen nicht genau umrissenen Zeitraum die Arbeit aussetzen läßt, hat kraft seiner Fürsorgepflicht auch die Verpflichtung, den Arbeitnehmer möglichst **frühzeitig** durch die Einsatzmitteilung auf die Beendigung des Annahmeverzuges bzw. auf die bevorstehende Wiederaufnahme der Arbeit hinzuweisen.

- Dies gilt auch bei einer **Verkürzung** des Einsatzes seitens des Verleihers/Entleihers.

- Ein Arbeitsangebot ist bei einer an Treu und Glauben ausgerichteten Betrachtungsweise bereits darin zu sehen, daß der Arbeitnehmer gearbeitet hat und seine Arbeitsunterbrechung ausschließlich vom Verleiher verursacht wurde und voll in dessen Risikobereich fällt. Dem Arbeitgeber obliegt der sog. **dispositive Faktor**, d. h. er hat die betriebswirtschaftlichen Risiken einer mangelhaften Disposition uneingeschränkt zu tragen. Eine **erneute** Verpflichtung zur Abgabe eines Arbeitsangebotes kann vom Arbeitnehmer nicht verlangt werden.

- Grundsätzlich müßte der Arbeitnehmer seine Arbeitsleistung „anbieten". Es ist von einem konkludenten, Arbeitsangebot i. S. des **§ 295 BGB** auszugehen, das ausreicht, solange ein **tatsächliches Arbeitsangebot** die Mitwirkung des Arbeitgebers voraussetzt (Einsatzmitteilung). Das Nichtvorliegen der Arbeitsbereitschaft muß der Arbeitgeber nachweisen.

Arbeitshilfe Erholungsurlaub

o Erholungs-urlaub	o Das BUrlG enthält **Mindestvorschriften** über den gesetzlichen Urlaub.
Unabding-barkeit	o Zu Ungunsten des Arbeitnehmers darf von diesen Vorschriften nur im Rahmen des **§ 13 BUrlG** abgewichen werden. Sonst Rechtsfolge: Unwirksamkeit nach **§ 134 BGB**.
Anspruch	o Nach Ablauf der Wartezeit (nach 6monatigem Bestehen des Arbeitsverhältnisses) besteht Anspruch auf den vollen Jahresurlaub (**§ 4 BUrlG**).
	o Der Arbeitnehmer kann vom Arbeitgeber spätestens bis zum dritten Arbeitstag nach dem Ende der AU verlangen, daß ihm von je 5 Krankheitstagen der 1. Tag auf den Erholungsurlaub angerechnet wird. Mehrere Krankheitszeiträume werden zusammengerechnet. Das gilt nur, soweit der gesetzliche Jahresurlaub nicht unterschritten wird (**§ 4a EFZG**).
	o Der Urlaubsanspruch ist grundsätzlich durch die Gewährung von **Freizeit** zu erfüllen.
	o Der Arbeitgeber hat nach**§ 11 Abs. 1 Nr. 7 AÜG** die Berechnung des Urlaubsentgelts im Arbeitsvertrag anzugeben.
	o Der Jahresurlaubsanspruch ist **konkret** in Arbeits- bzw. Werktagen anzugeben (nicht nur Hinweis auf das Gesetz).
Dauer	o Der Erholungsurlaub beträgt jährlich mindestens 24 Werktage (**§ 3 Abs. 1 BUrlG**).
	o Im übrigen vgl. auch **§ 11 Abs. 1 Nr. 9 AÜG, § 4a EFZG, §§ 3 Abs. 1, 5 Abs. 2 BUrlG, § 19 JArbG, § 47 SchwbG**
Höhe des Urlaubs-entgelts	o Außer dem Urlaubsanspruch ist im Arbeitsvertrag auch die Höhe der **Urlaubsvergütung** anzugeben. Der Urlaubsentgeltanspruch richtet sich gemäß **§ 11 Abs. 1 Satz 1 BUrlG** nach dem durchschnittlichen Arbeitsverdienst, den der Arbeitnehmer in den letzten 13 Wochen vor dem Beginn des Urlaubs erhalten hat, wobei der zusätzlich für Überstunden gezahlte Arbeitsverdienst **nicht** berücksichtigt werden muß.
	o Im Einzelfall kann eine nach **§ 134 BGB** nichtige Umgehung des **§ 11 Abs. 1 BUrlG** vorliegen, wenn die über die vereinbarte Wochenarbeitszeit hinausgehenden sog. „Überstunden" nur deshalb als solche ausgewiesen werden, um diese bei der Urlaubsentgeltbemessung nicht zu berücksichtigen.
unbezahlter Urlaub	o Der unbezahlte Urlaub ist bei sachlichen Gründen des Arbeitnehmers möglich. Diese müssen ausführlich substantiiert angegeben werden. Die Beweislast liegt beim Verleiher.
	o zur Vermeidung der Verlagerung bzw. Umgehung des Arbeitgeberrisikos

Teilurlaubsanspruch

o Teilurlaubsansprüche werden nach dem Prinzip der **Zwölftelung** errechnet, d. h. für jeden vollen Beschäftigungsmonat (nicht Kalendermonat) des bestehenden Arbeitsverhältnisses ist 1/12 des Jahresurlaubs gemäß **§ 5 Abs. 1 BUrlG** anzusetzen.

o Der Beschäftigungsmonat endet mit Ablauf desjenigen Tages des nächsten Monats, welcher dem Tag vorhergeht, der durch seine Zahl dem Anfangstag des Eintritts in das Arbeitsverhältnis entspricht:

Beispiele

21.9.1998 – 20.10.1998 oder
5.2.1998 - 4. 3. 1998
= 1 voller Beschäftigungsmonat (obwohl nur 30/28 Kalendertage)

o Auch **Bruchteile** von Urlaubstagen, die nicht nach **§ 5 Abs. 2 BUrlG** aufgerundet werden müssen, sind nach dem Ausscheiden aus dem Arbeitsverhältnis **abzugelten.**

BAG v. 26.1.1989, 8 AZR 730/87

o Urlaubsabgeltung

Grundsatz

o Nach **§ 7 Abs. 4** BUrlG ist der Urlaub abzugelten, wenn er wegen Beendigung des Arbeitsverhältnisses ganz oder teilweise nicht mehr gewährt werden kann. Der Abgeltungsanspruch entsteht mit Beendigung des Arbeitsverhältnisses als Ersatz für den wegen Beendigung des Arbeitsverhältnisses nicht mehr erfüllten Anspruch auf Befreiung von der Arbeitspflicht. Aus welchem Grund das Arbeitsverhältnis beendet wird, ist unerheblich.

o Auch der zu Recht fristlos gekündigte Arbeitnehmer sowie der vertragswidrig vorzeitig aus dem Arbeitsverhältnis ausscheidende Arbeitnehmer haben daher **Anspruch** auf Abgeltung des zum Zeitpunkt des Ausscheidens noch nicht genommenen Urlaubs.

BAG DB 1978, 847
BAG DB 1980, 2197

o Der Urlaubsabgeltungsanspruch bleibt für das **laufende** Kalenderjahr bestehen.

Beispiele

- Endet nach Erfüllung der Wartezeit das Arbeitsverhältnis, so besteht der volle Urlaubsanspruch, sofern nicht **§ 5 Abs. 1c BUrlG** gegeben ist, d. h. der Arbeitnehmer in der ersten Hälfte des Kalenderjahres ausscheidet.
- Endet die Wartezeit am 30. Juni, so ist noch Teilurlaub zu gewähren, denn dieser Arbeitnehmer scheidet noch in der ersten Hälfte des Jahres aus.
- Wird das Arbeitsverhältnis dagegen nach erfüllter Wartezeit zum 31. August gelöst, ist der volle Jahresurlaub zu gewähren bzw. abzugelten.

Berechnung

- Da die Urlaubsabgeltung als Surrogat des Urlaubsanspruchs anzusehen ist, erfolgt die Berechnung ebenso wie die des Urlaubsentgeltes gemäß **§ 11 BUrlG** nach dem durchschnittlichen Verdienst der letzten 13 Wochen ggfs mit Ausnahme des zusätzlich für Überstunden gezahlten Arbeitsverdienstes.

Berechnungszeitraum

- Als maßgebender Berechnungszeitraum sind die Wochen, die **unmittelbar vor** der Auszahlung der Abgeltung liegen, zu nehmen.

Fälligkeit

- Der auf Grund des Urlaubsabgeltungsanspruchs zu zahlende Geldbetrag ist **grundsätzlich** mit Beendigung des Arbeitsverhältnisses fällig.
- Das LAA ist berechtigt, auf diese Zahlungspflicht gemäß **§ 3 Abs. 1 Nr. 1 AÜG** hinzuweisen.

„überraschende" Klauseln	o Der Arbeitgeber kann sich nicht auf solche Vertragsbestimmungen berufen, die er selbst so **versteckt** hat, daß ihre Gültigkeit den Vertragspartner überraschen würde (sog. „überraschende" Klauseln).
Vertragsstrafen	o Vertragsstrafenklauseln sind **deutlich erkennbar** und in einem **eigenständigen** Zusammenhang unter der Überschrift „Vertragsstrafen" in den Arbeitsvertrag aufzunehmen. Darunter sind alle Vertragsbestimmungen zusammenzufassen, die direkt oder indirekt Vertragsverletzungen durch Vertragsstrafen sanktionieren. BAG v. 29.11.1995, 5 AZR 447/94
Bestimmtheitsgrundsatz	o Tatbestände, die zur Verwirkung einer Vertragsstrafe führen sollen, müssen so **konkret** wie möglich angegeben werden. o In einer Vertragsstrafenabrede im Einzelarbeitsvertrag muß nicht nur die zu leistende Strafe, sondern auch die die Strafe **auslösende** Pflichtverletzung genau bezeichnet und für den Leiharbeitnehmer genau verständlich sein.
Ungerechtfertigte Vertragsstrafen	o Der Arbeitgeber kann **keine** Vertragsstrafe geltend machen, wenn der Arbeitnehmer die Meldung der Arbeitsunfähigkeit versäumt oder verspätet nachreicht. Der Arbeitgeber hat nach **§ 7 EFZG** nur ein vorläufiges Lohnfortzahlungs-**Verweigerungsrecht**, solange der Arbeitnehmer die ärztliche Bescheinigung nicht vorlegt. Wird diese nachgereicht, muß der Arbeitgeber den Lohn ab dem 1. Tag der bescheinigten AU nachzahlen.

Anhang II

Dokumentenname: be10110010116

Landesarbeitsamt NRW
I6 - 5161.51 -

Gewerbsmäßige Arbeitnehmerüberlassung

Kurzdarstellung der zulässigen Arbeitszeitregelungen, Einrichtung eines Arbeitszeitkontos

<table>
<tr>
<td>
1. Festlegung der Arbeitszeit

Dauer der Arbeitszeit (Woche) — a) konkret (z. B.: 37 Std.) angeben; nicht mehr zulässig: „beträgt 35-40 Wochenstunden"

Dauer der Arbeitszeit (Monat) — b) Vereinbarung einer regelmäßigen oder durchschnittlichen Arbeitszeit (z. B.: 160 Stunden) zulässig

c) Vereinbarung einer bestimmten Arbeitszeit pro Kalendermonat je nach Zahl der kalendermäßigen Arbeitstage

2. Teilzeitbeschäftigte*

Dauer der Arbeitszeit bei befristeten Verträge bis zwei Monate — täglich oder wöchentlich konkret festgelegt

Dauer der Arbeitszeit bei befristeten Verträgen über zwei Monate bzw. unbefristeten Verträgen — täglich, wöchentlich, monatlich oder zweimonatlich konkret festgelegt

Arbeit auf Abruf als Form der Teilzeitarbeit

Dauer der Arbeitszeit bei befristeten Verträgen bis zwei Monate — wöchentlich konkret festgelegt

Dauer der Arbeitszeit bei befristeten Verträgen über zwei Monate bzw. unbefristeten Verträgen — wöchentlich, monatlich oder zweimonatlich konkret festgelegt

Hinweis: Bei der Vereinbarung von Arbeit auf Abruf ist der Arbeitnehmer zur Arbeitsleistung nur verpflichtet, wenn der Arbeitgeber ihm die Lage seiner Arbeitszeit jeweils mindestens vier Tage im voraus mitteilt.
</td>
<td>
3. Arbeitszeitkonto

a) Die Einrichtung eines Arbeitszeitkontos muß im Arbeitsvertrag konkret geregelt sein.

b) Zulässig ist die Übertragung von Plus- und Minusstunden

c) Die Zahl der zu übertragenden Stunden und die Länge des Ausgleichszeitraumes sind frei vereinbar.

d) Anzahl der maximal zu übertragenden Plus-/Minusstunden ist im Arbeitsvertrag konkret zu vereinbaren.

e) Der Ausgleichszeitraum, d. h. der Zeitraum bis zu dem das Arbeitszeitkonto vollständig oder zumindest weitgehend ausgeglichen sein muß, ist im Arbeitsvertrag konkret anzugeben.

f) Dem Leiharbeitnehmer steht am Ende des Monats das Wahlrecht zu, zu entscheiden, ob Überstunden ausgezahlt oder übertragen werden sollen.

g) Der Ausgleich hat nach den Wünschen des Arbeitnehmers in Absprache mit dem Arbeitgeber unter Berücksichtigung betrieblicher Belange zu erfolgen → formularmäßiger Antrag wird hierzu empfohlen.

Hinweis:
Das Recht des Arbeitnehmers auf Vergütung bei Nichteinsatz darf nicht durch einen vom Arbeitgeber einseitig festgelegten Freizeitausgleich umgegangen werden.
</td>
</tr>
<tr>
<td colspan="2">*Teilzeitarbeit: weniger als die tarifliche Wochenarbeitszeit - i.d.R. bei Mischbetrieben - bzw. weniger als die durchschnittliche tarifliche Wochenarbeitszeit - z. B. abgerundet 37 Std.</td>
</tr>
</table>

12.99

Anhang III

Muster: Vereinbarung eines Arbeitszeitkontos

Zusatzvereinbarung zum Arbeitsvertrag vom:

Zwischen der Firma: ____

und

____

In Ergänzung des geschlossenen Arbeitsvertrages vereinbaren die Arbeitsvertragsparteien folgendes:

1. Mehrarbeits-/Überstunden werden einem Arbeitszeitkonto des Mitarbeiters gutgeschrieben. Mehrarbeits-/Überstunden im Sinne dieses Vertrages ist die Arbeitszeit ab der _______ Wochenstunde.

2. Die Gutschrift der Mehrarbeits-/Überstunden erfolgt bis zu max. _______ Plusstunden bzw. _______ Minusstunden pro _________ (z.B. Monat). Das Arbeitszeitkonto ist jeweils bis zum _______ auszugleichen. Ist der volle Ausgleich in diesem Zeitraum nicht möglich, dürfen bis zu max. _______ Plusstunden oder _______ Minusstunden weiter übertragen werden.

3. Überstundenzuschläge werden jeweils zeitgerecht vergütet, d.h. sie werden mit der Lohnabrechnung für den Monat gezahlt, in dem sie geleistet wurden.

4. Ein Freizeitausgleich erfolgt nach den Wünschen des Arbeitnehmers in Absprache mit dem Arbeitgeber unter Berücksichtigung der betrieblichen Belange (siehe Antragsvordruck).

5. Beim Ausscheiden aus den Diensten der Firma ______________________ wird das Arbeitszeitkonto abgerechnet. Der Mitarbeiter erhält den sich hieraus ergebenden Betrag ausgezahlt.

6. Der Mitarbeiter bestätigt mit seiner Unterschrift, dass er mit der in dieser Zusatzvereinbarung getroffenen Regelung einverstanden ist, und ein Exemplar dieser Vereinbarung erhalten hat.

____________________, den ____________________

____________________   ____________________

Arbeitgeber   Arbeitnehmer

Muster: Vereinbarung eines Arbeitszeitkontos

Anhang IV

§ 11 Abs. 1 AÜG a.F.

(1) Der Verleiher ist verpflichtet, den wesentlichen Inhalt des Arbeitsverhältnisses in eine von ihm zu unterzeichnende Urkunde aufzunehmen. In der Urkunde sind anzugeben:

1. Firma und Anschrift des Verleihers, die Erlaubnisbehörde sowie Ort und Datum der Erteilung der Erlaubnis nach § 1,

2. Vor- und Familienname, Wohnort und Wohnung, Tag und Ort der Geburt des Leiharbeitnehmers,

3. Art der von dem Leiharbeitnehmer zu leistenden Tätigkeit und etwaige Pflicht zur auswärtigen Leistung,

4. Beginn und Dauer des Arbeitsverhältnisses, Gründe für eine Befristung,

5. Fristen für die Kündigung des Arbeitsverhältnisses,

6. Höhe des Arbeitsentgelts und Zahlungsweise,

7. Leistungen bei Krankheit, Urlaub und vorübergehender Nichtbeschäftigung,

8. Zeitpunkt und Ort der Begründung des Arbeitsverhältnisses.

Weitere Abreden können in die Urkunde aufgenommen werden. Die Verpflichtung zur Ausstellung der Urkunde nach Satz 1 entfällt, wenn das Arbeitsverhältnis durch eine schriftliche Vereinbarung begründet wird, welche die in Satz 2 geforderten Angaben enthält. Der Verleiher hat dem Leiharbeitnehmer die Urkunde nach Satz 1 oder nach Satz 4 auszuhändigen und eine Durchschrift drei Jahre lang aufzubewahren.

Literaturverzeichnis

Baeck, Ulrich
Deutsch, Markus
Arbeitszeitgesetz, München 1999

Bastong, Karlheinz
Wiedereingliederung über Zeitarbeit, in: Der Arbeitgeber 1998, S. 284 – 285

Bauer, Jobst-Hubertus
Einführung in die Vertragsgestaltung im Arbeitsrecht, in: JuS 1999, S. 356 – 361

Bauer, Jobst-Hubertus
Zum Nebeneinander erlaubter Arbeitnehmerüberlassung und erlaubter Arbeitsvermittlung, in: NZA 1995, S. 203 – 205

Becker, Friedrich
Abgrenzung der Arbeitnehmerüberlassung gegenüber Werk- und Dienstverträgen, in: DB 1988, S. 2561 - 2567

Becker, Friedrich
Zur Neuregelung der Arbeitnehmerüberlassung durch das Beschäftigungsförderungsgesetz, in: BlStSozArbR 1985, S. 195 – 199

Becker, Friedrich
Betriebsverfassungsrechtliche Aspekte beim drittbezogenen Personaleinsatz, in: AuR 1982, S. 369 – 380

Becker, Friedrich
Zur Abgrenzung des Arbeitnehmerüberlassungsvertrages gegenüber anderen Vertragstypen mit drittbezogenem Personaleinsatz, in: ZfA 1978, S. 131-151

Becker, Friedrich
Zur Abgrenzung zwischen der gewerbsmäßigen Arbeitnehmerüberlassung und unerlaubter privater Arbeitsvermittlung, in: SGb 1977, S. 435 – 440

Becker, Friedrich
Haftungsfragen bei der gewerbsmäßigen Arbeitnehmerüberlassung, in: NJW 1976, S. 1827 – 1828

Becker, Friedrich
Anmerkung zu BAG vom 15.4. 1974 – 1 ABR 40 /73, in: NJW 1974, S. 1967 – 1968

Becker, Friedrich
Kommentar zum Arbeitnehmerüberlassungsgesetz, 1. Auflage, Neuwied/Berlin 1973

Becker, Friedrich
Gesetzliche Regelung der gewerblichen Arbeitnehmerüberlassung, in: DB 1971, S. 1354 – 1359

Becker, Friedrich *Danne, Harald* *Lang, Walter* *Lipke, Gert-Albrecht* *Mikosch, Ernst* *Steinwedel, Ulrich*	Gemeinschaftskommentar zum Teilzeitarbeitsrecht (GK-TzA), Neuwied/Darmstadt 1987
Becker, Friedrich *Kreikebaum, Hartmut*	Zeitarbeit – gewerbsmäßige Arbeitnehmerüberlassung 2. Auflage, Stuttgart 1982.
Becker, Friedrich *Wulfgramm, Jörg*	Kommentar zum Arbeitnehmerüberlassungsgesetz, 3. Auflage, Neuwied/Darmstadt 1985
Berger-Delhey, Ulf	Die Leitungs- und Weisungsbefugnis des Arbeitgebers, in: DB 1990, S. 2266 – 2270
Birk, Rolf	Das Nachweisgesetz zur Umsetzung der Richtlinie 91/533/EWG in das deutsche Recht, in: NZA 1996, S. 281 – 290
Birk, Rolf	Betriebsaufspaltung und Änderung der Konzernorganisation, in: ZGR 1984, S. 22 – 70
Birk, Rolf	Die arbeitsrechtliche Leitungsmacht, Köln 1973
Boewer, Dietrich	Die Auswirkungen des Arbeitnehmerüberlassungsverbots auf die Bauwirtschaft, in: DB 1982, S. 2033 – 2039
Bollinger, Ekkehard	Die Arbeitnehmerüberlassung – Zivilrechtliche und arbeitsrechtliche Probleme zwischen Verleiher, Entleiher und Leiharbeitnehmer, München 1973
Brötz, Rainer	Frühwarnsysteme zur Bekämpfung der Leiharbeit, in: AiB 1981, S. 169 – 171
Brötzmann, Ulrich *Martiny, Thomas*	Der Jahresarbeitszeitvertrag, Heidelberg 1997
Brötzmann, Ulrich *Musial, Tonja*	Annahmeverzug und Meldepflichten im Arbeitnehmerüberlassungsgewerbe, in: NZA 1997, S. 17 – 20
Brox, Hans *Rüthers, Bernd*	Arbeitskampfrecht, 2. Auflage, Stuttgart/Berlin 1982
Buschmann, Rudolf *Dieball, Heike* *Stevens-Bartol, Eckart*	Das Recht der Teilzeitarbeit: Kommentar für die Praxis, Köln 1997

Buschmann, Rudolf *Ulber, Jürgen*	Flexibilisierung: Arbeitszeit Beschäftigung, Köln 1989
Chiotellis, Aristide *Wolfgang, Fikentscher*	Zur Einführung: Rechtstatsachenforschung – ein heute noch erfüllbares Programm?, in: Chiotellis/Fikentscher (Hrsg.), Rechtstatsachenforschung, S. 1 – 7, Köln 1985
Christiansen, Dörte	Betriebszugehörigkeit, Frankfurt am Main 1998
Danne, Harald	Rechtliche Aspekte von Arbeitsverträgen mit flexibler Arbeitszeit nach Inkrafttreten des Beschäftigungsförderungsgesetzes 1985, in: BlStSozArbR 1985, S. 353 – 356
Däubler, Wolfgang	Das Arbeitsrecht 2, 10. Auflage, Hamburg 1995
Däubler, Wolfgang	Tarifvertragsrecht, 3. Auflage, Baden-Baden 1993
Däubler, Wolfgang *Kittner, Michael* *Klebe, Thomas*	Betriebsverfassungsgesetz, 7. Auflage, Frankfurt am Main 2000
Dauner-Lieb, Barbara	Anmerkung zu BAG vom 30.1. 1991 - 7 AZR 497/89, in: SAE 1992, S. 217 – 226
Dauner-Lieb, Barbara	Der innerbetriebliche Fremdfirmeneinsatz auf Dienst- und Werkvertragsbasis im Spannungsfeld zwischen AÜG und BetrVG, in: NZA 1992, S. 817 – 825
De la Haye, Robert	Gesetzliche Rahmenbedingungen in Deutschland und der EU: Auswirkungen auf die Zeitarbeit, in: Diethelm Bender, Neue Wege in der Arbeitswelt, S. 33 – 70, München 1997
Dietrich, Thomas	Die betriebliche Norm nach dem Tarifvertragsgesetz vom 9.4. 1949, Heidelberg 1964
Dietrich, Thomas *Hanau, Peter* *Schaub, Günter (Hrsg.)*	Erfurter Kommentar zum Arbeitsrecht, München 1998
Dorman, Franz *Knospe, Dieter*	Wirtschaftliche Bedeutung und arbeitsmarktlicher Beitrag der Zeitarbeit in Deutschland 1990 bis 1997, erstellt von der Social Consult GmbH im Auftrag des Bundesverbandes Zeitarbeit Personal-Dienstleistungen e.V., Bonn Oktober 1998

Dragendorf, Rüdiger *Heering, Walter* *John, Gunnar*	Beschäftigungsförderung durch Flexibilisierung ?, Dynamik befristeter Beschäftigungsverhältnisse in der Bundesrepublik Deutschland, Frankfurt a.M./New York 1988
Dütz, Wilhelm	Arbeitsrecht, 4. Auflage, München 1999
Düwell, Franz Josef	Änderungen des AÜG durch das Arbeitsförderungsreformgesetz, in: BB 1997, S. 46 – 48
Düwell, Franz Josef	Deregulierung der Arbeitnehmerüberlassung – Abbau beschäftigungshemmender Vorschriften, in: AuA 1997, S. 253 – 256
Düwell, Franz Josef	Arbeitnehmerüberlassung, in: Leinemann (Hrsg.), Handbuch zum Arbeitsrecht, Ordner 5, Gruppe 16, Stand: Dezember 1996
Eckardt, Bernd	Einführung in das Recht der Arbeitnehmerüberlassung, in: JA 1989, S. 393 – 401
Ehler, Karl	Arbeitsvertragsmanagement, in: BB 1999, S. 1322 – 1324
Eichner, Erich	„Auslösung" als Lohnbestandteil bei Arbeitnehmern eines ausschließlich Arbeitnehmerüberlassung betreibenden Verleiher, in: BB 1983, S. 447
Emmerich, Volker *Sonnnenschein, Jürgen*	Konzernrecht, 6. Auflage, München 1997
Erdlenbruch, Michael	Die betriebsverfassungsrechtliche Stellung gewerbsmäßig überlassener Arbeitnehmer, Frankfurt a.M. 1992
Erman	Bürgerliches Gesetzbuch, Band 1, Harm Peter Westermann (Hrsg.), 10. Auflage, Aschendorff 2000
Erman	Bürgerliches Gesetzbuch, Band 1, Walter Erman (Hrsg.), 9. Auflage, Aschendorff 1993
Etzel, Gerhardt *Fischermeier, Ernst* *Friedrich, Hans-Wolf* *Lipke, Gert-Albrecht* *u.a.*	Gemeinschaftskommentar zum Kündigungsschutzgesetz und zu sonstigen kündigungsschutzrechtlichen Vorschriften, 5. Auflage, Neuwied/Kriftel 1998

Fabricius, Fritz
Kraft, Alfons
Wiese, Günther
Kreutz, Peter
u.a.
Gemeinschaftskommentar zum Betriebsverfassungsgesetz, Band I und II, 6.Auflage, Neuwied/Kriftel/Berlin 1997

Falkenberg, Rolf-Dieter
Gegenstand und Grenzen des arbeitgeberseitigen Weisungsrechts, in: DB 1981, S. 1087 - 1092

Falkenstein, Roland von
Rechtstatsachenforschung – Geschichte, Begriff, Arbeitsweisen, in: Chiotellis/Fikentscher (Hrsg.), Rechtstatsachenforschung, S. 77 – 88, Köln 1985

Feldgen, Dagmar
Nachweisgesetz, 1. Auflage, München 1995

Feuerborn, Andreas
Liberalisierung der Arbeitnehmerüberlassung durch das Arbeitsförderungs-Reformgesetz, in: BB 1997, S. 2530 – 2535

Feuerborn, Andreas
Gestaltungsmöglichkeiten des Einsatzes von Fremdfirmenarbeitnehmern, in: WIB 1996, S. 198 – 201

Feuerborn, Andreas
Grenzüberschreitender Einsatz von Fremdfirmenpersonal, in: Oetker/Preis (Hrsg.), Europäisches Arbeits- und Sozialrecht, EAS 2500, Heidelberg 1995

Feuerborn, Andreas
Einsatz von Fremdfirmenpersonal in der Datenverarbeitung, in: CR 1995, S. 91 – 99

Fischer, Ulrich
Die Vorschläge von DGB und DAG zur Reform des Betriebsverfassungsgesetzes, in: NZA 2000, S. 167 – 175

Fitting, Karl
Kaiser, Heinrich
Heither, Friedrich
Engels, Gert
Betriebsverfassungsgesetz, 20. Auflage, München 2000

Fitting, Karl
Kaiser, Heinrich
Auffahrt, Fritz
Betriebsverfassungsgesetz, 11. Auflage, München 1974

Föhr, Horst
Bobke, Manfred
Arbeitsrecht für Arbeitnehmer, 4. Auflage, Köln 1989

Franßen, Everhardt
Haesen, Wilfried
Kommentar zum Arbeitnehmerüberlassungsgesetz, Karlsruhe 1974

Frerichs, Johann
Möller, Carola
Ulber, Jürgen
Leiharbeit und betriebliche Interessenvertretung, Köln 1981

Frey, Helmut
Arbeitsrechtliche Fehler bei der Personalverwaltung: 200 Typische Fehler bei Abschluß, Durchführung und Beendigung von Arbeitsverträgen, 2. Auflage, München 1987

Frey, Helmut
Flexible Arbeitszeit, Zeitgemäße Vertragsformen bei wechselndem betrieblichen Personalbedarf, München 1985

Friedhofen, Peter
Weber, Ulrich
Rechtsprobleme des befristeten Arbeitsvertrages nach Art. 1 § 1 des BeschFG 1985, in: NZA 1985, S. 337 – 341

Gaul, Björn
Der Musterarbeitsvertrag – zwischen unternehmerischer Vorsorge und den Vorgaben des Nachweisgesetzes, in: NZA 2000, Beilage zu Heft 3, S. 51 – 64

Gaul, Björn
Reformgesetz zum Arbeitsförderungsgesetz, in: NJW 1997, S. 1465 – 1469

Gaul, Björn
Arbeitnehmerüberlassung im Konzern, Anmerkung zu ArbG Köln, Urteil vom 9.2. 1996, in: BB 1996, S. 1224 – 1225

Gick, Dietmar
Gewerbsmäßige Arbeitnehmerüberlassung zwischen Verbot und Neugestaltung, Berlin 1984

Göbel, Jürgen
Arbeitnehmerüberlassung, Werkvertrag und verschobene Arbeitgeberrisiken (2. Teil), in: BlStSozArbR 1973, S. 324 – 331

Groeger, Axel
Arbeitsrechtliche Aspekte des neuen Arbeitnehmerüberlassungsgesetzes, in: DB 1998, S. 470 – 473

Grünberger, Johannes
Nachweisgesetz und Änderung des Kündigungsschutzgesetzes, in: NJW 1995, S. 2809 – 2813

Hager, Johannes
Anmerkung zu BAG vom 5.3. 1991 – 1 ABR 39/90, in: SAE 1992, S. 230 – 234

Halbach, Christel
Betriebsverfassungsrechtliche Aspekte des Einsatzes von Leiharbeitnehmern und Unternehmensarbeitern, in: DB 1980, S. 2389 – 2395

Hamann, Wolfgang — Fiktion des Arbeitsverhältnisses zum Entleiher bei vermuteter Arbeitsvermittlung nach dem Arbeitsförderungs-Reformgesetz 1997, in: BB 1999, S. 1654 – 1656

Hamann, Wolfgang — Privatisierung der Arbeitsvermittlung und Arbeitnehmerüberlassung, in: NZS 1995, S. 493 – 500

Hamann, Wolfgang — Erkennungsmerkmale der illegalen Arbeitnehmerüberlassung in Form von Scheindienst- und Scheinwerkverträgen, Berlin 1995

Hamm, Ingo — Flexible Arbeitszeiten in der Praxis, Frankfurt a.M. 1999

Hanau, Peter — Bedarf- und Abrufarbeit (§ 4 BeschFG), in: Hromadka (Hrsg.) Personalmanagement Möglichkeiten und Grenzen flexibler Vertragsgestaltung, Stuttgart 1991

Hanau, Peter — Befristung und Abrufarbeit nach dem Beschäftigungsförderungsgesetz, in: RdA 1987, S. 25 – 29

Hanau, Peter — Objektive Elemente im Tatbestand der Willenserklärung, in: AcP 165 (1965), S. 220 – 284

Hanau, Peter
Preis, Ulrich — Der Arbeitsvertrag, Praxis – Kommentar – Muster, Stand: 6. Ergänzungslieferung 1997, Neuwied/Kriftel/Berlin 1995

Hantl-Unthan, Ursula — Zeitarbeit (gewerbsmäßige Arbeitnehmerüberlassung),
in: Oehmann/Dietrich (Hrsg.), AR-Blattei SD 1840, 60. Lfg. Dezember 1998, Bad Homburg

Hartwig, Ina — Das Schutzpflichtverhältnis beim drittbezogenen Personaleinsatz, Aachen 1996

Heinze, Meinhard — Rechtsprobleme des sog. Echten Leiharbeitsverhältnisses, in: ZfA 1976, S. 183 – 214

Helle, Michael — Konzernbedingte Kündigungsschranken bei der Abhängigkeit und Beherrschung von Kapitalgesellschaften, Berlin 1989

Hempel, Frank — Das Spannungsverhältnis zwischen dem sozialen Schutz der Arbeitnehmer und den wirtschaftlichen Interessen der Verleiher und Entleiher bei der Arbeitnehmerüberlassung, Berlin 1975

Henssler, Martin	Aufspaltung, Ausgliederung und Fremdvergabe, in: NZA 1994, S. 294 – 305
Henssler, Martin	Der Arbeitsvertrag im Konzern, Berlin 1983
Herbst, Jens *Krüger, Manfred*	Einsatz von Fremdfirmen-Arbeitnehmern im Betrieb und Möglichkeiten der Gegenwehr für den Betriebsrat, in: AiB 1983, S. 167 – 168
Herbst, Jens *Krüger, Manfred*	Checkliste des Betriebsrats zur Aufdeckung von Scheinwerkverträgen, in: AiB 1983, S. 168 - 169
Hess, Harald *Schlochauer, Ursula* *Glaubitz, Werner*	Kommentar zum Betriebsverfassungsgesetz, 5. Auflage, Neuwied/Kriftel/Berlin 1997
Hock, Klaus	Auswirkungen der Änderung des Nachweisgesetzes auf das BAT-Arbeitsverhältnis, in: ZTR 1999, S. 49 – 52
Hock, Klaus	Anmerkung zur Umsetzung des Nachweisgesetzes im öffentlichen Dienst, in: ZTR 1997, S. 490 – 491
Hoffmann-Becking, Michael	Beck'sches Formularbuch zum Bürgerlichen, Handels- und Wirtschaftsrecht, 7. Auflage, München 1998
Hohmeister, Frank	EuGH – konforme Gestzesänderung zur Geschlechtsdiskriminierung und Nachweisrichtlinie, in: BB 1998, S. 1790 – 1793
Hohn, Hansjosef *Romanovsky, Bruno*	Vorteilhafte Arbeitsverträge, 5. Auflage, Freiburg, 1994
Hoyningen-Huene, Gerrick von	Betriebsverfassungsrecht, 4. Auflage, München 1998
Hoyningen-Huene, Gerrick von	Anmerkung zu BAG vom 15.12. 1992 – 1 ABR 38/92, in: SAE 1994, S. 112 – 113
Hoyningen-Huene, Gerrick von	Das neue Beschäftigungsförderungsgesetz, in: NJW 1985, S. 1801 – 1807
Hoyningen-Huene, Gerrick von	Subunternehmervertrag oder illegale Arbeitnehmerüberlassung, in: BB 1985, S. 1669 – 1675
Hoyningen-Huene, Gerrick von	Anmerkung zu BAG vom 17.1. 1979 – 5 AZR 248/78, in: AP Nr. 2 zu § 613 BGB

Hromadka, Wolfgang — Die Arbeitszeit richtet sich nach der Aufgabe, in: Festschrift für Peter Hanau, S. 211 – 219, Köln 1999

Hromadka, Wolfgang — Inhaltskontrolle von Arbeitsverträgen, in: Festschrift für Thomas Dietrich, S. 251 – 278, München 1999

Hromadka, Wolfgang — Das allgemeine Weisungsrecht, in: DB 1995, S. 2601 – 2606

Hromadka, Wolfgang — Tarifdispositives Recht und Tarifautonomie - „KAPOVAZ" per Tarifvertrag?, in: Festschrift für Otto Kissel, S. 417 – 431, München 1994

Hromadka, Wolfgang — Änderung von Arbeitsbedingungen, in: RdA 1992, S. 234 – 265

Hromadka, Wolfgang
Maschmann, Frank — Arbeitsrecht Band 1, Individualarbeitsrecht, Berlin/Heidelberg/New York 1998

Hueck, Alfred
Nipperdey, Hans Carl — Lehrbuch des Arbeitsrechts, Erster Band, 7. Auflage, Berlin, Frankfurt a.M. 1963

Hüffer, Uwe — Aktiengesetz, 3. Auflage, München 1997

Hümmerich, Klaus — Arbeitsrecht – Schriftsätze, Verträge, Erläuterungen, 2. Auflage, Bonn 1999

Hunold, Wolf — Das Direktionsrecht des Arbeitgebers, in: Oehmann/Dietrich (Hrsg.), AR-Blattei SD 600, Stand: 75. Lfg April 2000

Immenga, Ulrich — Rechtsfolgen unzulässiger Leiharbeitsverhältnisse, in: BB 1972, S. 805 – 810

Joost, Detlev — Zur Erlaubnispflicht und Strafbarkeit bei betriebsbedingten Arbeitnehmerüberlassungen, in: DB 1980, S. 161 – 163

Junker, Abbo — Individualwille, Kollektivgewalt und Staatsintervention im Arbeitsrecht, in: NZA 1997, S. 1305 – 1319

Junker, Abbo — Arbeitsvertragliche Gestaltungen als Mittel der Anpassung von Arbeitsbedingungen, in: Rieder (Hrsg), Änderung von Arbeitsbedingungen, S. 13 – 61, Münster 1995

Junker, Abbo — Internationales Arbeitsrecht im Konzern, Tübingen 1992

Kadel, Peter *Koppert, Wolfgang*	Der Einsatz von Leiharbeitnehmern unter rechtlichen und personalpolitischen Aspekten, in: BB 1990, S. 2331
Kappus, Matthias	Rechtsfragen der Telearbeit, Heidelberg 1986
Karamarias, Stylianos D.	Bundesdeutsches Individualarbeitsrecht im Konzern, in: RdA 1983, S. 353 – 364
Kastleiner, Erwin	Leiharbeit- Krebsgeschwür in unserer Gesellschaft, in: SozSich 1981, S. 138 – 141
Kaufmann, Stepfanie	Arbeitnehmerüberlassung, Allgemeiner Überblick und Auswirkungen der Reform auf die betriebliche Praxis, Köln 1998
Kempen, Otto Ernst *Zachert, Ulrich*	Tarifvertragsgesetz, 3.Auflage, Köln 1997
Klevemann, Joachim	KAPOVAZ und Überstunden, in: BB 1987, S. 1242 – 1246
Klevemann, Joachim	Zum Leistungsbestimmungsrecht des Arbeitgebers nach Art. 1 § 4 1985, in: AuR 1987, S. 292 - 303
Klevemann, Joachim	Umfang der Arbeitszeit bei KAPOVAZ, in: AiB 1987, S. 204 – 209
Klevemann, Joachim	Der Schutz der Zeitsouveränität von Arbeitnehmern mit variablen, am betrieblichen Arbeitsanfall ausgerichteten Arbeitszeiten durch die Ankündigungsfrist des Art. 1 § 4 Abs. 2 BeschFG 1985, in: DB 1987, S. 2096 – 2103
Kock, Klaus	Die austauschbare Belegschaft, Köln 1990
Konzen, Horst	Arbeitsrechtliche Drittbeziehungen, in: ZfA 1982, S. 259 – 310
Kraft, Alfons	Fragen zur betriebsverfassungsrechtlichen Stellung von Leiharbeitnehmern, in: Festschrift für Klemens Pleyer, S. 383 – 399, Köln/Berlin/Bonn/München 1986
Krause, Rüdiger	Nachweis von Arbeitsbedingungen, in: Oehmann/Dietrich (Hrsg.), AR-Blattei SD 220.2.2, Stand: 69. Lfg. Oktober 1999

Krause, Rüdiger	Inhalt des Arbeitsverhältnisses, in: Oehmann/Dietrich (Hrsg.), AR-Blattei SD 220.2.1, Stand: 40. Lfg April 1997
Kreutz, Peter	Grenzen der Betriebsautonomie, München 1979
Krüger, Manfred	Ungeschützte Beschäftigungsverhältnisse – Fremdfirmenarbeit und Handlungsmöglichkeiten des Betriebsrats, in: AiB 1998, S. 621 – 640
Krüger, Manfred	Verbot der Leiharbeit, Gewerkschaftsforderung und Grundgesetz, Köln 1986
Küttner, Wolfgang	Arbeitsrecht und Vertragsgestaltung, in: RdA 1999, S. 59 – 64
Küttner, Wolfdieter (Hrsg.)	Personalbuch 1999, 6. Auflage, München 1992
Langenfeld, Gerrit (Hrsg.)	Münchner Vertragshandbuch, Band 4 Bürgerliches Recht, 1. Halbband, 5. Auflage, München 1992
Langenfeld, Gerrit (Hrsg.)	Münchner Vertragshandbuch, Band 4, Bürgerliches Recht, 1. Halbband, 3. Auflage, München 1992
Larenz, Karl	Methodenlehre der Rechtswissenschaft, 6. Auflage, Berlin/Heidelberg/New York 1991
Larenz, Karl	Lehrbuch des Schuldrechts, Band I, Allgemeiner Teil, 14. Auflage, München 1987
Larenz, Karl *Canaris, Claus-Wilhelm*	Methodenlehre der Rechtswissenschaft, 3. Auflage, Berlin/Heidelberg/New York 1995
Leinemann, Wolfgang (Hrsg.)	Kasseler Handbuch zum Arbeitsrecht, Band 2, Neuwied/Kriftel/Berlin 2000
Leisten, Loenhard	Verfügung zur Sicherung von Mitbestimmungsrechten beim Einsatz von Fremdfirmen, in: BB 1992, S. 266 – 273
Leitner, Ullrich	Abgrenzung zwischen Werkvertrag und Arbeitnehmerüberlassung, in: NZA 1991, S. 293 - 298
Leitner, Ulrich	Arbeitnehmerüberlassung in der Grauzone zwischen Legalität und Illegalität, Spardorf 1990
Leitner, Ulrich	Anmerkung zu LAG Baden-Württemberg, vom 12.4. 1989 – 2 Sa 107/88, in: DB 1990, S. 2071 – 2072.

Lieb, Manfred	Das Arbeitsrecht, 6. Auflage, Heidelberg 1997
Liebscher, Brigitta	Anmerkung zu ArbG Köln, Urteil vom 9.2.1996 – 2 Ca 6262/95, in: BB 1996, S. 801 – 802
Linnenkohl, Karl *Kilz, Gerhard* *Rauschenberg, H.- Jürgen* *Reh, Dirk A.*	Arbeitszeitflexibilisierung: 140 Unternehmen und ihre Modelle, 3. Auflage, Heidelberg 1996
Löwisch, Manfred (Hrsg.)	Arbeitskampf- und Schlichtungsrecht, 2. Auflage, Heidelberg/Forkel 1997
Löwisch, Manfred	Das Beschäftigungsförderungsgesetz 1985, in: BB 1985, S. 1200 – 1207
Löwisch, Manfred *Rieble, Volker*	Tarifvertragsgesetz, München 1992
Mache, Wolf	Rechtswidrige Bestimmungen in Arbeitsverträgen Teil I/II, in: AiB 1987, S. 200 – 203; S. 257 – 259
Malzahn, Marion	Das Beschäftigungsförderungsgesetz und kapazitätsorientierte variable Arbeitszeit, in: AuR 1985, S. 386 – 390
Marschall, Dieter	Bekämpfung illegaler Beschäftigung, 2. Auflage, München 1994
Marschall, Dieter	Zur Abgrenzung zwischen Werkvertrag und Arbeitnehmerüberlassung, in: NZA 1984, S. 150 – 152
Marschner, Andreas	Die Abgrenzung der Arbeitnehmerüberlassung von anderen Formen des Personaleinsatzes, in: NZA 1995, S. 668 – 670
Martens, Klaus-Peter	Die Arbeitnehmerüberlassung im Konzern, in: DB 1985, S. 2144 – 2150
Martens, Klaus-Peter	Vetretungsorgan und Arbeitnehmerstatus in konzernabhängigen Gesellschaften, in: Festschrift für Marie Luise Hilger und Hermann Stumpf, S. 437 – 466, München 1983
Martinek, Michael.	Moderne Vertragstypen, Band I, München 1991
Maschmann, Frank	Abordnung und Versetzung im Konzern, in: RdA 1996, S. 24 – 40

Matthes, Hans-Christoph Auswärtszulage (Auslösung), in: Ohmann/Dietrich (Hrsg.), AR-Blattei SD 360, Stand: 23. Lfg. Oktober 1995

Maurer, Kurt Betriebsverfassungsrechtliche Zugehörigkeit des Leiharbeitnehmers nach dem BetrVG, in: BB 1974, S. 512 –513

Mayer, Udo Anmerkung zu LAG Köln vom 10.11. 1999 – 6 Sa 493/98, in: AiB 2000, S. 56

Mayer, Udo Der Schutz der Leiharbeitnehmer und das AÜG, in: AuR 1974, S. 353 – 364

Mayer-Maly, Theo Das Leiharbeitsverhältnis, in: ZfA 1973, S. 1 – 34

Meyer, Hans-Jürgen Kapazitätsorientierte variable Arbeitszeit (KAPOVAZ), Neuwied/Frankfurt a.M. 1989

Müller-Franken, Sebastian Die Befugnis zu Eingriffen in die Rechtsstellung des einzelnen durch Betriebsvereinbarungen, Berlin 1997

Müllner, Wolfgang Aufgespaltene Arbeitgeberstellung und Betriebsverfassungsrecht, Berlin 1978

Münchener Kommentar Bürgerliches Gesetzbuch, Rebmann/Säcker (Hrsg.), Band 2: §§ 241 – 432 BGB, 3. Auflage, München 1994, Band 3: §§ 607 – 704 BGB, 3. Auflage, München 1997

Niebler, Mochael
Biebl, Josef
Ulrich, Annette Arbeitnehmerüberlassungsgesetz, Berlin 1996

Nikisch, Arthur Arbeitsrecht, Band I, 2. Auflage, Tübingen 1955

Nußbaum, Arthur Das Nießbrauchsrecht des BGB unter den Gesichtspunkten der Rechtstatsachenforschung, Berlin 1919

Oetker, Hartmut Anmerkung zu BAG vom 5.5. 1988 – 2 AZR 795/87, in: SAE 1989, S. 68 – 71

Ohne Verfasserangabe Zeitarbeit, Sprungbrett für Problemgruppen, in: iwd 2000, Nr. 6, S. 4 – 5

Ohne Verfasserangabe Niedersächsische Wirtschaft 1999, Heft 2, S. 64 – 65: Zeitarbeit bietet neue Perspektiven fürs Berufsleben

Ohne Verfasserangabe — Soziale Sicherheit 1997, S. 420 – 423: Leiharbeit erhöht Beschäftigungsrisiken, Eine DGB-Expertise zur Arbeitnehmerüberlassung

Otto, Hansjörg — Einführung in das Arbeitsrecht, 2. Auflage, Berlin/NewYork 1997

Otto, Hansjörg
Schwarze, Roland — Die Haftung des Arbeitnehmers, 3. Auflage, Karlsruhe 1998

Paasch, Ulrich — Rechtsprechungsübersicht Leiharbeit, in: AiB 1989, S. 149 – 156

Palandt — Bürgerliches Gesetzbuch, 59. Auflage, München 2000

Pfister, Michael — Die Befristung der Leiharbeitnehmerüberlassung, Würzburg 1993

Pieroth, Bodo — Arbeitnehmerüberlassung unter dem Grundgesetz, Berlin 1982

Plander, Harro — Flucht aus dem Normalarbeitsverhältnis: An den Betriebs- und Personalräten vorbei? Baden-Baden 1990

Postler, Markus — Rechtsfragen der Neuregelung der Arbeitnehmerüberlassung, insbesondere zur Zulässigkeit von Kettenbefristungen, in: NZA 1999, S. 179 – 180

Preis, Ulrich — Arbeitsrecht, Praxis-Lehrbuch zum Individualarbeitsrecht, Köln 1999

Preis, Ulrich — Aktuelle Fragen der inhaltlichen Gestaltung von Arbeitsverträgen, in: Hanau/Schaub (Hrsg.), Arbeitsrecht 1997, S. 21 – 50, Köln 1998

Preis, Ulrich — Das Nachweisgesetz -- lästige Förmelei oder arbeitsrechtliche Zeitbombe?, in: NZA 1997, S. 10 – 17

Preis, Ulrich — Grundfragen der Vertragsgestaltung im Arbeitsrecht, Neuwied/Kriftel/Berlin 1993

Preis, Ulrich
Gotthardt, Michael — Schriftformerfordernis für Kündigungen, Aufhebungsverträge und Befristungen, in: NZA 2000, S. 348 – 361

Ramm, Thilo — Die Aufspaltung der Arbeitgeberfunktionen (Leiharbeitsverhältnis, mittelbares Arbeitsverhältnis, Arbeitnehmerüberlassung und Gesamthafenverhältnis), in: ZfA 1973, S. 263 – 295

Ramm, Thilo — Eine Kritik des Arbeitnehmerüberlassungsgesetzes, in: DB 1973, S. 1170 – 1176

Ratayczak, Jörg — Anmerkung zu LAG Baden-Württemberg vom 16.9. 1996 - 15 TaBV 10/96, in: AiB 1997, S. 600 – 602

Rehbinder, Eckard — Die Rolle der Vertragsgestaltung im zivilrechtlichen Lehrsystem, in: AcP 174 (1974), S. 265 – 312

Reinecke, Gerhardt — Vertragskontrolle im Arbeitsverhältnis, in: NZA 2000, Beilage zu Heft 3, S. 23 – 33

Richardi, Reinhard — Reform des Betriebsverfassungsgesetzes? in: NZA 2000, S. 161 – 167

Richardi, Reinhard — Betriebsverfassungsgesetz, 7. Auflage, München 1998.

Richardi, Reinhard — Wahlberechtigung und Wählbarkeit zum Betriebsrat im Konzern, in: NZA 1987, S. 145 – 147

Richardi, Reinhard
Wlotzke, Otfried — Münchner Handbuch zum Arbeitsrecht,
Band 1, Individualarbeitsrecht I, 2. Auflage, München 2000,
Band 2, Individualarbeitsrecht II, 2. Auflage, München 2000,
Band 3, Kollektives Arbeitsrecht, 2. Auflage, München 2000

Richter, Helmut — Die Änderung von Arbeitsbedingungen kraft des Direktionsrechts des Arbeitgebers unter Beachtung der Beteiligung des Betriebsrats, in: DB 1989, S. 2378 – 2382

Richter, Thorsten
Mitsch, Michael — Praktische Konsequenzen aus dem neuen Nachweisgesetz, in: AuA 1996, S. 7 – 12

Rieble, Volker — Flexible Gestaltung von Entgelt und Arbeitszeit im Arbeitsvertrag, in: NZA 2000, Beilage zu Heft 3, S. 34 – 44

Rolfs, Christian — Die Entwicklung des arbeitsrechtlichen Schrifttums im Jahre 1998, ZfA 1999, S. 403 – 529

Rosenstein, Sabine — Die Abgrenzung der Arbeitnehmerüerlassung vom Fremdfirmeneinsatz aufgrund Dienst- oder Werkvertrags, Konstanz 1997

Rost, Friedhelm — Arbeitnehmer und arbeitnehmerähnliche Personen im Betriebsverfassungsrecht, in: NZA 1999, S. 113 – 121

Röwekamp, Klaus — Verfassungsrechtliche Aspekte der neueren Entwicklung der Arbeitnehmerüberlassung, in: AiB 1984, S. 323 – 327.

Rudolph, Helmut
Schröder, Esther — Arbeitnehmerüberlassung: Trends und Einsatzlogik, in: MittAB 1997, S. 102 – 126

Rüthers, Bernd — Rechtstheorie, München 1999

Rüthers, Bernd
Bakker, Rainer — Arbeitnehmerentsendung und Betriebsinhaberwechsel im Konzern, in: ZfA 1990, S. 245 – 335

Rüthers, Bernd
Bakker, Rainer — Anmerkung zu BAG vom 25.10. 1989 – 3 AZR 483/86, in: EzA Nr. 26 zu § 77 BetrVG

Säcker, Franz Jürgen — Arbeitnehmerüberlassung im Konzern und Betriebsratsorganisation, in: Festschrift für Karlheinz Quack, S. 421 – 437, Berlin/New York 1991

Säcker, Franz Jürgen — Gruppenautonomie und Übermachtskontrolle im Arbeitsrecht, Berlin 1972

Säcker, Franz Jürgen
Joost, Detlev — Betriebszugehörigkeit als Rechtsproblem im Betriebsverfassungs- und Mitbestimmungsrecht, Königsstein/Ts. 1980

Sandmann, Georg
Marschall, Dieter — Arbeitnehmerüberlassungsgesetz (AÜG), Kommentar, 20. Ergänzungslieferung; Stand April 2000, Neuwied/Kriftel/Berlin 2000

Schaefer, Rolf — Das Nachweisgesetz, Auswirkungen auf den Arbeitsvertrag, Köln 2000

Schaller, Elisabeth — Arbeitnehmerüberlassung: Begriff, Voraussetzung und besondere Rechtsprobleme, in: DStR 1996, 469 – 473

Schaub, Günter — Arbeitsrechts-Handbuch, 9. Auflage, München 2000

Schaub, Günter — Gesetz zur Vereinfachung und Beschleunigung des arbeitsgerichtlichen Verfahrens, in: NZA 2000, S. 344 – 348

Schaub, Günter — Arbeitsrechtliche Formularsammlung, 7. Auflage, München 1999

Schaub, Günter	Flexibilisierung des Personaleinsatzes, in: BB 1998, S. 2106 – 2111
Schaub Günter	Annahmeverzug, in: Oehmann/Dietrich (Hrsg), AR-Blattei SD 80, Stand: 28. Lfg. März 1996
Schaub, Günter	Die Abgrenzung der gewerbsmäßigen Arbeitnehmerüberlassung von Dienst- und Werkverträgen sowie sonstigen Verträgen der Arbeitsleistung an Dritte, in: NZA 1985, Beilage Nr. 3, S. 1 – 5
Schaub, Günter	Arbeitsrechts-Handbuch, 5. Auflage, München 1983
Schliephacke, Jürgen	Fremdfirmen und Leiharbeitnehmer in der betrieblichen Praxis, Köln 1995
Schneider, Tobias	Handbuch der Zeitarbeit, in: Sandmann/Marschall, Arbeitnehmerüberlassungsgesetz, 2. Ergänzung (April 2000), Neuwied/Kriftel/Berlin 2000
Schneider, Wolfgang *Trümner, Ralf*	Zum betriebsverfassungsrechtlichen Arbeitnehmerbegriff, in: Festschrift für Albert Gnade, S. 175 – 194, Köln 1992
Schnoor, Gerhard	Die gewerbsmäßige Arbeitnehmerüberlassung, in: RdA 1972, S. 193 – 209
Schoden, Michael	Nachweisgesetz, Köln 1996
Schröder, Esther	Arbeitnehmerüberlassung in Deutschland – Entwicklung der gesetzlichen Regulierung und der empirischen Bedeutung, in: Schubel/Büchel/Diewald (Hrsg.); Arbeitsmarktstatistik zwischen Realität und Fiktion, Berlin 1998
Schröder, Esther	„Arbeitnehmerüberlassung in Vermittlungsabsicht“, Nürnberg 1997
Schubel, Hans-Dietrich	Beschäftigungsförderungsgesetz und Arbeitnehmerüberlassung, in: BB 1985, S. 1606 – 1608
Schubel, Hans-Dietrich	Arbeitnehmerüberlassung - Eine Erwiderung auf die Anti-Attacke, in: Der Arbeitgeber 1979, S. 1278 – 1279
Schüren, Peter	Arbeitnehmerüberlassungsgesetz, Kommentar, München 1994

Schüren, Peter — Das Synchronisationsverbot bei der gewerbsmäßigen Arbeitnehmerüberlassung, in: Festschrift für Otto Kissel, S. 1037 – 1053, München 1994

Schüren, Peter — Anmerkung zu BAG vom 12.12. 1984 – 7 AZR 509/83, in: SAE 1985, 362 –364

Schwantes, Klaus — Zeitarbeit, Berlin 1998

Schwarze, Roland — Praktische Handhabung und dogmatische Einordnung des Nachweisgesetzes, in: ZfA 1997, S. 43 – 66

Schwedes, Rolf — Arbeitsrechliche Gesetzgebung in der 13. Legislaturperiode, in: Festschrift für Peter Hanau, S. 81 – 105, Köln 1999

Soergel — Bürgerliches Gesetzbuch,
Band 2 (§§ 241 –432 BGB), 12. Auflage, Stuttgart/Köln/Berlin 1990,
Band 4/1 (§§ 516 – 651 BGB), 12. Auflage, Stuttgart/Köln/Berlin 1997

Söllner, Alfred — Vertragsstrafen im Arbeitsrecht, in: AuR 1981, S. 97 – 105

Staudinger — Kommentar zum Bürgerlichen Gesetzbuch,
§§ 328 – 361 BGB, 13. Auflage, Berlin 1995,
§§ 611 – 615 BGB, 13. Auflage, Berlin 1999,
§§ 631 – 651 BGB, 13. Auflage, Berlin 1994

Stevens-Bartol, Eckart — Probleme der „KAPOVAZ" – Anmerkungen zu § 4 Beschäftigungsförderungsgesetz in: AiB 1985, S. 122 – 124

Streicher, Hans-Jürgen — Rechtsformzwang und mittelbares Arbeitsverhältnis, Frankfurt a.M. 1995

Streicher, Tatjana — Ein stark fragmentierter, aber wachstumsstarker Markt, in: management Berater 2000, Heft 12, S. 60 – 65.

Stückemann, Wolfgang — Nachweisgesetz: Geringe Bedeutung für die arbeitsrechtliche Praxis, in: BB 1999, S. 2670 – 2673

Stückmann, Roland — Betriebverfassungsrechtliche Mitbestimmung im arbeitnehmer- und betriebsratslosen Betrieb, in: DB 1999, S. 1902 – 1906

Theuersbacher, Paul — Das Leiharbeitsverhältnis, München 1960

Treber, Jürgen — Arbeitsrechtliche Neuerungen durch das „Gesetz zur Änderung des Bürgerlichen Gesetzbuches und des Arbeitsgerichtsgesetzes“, in: NZA 1998, S. 856 – 863

Tschöpe, Ulrich — Gestaltungselemente bei Arbeitsverträgen, in: MDR 1996, S. 1081 – 1091

Ulber, Jürgen — Arbeitnehmerüberlassungsgesetz, Kommentar für die Praxis, Frankfurt a.M. 1998

Ulber, Jürgen — Leiharbeit im Konzern, in: Mitbest. 1986, S. 27 – 30

Ulber, Jürgen — Rechtliche Grenzen des Einsatzes von betriebsfremden Arbeitnehmern und Mitbestimmungsrechte des Betriebsrats, in: AuR 1982, S. 54 – 65

Veit, Barbara — Die funktionelle Zuständigkeit des Betriebsrats, München 1998

Vögele, Peter
Stein, Werner — Fremdfirmen im Unternehmen, München 1996

Vor, Rainer — Zeitarbeit im Rechtsvergleich Deutschland – Großbritannien sowie bei Grenzüberschreitung, Berlin/München/Köln 1992

Waas, Bernd — Anmerkung zu BAG vom 18.10.1994 – 1 ABR 9/94, in: SAE 1996, S. 160 – 165

Wagner, Joachim — Die werkvertragsbedingte Beschäftigung betriebsfremder Arbeitnehmer als Einstellung, in: AuR 1992, S. 40 – 46

Wagner, Joachim
Ulber, Jürgen
Hinrichs, Werner — „Moderner Sklavenhandel“, Fremdfirmeneinsatz durch Leiharbeit und Werkverträge, Schriftenreihe der IG Metall Nr. 132, Frankfurt a.M. 1992

Wagner, Stefanie — Rechtsverhältnisse der nichtgewerbsmäßigen Arbeitnehmerüberlassung, Bonn 1996

Wahl, Stafanie
Kuhn, Andreas
Schneider, Edith — Die wirtschafts- und arbeitsmarktpolitische Bedeutung der Zeitarbeit in Deutschland, Gutachten im Auftrag der European Public Policy Advisers (UK) Ltd. (zitiert: IWG Bonn), Bonn August 1995

Walker, Wolf-Dietrich — Rechtsverhältnisse bei der gewerbsmäßigen Arbeitnehmerüberlassung und Schadensersatzansprüche des Entleihers wegen Schlechtleistung, in: AcP 194 (1994) S. 295 – 318

Walle, Andreas	Der Einsatz von Fremdpersonal auf Werkvertragsbasis, Berlin 1998
Wallraff, Günter	Ganz unten: mit Dokumentation der Folgen, 11. Auflage, Köln 1996
Waltermann, Raimund	Ablösende Betriebsvereinbarung für Ruheständler? in: NZA 1998, S. 505 – 510
Waltermann, Raimund	Rechtssetzung durch Betriebsvereinbarung zwischen Privatautonomie und Tarifautonomie, Tübingen 1996
Waltermann, Raimund	Gestaltung von Arbeitsbedingungen durch Vereinbarung mit dem Betriebsrat, in: NZA 1996, S. 357 – 365
Wank, Rolf	Anmerkung zu BAG vom 15.6.1983 – 5 AZR 111/81, in: SAE 1985, S. 74 – 78
Wank, Rolf *Jansen, Guido*	Lean Management und Business Reengenineering aus arbeitsrechtlicher Sicht, Stuttgart 1995
Weber, Christoph	Das aufgespaltene Arbeitsverhältnis, Berlin 1992
Wiedemann, Herbert	Tarifvertragsgesetz, Kommentar, 6. Auflage, München 1999
Wierlemann, Frank	Zeitarbeit in der Bundesrepublik Deutschland und den Niederlanden, Frankfurt a.M. 1995
Windbichler, Christine	Anmerkung zu BAG vom 3.12. 1997 – 7 AZR 764/96, in: SAE 1999, S. 84 – 85
Windbichler, Christine	Arbeitsrechtliche Vertragsgestaltung im Konzern, Köln 1990
Windbichler, Christine	Arbeitsrecht im Konzern, München 1989
Windbichler, Christine	Arbeitnehmermobilität im Konzern, in: RdA 1988, S. 95 – 99
Windbichler, Christine	Mitbestimmung des Betriebsrats bei der Beschäftigung von Leiharbeitnehmern, in: DB 1975, S. 739 – 743
Wolf, Roland	Arbeitslosigkeit abbauen – Zeitarbeit fördern, in: Kurznachrichtendienst (KND) der BDA Nr. 11, vom 10.2. 1998

Worpenberg, Stephan	Die konzerninterne Arbeitnehmerüberlassung, Frankfurt a.M. 1993
Wurm, Carl *Wagner, Hermann* *Zartmann, Hugo*	Das Rechtsformularbuch, 14. Auflage, Köln 1998
Zander, Ingo	Job-Nomaden auf dem Weg in die geregelte Arbeitswelt, in: Mitbest. 1999, S. 38 – 41
Zeuner, Albrecht	Zur Bestimmung des für die Rechte nach § 102 BetrVG zuständigen Betriebsrates bei aufgespaltener Arbeitgeberstellung im Konzern, in: Festschrift für Marie Luise Hilger und Hermann Stumpf, S. 771 – 783, München 1983
Ziemann, Werner	Anmerkung zu BAG vom 18.1. 1989 – 7 ABR 21/88 und 7 ABR 62/87, in: AuR 1990, S. 58 – 64
Zippelius, Reinhold	Juristische Methodenlehre, 7. Auflage, München 1999
Zöllner, Wolfgang *Loritz, Karl-Georg*	Arbeitsrecht, 5. Auflage, München 1998
Zöllner, Wolfgang	Vorsorgende Flexibilisierung durch Vertragsklauseln, in: NZA 1997, S. 121 – 129
Zöllner, Wolfgang	Der Arbeitsvertrag: Restposten oder Dokument der Selbstbestimmung, in: NZA 2000, Beilage zu Heft 3, S. 1 – 7
Zwanziger, Bertram	Ausgewählte Probleme des Nachweisgesetzes, in: DB 1996, S. 2027 – 2030

Die Abkürzungen sind *Kirchner, Hildebert*, Abkürzungsverzeichnis der Rechtssprache (4. Auflage Berlin 1993), entnommen.

Schriften zum Arbeitsrecht und Wirtschaftsrecht

Herausgegeben von Abbo Junker

Band 1 Christoph-N. Lerche: Der Europäische Betriebsrat und der deutsche Wirtschaftsausschuß. Eine vergleichende Analyse der betrieblichen Mitwirkung der Arbeitnehmer vor dem Hintergrund der Globalisierung der Märkte. 1997.

Band 2 Christian Walter Mecke: Zur rechtlichen Verbindlichkeit kollektiver Vereinbarungen in England. 1997.

Band 3 Katja Francke: Die betriebliche Mitwirkung der Arbeitnehmer in Belgien. Unter Berücksichtigung vergleichender Aspekte zum deutschen Betriebsverfassungsrecht. 1997.

Band 4 Christian Schulze: Die Zulässigkeit einstweiliger Verfügungen gegen Betriebsänderungen. 1998.

Band 5 Stefan Miersch: Die Rechtsfolgen mitbestimmungswidriger Maßnahmen für das Arbeitsverhältnis. Eine zivilrechtsdogmatische Untersuchung. 1998.

Band 6 Heike Wegner: Internationaler Verbraucherschutz beim Abschluß von Timesharingverträgen: § 8 Teilzeitwohnrechtegesetz. 1998.

Band 7 Julia Wichmann: Dienstleistungsfreiheit und grenzüberschreitende Entsendung von Arbeitnehmern. 1998.

Band 8 Johann-Volker Peter: Société par actions simplifiée (S.A.S.). Die Vereinfachte Aktiengesellschaft in Frankreich, eine Rechtsform für die Kooperation von Unternehmen. 1999.

Band 9 Sylvia Schnelle: Der Europäische Betriebsrat in Spanien. Zugleich eine Einführung in das spanische Recht der Arbeitnehmervertretung. 1999.

Band 10 Viktoria Bornhagen: Die Zumutbarkeit als Rechtsgedanke im Arbeitsrecht. 1999.

Band 11 Thorsten Schacht: Der Übereilungsschutz beim arbeitsrechtlichen Aufhebungsvertrag. Arbeitnehmerschutz bereits de lege lata? 2000.

Band 12 Marcus Hellmann: Immobilienkauf nach spanischem Recht. 1999.

Band 13 Nicolaus Johannes Ehinger: Die juristischen Personen des öffentlichen Rechts als herrschende Unternehmen. 2000.

Band 14 Alexander Lentz: Das kollektive Arbeitsrecht der Republik Südafrika. Eine Untersuchung mit Bezügen zum deutschen Recht. 2000.

Band 15 Michaela Brunssen: Der Arbeitgeberverbandswechsel. Tarifrechtliche und arbeitskampfrechtliche Konsequenzen. 2000.

Band 16 Morten Petersenn: Das Recht des Grundstückskaufs in Südafrika. 2000.

Band 17 Stefan Krüger: Die umwandlungsrechtliche Haftungsregelung bei der Betriebsaufspaltung und ihre Analogiefähigkeit. 2001.

Band 18 Jürgen Kitzinger: Der GmbH-Geschäftsführer zwischen Arbeits- und Gesellschaftsrecht. Im Blickpunkt: Zuständigkeit der Arbeitsgerichte. 2001.

Band 19 Anja Ruge: Die Lohnersatzansprüche ehemaliger Zwangsarbeiter gegen deutsche Industrieunternehmen. 2001.

Band 20 Michael Knoll: Die Sozialauswahl im Arbeitsrecht. 2001.

Band 21 Britta Albrecht: Mediation im Arbeitsrecht. Individualarbeitsrecht und Betriebsverfassungsrecht. 2001.

Band 22 Annusch Barten: Das System der Arbeitnehmervertretung in Frankreich. 2001.

Band 23 Diane Westera: Der Wiedereinstellungsanspruch nach wirksamer Kündigung. 2001.

Band 24 Kristin Doerlich: Die Tariffähigkeit der Gewerkschaft. Eine Analyse der Mächtigkeitsrechtssprechung des Bundesarbeitsgerichts im Lichte neuerer Erfahrungen. 2002.

Band 25 Tina Witten: Vertragsgestaltung und Gesetzesbindung im Recht der Zeitarbeit. 2002.

FSC
www.fsc.org
MIX
Papier | Fördert
gute Waldnutzung
FSC® C083411

Kolibri 360 GmbH
Ferdinand-Jühlke-Straße 7
99095 Erfurt, Deutschland
produktsicherheit@kolibri360.de

Druck:
CPI Druckdienstleistungen GmbH
im Auftrag der
Kolibri 360 GmbH
Ferdinand-Jühlke-Str. 7
99095 Erfurt